THE HISTORY OF ENGLAND

英格兰史

六部曲

—Ⅳ—

革命世纪

自由与工业的百年传奇

[英国]

彼得·阿克罗伊德

—著—

王喆

—译—

译林出版社

图书在版编目（CIP）数据

革命世纪：自由与工业的百年传奇 /（英）彼得·阿克罗伊德（Peter Ackroyd）著；王喆译．—南京：译林出版社，2022.9
（英格兰史六部曲）
书名原文：Revolution
ISBN 978-7-5447-9169-4

Ⅰ.①革… Ⅱ.①彼… ②王… Ⅲ.①英国－中世纪史 Ⅳ.①K561.3

中国版本图书馆 CIP 数据核字（2022）第 086850 号

著作权合同登记号　图字：10-2017-059号

革命世纪：自由与工业的百年传奇　［英国］彼得·阿克罗伊德／著　王喆／译

责任编辑　张海波
装帧设计　韦　枫
版式设计　黄　晨
校　　对　戴小娥
责任印制　单　莉

原文出版　Macmillan, 2016
出版发行　译林出版社
地　　址　南京市湖南路 1 号 A 楼
邮　　箱　yilin@yilin.com
网　　址　www.yilin.com
市场热线　025-86633278
排　　版　南京展望文化发展有限公司
印　　刷　徐州绪权印刷有限公司
开　　本　718 毫米 ×1000 毫米　1/16
印　　张　22.75
插　　页　12
版　　次　2022 年 9 月第 1 版
印　　次　2022 年 9 月第 1 次印刷
书　　号　ISBN 978-7-5447-9169-4
定　　价　82.00 元

目录

1

如今，你对得救预定论怎么看？

敌军来犯，国王出逃。尽管詹姆士二世在法国得到了庇护，但是奥兰治亲王安坐白厅，谁是不列颠真正的统治者这个问题变得扑朔迷离。因而，1689 年初召开了兼有名族集会和议会特点的“代表大会”。[①] 由于当时并没有名正言顺的国王降诏，此次大会实乃仓促权宜之举；但大会依然取得了一些极为重要的成果，足以标志一场国事革命。

此次代表大会在 1689 年 1 月末举行，旨在商讨詹姆士和威廉的地位问题。同时讨论“弃置”或曰“空缺”之王位的价值，会议因循开展辩论，但根源是想永远摆脱并不在场的国王。下议院最终宣布詹姆士二世“弃 1
位”，但法律中并没有“弃位”一说，因此这一说法从本质上说是非法的。然而在僭位者篡权的状况下，并没有其他选择。詹姆士是个独裁的天主教徒，在新教盛行的国度，他是最差的国王人选。其实，已有一群显要人物请求奥兰治的威廉介入当下日益堪忧的情形，这位轻易征服英格兰的君王由此获得了合法性。但不能将他视作征服者，因为这会唤起关于威廉一世

① 当时欧洲大陆和英格兰历法不同，欧洲大陆使用较新的格里高利历，而英格兰使用较旧的儒略历，两种历法相差十天。英格兰直到 1751 年才停止使用儒略历，因此文中我采用的是儒略历。在 17 世纪，人们于 3 月 25 日庆祝新年，但我采用了较为人所熟知的 1 月 1 日作为庆祝新年之日。——原注

的恐怖回忆，共和政府的拥护者对此恨之入骨。所以他应凭借法理称王，因为这个模糊的表述几乎可以适用于任何情形。

2月初，代表大会成员拟定了一份《权利宣言》，其中有一项禁止在和平时期设置常备军的条款，和平时期设置常备军被认为是王权独断最为明显的象征。其余条款有着类似的主导思想。在没有得到议会同意的情况下，不得执行或中止法律；在没有得到议会同意的情况下，不得为了满足君王利益而收税；议会享有至高无上的言论自由，此外，宣言的最后一项写道：“议会应当经常召开。”

《权利宣言》（后称《权利法案》）正式在威廉和他的配偶玛丽（也就是被废黜的国王之女）面前宣读，当时两人庄严地坐在国宴厅，待宣读完毕，威廉宣布“我们乐于接受你们所提出的条件”，两人于是被授予联合君主的名号。这个手段很是高明。我们只能认为威廉了解并接受《权利宣言》乃自己取得王位（登基成为威廉三世）的先决条件，但他并没有被迫以宣誓的形式正式接受《权利宣言》。然而，当下许多人认为他的王位是议会授予的。君权神授从此成为历史。丹尼尔·笛福后来称议会拥有“不受束缚、不受限制，近乎无尽的权力”。

威廉对宣言内容表示缄默并不意味着认可。他绝无可能赞同宣言的原则；这些原则全然是英格兰式的，几乎毫无理论基础，而他心知肚明该宣言限制了自己的权力。他说自己并不想答应其中一些条款，但“当下情势压倒了个人意愿”，后来他抱怨道：“最糟糕的政府便是国王一没财产二没
2 权力。”哈利法克斯侯爵在国宴厅将王冠交予威廉的当天，威廉对侯爵说，“他觉得自己像在剧中扮演国王”。但他必须不惜一切代价演好自己的戏份。

实际上，这套消除君主专制威胁的方案是由乡绅和贵族联合制订的。他们无意通过议会完善法律改善民生或出于善意维护秩序。他们只想从中渔利。所谓“光荣革命”也是如此，该运动以得救预定论为理论基础，但实际上是在一群有组织的精英指导之下完成的。这群贵族寡头统治集团得到了地主乡绅的支持，在之后两百年间一直大权在握。

有些人认为尽管前代国王遭到废黜，但先前对他效忠的誓约不能也不

应违背。若最神圣的誓言都能出尔反尔，秩序和权威又从何谈起？那些拒绝向威廉和玛丽宣誓效忠的反对派史称“不矢忠派”。国内一些级别最高的教士就在此列，如坎特伯雷大主教威廉·桑克罗夫特，除他之外，选择这一立场的还有八名主教和四百名教士。4 月 11 日，威廉夫妇的登基仪式在威斯敏斯特教堂举行，大主教没有到场，王冠是由伦敦主教给国王戴上的。次年，桑克罗夫特被迫退休。

不矢忠派是国家分裂的标志，其中许多人结成“詹姆士党”（即流亡的詹姆士的支持者），哪怕不公开行动，至少内心如此。在英格兰许多地区，人们无疑明确拒绝对威廉效忠，一些人觉得威廉是依靠武力强行即位的。不过又能怎么办呢？王冠戴在他的头上，所以只能漠然以对、听之任之了。

新国王坐在王座上，向两院做了一次讲话，权宜将代表大会转变成议
会。登基誓言中，他同意依据“议会同意之条例、法规、风俗”治国，从 3
这一点可以看出英格兰政体内的各方力量达到了新的平衡。然而君主和议会的关系并不好，之后突显议会成员新权力的迹象便是他们拒绝终生供养威廉，而且根本没为他出征法国的计划筹款。他们已经吸取前一代国王不靠他们依然能够自给自足的教训。以致威廉要依靠频频召开议会才能偿还债务。如今，议会年年召开，分为数期，持续数月，平均每两年举行一次大选。政治气候因此加速升温，史称“党派狂热”。

这并非新国王喜闻乐见之事，他打心底厌恶难以驾驭的政客。他英语讲得不好，生性内敛，乃至沉闷阴郁。他总想着回到故土，远离装腔作势、予取予求的英格兰宫廷。他厌恶排场，并不拥有能博得臣民拥戴的仪态和外表。他说话缓慢且简短，天生工于心计且性格冷酷，做事有条不紊。尽管身材瘦小，但他能够让自己在举手投足间透露威严。然而，他患有哮喘，谈话常被连续而猛烈的咳嗽打断。不久他便离开雾气弥漫、空气潮湿的威斯敏斯特，移驾环境相对健康的肯辛顿。平常，他总是很严肃，甚至可以拿冷峻来形容，鲜有开心的时候，唯有和他身边的荷兰顾问团在一起，他才会放松下来。

当时风传威廉的宫中都是同性恋，特别是他的两个“宠臣”——第一

代波特兰伯爵和阿尔伯马尔伯爵，受赐五十万英亩土地。奥尔良公爵、法国国王之弟腓力的妻子巴拉汀郡主伊丽莎白·夏洛特就问及威廉的宫廷是否变成了“château de derrière”（后入之宫）。她的丈夫被称作“殿下”，是个臭名昭著的同性恋。因而她可能得到了第一手资料。当时流传着一首诗，其中有两行是这样写的：

国强君安人心向，
4 愿君勿折后庭花。

索尔兹伯里主教吉尔伯特·伯内特是权力分配新形势的坚定支持者，有一次，他多少有点故弄玄虚地说国王“身正心清，唯沾染一项恶习，对此他慎之又慎、秘而不宣”。这里的恶习或许指酗酒，但可能性不大。威廉三世具有军国主义倾向的宫廷中男性占主导地位，在这类宫廷中，龙阳之好甚为普遍。然而，和绝大多数涉及君主的同性恋故事一样，并没有实打实的证据能够支撑这一论断。

不论如何，威廉是坚定的加尔文派信徒，奉得救预定论为圭臬。这便是为何他总怀带着宿命感。在托贝登陆并准备和詹姆士二世交锋时，他曾对伯内特说：“博士啊，如今，你对得救预定论怎么看？”他相信自己的作为都是命中注定，对信仰天主教的法国国王开战一事尤其如此。这是他一生的伟业。他在战斗中勇猛无畏或许也应归功于他的信仰。此外，他对那些不从安立甘宗的人员持明显宽容的态度，显然也是受到了他自身信仰的影响。

新议会一开始施行的措施中，有一项便是制定了一条推行并鼓励宗教宽容的法案。该《宽容法》赋予不服从国教者公开举行宗教活动的自由和法律保护。在之后二十年间，有两千五百多座教堂或秘密集会点获得了举行宗教活动的许可。那些不服从国教者就算不是加尔文派，毕竟也是新教徒，因此威廉迁就他们似乎也在情理之中。这一环境孕育了 18 世纪 40 年代卫斯理宗的复兴，但多数国人信仰的是安立甘宗，其中的许多人认为国教信仰的权利遭到了忽视。确实，到了18世纪中叶，正统教会面临的一大困扰，即面对较为狂热的宗派，人们对正统信仰反而持漠然的态度。

早在1689年春，威廉便已向法国宣战。前一年他入侵英格兰的主要原因在于他想汲取英格兰的财力和资源，从而向称霸欧洲的法国发动旷日持久的战争。具体来说，他针对的是法国对荷兰共和国独立所造成的威胁，而他是荷兰的“执政”（即国家元首）。这是他十六年来孜孜以求的目标。在1672年面对法国的入侵时，他便表示要誓死保卫国家，“寸土不让”。由 5
此，路易十四称威廉为“宿敌”。法国国王号称“太阳王”，他想建立一个雄伟的波旁帝国，自己担任元首。或许，他会像太阳一样在欧洲上空升起。如果他连荷兰也征服了，那他便打败了欧洲大陆上最为强大的新教国家。英格兰人的愿望比较单纯，他们支持威廉的战争只因为他们不想让詹姆士二世在法国的支持之下重返英格兰。他们不想成为当时所称的“教宗党或奴隶”。他们只愿战争早日结束。

这个愿望落空了。实际上，威廉此时领导的针对宿敌的战争，被后世称为“九年战争”。他亲自担任外交部长，与西班牙、神圣罗马帝国等国家结盟。后者虽号称“帝国”，实际上大部分是由统治中欧各个邦国的亲王组成的松散联盟，这些亲王对法国称霸欧洲也心有余悸。然而威廉的战争仅仅为一场规模更大，为时更久的冲突拉开了序幕。英法战争一打就是五十八年，两国长时间的敌对状态一直到1815年的滑铁卢战役才画上句号。经年累月的战争文化改变了英格兰社会、经济、政治的方方面面。越来越多的军队被投入战争。税收与日俱增。上面这个故事，本卷书将为大家娓娓道来。

威廉对他的英格兰议会已不再抱有幻想。1689年春夏两季，他多次抱怨“下议院把他当狗使唤”,“让他忍无可忍”。“辉格”[1] 和“托利”[2] 这两个规

① “辉格”在苏格兰语中指“强盗”。该党标榜实行“自由的、开明的原则”，反对君主制，拥护议会制度，辉格党人在宗教观点上多属各种教派的新教徒。19世纪中叶，辉格党与其他资产阶级政党合并，改称自由党。——若无特别注明，本书脚注均为译注，下同

② “托利”一词起源于爱尔兰语，意为不法之徒。在1679年议会讨论詹姆士公爵是否有权继承王位时，赞成的人则被政敌称为“托利”。

模最大的党派在詹姆士二世在位时便已占据不可撼动的地位。辉格党反对亲教宗的专制政府，试图限制王权。托利党决意保卫王权，使其免受所谓共和党人与反对派的危害。而威廉三世的到来让一切起了翻天覆地的变化。

邀请威廉率军登陆英格兰取代詹姆士的“不朽七君子”中，五人隶属辉格党，两人隶属托利党。因而辉格党觉得自身占据优势。威廉刚登基的
6 几个月里，辉格党想就自身在前朝所受的屈辱报一箭之仇。此外，他们还想主导威廉的顾问工作。但新登基的威廉心知肚明自己无法单凭一个党派的支持统御全国，对于国事，他必须权衡轻重，做到不偏不倚，倚靠双方的力量开展统治。他想将两党合并，建立“宫廷党”。

辉格党对此并不感兴趣。他们对托利党议员拥护詹姆士二世怒不可遏。一些贵族因加入罗马教会而被控叛国罪。所有将颁发特许状的权力交给前朝国王的市长和高级市政官被停职，并限制七年内不得担任公职。辉格党甚至提议给托利党全体成员施用具有追溯效力的刑法。然而威廉表示想要进行大赦，并制定对在前朝参与专制或非法行为之人“进行全体饶恕与赦免”的法案。1689 年夏，一份《赔偿法案》被呈给下议院，但仅宣读了两遍就被弃置在桌上。该法案事实上也就到此为止了。

至此，在威廉看来，议会一无是处。不但没有达成他的目标，而且没有拨发他本以为唾手可得的财政收入。之后又有一个不合理的要求让他愈加愤怒。他打算率舰队开赴爱尔兰制伏天主教徒及詹姆士二世余党，因后者对英格兰的安全造成了严重威胁。但辉格党并不想让他亲征。他们担心爱尔兰多雨多雾的天气会对国王的健康不利，也对让一大群从北欧招募的新兵和雇佣军踏上英格兰土地的主意大为反感。然而，在他们做出决定之前，威廉抢先一步解散了议会，并要求重新选举。

1690 年 3 月的议会选举竞争激烈。戴安娜·佩吉特在写给其亲戚佩吉特勋爵的信中说道：“当下的憎恨与分歧前所未有，辉格与托利两党针锋相对。”麦考莱则称之为生死斗。讲道、预言和单页民谣报让气氛愈演愈烈，议员分歧被列成清单第一时间发布，目的是将竞选人员的情况“告知”选
7 民。结果是“国教之民”托利党（他们有时候被这么称呼）获得了多数选

票。至此，事态已经比较容易掌控了，国王签署“大赦令”作为嘉赏，赦免詹姆士二世追随者的所有罪行。5 月，该法令在上下议院仅被礼貌性地宣读了一遍，便获得通过成为法律。下个月，威廉率舰队开赴爱尔兰。

反爱尔兰和反法国的情形类似。这两个国家都支持斯图亚特王朝。1689 年春，詹姆士二世在法国军队的护送下从位于爱尔兰西南岸的金塞尔登陆。都柏林的议会拥他为合法的国王，并通过了针对“叛徒”的剥夺公权法案。因而，1690 年 6 月，威廉蓄势待发，率领炮兵和庞大的陆军准备反击。威廉军有一部分是来自柴郡和坎伯兰等地的英格兰军团，另一部分则是来自德国和斯堪的纳维亚的雇佣军，而后者的加入使其愈加强大。

爱尔兰这个国家让新即位的英格兰国王大为头疼。他先前便已指派绍姆贝格公爵率军前去降服不臣之民众及其首领。而公爵一直采取守势，无意贸然开战，理由十分充分，即他的军队训练不足，难与詹姆士二世麾下的敌军相抗衡。威廉不得不御驾亲征。他率领一万六千援军从切斯特起航，搭乘两百八十艘运兵船横渡爱尔兰海。

威廉的军队在位于爱尔兰东北海岸的卡里克弗格斯登陆，同绍姆贝格军会合之后南下向都柏林挺进。抵达爱尔兰首都以北三十五英里处的德罗赫达时，威廉接报称敌军迫近，在博因河南岸集结。詹姆士党人的军队中，大都为爱尔兰天主教徒，他们组成了都柏林的第一道防线。当地秋天潮湿，冬天严寒，威廉担心此次爱尔兰战争会受到气候的影响，但大胜的良机近在眼前。据说威廉远远眺望爱尔兰军队之后，说道：“先生们，很高兴见到你们，若不能把你们一网打尽，那便是朕的不是了。”

开战前一天，也就是 6 月 30 日，两门野战炮朝威廉开火，第二枚炮弹
擦伤了他的肩膀。战马上的他向前扑倒。爱尔兰军大声欢呼。但威廉最终 8
直起身来，说道：“没事，炮弹打得还挺准。”他包扎好伤口，专心备战。

抢渡博因河至关重要。威廉统帅左翼骑兵，而绍姆贝格则指挥步兵。暗号“威斯敏斯特”。所有士兵在帽中放一小根绿树枝，而爱尔兰军则佩戴着由白纸制成的“银饰”。绍姆贝格的手下渡河十分困难，但他们不断向前挺进。尽管他们英勇不屈，但还是一次次被詹姆士的骑兵逼退。然而他们

不断重整队形、坚持抵抗，最终詹姆士党先一步崩溃败退。詹姆士本人在远处观战，眼见兵败，策马飞奔逃往名为邓肯嫩的渔村，在那里坐船前往法国寻求庇护。他再也没有返回爱尔兰，因为夺回王位最后且最大的希望破灭了。爱尔兰人实际上是被詹姆士抛弃了，于是，他们称詹姆士为“詹姆屎”。

博因河之战彻底断送了天主教支配爱尔兰的机会。1691 年签署的《利默里克条约》对爱尔兰军和天主教民众还是相对宽容的。但爱尔兰的新教徒并不想如此忍让教敌，他们在都柏林议会自行拟定了结束英爱战争的条款。这些条款史称《惩罚法案》。所有为詹姆士二世而战的人都被剥夺了财产。天主教地主不得将财产原封不动地传给子嗣。天主教徒不得担任公职，不得携带武器，不得公开举行宗教活动。此外，他们还被禁止担任与法律和军事相关的职务。这一系列举措史称“新教优势”，但爱尔兰的天主教徒称之为“长期倾轧”。

英军在爱尔兰大获全胜，而对法战争的战况与之相去甚远。英军出师不利，1690 年夏，荷英联合舰队在比奇角附近被法国海军击败，折损十一艘战舰。战败的消息在伦敦等地引起了恐慌，人们觉得敌人或许会对英格兰本土展开全面侵略。各地民兵被召集起来，人们有剑拿剑，没剑就拿干
9 草叉，南下前往德文郡海岸，准备抗击法军。本是“护宅壕沟”的银色大海，如今在宿敌的掌控之下。若法军舰队沿泰晤士河长驱直入，该如何是好？

最终，法军并没有入侵，至少没有大举入侵。一千名法军在廷茅斯登陆，大肆劫掠一番过后将该渔村付之一炬，随后便上船离开了。然而，透过该事件可以看出，法国奉行掠夺政策。作为舰队指挥官的海军上将、第一代托灵顿伯爵阿瑟·赫伯特因渎职而遭到逮捕并被投入伦敦塔。在之后的军事法庭中，他被判无罪，但威廉朝中已无他容身之地，他的仕途至此终结。

威廉于 1690 年 9 月初起航，横渡爱尔兰海前往布里斯托尔，事前他任命马尔伯勒伯爵约翰·丘吉尔同另外两名外国将军共同指挥后续的爱尔兰

战争。国王一路缓缓而行，前往位于肯辛顿的王宫，在某种程度上摆出了凯旋姿态。10月，议会经过表决，拨款四百余万英镑以支持海陆两军继续对抗法国，为了筹集这些钱款，议会新制定了一项土地税，并将关税和消费税翻倍，财政收入的增加预示着后世所谓“财政国家”的兴起。这些举措的出台一方面源于感激，一方面源于恐惧，因为议会成员一直担心法国会入侵。

国王当下前往海牙参加盟军会议，制定军事战略。自然，除荷兰外，其他盟国各自为政、毫无战意。比如丹麦和瑞典自认为远离战场，故采取观望态度。威廉认为这些国家贪图苟安，无异于向法国投降。勃兰登堡选帝侯拒绝援助西属尼德兰[①]。萨克森选帝侯将军队从严冬之地召回。神圣罗马帝国皇帝利奥波德一世认为土耳其的危险甚于法国。然而威廉十分擅长外交，通过贿赂、承诺、恳求等手段，他成功维系了同盟。 10

威廉合纵连横的才能在1691年4月突显出无与伦比的重要性。当时，尼德兰南部靠近法国边境的城市蒙斯落入了路易十四手中。不仅凡尔赛宫内因挫败威廉而欢呼雀跃，伦敦的詹姆士党人也在常去的酒吧和咖啡馆欢庆此事。此外，威廉还有一个更为隐秘的敌人。马尔伯勒伯爵对自身处境并不满意，他在爱尔兰势如破竹，在一场为期五周的战役中，拿下了科克和金塞尔，从而封锁了爱尔兰同法国之间的航路。然而让他愤愤不平的是国王偏爱那些外国将军，使他不得不屈居于欧洲各国的公爵和伯爵之下。

马尔伯勒具备现代爱国者的一切品质，他英俊、聪明、足智多谋，不仅是个出色的将军而且是个巧舌如簧的政客。他于二十年前便崭露头角，当时的他还在约克公爵手下任职，这么多年来，他官运亨通，从未失势。他抛弃了第一个主子詹姆士二世，在威廉入侵之时投入威廉麾下，他这么做是出于对新教的虔诚。然而，如果情势于己有利，他似乎很乐意再次变节。不论何人何事，只要能令他从中获利（不论是权力、钱财还是荣耀），

① 西属尼德兰，约1579—1713年间由西班牙帝国霸占的低地国家南部省份，大致相当于今天的比利时和卢森堡。

他都愿意支持，并且在此期间保持圆通、谦虚、热心。

从爱尔兰返回不久，他似乎策划或加入了扶持詹姆士二世重登王位的阴谋。他相信自己能获得英格兰军队的支持。有证据表明其他英格兰贵族也有向正在圣日耳曼昂莱城堡流亡的詹姆士暗送秋波，期盼能在不定的将来确保自己的地位。然而，马尔伯勒的阴谋于1692年初春败露，他被革职并禁止入朝。到了5月，他因犯叛逆罪而被捕并关进伦敦塔。据传他参与了计划刺杀威廉的阴谋。该阴谋史称“花盆阴谋”。一份将马尔伯勒牵连在内，但实为伪造的文件被放在了罗切斯特主教宅邸的花盆底下。

他于六个月后获释，并恢复了部分名誉，最终回到朝中。威廉似乎对那些依然暗通斯图亚特王朝的贵族采取了相对宽容的态度。他对人性不屑
11 一顾。

在国王看来，欧洲大陆的战争才是头等大事，当下，战争正打得难解难分。1692年5月，据目击者称，一支由四十四艘舰船组成的法国舰队驶离法国西北海岸的巴夫勒尔和拉乌格，意欲让詹姆士二世重登英格兰王位。经过激烈的海战，法国舰队四散而逃，而乘胜追击的英荷海军还是击沉了十五艘敌舰。法国入侵的威胁解除了。

如今，荷兰和英格兰是海上的霸主，而法国则不得不将战略重心转移到陆战上。例如，是年夏，法军在尼德兰南部的斯滕凯尔克打了场胜仗，在激战中，英格兰的五个兵团全军覆没。将这些事件按年代罗列再简单不过，但唯用火一般炽烈的笔触，才能真切描绘出尸骨成山的战场。在《格列佛游记》（1726）第四卷《慧骃国游记》中，乔纳森·斯威夫特如此简明扼要地描写了现代战争：“双方阵亡两千；将死者呼天抢地，残肢横飞：硝烟漫天、人仰马翻，亦有遭马践死者：溃逃、追击、胜利；尸横遍野，为犬狼禽鸟争食；烧杀抢掠，唯剩满目疮痍。”另一片“红海”淹没了大地。①许多年后，麦考莱在《英格兰史》（1848）中写道“斯滕凯尔克战役”过

① 此处引用了《圣经·出埃及记》的典故。摩西率以色列人脱离埃及，法老派兵追杀。行至红海边，摩西在耶和华的指引下将红海水分开，率以色列人从中间的干地上走过。埃及追兵到来，摩西又将海水合上，将埃及人尽数淹死。

后，“来年夏天，由两万具死尸滋养的大地上，开出了数百万朵罂粟花”。

这场战争哪怕刚开始是民心所向，打到现在也已尽失人心了。这不过是“威廉的战争”而已，这位国王于春夏两季在欧洲大陆打了一系列战役，当他回国的时候，发现政局动荡，不少人都反对他。于是他在辉格党和托利党之间周旋，意图建立一个全心全意支持战争的“宫廷党”。然而当他确信托利党不可靠之后，就开始支持辉格党。他是对的。在反对宫廷和政府的“乡村党”中，大多数都是托利党人。这些人不信任政府，对常备军和 12
倚仗国王宠信的议会成员更是充满猜忌。

然而，当时的党派并不像现在这样泾渭分明。两党成员有无尽的交集。托利党从原则上说全心全意支持王权（如今享有者为威廉），但他们中也有许多人支持詹姆士，一心等待詹姆士二世回国。辉格党支持威廉，但从理论上说他们急切地想要限制王权。如何寻找其中的平衡点？国王偏向于建立“混搭”政府，融合不同的政治元素，但实际上他慢慢偏向辉格党，因为后者意欲将对法战争打下去，他们反天主教、反独裁专制的立场更为坚定，在他们眼里，路易十四集这两者于一身。同伦敦金融从业者的联系使他们能够为战争筹集军费，并承诺会给予后者好处及利息。辉格党是威廉之友。该党的领导小组由五人组成，1695 年的时候，他们被称作“小圈子”（源于西班牙语 junta），意为委员会。

流亡的前国王在圣日耳曼昂莱城堡安顿下来，一直处心积虑谋划着如何夺回王位，他热切地观察着威廉是否犯错，并使出浑身解数四处募集支持者与间谍。英格兰的詹姆士党中流传着一句密语：“将之装起：此物将归于吾父。”意为让国家陷入动乱，这样詹姆士便能返回。此外，该派党人进酒馆时会故意跛行。“跛行”（Limp）一词由路易、詹姆士、摩德纳的玛丽、小王子等四个名字的首字母组成。1693 年春，詹姆士签署了一份“声明”，赦免不反对他回国之人，并保证自己会遵循议会制政府的形式。

詹姆士小女儿安妮的境况不容乐观，自她姐姐玛丽二世于 1694 年去世之后，她面临的问题便千头万绪，当时，她是斯图亚特家族坚定不移信奉新教的唯一直系后裔。值得一提的是她在继承王位一事上比姐夫威廉更为

名正言顺，而威廉则试图缓和矛盾。在之前的几年中，威廉和玛丽对安妮
13 采取无视或拒之于千里之外的态度，有一段时间干脆不让她进宫。安妮则在马尔伯勒伯爵夫人，以难缠出名的萨拉的鼓动下嘲笑国王，在她俩互通的信件中，她们称国王为“卡利班先生”[1]或“荷兰流产儿”。

有人怀疑安妮会认同詹姆士党人奉行的原则，理由甚为合理，即她依然支持由自己父亲当国王。据说待她姐夫一死，她便会邀詹姆士回国。这种情况不太可能会发生，安妮对罗马天主教深恶痛绝，詹姆士当时坚持释放天主教徒，此举对政体造成了巨大破坏，这些她都记在心里。比较可能的是她自己想要登上王位，从而维持安立甘宗的秩序和稳定，毕竟对于国教，她信受奉行。

威廉有更为亟待解决的问题需要考虑。战争打到第六年，再次急需资金支持，于是他又一次向辉格党求助。“小圈子”中有一个名为查尔斯·蒙塔古的年轻成员。此人本领超群，英格兰财政得以改头换面，他的功劳无
14 人能及。

① 莎士比亚《暴风雨》中的普洛斯彼罗的仆人，野蛮而丑陋。

2

是牛还是熊？

如何能在为欧洲大陆的反路易战争提供庞大军费的同时不至于让国家贫困呢？解决方案是有的。年仅三十出头的财政委员查尔斯·蒙塔古三年前便提出了一个议案，但从未施行。该议案主张建立中央银行（英格兰银行），向政府提供贷款，每年的利息由议会针对啤酒等含酒精饮品征收的新税来支付。由此保证了债券购买者能够拿回本息，尽管这样意味着政府必须向人民索取更多钱款。从本质上看，这便是“国债”的雏形。

1694年，在蒙塔古的运作之下，议会顺利通过了《英格兰银行法案》，他知道一旦法案通过，自己将成为财政大臣。他甚至承诺自己将从银行购入多达2 000英镑的债券。金钱被迅速用于这一新的商业机构中。该银行计划从债券购买者手中筹集120万英镑，年利率为8%。回报如此优厚，不到十天便筹满了款项。国王和王后也投了钱，此外还有商人、金融从业者、实业家等。因而，英格兰银行似乎很大程度上由辉格党掌控，因为他们和伦敦市联系紧密。而代表地主阶级的托利党则认为该银行无异于一种维持 15
战争的“伎俩”。当然，英格兰银行的出现带来了军事、政治方面的成效。法国没有类似的金融举措，因而在战争筹款方面落了下风。

即便英格兰政府并没有能力把所有事情都处理得当，但被视作金融革命的英格兰银行为长治久安打下了基础。议会如今享有在全国范围集资的最高权力，还可通过提高税率支付巨额贷款的利息。二十年间，议员们每年都会收到一份年度“预算”。在17世纪末和18世纪初，出现了一些诸如伦敦“私人”银行和“地方”银行等小型银行，这些银行专门提供短期贷款并支持汇款转账。商业和公共机构由此获益，使得融资和贸易更为便利。

伦敦自罗马占领时代起便是信贷中心。然而17世纪后期商业迅猛发展，让当时许多人认为这是一个新现象。皇家学会院士约翰·霍顿于1694年写道“对法战争开始以来，股票大量出现”，此外，他还写道“有钱人都觉得不应该让钱闲置”，并认为可以从“土地、房屋、基本商品”之外取得更为丰厚的回报。很快，这种新的投资方式便得名“股票买卖”，人们能够通过买卖诸如英格兰银行的股份来赚钱。1724年，笛福将其描述为“一度让全国陷入痴狂，几近因之毁灭的交易”。

皇家交易所附近的交易巷成了股票买卖的中心。特别是其中两家咖啡馆（分别名为乔纳森记和加拉韦记）为金融业务的主要场所。1695年有一则广告，宣称在乔纳森记“能买卖……所有股票和股份”。一个名为约翰·卡斯塔因的掮客将股票价格、交易率，以及日内瓦、都柏林、鹿特丹等地的市场状况整理出版。人们还在乔纳森记就公共或私人事务下注赌博。若我在1696年米迦勒节前不喝葡萄酒，不喝啤酒，不喝白兰地，你给我多
16 少钱？圣诞节前对法宣战的赌注多大？当时的一幅版画上，几个戴着假发、三角帽的绅士站在一间大房间里交谈，每个人都穿着正式的西装和背心。他们自己投资，或作为代表对政府合同、工业企业以及当时便有的大公司股票进行投资。他们身后的墙上画着一头牛和一头熊，以及一只跛脚鸭。牛被认为代表金融乐观主义者，而熊则恰恰相反，毫无疑问，这两种动物混杂了两个党派的特征。当时有一部戏剧，就表现了这些人交谈的场景。

苏珊娜·森特利弗写了一部名为《放手一搏为娇妻》（1717）的戏剧，其中有一幕便设在了乔纳森记咖啡馆中：

捐客甲：王室经费彩票是谁负责的啊？天哪，今天下午犹太人都

跑哪儿去了？亚布拉罕，今天你买进还是卖空？

掮客乙：买进，说真的，下周再一股脑儿卖掉。

咖啡馆服务员吆喝道：“现磨咖啡，先生们，要现磨咖啡吗？”或“先生，要来杯武夷茶吗？”

这一全新商业行为的出现让一些人提心吊胆。托利党尤其不喜欢当下正蓬勃发展的“通过金钱获利”的理念，他们认为财富应当来自英格兰的土地，而非要弄金融手段，称唯有土地的拥有者才对国家的实力最有发言权。那些金钱的拥有者也在伦敦建起了辉格党的强大堡垒，而各级商人、金融家、公务员、专业人员中有许多人要么对政府持异议，要么不信奉国教。单凭经验判断，人们认为有钱生异议，有地从国教。只要战争继续打下去，政府需要资金，新兴富人阶层必能从公共信贷中获利。而土地则恰恰相反，人们担心市场会崩溃。乔纳森·斯威夫特在《盟国之所为》(1711)一书中将矛头重新指向辉格党，宣称战争被毫无必要地延续，这是“养肥了放贷人和股票投机商，破坏了土地的重要性，滋养了一派人的阴谋”。 17

辉格党和托利党之间的分歧进一步加大，而这一分歧和上文提到的现象不无关系。一些托利党人支持让流亡的国王或其子回国，但若是让斯图亚特王族回国的话，或许他们会轻易推翻由威廉三世及其辉格党支持者构建起来的国债系统。结果将会导致金融混乱，对于那些富有的放债人来说，这是灭顶之灾。决计不能让这样的事发生。

有钱派和有地派会双双覆灭的想法无疑是错判。很快，除了对战争一事争论不休之外，两派人都看到了共同利益所在。正如约瑟夫·艾迪生于1711年秋在期刊《旁观者》上发文称：“无地产则商人失果腹之食，无商人则地主失蔽体之衣。”土地和金融利益的代表很快便达成了一些“绅士”和“绅士社会”的共识，这些共识在此后一百五十年间成了整个社会的约定俗成之事。该共识体现了贵族精英的利益，完美展现了力促此事之人的想法，对于他们来说，一切尽在掌握。

查尔斯·蒙塔古提出的另一项举措进一步促进了财政稳定。英格兰银行成立后的第二年，蒙塔古决定让银先令恢复其真实的价值，由于遭到剪割和掺假，该货币的价值大跌。大约有 95% 的银先令要么被掺了假，要么缺斤少两。一直以来，银币中的含银量都不是很高。

蒙塔古起用艾萨克·牛顿来协助此事，他们都是剑桥三一学院院士，但牛顿随后因为在《数学原理》一书中阐释了引力而名震天下。由于牛顿在 1695 年发表了一篇名为《论重铸英格兰货币》的论文，第二年春，蒙塔古任命这位声名远扬的同事为位于塔山的皇家铸币厂厂长。对于这位新厂长来说，真可谓好事成双，他在理论上登峰造极，实验上也能一往无前了。

货币将全面重铸，不纯的旧币将禁止流通。蒙塔古拟定了提案，却让牛顿独自管理和组织其运作。总体来看，此项举措很是成功，牛顿上任数月内，铸币厂每周能铸造大约价值十五万英镑的银币。全国的货币标准得
18 到了落实，国家的根基也得以稳固。

1688 年“光荣革命”带来的结果便是国家的本质变得一目了然了。从顶层看，英格兰当然仍是君主国，威廉三世凭借“神授之圣君权”登上王位，然而这一说法具有较大的阐释空间。不论是君权神授这一构想还是君主这一身份，都甚为模糊。威廉三世究竟是通过征服还是通过议会认可而登上王位的？他所享有的又是何种“神圣之权”？例如，他从未接触过“国王之恶”①患者，而他的继承人安妮便做了此事，以彰显其“超自然”的力量。

威廉三世不甚明朗（至少未得到确切阐述）的权威由贵族阶层所维系。也就是说，这个新国家自诞生之日起便一直由贵族掌控。上层贵族约有两百人，公爵、伯爵等便在此列，他们代表着地主精英，虽然人数不多，但个个信心十足、能言善辩。财富很重要，但光有财富还不够。同样重要，甚至可能更为重要的是血统。想成为上层贵族，首先得有地产，地产赋予了所有者狩猎的权力。那些奋发向上的上层乡绅会同贵族联合，而不会与

① 瘰疬病的别称，传说只要君主一碰，此病即可痊愈。

其争锋。事实上，那个世纪的社会、政治生活渗透着贵族的准则和理想。而其中的关键是延续而非改变。这些准则和理想借由习惯的认知方式和传统的活动方式所确立，不言自明且不容辩驳。

以上这些体现了当时政治、权力的现实，而非对“旧英格兰”所持的陈腐观念。许多文章提到进入上流阶层的可行性，称富人甚至暴发户都可以“渗入”上流阶层，但现实并不乐观。哪怕直到乔治三世统治时期（1760—1820），商人不得成为贵族依然如同金科玉律。

此外，贵族在下议院影响力巨大。家族领袖会进入上议院，而其亲属和仆从则会进入下议院。老皮特（即老威廉·皮特）曾将下议院描述为“一批年轻弟兄的聚集地”。尽管贵族人数不多，但各个家族之间会通过联姻增强实力。他们凌驾于一万五千左右下级乡绅之上，这些乡绅尽管没有 19
贵族头衔，但无须下田劳作。

大多数乡绅都信奉国教，安立甘宗是他们与生俱来的信仰。当然，也有一些人是异见人士，其中还有一些人是无神论者，但多数人还是会沿着熟悉的道路前往乡村或城镇教堂做礼拜。18 世纪早期，安立甘教会的领袖完全为政府服务。坎特伯雷大主教在枢密院有正式的席位，因而主教们也是贵族院不可分割的一部分。有一次，黑尔主教扬言要撤回投票，稍稍威胁了一下辉格党大贵族卡特莱特勋爵，后者回应道：“若我想要你的一票，我自有办法。”主教们通常也有贵族血统，人们通常认为，克伦威尔统治结束后，大贵族回到了各自的宫殿中是一件值得庆贺的事。在教会任职是三大最好的职业选择之一，除此之外是从事法律和新兴科学或医学行业。因而，教会依然是社会阶层不可或缺的一部分。

追根溯源来看，正统的安立甘宗是一个讲求责任和义务的教派，此外再难寻着有哪个教派具备这一特点。这一教派遵循理性而非教条，将道德而非基督的拯救作为指导原则。其礼拜仪式和教规自 16 世纪中期确立以来几无改变。最后，人们的习惯和漠然也印证了这一点。牧师和地主达成共识，国家的宗教和世俗相互映衬。那个对英格兰的一切都持敌对态度的拿破仑·波拿巴曾说过一句话，或许能引起我们的共鸣：“在宗教中我见着的并非道成肉身之神秘，而是社会秩序之神秘。天堂维系着一种公平的理念，该理念使得富人不至于被穷人屠戮。”若这句话听起来过于愤世嫉俗，那我们将目光移到最典型的英格兰观察者威廉·贺加斯身上，在他的画作《昏昏欲睡的集会》中，所有人毫无生气、死气沉沉。在这幅蚀刻画上，礼拜仪式由贵族而非神职人员主持。灵性被转化成了昏睡。

20 其他人则忙碌得多。“金融革命”使获得财富变得可能，从而增加了所谓“中间阶层”的数量和权力，这一人群介于地主乡绅和人数众多的手工业工人及店主之间，在当时如鱼得水。佃农、工厂主、公务员、城市商人、个体商户、教士、医生、律师等皆属此列。工薪阶层的崛起是该世纪早期的显著特征。如果说职业道德是这个成员复杂的阶层所因循的法则，那进取心、体面、持重、勤奋则是他们共有的品质。

丹尼尔·笛福自身便是“中间”美德的杰出倡导者，尽管有时他的倡导并不见得正确。他在《鲁滨逊漂流记》（1719）的第一章中提醒自己：“中间状态……无与伦比，最契合人类的福祉。既无须面对百工日夜劳行的悲惨苦难，亦不必在上流人群的骄奢淫逸中窘迫难安。”

伴随着经济发展，这些幸运儿的数量毫无意外地与日俱增。在18世纪早期，中间阶层人口和总人口的比例是一比七。一百年后，这一比例增长到一比四或一比五。然而，他们中有些人对自己不上不下的社会地位坐立难安，试图通过模仿上层社会的行为习惯让自己免于堕入下层的深渊。穿戴必须整齐，让自己看起来守信（并做到这一点）很重要，否则就会“有失身份”。这么做的最终目的是通过一两代人的努力跻身贵族阶层。

中间阶层中有不少人信奉安立甘宗，但从比例上来说，持异议者和不服从国教者数量更多。毕竟，艰苦创业、怀志奋斗才是他们的信仰。然而，从某种程度上说，宗教的分歧已经上升到了是否服从国家的层面。比如，长老宗、公理宗、浸礼宗信徒尽管依然无法担任公职，但他们一定程度上认可了1689年颁布的《宽容法》。这些宗派的教堂和礼拜堂遍布城乡。据
21 古文物研究者亚布拉罕·德·拉·普莱姆的说法，那些曾依照《以赛亚书》

第二十章的说法赤身露体“作为预兆奇迹”[①]的贵格派信徒确实“谦逊、虔诚地规范着自己的行为”。这是所有激进宗派所依循的道路。这些宗派的拥护者变得愈加谦恭，愈加体面，尤其值得一提的是他们都垂垂老矣。直到下一代卫斯理宗复兴才重新点燃传教热情，而这股热情自 17 世纪中期开始便难得一见了。

当然，大多数英格兰人并没有宗教信仰，有的只是异教残余和先前几个世纪遗留下来的自然崇拜。按照当时的定义，18 世纪早期的下“层”人民指的是“百工”。他们以从事各式手工劳动为生。他们是名副其实的国家之“手”。端盘奉食的是他们，伐木汲水的是他们，缝衣织布的也是他们。他们占据了劳动人口的绝大多数，矿工、女装裁缝、钟表匠、店主、男仆、厨子皆属此列。对于这一人群，笛福是如此描述的：“从事这一行当之人，辛苦劳作，却无所欲求”以及“村人，如农民等，麻木度日”。有些人从事田间劳动，却不能享受劳动果实。家里生了幼崽的母猪和母鸡会被送去市场而非端上自家餐桌。劳动者将自己种的苹果和梨一股脑儿卖掉，鲜奶和奶酪也一样，而他们自己则靠脱脂牛奶和乳清冻过活。这一人群无从把握自己的命运，为了生计含辛茹苦、夜以继日、至死方休。

历史记录的风格也发生了改变，社会历史学家开始将注意力集中到生活状况更为艰苦的人群身上。据估计，工业革命以前，大约四分之一的人口深陷贫困、处境凄凉。用笛福的话来说，这些人“穷困潦倒”。他们可以被称为“劳苦大众”。威廉·康格里夫《以爱还爱》（1695）剧中的杰里米便是代表，此人称“我母亲冬天卖牡蛎，夏天卖黄瓜，我爬上楼梯进入世界，因为我是在地窖出生的”。他后来爬得更高了，如今他是一位绅士的仆人。对于劳苦大众来说，这便实现了自己的价值。这一人群并非百无一用，他们人数众多，单单这一点，对于富人来说便是上帝的恩赐。正是由于社会地位的高下，才使得有些人进入工厂成为工人，有些人进入后厨成为下 22

① 语出《圣经·旧约·以赛亚书》第二十章第三节：“耶和华说：‘我仆人以赛亚怎样露身赤脚行走三年，作为关乎埃及和古实的预兆奇迹。’”

层女佣。正如威廉·配第爵士所言：纪律、贫困、劳苦被认为是根治闲散的灵丹妙药，那些闲散之人所做之事就如同把巨石阵的石块拖到塔山，仅此而已。

处于社会最底层的是那些悲惨、低贱、无用之人。这些人包括乞丐、流浪汉、患有严重残疾之人、疯子以及大量衣衫褴褛的被流放者，这些人生活在墙壁上的洞穴、地下的坑道以及废船的舱壁里。1701 年出版了一本不知何人所撰的小册子，名为《国民道德状况之所思》，书中写道："他们过着不像人，反倒更像鼠鼬等恶兽的生活。"无助且无望的穷人们除了和暴乱、放荡、疫病联系到一起之外，通常都遭到无视。人们在街前巷后对他们避之不及、深恶痛绝，哪怕是最富慈悲心的改革派也几乎不给他们留条生路。穷人避无可避、无处不在，但接触不得。

1694 年末，玛丽于肯辛顿宫去世，面对妻子溘然长逝，威廉毫无准备、痛不欲生。玛丽罹患天花，最终没有挺过酷寒的冬季。丈夫在欧洲大陆带兵之际，玛丽代理国政，这样的生活对她来说总有点勉为其难。她觉得自己"被剥夺了所有心爱之物，即我的夫君，余下之人于我皆形同陌路：妹妹沉默寡言，同其一起无一时舒坦"。事实上，玛丽和妹妹安妮几乎不说话。丈夫在身边的时候，玛丽会毫不迟疑地支持丈夫的想法，她的性情不仅驯顺，而且开朗活泼，这一点在她丈夫身上难得一见。然而，当丈夫不在身边，需要独自当政的时候，她处事果断、颇具威仪。是故，人们在她死后纷纷为她哀悼，或许出于真情流露。

显然，她的死使妹妹安妮陷入了极为困难的境地。她如今无疑已是王位的合法继承人，事实上，她继位的正当性甚至超过了现任国王。在对她
23 无视了很多年后，威廉如今不得不敬她三分。安妮自己则完全倚仗首席侍女马尔伯勒伯爵夫人萨拉及其丈夫第一代马尔伯勒伯爵。他们三人组建了未来的朝廷，没过多久，这对幸运的夫妇便成了公爵和公爵夫人。

女王驾崩，大教堂悬挂黑纱哀悼，而议会则在这时开始着手审定（或者应该说未能审定）会对国家将来产生无可估量影响的法案。1695 年春，

一项针对《印刷及印刷出版法》的决议几乎因为议员们的疏忽而失效，这不可避免地导致了史称“第四阶级”[1]的崛起。至少从历史角度看，这一重大改变让英语文字永远摆脱了政府的控制。

公众先前被迫满足于官方发行的《伦敦宪报》。该报纸于1665年2月开始刊行，直到今日一直是官报，尽管威廉·康格里夫的《老光棍》一书中的布拉夫船长称：“先生，为何《宪报》一年到头谎话连篇？”然而，在这个党派横行、战争肆虐的年代，出版禁令解除后，人们对大众出版物的需求迅速水涨船高。

新闻审查解禁两周内，一份名为《国内外情报》的报纸开始流通。接着，《英格兰报》《邮递员报》《邮递男孩报》《新闻通讯周报》等报纸也相继亮相。其中有些报纸会留白，让读者能够在上面书写更多的最近新闻，然后再在朋友或邻居间传阅，许多报纸上都印着以下字样：“内容有待证实”、“多由推断得出”或“时间将揭露真相”。当时世界风云变幻，端倪莫辨。

在接下来安妮女王的统治时期，有超过四十份报纸在伦敦街巷和咖啡馆发放，其中不少还传到了首都以外的城镇。哪怕只挑拣其中最为重要的读，都要花上一整天。故而我们可以说，随着“记者”和“论说文作家”的崛起，英格兰国民第一次关心起了政治。新出版物的力量很快便突显了出来，著名外科医生（尽管是虚构的）里梅尔·格列佛在旅行之初写的一封信中，引用了侄子的话：“当权者对出版物十分提防。” 24

1702年3月11日星期三，第一份日报《每日新闻》问世。这份报纸单页单面印刷，录有那不勒斯、罗马、维也纳、法兰克福等地的新闻。这些新闻多数在讨论战争的进展，在一篇后记中，主编贬斥了“普通新闻报纸的鲁莽无礼”。该后记开篇附上了一则那不勒斯的报道，后者以典型的乏味文风写道：“上周三，新任总督埃斯卡洛纳公爵来访，来自西西里岛的战船中队随行。”这份报纸在弗利特桥旁的国王纹章酒店以及附近居民区旁一条

① 又称第四权，即在行政权、立法权、司法权之外的第四种制衡力量，指媒体、公众视听等。

被戏称为“蛆街”的街上出售。

起初，大部分报纸由商业机构发行，尽管其中有些报纸的收入部分来自其具有政治背景的经理人，这些人想要针对某些事件制造“舆论”。公共新闻报纸很大程度上依赖广告和发行量，因而成了当时正在形成的商业社会不可分割的一部分。

1695 年，国王在妻子去世几周后给一位贵族写信称“朕觉得自己不再适合担任军队统帅”，但他又加了一句很有自己风格的话，“朕会试着履行职责”。他的职责让他不自觉地想要夺回西属尼德兰最为重要的堡垒那慕
25 尔。那慕尔要塞下方是一片肥沃的平原，以及桑布尔、默兹两条河流，它从未向敌军打开过大门。然而，三年前，由路易亲自率领的法国攻城部队在围城八天后挫败了守军的斗志。这是英格兰及其盟友在此次对法战争中遭受到的最大挫折。

威廉很清楚，若能将那慕尔从敌军手里夺回，将会是一次标志性的胜利。在一系列佯攻与小规模战斗后，威廉于 1695 年 7 月向那慕尔发起正面进攻。此后两个月间，攻守双方浴血奋战，最终那慕尔投降。劳伦斯·斯特恩的《项狄传》（又名《绅士特里斯舛·项狄的生平与见解》，1759—1767）一书中的托比叔叔便是在这场战役中下身受了伤，他在自己的花园里做了一个那慕尔城堡的外围工事模型。此次战役让伦敦群情鼎沸，人们争相前往书报摊和咖啡馆购买报纸。国王的此次大捷是九年战争中极为重要的一次胜利，更何况是陆战得胜，自 1658 年克伦威尔“沙丘战役”之后，英军在陆战上便再未取得如此成就。凯旋途中，威廉参加了一次夏日巡游，表面上是庆祝胜利，但他拘谨、多疑的性格暴露无遗。他并没有沿
26 着平常的路线行进，而且在牛津，曾由于害怕被人投毒而拒绝就餐。

3

时代偶像

胜利的喜悦总是那么短暂。尽管在西属尼德兰打了胜仗，但这场战争变得旷日持久、开销巨大，越来越难以为继。英格兰从中获利甚少。1695年末，流亡国王詹姆士二世在法国宫廷宣告：“授我国之良民以起事之全权，与僭位者奥兰治亲王一战……”在英格兰，确实存在愿意服从他命令的支持者，但如果法国不对英格兰出兵，他们无法也无意采取行动。然而，对于被欧洲各国牵制的路易十四来说，入侵英格兰是他力所不能及之事。

有些阴谋家准备独自行动。拥有正统斯图亚特血统的安妮必然会在国王死后继位，这一愿景似乎促成了 1696 年初的一场阴谋。国王每周都会前往里士满公园打猎，在回肯辛顿宫的时候，必定会经过特纳姆格林河边的窄道。阴谋者便准备在那里设下埋伏，一旦国王经过，就一拥而上行刺。但这类阴谋大都会走漏风声，此次也不例外。威廉取消了打猎，且不忘借题发挥，在国家层面颁布新法规。他于 1696 年 2 月将此事传达给议会，朝 27
野震动，促使议会专门为保护国王安全设立了一个委员会，如同当时为了保护伊丽莎白一世免受西班牙阴谋者暗算而设立的委员会一样。

然而，大多数人的情绪依然是厌战的。在那慕尔打了一场胜仗之后，陆上战役再没有出现大胜大败。双方开始打消耗战，陷入了开支巨大的胶着状态。如果当时有人能不偏不倚地观察，或许能得出某些结论。威廉三世比路易十四有过之而无不及，这位英格兰国王有着充沛的精力、锲而不舍的精神，加上盟友的支持，波旁王朝的一举一动尽在他的掌握。英格兰全新的金融能力也使其在将来的冲突中变得更具威胁。

经过五个月的谈判，双方起草并签订了条约。也就是1697年秋天签署的《里斯维克和约》，这个条约似乎对威廉有利。路易返还了许多他占领的土地，此外可能更为重要的是承认了威廉三世为英格兰合法的国王。这一结果似乎是对詹姆士二世和斯图亚特王朝复兴的沉重打击，但国王的承诺常常说变就变。

然而，尽管九年战争血流成河、开支巨大，但和约签订的消息传来，伦敦依然敲响了庆祝的钟声。威廉自己也说“和平给此地带来了难以置信的欢乐”。人们又能安全出海，商人也可以不受惩罚地经商了。如人们所愿，赋税的重担也会大大减轻，毕竟原先国家财政收入的75%都被投入了战争。

12月初，议会刚召开，就开始针对常备军是否必要展开了争论。国王支持建立常备军，以提防法国，而大多数议员则倾向于建立无军队政府，因为这是英格兰的古制。于是，议会决定将所有自1680年9月征召的陆军就地解散，所有英格兰国土上的军队数量不得超过查理二世统治时期，也就是大约七千人。乡绅不愿为强征的军队，特别是从国外征召的军队交税。
28 因此，议会决定限定这七千人的军队只能由国王的英格兰臣民组成；因此，国王的荷兰卫队和他的法国新教军团都被解散了。怒不可遏的威廉称议会取得了法国人九年都没取得的丰功伟绩。一个获胜的君王受到如此对待是极为罕见的。或许，他显然一直心怀故国。

议会于1701年初到达权力顶峰，通过了《王位继承法案》，彻底禁止斯图亚特家族之人继承王位。前一年夏，安妮公主和其丈夫丹麦的乔治王子的十七次怀孕中最后一个幸存下来的孩子，威廉王子，由于脑积水去世。如果安妮登基，必然也无子嗣。尽管威廉死的时候才十一岁，但他早已被拥戴为新的新教领袖。国王在给马尔伯勒的信中写道：“这对于朕，于英格兰全国都是一大损失，朕的心为之洞穿。”

詹姆士党自然因为这个消息欢欣鼓舞，盼望着詹姆士或其子能够名正言顺地再次登上王位。但议会则另有打算，他们将目光投向了德国，具体来说，投向了詹姆士一世唯一在世的外孙女。汉诺威选帝侯夫人索菲娅之母是不幸的“冬后”伊丽莎白，她只当了一年波希米亚王后，便与丈夫一同被神圣罗马帝国军废黜。由于朝代更迭的机缘巧合，索菲娅被选定为英格兰的下一任女王。就算她不愿或不能继位，她健康且信奉新教的儿子也可继位。

议会在《王位继承法案》中，也加了其他要求。任何一位君主，必须信奉英格兰国教。如果君王出生在国外，英格兰军队无义务保卫其出生的国家。除非得到议会允许，否则任何一位君主都不得离开英格兰、苏格兰、爱尔兰。所有这些措施的目的都是为了否决汉诺威王朝可能提出的要求。德国人可以做英格兰君主，但必须以英格兰君主的身份来统治。 29

威廉知道《里斯维克和约》绝不可能终止战争，法国国王对于荣耀的无尽贪念会让他继续蠢蠢欲动。西班牙就是导火索。西班牙皇帝卡洛斯二世，更为人所知的名字是“着魔者”卡洛斯，一生病魔缠身。他生活不能自理而且心理扭曲，他的舌头大到嘴巴装不下，导致一直淌着口水。下巴也是大而畸形，所以脸的其他部分看起来向内坍陷。他驼背且神经多少有点错乱，他认为自己在出生的时候被诅咒了，而这也是朝野中大多数人的想法。他甚至允许巫师给自己驱魔。他是西班牙哈布斯堡王朝的最后一个统治者，近亲通婚或许是导致他身心缺陷的原因。他活着丢人，死了又会造成大问题。他统治着西班牙和西属尼德兰（现在主要由比利时组成），还控制着从美洲一直到西属东印度群岛的帝国。尽管他实际上的权力并没有理论上那么大，但也足以因之树敌。

1700 年春，在他死前几个月，关于瓜分他遗产的纷争就开始了。而人的贪欲加上各种不凑巧，使得种种伎俩最后都没成功。神圣罗马帝国皇帝奥地利的利奥波德一世通过签署特定的婚姻协议，为其子争夺继承权机关算尽。哪怕潘多拉之盒再开，也带不来这么大的纷争。路易十四很怕马德里和维也纳联手，这将形成一支射向法国领土的利箭。“着魔者”卡洛斯其实已经指定安茹公爵腓力为继承人，而腓力正巧是路易十四的孙子。威廉三世无法想象巴黎和马德里结成联盟：绝不能让此事发生。这将造就一个史无前例强大的波旁帝国。

但路易并没有分神。1700 年 11 月底，卡洛斯驾崩三周后，法国国王宣布其孙子为西班牙国王腓力五世，乃王位的真正继承人，他还先下手为强，
30 下达了英格兰和西属尼德兰之间的贸易禁令。除了在贸易和政治领域进行打击，他还做了一件更像是侮辱个人的事。1701 年 9 月中旬，詹姆士二世在圣日耳曼的小圣堂参加弥撒的时候，突然瘫痪，死在了圣洁的香烟中。一直以来他都和拉特拉普修道院的苦行僧在一起，并恳求自己的子嗣们对罗马天主教信受奉行。法国国王曾在詹姆士二世临死的病床前发过誓，如今兑现誓言，将被英格兰人称为“老僭君”“水上的国王”“老骑士”的侄子[①]指认为詹姆士三世。

这个挑衅越了界。违反了《里斯维克和约》，因为在和约中，路易庄严地承认威廉三世为英格兰的合法君主。这就让法国国王的所有承诺与声明都变得不可信，并再次点燃了英格兰人心中古而有之的恐惧，害怕路易会强行推行教宗主义、暴君统治，建立普遍君主国。

1701 年初，威廉任命马尔伯勒为最高指挥官兼全权大臣，负责涉及英格兰和其盟国安全的一切谈判。威廉知道安妮心仪的马尔伯勒将会成为当下最重要之人，以及新政权的指挥官；他最希望继续和法国作战。是年末，荷兰、英格兰、奥地利缔结《大联盟条约》。从而揭开了“西班牙王位继承战争”的序幕。

威廉做出决定的时间刚刚好。他几个月来一直饱受寒战、头疼、恶心的折磨，而最终，一只不起眼的鼹鼠让他解脱了。1702 年 2 月，他在骑马穿过汉普顿宫御花园的时候，马被鼹鼠洞绊了一下，国王从马上摔了下来，摔断了锁骨，并因此发症驾崩。许多年后，詹姆士党为这位在花园里提供

① 即詹姆士・弗朗西斯・爱德华・斯图亚特，詹姆士二世之子。

了致命一击的“穿着天鹅绒的小绅士”而举杯庆祝。

并没有太多人悼念威廉，因为并没有太多人爱戴他。对于许多人来说，让他做国王实属无奈之举。他摈除了斯图亚特王朝和教宗党的野心。但他给英格兰留下的遗产远比起初所认为的更巨大。他成功抵抗了法国，并限 31
制了法国在欧洲大陆的野心，他成功地消除了臣民对身在凡尔赛宫靠法国接济，软弱而怯懦的斯图亚特国王的记忆。他和顾问们也成功地把英格兰的金融体系打造得非常先进，让政府信用进一步上升。威廉三世带来了新的王朝、新的外交政策、新的经济制度等，这些都是不容忽视的成果。

3 月 8 日，威廉一死，安妮便成了英格兰、苏格兰、爱尔兰的女王。她或许算不上容貌最为端庄的君主，但她确实历经劫难。她当时三十七岁，十六年来，她流产了十二次，而她另外五个孩子中，四个在很小的时候就死了。唯一幸存下来的那个，我们之前也提到过，在十一岁时去世。多年来的哀伤和痛苦的怀孕经历对她的外貌和性格都产生了巨大影响。她患有严重的痛风，不得不时常裹着绷带。苏格兰官员佩尼库克的约翰·克拉克爵士前往肯辛顿宫觐见女王，眼前的景象让他大吃一惊，他看到安妮“因痛风发作而举步维艰，痛不欲生”，他还说她的脸“通红而且满是斑斑点点”，她的穿着“随便”，脚“敷了药，包着恶心的绷带”。这不是君王应有的样子。

她不仅病痛缠身，而且显然很是腼腆，不愿在人前说话。在宫廷接见外国使节时，外交部长和使节们常常围坐在她周围一言不发。根据她的首席侍女马尔伯勒伯爵夫人的记录，她对来访者毫不在乎，既不愿问问题，更不愿回答问题。她只说一些无关痛痒的客套话。你们来城里多久了？你们觉得这里的天气怎么样？她既不聪明也不诙谐，关于国事，“她从不明说，而以某种方式表达”，或者说，以一种迟钝的、费力的、照本宣科的方式表达。

她的沉默是有理由的。她天生谨慎，从不全然相信自己和他人的判断。乔纳森·斯威夫特在宫中见过她，并指出“或许全英格兰都找不到一个人能够如此主动地掩饰自己的感情”。但也有一些事情无须掩饰。她是安立甘 32

高教会①的狂热支持者，她不仅对宗教仪式特别虔诚，而且还特别痴迷于礼仪。如果廷臣或侍女穿戴拉夫领、假发，或外套没穿规范，就会遭到斥责。

她一天中最先做的事是去皇家小圣堂祷告，接着再处理公务。一周有两天她要参加内阁（当时被称作“秘密委员会”）的长时间会议，她之前的君王们几乎都会在会议期间失去耐心，接着就是雷打不动的接见大使，回应请愿，签署授权书和信件，以及给予各位政要建议，或向他们咨询事宜。她对约克大主教说，自己连祈祷的时间几乎都没了。或许她觉得自己作为女性，作为没有子嗣的女性，处于劣势。她总会听到背后有汉诺威王朝之人的脚步声，她还真的拒绝让汉诺威的索菲娅选帝侯夫人前往英格兰。她不想让人觉得有机可乘。

在威廉三世死后的第三天，她将对上议院发表首次讲话，对于她这个腼腆而谨慎的人来说，着实是个考验。她坐在王座上，对上议院说：“朕作为英格兰人，开诚布公地向你们保证，但凡对英格兰的幸福繁荣有益之事，朕有求必应。”

她提到自己是英格兰人，无疑是针对威廉的，她从来对威廉个人以及他对荷兰的偏爱嗤之以鼻。有人担心她的痛风病会让她无法朝贵族们走去，但她依然踏步向前，戴着王冠，身穿饰有嘉德勋章的厚重红天鹅绒长袍。见证了登基仪式的罗伯特·索思韦尔爵士写道：“从未有女子能够如此洪亮、庄严地讲话。”她确实脸红了，有些时候也似乎不太自在，但她展现了君王应有的风范。

当年的选举托利党大获全胜，几周后，他们拟定了《偶尔遵奉国教法案》，旨在对宗教异见者和稳健派清教徒的宗教活动进行惩罚，并禁止他们
33 担任公职。自从1689年的《宽容法》实施以来，宗教异见者如果想要找工作，只需一年参加两三次国教圣餐仪式即可，他们在仪式上领到的圣餐面包便是他们健康的证明。最为著名的一个案例便是信奉长老宗的伦敦市长

① 基督教（新教）圣公会的派别之一，与“低教会派”相对。主张在教义、礼仪和规章上大量保持天主教的传统，要求维持教会较高的权威地位，因而得名。

汉弗莱·埃德温爵士一早上刚参加完安立甘宗的礼拜，晚上又跑去旧宽街的宾纳斯厅参加了自己教派的秘密集会。这种双标行为被称为“和上帝玩捉迷藏”，在最新的这个法案中遭到禁止，如果违反会被罚款或银铛下狱。

安妮打心底站在高教会一边，支持新教案的举措，并认为这可以证明安立甘宗的虔诚，但上议院辉格党的大多数人则觉得一个国家在宗教事务上分裂，必然导致在其他事物上也产生分歧。马尔伯勒自己也觉得在战争时期把大多数国民对立起来毫无意义。所以，尽管新组建的下议院中托利党热情高涨，但法案最终没有通过。女王亲自打圆场，建立了一个名为“安妮女王之赏”的基金，她愿意贡献出自己的一部分从税收获得的岁入，以此补助那些在最贫困教区服务的教士。

然而，她统治前期面临的最大问题便是同法国的战争。马尔伯勒就任军队最高指挥官一职，但从理论上说，其军阶仍低于女王的丈夫，丹麦的乔治王子。而乔治本人一无所长，用查理二世的话来说便是“他醉的时候，我试探过他，他清醒的时候，我也试探过他，但他真的一无可取”。乔治于1708年去世，所以安妮在其统治后期一直守寡。当然，马尔伯勒是联军实际上的指挥官。他是这个职位的不二之选。其实，战争的第一年与上次战争的最后一年非常相像，双方都没有太大的动作。而且，马尔伯勒觉得荷兰前线副手们的谨慎和优柔寡断让他束手束脚。但让他宽慰的是，女王于1702年将他晋升为公爵。

接下来的几个月中，尽管联军动作迟缓，新公爵依然攻占了默兹河
畔的几个重镇，默兹河是条由法国东北部流入北海的大河，列日港、马斯 34
特里赫特港、那慕尔港等港口都在默兹河沿岸。受到这些胜利的激励，约翰·伊夫林写道：“上帝同时对我方降下这么多祝福与希望，实乃百年未见之事。”这句话尽管言过其实，但大胜确实近在眼前。

马尔伯勒沿默兹河布下的打击线让荷兰免于完全落到路易十四手中，但公爵与他的盟友萨伏伊的欧根亲王如今已经准备了更为宏大的战略。他下了危险且出人意料的一着，帅军离开低地国家，穿过德国各个公国，朝巴伐利亚进发，巴伐利亚选帝侯是法国的亲密盟友，而其境内的多瑙河具

有重要的战略意义。他的主要目的是从敌人手中保住哈布斯堡王朝的首都维也纳。此次行军壮举有时被人与拿破仑相提并论，马尔伯勒带着两万名士兵仅用了六周时间就挺进了两百五十英里，同时还沿线吸纳了两万多兵力。为了掩饰自己的意图，他不得不快速且秘密地行动，他不仅要骗过法国人，还要骗过荷兰盟友，因为后者认为把兵力从西属尼德兰调出去全然是浪费。

马尔伯勒获胜了。1704 年 8 月初，两支部队在位于多瑙河附近的布林德海姆（又称布莱尼姆）村附近遭遇，村边的田地刚收完麦子。法军和巴伐利亚军背靠河流和树林，采取守势，但马尔伯勒持续猛攻，最终将其击溃。英军骑兵排成三排，举着佩剑快速前进。步兵排成三排或四排，配备火枪，枪上装有刺刀。战斗接近尾声时，法国人被迫撤退到布莱尼姆村，在那里，由于伤亡惨重，残军被迫放下武器投降。

英军大获全胜。法军约三万四千人战死，一万四千人受伤或被俘，而英军及其盟军的死亡人数大约为一万四千。第二天，公爵给妻子写信称："在信的末尾，我不得不自负地告诉你，我的爱人，此次胜利乃有史以来最
35 伟大的。"杀敌越多，胜利越伟大，或许吧。

巴伐利亚退出战争，维也纳保住了。德国公国得以免于法国入侵的威胁，路易一战定胜负的希望彻底落空。这或许算得上是西班牙王位继承战争中最具决定性的一仗，经过此役，英军的实力得到证实，而令人恐惧的路易十四，只是虚有其表罢了。八天后，胜利的消息传到了英格兰，举国欢腾。廷臣告知安妮胜利的消息后，安妮说："你带来了朕此生之中，无与伦比之喜悦。"但喜悦并不是随处可见，在那些认为马尔伯勒的战争政策是挥霍浪费的托利党中，喜悦之情便很难见到。在他们看来，这种欧洲冲突实际上又能实现什么呢？

在安妮女王统治期间，党内竞争异常惨烈。安妮本人是个中间派，既不亲近汉诺威王朝，也不亲近詹姆士党，所以王国内的意识形态斗争便公开化了，人们可以尽情释放愤怒和怨恨。女王本人决心凌驾于两党之上，她凭借本能，务实地认为只有平衡两党，才没人能够驾驭她。她写道："如

果我很不幸地落入任何一个党派手中，那在我看来，我虽有女王之名，实为党派之奴。”对于两个党派的狂热分子，她既不喜欢也不信任，心怀恐惧地称他们是“无情之人”。但是，在两派之间达成平衡，这是否可能？托利党和她均属于可敬的安立甘宗，但他们反对马尔伯勒的战争。辉格党支持马尔伯勒的一切所作所为，但他们渴望消除皇家特权，以支持议会统治。哪一方能为她遮风避雨呢？

两派还未正式组成政党，但已见雏形。换句话说，他们正在变成漫画上人们讽刺他们的样子。在斯威夫特的《格列佛游记》中，小人国有两个派系，“高跟党”和“低跟党”，以鞋跟高低区别。前者的鞋跟高，意味其 36
“高度保守”，而后者则鞋跟低。他们之间的敌意是如此之大，斯威夫特指出：“他们既不一起吃饭喝酒，也不互相交谈。”

在18世纪初期的伦敦现实世界中，辉格党和托利党只会光顾自己派别的俱乐部、咖啡馆、酒馆。具有贵族气质的辉格党人会在基特-卡特俱乐部见面，而他们的死对头托利党则在兄弟会集会。托利党经常光顾圣詹姆斯街上的奥金达巧克力屋，或继续向前走，转个弯前往蓓尔美尔的士麦那咖啡馆或可可树俱乐部。辉格党人则会在圣詹姆斯街上的咖啡馆集会，这个咖啡馆很危险，因为离奥金达巧克力屋很近，或者驱车向东，前往考文特花园的纽扣咖啡馆。伦巴第街的彭塔克记和位于骑士比武场的老人记也是辉格党爱去的地方。

艾迪生曾经将伦敦描述为“异国之集合”，圣詹姆斯街上的咖啡馆与齐普赛街上的咖啡馆习俗和举止之迥异，让人仿佛到了突尼斯或莫斯科的咖啡馆一般。然而，每个地区都通过其主要的咖啡馆团结起来，“这家咖啡馆里会有某个特定的政治家，专门为他所在的社区发声”。伦敦是一个遍布咖啡馆的城市。这些咖啡馆始于17世纪60年代，克伦威尔宗教至上的统治结束后，急需舒适的场所来满足人们迅速发展的社交需求。对于当时的伦敦社会来说，咖啡馆的出现真是千载难逢，没过多久，它们就被认为是城市生活最重要的组成部分。熊熊燃烧的壁炉保证了屋内的温暖以及热水的供应；只要在柜台付一便士，就能点上一杯咖啡或巧克力，另外咖啡馆会把报纸挂在墙上，有了这一切，娱乐和交流足矣。伦敦是一个充斥着新闻的世界。

从当时的插画可以看出，咖啡馆内的布置很简单，摆上几张凳子、椅子和朴素的桌子，就成了。在咖啡馆里，可少不了吸烟，几乎每个人手上都拿着烟斗。舰队街的安德顿记是共济会的聚会地点。圣保罗大教堂庭院的孩童记是书虫和学者爱去的地方。与此类似，有学问的人也爱去希腊人咖啡馆。交易巷的乔纳森记常常有股票投机商出没。康希尔街的巴特森记是医师的最爱。如果有人得病了需要立即就医，他或她就会派个人去巴特森记。

37 然而即使是医学界也无法摆脱党派狂热。奥利芬特医生刚加入托利党，他的辉格党病人就立马拒绝接受他的治疗。一次，声名显赫的托利党人牛津勋爵看到一位身份同样显赫的辉格党人等在一个宅邸门口，他便拒绝进入该宅邸。在伦敦，辉格党和托利党有各自的医院。圣托马斯医院是辉格党的，巴特医院是托利党的。谁会希望让一个党派立场错误的人来给自己治疗呢？伊顿公学也分成两个派系，争斗和争吵不断。1707 年，斯威夫特穿过莱斯特时，他观察到“整个镇上所有女服务员、学徒、学生，都满腔热忱地参与着自己心仪党派的活动”。1712 年 1 月 3 日的《旁观者》写道：“辉格党和托利党的夫人们上街会穿不同颜色的衣服，并以头饰区分立场。”四年后，《自由持有农》写道：“孩子们牙牙学语时，辉格党和托利党是首先学到的词。”

因此，两党之间并不止低跟和高跟之别。甚至连做出这个比喻的斯威夫特，终其一生都是托利党。两派之间的仇恨足以导致监禁、流放、剥夺公权、没收财产、失去职位甚至丢掉性命。两派的原则性分歧涉及方方面面，如王权之地位、国教之架构、汉诺威家族继位之基础、宗教宽容之本质、战争之准则等。如果再加上针对金钱和土地的争执，那两派就更加势不两立了。由于国民基本价值观和信念的分歧如此之大，女王和她的部长们不得不谨慎对待。有些人会把当时称作“稳定的时代”，但事实绝非如此。在某些方面，它与前一个世纪相似，只是少了战争威胁罢了。

女王统治初期，辉格党人似乎较占优势，主要是因为他们更加热心地
支持马尔伯勒对法国人的战争。但情势并非总是如此，两党会因政治气氛
和议题的不同各有胜负。有一个例子体现了两党风水轮流转的情况，1705
年春天的大选中，没有一个党取得压倒性胜利，但辉格党似乎战胜了托利 38
党中的激进派，结果是辉格党和托利党中的温和派达成了平衡，而托利党
温和派的领导人是罗伯特·哈利。

哈利现在可能已经被淹没在历史的尘埃中，但依然可以将其挖掘出来当作 18 世纪政客的代表，即那种毫不掩饰的政客。1689 年，他以下议院议员的身份开始了自己的仕途生涯，没过多久，就对议会中的弄权伎俩驾轻就熟，甚至因此被叫作“骗子罗宾”。他一路青云直上，于 1701 年当选为议长，并很快成为晋升高官的不二人选。他的演讲既不流利，也不启迪人心，但会以丰富的细节弥补视野的不足。他钟爱阴谋诡计，行事常常藏头露尾。说话从不开门见山，从不真心实意。据观察，他说话过于严密，过于模棱两可，导致就连他自己都不明白自己在说什么。亚历山大·蒲柏评论说，他“以一种非常令人困惑的方式谈生意，以至于你不知道他想说什么。他和你说事会采用史诗的叙述方式，总是从中间开始说”。这里的典故是贺拉斯曾给史诗诗人提过一个建议，建议他们从“in medias res”（中间）开始写。

但是，哈利的说话方式只会让听者丈二和尚摸不着头脑。他城府过深，以至于让人觉得他在故弄玄虚，他做事过于拖沓，以至于让人觉得他总是不作为。上议院大臣考珀勋爵曾说：“如果有人生来就是无赖，那个人就是他。”他外表怪异，总是微笑着点头哈腰，马尔伯勒公爵夫人称其为“举手投足总是怪里怪气”。

然而，他是个很幽默的政客，将每个同僚都视为潜在的盟友和朋友。他喜欢与人相伴，但他没有真正的朋友。他与人为善是带有目的性的。他之所以呼朋唤友，因为他有本事利用各色人等达成自己的野心。他对人性了如指掌，非常热衷于判断一个人的性格，而他确实深知如何去探寻别人的内心。除了宣传自己，为自己谋利之外，他没有其他原则，尽管忠君或

许可以算作他的美德，即使这一点或许也可以理解为他忠于自己的前途。
39 他为阴谋而生：常常机关算尽，不可自拔于自己许下的似是而非的许诺之
中。前年才支持辉格党，来年又投奔托利党。只要他支持安妮女王，换个
党派实际上也没什么不同。如果想要看看那个时代和他一样立场摇摆的政
客有多少，那他身后将不乏其人。我们在这里，或许可以引用威廉·布莱
克的看法，即“在相同的存在之中，不会有新的东西出现。意外五花八门，
40 而本质则永不变化，永不腐朽”。

4

如日中天

安妮女王统治初期如有神助，五谷丰登。在 1702—1708 年间，小麦的价格低于通常会引发贫困或骚乱的每夸脱三十先令。这自然减轻了地方以及伦敦的政治和社会压力，在伦敦，面包的市场成本是影响公众满意度最为重要的因素。1708 年秋，约克郡的乡绅莫尔斯沃思写道："我们只去市场买糖和香料，吃的喝的家里都有。"钟表、镜子、瓷器、地毯、窗帘等销量的上升导致中间阶层日进斗金。

这一切，并非都是神的恩赐，而是很大程度上应归功于远大抱负，这种抱负在《格列佛游记》中有过描写："若谁能在从来只种单穗玉米和单叶草的土地上，种出双穗玉米和双叶草，那此人便应受嘉奖，负责更多国家要事，这是政客之流绝不能比的。"能够促成当时农业进步，以下著名人士的贡献不可或缺：杰特罗·图尔、芜菁大王查尔斯·汤曾德、阿瑟·杨格和他的《农业年鉴》、罗伯特·贝克韦尔和他的新莱斯特绵羊。 41

但是，光凭一些天资聪明、善于观察之人的个体创新，并不能创造出始见于 17 世纪中叶的"农业革命"。如果拿"革命"来形容失之太过，那至少也可以将其称为进步的时代。当时碰到的障碍是实实在在的。整个农村依然被保守势力占据，耕种土地和饲养牲畜几千年来几乎没有变化。农民的古老习俗和偏见根深蒂固，任何质疑其效果的人就相当于在质疑上帝的安排。根据约翰·奥伯里的说法，直到 17 世纪中叶，“对于农牧业的改进措施，哪怕能带来收益，也依然会遭人冷眼”。

想要说明 17 世纪后期成为重大创新时期的具体原因，只能通过胡乱猜测，但皇家学会研究排水问题和轮作多少起到了一些推动作用。18 世纪初，物价下降，获利的机会就更大了。

“圈地”程度的进一步加大也是促成改变的关键因素。自 14 世纪以来，将大片户外土地和公共牧场变成大型私人牧场的“圈地”活动一直是英格兰农业的特征。它引发了 1381 年的农民起义和 1450 年的杰克·凯德暴动。1516 年托马斯·莫尔的《乌托邦》出版，书中对将耕地变为牧场进行了谴责，自此，圈地运动引起了民众广泛讨论。他说，圈地是让羊吃人。

人口的增长和有限的资源，加上食品的价格，使土地成为最炙手可热的商品。一旦封建关系破裂，庄园社会的法律和习俗停止运作，对于兴旺发达的追求就会导致对土地予取予求。在 16 世纪和 17 世纪，这就是铁律。拥有土地越多就越强大。越强大，就越能轻易剥夺农民惯来如此却并未成
42 文的收集粮食和柴火的权利。故此，私人对土地的控制进一步加强。

一批新兴地主由此崛起，很快，有土地的乡绅成了议会的重要组成部分。因此，地主们受到了保护，但小自由持有农和茅舍农并没有。那些从地产获益的人就在各地继续收购小块土地，并计划着某一天将其并到一起；他们获得了议会选举区的庄园权利；他们收买了“圣职推荐权”或授予牧师的土地。地主们希望拥有一望无际的土地，结出累累的硕果。土地拥有得越多，回报就越多。

直到 18 世纪中叶，圈地协议都是私下签署的，其中无疑带有贿赂和勒索的成分，但常识和互利扮演着更为重要的角色。例如，在旧的公共土地系统中，拥有多数土地的地主定会想要联合起来进行土地交易，以便耕种和放牧。另一种土地交易通过议会颁布的私人法案进行。这类法案首见于 1604 年，但议会主导的圈地运动黄金时期（如果这么说合适的话），则是在

18 世纪中叶以后才开始的。负责调查或调解土地争端的议会专员很可能默认支持农业改革，毕竟那是大势所趋。然而，上述人等之间达成的平衡从结果上看并不会回应村人的抗议或“小人物”的不满。唯有拥有土地约四分之三所有权的人才可以进行土地买卖，所以拥有土地所有权比例较少的多数人被忽略了。

一旦农民拥有了土地，不论他是通过什么手段获得的，他都可以随意处置，而无须咨询乡邻意见。排水系统的改进和轮作机制的引进提高了产量。被围栏圈起的私人土地以及新粮仓的出现，带来了全新的农业景观。此外，大农场主更愿意采用提高效率和生产力的新方法。这被称为规模经济，或基于市场力量的农业之萌芽。 43

因此，英格兰的土地被慢慢改变了。18 世纪中期的农业发展，直接导致了乡村田地被篱笆或石墙围了起来，呈现出如同“棋盘格”一般的独特景象。19 世纪初，托马斯·巴切洛在《农业的进步》（1804）一书中描写道：

> 山楂木篱绵延不绝，
> 牧草田地由此隔绝。

与巴切洛诗句的巧妙对仗形成鲜明对比的是农村针对圈地的暴动，反对圈地的请愿，以及人们对公众权利遭到破坏的愤怒。原先的小农户、茅舍农沦为了工钱随季节而变化的一般劳动力。地主乡绅、富有的业主、大佃户成了实际上的掌权者。曾经在农业架构中不可或缺的农民和约曼农（其实就是独立自耕农）逐渐式微，最终消失。这也体现了农村的社会革命。

当议会特派员前往某个地区调查圈地运动的好处时，面对的常常是威胁、拒绝合作、拖延，以及关于当地民不聊生的谣言。这些充满敌意且常常心怀怨愤的反应体现了习俗、习惯、传统在商业和效率的强压下所做的最后一搏。

然而，圈地的进程确实对土地的肥力和盈利能力产生了重大影响。例如，如果离开了大规模生产，农民就不可能养活不断且迅速增长的人口。从驴食草（又叫健康草）到紫苜蓿（又叫牧蓿），从苜蓿到无处不种的芜菁，这些新引入的农作物让土地变得更加肥沃了，农民们腰包渐鼓，牛羊肥硕。没过多久，不同地区显然都有了自己的特产。肯特产啤酒花，汉普郡产蜂蜜。艾尔斯伯里产的鸭和诺福克产的火鸡齐名。1770 年，阿瑟·杨格指出，在过去的十年中，“农业领域的实验、发现、进步千年
44 未有”。

据估计，到 18 世纪中叶，占该地区人口三分之一的劳动力可以养活其余三分之二的人口。在那个时期，农业依然是经济的命脉，食物的富足程度是对人们健康、活力、生活水平最准确的衡量。也正是如此，1797 年的《大英百科全书》称：“毫不自夸、不偏不倚地说，英格兰在农牧业方面超过了所有现代化国家。”尽管并没有提到随农业变革而来的贫困苦难、强取豪夺、厚此薄彼等状况。

然而，在那个进步的时代，大量社会组织因为农业的发展而成长壮大。参加社会组织成了当时最主要的关注点之一。佃户晚宴和农业俱乐部成了讨论农学的场所；巴斯学会、韦斯特学会等地方性学会也实现了类似功能，鼓励会员实验和创新。没有什么比和邻居竞争更有效的了。到了后来，《农民杂志》和《农民报》等期刊相继出版，1754 年，皇家艺术学会设立了农业进步奖。取得了最高成就的是 1793 年由一批志愿者成立的农业委员会，该委员会在下一世纪将改组为农渔粮食部。该委员会不断把瑞典芜菁分发给全国各地，并组织开展汉弗莱·戴维关于“植物化学”的讲座。自 17 世纪中叶以来，发明和实验精神愈加突显，而农业上的变革便是这种精神的体现。

故而，关于“进步”的讨论不绝于耳。金属、矿产和矿物的新发现被
45 认为是取得更大进展的预兆，而当时的“古代人”与“现代人”之争某种程度上旨在纠正古而有之的诸多谬误。不久，针对公路和运河的进步信托基金便建立了起来。

探究的精神并非仅见于中上层人群。1753 年，英格兰进行了全国人口普查，但被来自约克的议会议员斥为“将颠覆英格兰所剩无几的自由”，“乃贪婪和压迫最有效的引擎”。当最后算出泰恩河畔纽卡斯尔的人口时，总数之少引起了“普遍的惊讶”。人们之所以惊讶，是因为当时普遍认为全国人口数量会迅速增长，使得物资供不应求。和对于其他事情的恐慌一样，对物资供求的恐慌是没有根据的。

然而，从 18 世纪初开始，人口确实只增不减。据推测，1714 年英格兰的人口大约六百万，五十年后增长到六百五十余万。1781 年达到七百五十万，19 世纪初达到九百万。英格兰在这段历史时期的发展持续不断，几乎不可阻挡。到 18 世纪中叶，可能出于一些附带利益的影响，除了伦敦人口暴增之外，北方的人口增速也很快。

人口增加的原因众说纷纭。通常认为死亡率下降和生育率增加是主要原因。此外，当时没有饥荒和大疫，生活环境变得越来越干净，对劳动力的需求增加，粮食富足，人民倾向于早婚，以及人类正在与疾病的斗争中取得越来越大的成功。在如此优渥的环境下，必然岁稔年丰，人民丰衣足食。

这并非在宣称支配自然。这是种亵渎的想法。但是结果很明显。如果将罗伯特·贝克韦尔毛蓬膘肥的“新莱斯特”绵羊和其他农民的骨瘦如柴的绵羊放到一起，差别显而易见。在 18 世纪，史密斯菲尔德的绵羊平均体重从二十八磅上升到了八十磅。

这种变革的力量并不仅限于牲畜。地底下同样具有巨大的变革潜力。
工业发展第一阶段的标志是从木材过渡到煤炭，从有机物过渡到矿物，从 46
取之当地、容易消耗的资源过渡到似乎年代久远、历久不衰的物质。煤炭是基础。但首先必须深入地底获取。

旧式采煤法既费力又危险。矿工会系着绳子下到地底深处，前往先前工作的地方。他们手握铁镐、楔子或锤子，或跪或屈身或侧卧，从主煤层采煤。从图示上看，矿工们躺在巨大的煤层下，好像随时都可能被压成肉泥。负责拉煤的有小马驹或妇女和儿童，后者会在腰间拴上铁链，拖着大篮子装煤。危险无处不在，地底会冒水、会落石、会出蒸汽、会有夺人性命的“窒息潮湿”和浓烟浓尘。矿工一直被同黑暗与地底联系在一起。故而人们对他们的态度通常都是迷信的敬畏或毫无来由的恐惧。他们生活在黑暗中。

矿工不可避免的死亡被认为是经济损失而非社会灾难。损失时间和工人，就意味着损失金钱。当然，一旦地主和矿主的利益受到威胁，至少会催生补救措施。影响最为持久、最具破坏性的问题便是矿井底部和凹陷处的积水。“马力起重机”首先出现，但算不得十分有效，它是由马绕圈走带动齿轮，从矿井吊水的木制装置。该装置还被用于吊煤。

第一台“蒸汽机”的出现虽然是划时代的，但并不能确定起到了多大作用。发明蒸汽机的殊荣通常被授予托马斯·萨弗里，他在 1698 年获得了抽气泵的专利。1702 年 3 月，《邮递员报》上有一则广告做了这样的推荐：“萨弗里上尉的发动机，可以利用火力，不论水有多少，井有多深，都能吊
47 得起来……特提醒所有矿主，该设备能够将已经淹水的煤矿排干。”广告里提到的“火”，指的是提供蒸汽的烧火锅炉。蒸汽产生气压，带动活塞；而活塞则带动水泵。通过这种方式，险恶的水就被抽走了。

达特茅斯铁匠托马斯·纽科门将萨弗里的发动机进行了改良，于 18 世纪的头十年间设计出了一种能够下探到地底的发动机。第一台纽科门式发动机于 1712 年投入使用，到了 1715 年，也就是萨弗里去世那年，已有七八台发动机投入使用了。在随后的二十年中，发动机的数量又增加了五十余台；到 18 世纪末，数量超过了三百五十台。纽科门式发动机的成功证明了它的高效和必要性，直到被詹姆斯·瓦特的发明所超越。

然而，这种发动机并不精致，根据塞缪尔·斯迈尔斯的记录，纽科门式发动机运作起来很是笨拙，令人不快，轰鸣颠簸不断。发动机的泵下降时，能听到坠落的声响，伴随出气声，然后是一声巨响。接着泵向上升，抽水机开始运作，发出吱吱噗噗的响声，又是一声巨响，接着一大管水被抽了出来。

第一代发动机的庞大和复杂或许让当时的人们大为惊讶，就如同 20 世

纪50年代的早期计算机横空出世时，公众也对其大惑不解。与计算机一样，蒸汽机带来的翻天覆地的变化并没有得到充分的认识或理解。蒸汽机首次做到了将热能转化为动能。也就是将热转化为功。这种能量来源是先前的人力或水力所完全不能比的，工业生产力无疑会因之大幅提高，并终将冠以革命之名。噗噗作响的发动机改变了世界。48

5

黄金篇

前国王出于国防和军事原因，一直希望苏格兰和英格兰结盟。因为詹姆士党总让他芒刺在背，几个世纪以来，众所周知，苏格兰一直是亲法的。两国之间也进行过王朝合并的尝试，但终究未能成功。具有双重身份的苏格兰国王詹姆士六世于 1603 年同时成为英格兰国王，称詹姆士一世，尽管同君，但两国并没有统一，这毕竟是件史无前例的事。克伦威尔曾将苏格兰纳入版图组成英联邦，但没过多久，便分崩离析。

然而，安妮登基后不久，便于 1702 年组成委员会，研究如何解决这一长期存在的棘手难题。起先，两党都对这一安排缺乏热情。下议院托利党领袖提出，与苏格兰合并如同嫁给无业游民，“同乞丐结合，食物里都会出虱子”。然而，不论从国家利益还是从国防出发，支持合并的理由远比要嘴皮子有力。1703 年，苏格兰议会通过了《安全法》和《和平与战争法》两项法令，这对英格兰的统治造成了威胁。苏格兰人拒绝将王位授予汉诺威
49 王朝的新教徒。他们仍然渴望由斯图亚特王朝的苏格兰人来继承王位。第二部法案宣称，女王去世后，苏格兰人将保留与法国及其盟国保持和平或战争状态的权利。他们甚至可以将军队从马尔伯勒麾下撤出。

北部边境眼看再难安宁，英格兰的政客们如鲠在喉。对于辉格党来说，

联合苏格兰是毋庸置疑的，他们坚定地支持战争，而且对汉诺威王朝忠贞不贰，立场一目了然。反观托利党，他们并无意公开反对女王或政府，但以防万一，安妮只提名了一个托利党成员加入英格兰委员会。因此，谈判的气氛还算不错，虽然背后充斥着贿赂和其他较为隐蔽的手段。

1706年春夏两季，委员会成员们在白厅内名为“斗鸡场”的办公套间中开会。双方并没有见面，而是书面交换建议和提议，英方大肆动用金钱和承诺拉拢苏格兰地主。苏格兰代表团还希望获得他们称之为“当量”的一大笔钱款，即由英格兰支付前苏格兰政府的债务。因此，《合并协定》可被视作暗箱操作下的交易，但是许多苏格兰委员早已倾向于与英格兰合并了。

苏格兰的经济因与法国的连年征战而遭到重创。眼见外国纷纷关闭港口，停止出口，苏格兰史无前例地需要与英格兰进行牛羊和亚麻等商品的自由贸易。毫无疑问，合并对经济大有裨益。苏格兰经济学大师亚当·斯密后来写道：

> 合并让苏格兰高地的牛羊打入了英格兰市场……合并一事给苏格兰带来了种种贸易优势，而其中最大的优势是牛羊价格的上涨。这不仅提高了高地地区地产的价值，而且兴许也是促成低地发展的主要原因。 50

实际上，《合并协定》能够建立世界上最大的自由贸易区，让苏格兰工农业显而易见的弊端逐渐消除。

然而，许多苏格兰人对于这次“包办婚姻”的前景并不看好。他们不希望和一个更富更强的国家捆绑在一起，并担心自己的国家会被吞并，最终沦为康沃尔郡一般的封地。他们为什么要背弃老斯图亚特王朝呢？

尽管如此，1707年5月初，《合并协定》各项法案依然得到通过，至此，两国合并，乔纳森·斯威夫特称之为“疯狂的双臀王国”。实际上，该条约将两国合并，缔造了单一的主权国家和单一的议会，议会中有苏格兰代表，但同时也保留了苏格兰教会、苏格兰法律，以及苏格兰地方政府。

从此以后，英格兰、苏格兰、威尔士并为一国，冠名大不列颠。

新国旗由圣乔治红十字、圣安德鲁X形白十字组成，通常被称为“联合旗”，但毫无疑问，两国当下所陷入的战争并未因这一新旗帜的出现而有任何改变。布莱尼姆一战胜利后，战况便再没起色，令人心灰意冷，而且盟军之间出现了分裂，意大利和荷兰都没能脱离法国控制。马尔伯勒公爵希望攻入法国，直捣黄龙，但是他的战友们对此无动于衷。他们过于怯懦，只求保全自己的领地。

马尔伯勒回到了西属尼德兰形势不利的战场上，在荷兰和丹麦盟友的协助下，于1706年春在拉米伊打了场大胜仗。法军指挥官维拉尔元帅将此役形容为“极为可耻、屈辱、灾难性的溃败”。全面溃败导致法军撤出了西属尼德兰，放弃了一些重镇，并撤离了安特卫普、奥斯坦德，布鲁日、根特、里尔等地。

现在，波旁王朝在整个欧洲的势力范围普遍处于混乱状态。或许马德
51 里能算个例外，在那里，波旁王朝仍然通过路易的孙子腓力五世掌权，腓力五世尽管为了儿子曾短暂退位，但依然做了差不多四十年西班牙国王。当下形势似乎对英格兰及其盟国有利。里尔被占领意味着巴黎门户大开，路易由此派遣使节前往海牙进行秘密谈判。

但是英军阵营中的气氛并不利于缔结条约。马尔伯勒在给一位荷兰将军的信中说道：“我亦相信法国气数未尽，在这时候仓促议和将后患无穷。”因此，和约的条款制定得极为苛刻。至少得正式承认安妮女王为合法君主，破除“老僭君”的虚假权威，后者于1708年春在福斯湾的登陆失败。议和的条件还包括摧毁敦刻尔克的港口，以及让腓力五世离开马德里。

路易十四似乎做好了有求必应的准备。法国和英格兰刚经历了有史以来最寒冷的冬天。泰晤士河上开办了霜冻博览会，温特沃斯夫人写信给兄弟说：“邮递员骑马送信，信送到的时候，人已经在马背上冻死了。”然而，严寒对法国的影响更为严重，该国已经因为饥荒、物资短缺和民众的战败情绪脆弱不堪。

以上这些条件路易都能接受，或者说几乎都能接受。而和约中第

三十七条是他断然无法接受的，即要求不惜使用武力让他的孙子离开马德里，代之以哈布斯堡王朝的查理。是可忍孰不可忍。强行驱逐波旁王朝的成员，转而支持哈布斯堡王朝的成员？断然不可。有理由相信，马尔伯勒和他的英格兰谈判人员或许是故意提出这些要求的，目的就是让路易拒绝，从而继续冲突。战争收益依然巨大，对于像马尔伯勒这样的贵族领袖而言尤其如此。公爵甚至要求女王赋予他终身最高指挥官头衔，但安妮以违宪为由，明智地予以拒绝。尽管如此，他也赚了个盆满钵满。布莱尼姆宫和马尔伯勒官邸只是他所聚敛之财产的冰山一角。

那些反对马尔伯勒和战争的人对他本人的财产和名望必然恨之入骨。
愤怒沮丧的情绪也指向了如今占据主导地位，同时掌握财政大权的辉格党 52
政府。辉格党的金融家总能从向政府提供的贷款中发家致富，而托利党的乡绅们则以高额的土地税为政府借款买单。实际情况会比这更复杂，但在当时，表面看起来就是如此。再没有比这更沉重，更不公平的事了。托利党从战略和开销角度出发反对战争。为什么要帮几个世纪以来一直在贸易上与英格兰为敌的荷兰人打仗呢？既然从中似乎捞不到好处，又为什么要在欧洲大陆打那些稀里糊涂的仗？

1709 年初秋，两军在蒙斯西南方的马尔普拉凯交战，而危机实际上就伴随着这场战役到来。英军及其盟军付出了巨大代价赢得了纸面上的胜利，阵亡人数是敌人的两倍。法军秩序井然地撤走，而英军则在战场上留下了两万多具尸体，这场战役不久就被人们称作“欧洲最血腥之战”。安妮女王没有给公爵发贺信。如果法军一直这么士气高昂、战意坚决，尽管他们看上去即将崩溃，但战争的结果又有谁能预料？托利党大声疾呼草菅人命的战争，而这场战争，哪怕不是辉格党政府一手策划的，也与其紧密相关。法军指挥官维拉尔元帅在给国王的信中写道：“若上帝能让陛下的敌人再打一次这样的胜仗，他们便死无葬身之地了。”这句话引用自皮洛士，即俗语“皮洛士的胜利”中的主角。

辉格党现在有了另一个完全不同的敌人。牛津大学玛格达琳学院院士亨利·萨谢弗雷尔博士因其狂热的高教会信仰而与辉格党渐行渐远。在一个信仰高教会的托利党市长和一些随行者的协助下，他被选定于 1709 年 11 月 5 日这个标志性的日子，在圣保罗大教堂向市政当局人员布道。在宗教界，他是声名远扬的演说家，鲜有敌手。威廉·比塞特在《现代狂热分子》（1710）一书中写道：“他一走上布道台，就如同走入山洞的女先知，
53 或站在三角祭坛上的女巫，满脸的凶相和狂怒，难以形容。”双唇噘起，目露凶光，俨然一个严厉的教官。他并不博学，但自带威严。他并不聪明，但巧舌如簧。他便是那种能够以火一样的激情重复时下陈词滥调的神职人员。

他的布道又题为《假弟兄在教会及国家中的危险》。“假弟兄”并不难指认。实际上，萨谢弗雷尔将他们像牵线木偶般展示了出来。他的攻击聚焦在不服从国教者身上，尤其是受到辉格党保护，并由二十年前颁布的《宽容法》赋予礼拜自由的宗教异见者。据萨谢弗雷尔的说法，这些人被选去统治不敬虔和放荡之地。在 1702 年的一次布道中，他宣称“长老会与共和制沆瀣一气”，也就是说不服从国教者信奉的平等原则不仅适用于宗教，也适用于政治。这是个老论点了，詹姆士一世就对此做过概括：“没主教，没国王。”

而现在，萨谢弗雷尔将其渲染得极为残酷。他长篇大论批判宗教宽容，几乎将持不同政见与弑君同论。他极力主张“被动服从”原则，即必须毫无保留地服从君主。任何异议都应被视为有罪和非法。当然，这可以看作在暗中批评光荣革命，这场革命将詹姆士二世拉下王位，但更为直接的影响是，有些人会将这些话解释为对辉格党及其追随者的一次重大攻击。

此时的辉格党处境艰难，不仅深受反对大陆战争之人的攻击，他们的政敌还总在女王耳边吹风，说国家不太平。在这种情况下，进攻是最好的防御。不顾安妮女王反对，辉格党决定将博士带到下议院，让他为自己的行为辩解。1709 年 12 月中旬，下议院将他的言论定为“满怀恶意、无耻下流、诽谤中伤”；他被以“严重罪行和不检行为”定罪，并遭到拘留，可能会被判处无期徒刑。

以大欺小的威胁，坐实了公众对过于强大的辉格党政府维护自身利益

的疑虑。亨利·萨谢弗雷尔究竟做了什么？他不过是宣称自己效忠于国教， 54
并为国教特权受到侵犯而大声疾呼罢了。作为一个坚定的国教徒，这犯了什么严重罪行？其实，那些攻击他的人或许才有颠覆政权的嫌疑吧。

有趣的是，被冠以“暴民”“乌合之众”等恶名的伦敦老百姓们，都是因循守旧的。他们本能地忠于当下君王和宗教的权威，只要听到有人喊“教会遭到威胁”，必然会上街。他们可能一生中从未参加过国教的宗教仪式，但教会一旦受到威胁，他们便会挺身而出。

随着对萨谢弗雷尔的审判时间一天天临近，伦敦人聚集到一起，意图破坏持不同政见者的接头处。一些不服从国教的部长官邸也遭到洗劫，书籍和家具被毁。几个秘密集会处的布道台、长椅，甚至壁板都被带到林肯因河广场付之一炬，人们大喊：“高教会、萨谢弗雷尔！”听到人们大喊“上帝拯救女王和教会！我们希望陛下能为萨谢弗雷尔博士申冤！”的时候，女王的马车停了下来。丹尼尔·笛福写道：“妇女将茶和巧克力抛在一边，饭后也不串门，而是暗地组成小集团，把自己当成枢密院委员，指点江山……暴民与乌合之众占据了街道……甚至孩子都在谈论政治。”

上议院于1710年2月底在威斯敏斯特大厅开启审判，许多人为了进场旁听，花了大价钱。大厅中甚至特地建了一个专席，这样女王便能在场观看审判而不被其他人看见。审判期间，萨谢弗雷尔每天早晨会乘坐玻璃马车前来出庭，马车旁围着许多全副武装、拔剑出鞘的士兵。辩护方辩称，博士不过是在一次布道中为教会辩护，而那次布道被人“以令人费解、不知所云的措辞定为犯罪”。

四天后，亨利·萨谢弗雷尔起身为自己辩护，他的辩词是由学识和辩
才都远胜于他的罗切斯特主教弗朗西斯·阿特伯里撰写的。萨谢弗雷尔声 55
称自己只是一个普通的牧师，一个敢于为自己的国家和信仰免受亵渎和异教徒攻击而发声的牧师。甚至在开口之前，他已经赢得了辩论。辉格党领袖有理由为他们在错误的时机触犯民意的行为感到懊悔。他以微弱的票数输了这场官司而被判有罪，但量刑很轻。他并没有如同之前遭到的威胁那样被关进伦敦塔终身监禁，仅仅被判烧毁讲稿，且三年不准传教。

在国人眼中，这一判决无异于宣告他无罪，是对起诉他的辉格党的一次严厉谴责。伦敦的人群欣喜若狂，街道上燃起了篝火，窗户映照出蜡烛和火炬的光亮，这在传统上是庆祝军队在国外打胜仗的方式。萨谢弗雷尔在南华克的圣救世主教堂祈祷的时候，前来朝拜的人络绎不绝，导致教堂几乎人满为患。这座乡村小镇也敲响了胜利的钟声，在许多人看来，民族情绪预示着教会和国家将进入一个由托利党领导的新时代。

第二年秋天的选举似乎使人们的希望变得更加光明。托利党以两倍的票数压倒辉格党，上台成为执政党。新成立的政府由我们先前提到过的政治家罗伯特·哈利领导，他对女王的耿耿忠心反映在他有意建立一个“温和”的政府上。然而，那些在党派选举成功的高潮中被安插在下议院的极端主义托利党成员的行为出乎了他的预料。这些人成立了一个协会，名为十月俱乐部，以纪念他们的著名胜利。这些人只会空谈，不讲道理，笛福将他们描述为“因月光而目盲的高教会苍蝇”。一些反对他们的人直截了当地说他们暗通斯图亚特，但这种说法不够准确，更公允一点，或许应该说他们喝醉时支持詹姆士，清醒时支持汉诺威。许多托利党成员都这样，他们可能梦想着恢复旧秩序，但心里又十分清楚自己的福利、钱财、安全都取决于汉诺威王朝。

56 然而，十月俱乐部代表了那些厌倦战争，更加厌倦辉格党，对控制军事开支和国内税收的金融小集团持怀疑态度之人的强大组合。他们对哈利也心存疑虑，因为后者似乎愿意接纳一些辉格党加入新政府。一些人认为选举战争的战利品应归胜利者而非失败者所有。

从某种程度上说，在当时那个时代，政治辩论和分歧如同被做成了肉冻，全然保留了下来。在这个时代发声的有约瑟夫·艾迪生、理查德·斯蒂尔、笛福、斯威夫特、康格里夫、蒲柏等。实际上，可以合理地说，安妮女王统治时期是政治新闻业的黄金时代。在1710年秋，大选开始时，政治宣传册和新闻期刊之间的战争进入了白热化。哈利在后世所称的“公共关系”领域有着敏锐的目光。他将因散布有争议言论的小册子而被捕的作家笛福从监狱中放出，并给他安排了一个职位，于是笛福摇身一变，成了个政治立场温和的记者，同时是个游走各地的间谍。笛福已经开始着手《评论》的出版工作，该刊物更为正式的名称是《法国事务评论》，他在其中将当时的事件拿来做道德和政治上的讽刺之用。该刊物四开大小，每周出版三天，内含国内外政治、艺术、商业、科学、贸易诸多领域的文摘。该刊物一出就是九年，里面的每一个字几乎都出自笛福之手。自此，英格兰的新闻业便被引上了一条固执己见的道路，至今未变。

然而，哈利还雇用了斯威夫特。哈利慧眼识珠，善于发掘当代的雄辩之人。他或许会给笛福支付佣金，但和曾从事过制砖业的被雇用文人笛福相比，哈利对身为绅士和学者的斯威夫特更为赞许。哈利让斯威夫特随他前往温莎，斯威夫特是第一批参加在哈利于约克官邸举办的星期六俱乐部晚宴的作家。斯威夫特的《检查报》与笛福的《评论》截然不同，文风和学术性更为突出，但力量和斗争性则较弱。笛福的读者群体主要是城市商人和店主，或者，引用当时一个不好听的说法，该期刊是“皮匠和搬运工读的”；从本质上讲，该期刊对于城市里的忠君群体具有吸引力。斯威夫特则把写作对象定为乡绅和地主阶层。对于哈利来说，这两个阶层的支持缺 57
一不可，因此斯威夫特和笛福他一个都不能放。

斯威夫特的地位比较暧昧。奥雷里伯爵曾写道，斯威夫特“因受重臣赏识而兴高采烈。他喜欢这种虚的东西，但毕竟虚而不实。他虽得雇用，但未得信任”。斯威夫特相信自己是政治领域的深潜员，但奥雷里则称“他仅涉足过最靠近岸边的浅滩……泥泞的海底或许已超越他的探索能力”。

那些著名英格兰政客的谎言和虚伪让他深恶痛绝。这或许在很大程度上加重了他后期更为成功的作品中愤世之情的分量。尤其是在《格列佛游记》中，他似乎看透了人间的欺瞒和伪装。他对世上所有谎言的主要回应方式是轻蔑和嘲笑。他感到厌恶而非痛惜，这种厌恶夹杂着对生活的恐惧。

1709 年春，一种对开半页四栏的报纸开始出现，每周有三天出新，一便士一份。上面写着关于当下礼节或道德的文章，以及城市中各个咖啡馆的笔记和草图。该报的论点多少带着辉格党的色彩，但依然保留了朴素中立的风格。《闲话报》是一份伦敦的期刊，而辉格党在首都代表着精致和歧视。该期刊声称要教育“公众人士如何思考”，但也承诺包含“或许能够取悦另一性别人群”的内容。期刊内还会借着介绍记者常去的各家咖啡馆和巧克力店，提供“风雅、休闲、娱乐的内容”。

期刊的编辑理查德·斯蒂尔（以艾萨克·比克斯塔夫为笔名）以理智和宽容的笔触撰写文章，对其他政党既不贬抑，也不过誉。他是一个懂得控制自己脾气的辉格党人，在局势严峻的时候尤其如此。他在支持马尔伯勒的同时也宣称会秉持公允，并传达了辉格党政策的核心价值，即某种程度上的常识和高雅。

在两年之内，《闲话报》在斯蒂尔和约瑟夫·艾迪生的主笔下，改名为
58 《旁观者》。即使在以罗伯特·哈利为首的托利党主政之下，该期刊依然和其前身一样，不改辉格党的口吻，存续了其中立的城市气息。它涵盖了必定会引起观众兴趣的不同主题，从娼妓的本质到《失乐园》的韵律学无所不包；既会描写剧院的一夜，也会记述当下的时尚，例如1712年初彩色兜帽突然成为一大风尚，而推动这一切的是过目即忘的人类。

《旁观者》否认自己隶属于任何党派，艾迪生宣称：“我的文章中不谈新闻、不论政治、不涉党派。”他的目的是教人礼仪而非出谋划策，他补充说：“我的宏愿是将哲学从壁橱、图书馆、学堂、学院请出，带入俱乐部、集会、茶馆、咖啡馆。”

这体现了18世纪的进步趋势。《旁观者》将会教化詹姆士党、宗教狂热分子、高教会托利党，以及激进的党派分子，使其消失。唯有交际话语才是传播真理的伟大媒介，在希波克拉底的病例中，只有好的“体液”留存。道德无须刻印于刊头之上，因该期刊代表了温和宽容的社会与高尚的联邦，这一切都被认为是1688年革命所带来的恰当结果。

当然，热情的缺失，各类真诚态度的削减，可能反过来激发了犬儒主义和宿命论。安妮女王登基前，康格里夫撰写的戏剧因剧中角色天性狡诈而大受欢迎。世界是愚人的舞台，遍寻不到真理和美德。这里充斥着狡黠和愚蠢，活跃的唯有肉欲与对金钱的追求，男人坑蒙拐骗、背信弃义；女人贪婪愚蠢、过河拆桥。稍晚一些的理查德·布林斯利·谢立丹也创作了

一些戏剧，剧中充斥着因求财而引发的伪善和欺诈。对银行与金融的隐喻，真切地反映了那个时代的核心，构成了当时以金钱为主题的戏剧叙事。谢立丹对 18 世纪中叶大为流行的多愁善感深恶痛绝，但许多人认为这是迂腐而无知地拒绝时代真理的表现。他笔下的彼得·提兹尔爵士在《造谣学校》 59
（1777）中说：“若您仍敬我，切勿在我面前说多愁善感的话。”

在康格里夫创作的《两面派》（1693）中，两个人物的对话也与光荣革命之后那个时期的主流格格不入。

布里斯克：“说真的，我对夫人您怀有炽热的情愫。”

弗罗斯夫人：“真的？哈哈哈！”

布里斯克：“真的，哈哈哈。天哪，是真的，所以我笑了。”

弗罗斯夫人：“哈哈哈！那你觉得我在笑什么呢？哈哈哈。” 60

6

等待那一天

如今，和平乃人心所向。十年对法战争让国家不堪重负。1710 年秋，托利党以压倒性的优势胜出，他们组建了新政府，并准备顺从民意。新议会召开会议，马尔伯勒公爵在上议院自己从前的位置就座，女王在讲话的开始就说道："朕很高兴，现在告诉你们，尽管那些主战派机关算尽，但无论从天时还是地利来看，如今都该签订全面和平条约了。"这是托利党在对辉格党前代政府发难，但在随后的辩论中，马尔伯勒对出于谋取私人便利或利益而人为延长战争的指控予以否认。这一年的最后一星期，马尔伯勒在宫中露面，斯威夫特在写给好友埃丝特·约翰逊的信中指出，"几乎没人理会他"。

1711 年春，马尔伯勒公爵的主要政敌成了时下的英雄，而他自己则成了一次法国间谍暗杀未遂行动的受害者。罗伯特·哈利被人朝胸口刺了两刀，但好在他穿着装饰奢华的马甲，所以并无大碍。大难不死的他愈加得意扬扬。为了庆祝他康复，女王册封他为牛津伯爵兼莫蒂默伯爵，并提拔
61 他成为财务大臣。身居高位之后，他便马不停蹄地进一步迫害自己的对手，就在女王谴责"那些好战之人"的第二天晚上，他已经开始着手起诉马尔伯勒贪污腐败。

1711年初，法英两国开始就人心所向的和平条约具体条款展开秘密商谈。这个和平条约的所谓宗旨便是两国即使牺牲盟友，也要达成私下的互相谅解。只要法英两国缔结条约，就足以迫使其他国家签署协议。和约中的第二个条款是允许腓力五世继续担任西班牙国王，以换取英国在欧洲和美洲大陆做出某些贸易让步。两国甚至讨论了让“老僭君”在支持国教的条件下返回英格兰，但这将让詹姆士·爱德华成为叛教者，可能性不大，是故这件事只是说说罢了。然而，在英格兰政坛，让斯图亚特家族之人继位可谓事关重大。

1711年11月，乔纳森·斯威夫特发行了他极富煽动性的、影响深远的小册子《同盟行为》，他在书中宣称：“任何有理智之人……都不会想继续战争。”他指责辉格党寡头政客将“某种靠人为操控得来的基金、股票等财富”置于“那些十年前便已经在剥削公众利益之人的手中”，并认为“我们因此上当受骗，成了欧洲的泡沫”。他指责马尔伯勒：“对财富如痴如狂，他身边的好友亦投其所好，任其一心求财。”在文章结尾，他写道：“我们一直在与中饱私囊的行为做斗争。我们一直在与为某个特定家族聚敛财富和荣光做斗争，与让放贷人和股票投机商财运亨通做斗争，与通过牺牲土地所有者利益让党派钻营苟且之事做斗争。”该书罗列了当时社会的种种顽疾。

次月，马尔伯勒公爵被女王褫夺一切公职。愤怒的民众追着他的马车大喊：“抓贼！”这个布莱尼姆大捷的缔造者，让欧洲摆脱路易魔爪的救星，只能眼睁睁地看着命运之轮转动。“啊，”波埃修斯在《哲学的安慰》中写 62
道，“愚笨的凡人啊。若命运一成不变，便不能称之为命运了。”马尔伯勒和他的妻子不久便逃到了欧洲大陆，希望在那里找到更多长久的盟友。许多辉格党贵族依然支持公爵，支持进一步把仗打下去，但1712年元旦，安妮女王成功地在辉格党成员中安插了十二位新人，以稀释他们的党派团结。如今，上议院与下议院统一了意见。

马尔伯勒公爵夫人萨拉已经失宠。作为一个热心而好争辩的辉格党人，她最终激怒了女王，导致自己被疏远。取代她成为女王密友的是阿比盖尔·马沙姆，她成了“女王的司库”。马沙姆还是罗伯特·哈利的表亲，人们认为多亏有她，命途多舛、大难不死的哈利才得以保全。此外，还有谣言称马沙姆和女王过于亲密，甚至还有一首名为《夜间不可告人之事》的民谣，唱的就是这位老君主和仆人之间的故事。身患痛风病，体质并不好的女王不见得有能力追求肉体的欢愉，但她或许需要熟悉的女性陪伴以抵御男权世界的顽疾。因此，从表面上看，更为极端的性爱传闻似乎毫无凭据，但马尔伯勒公爵夫人依然孜孜不倦地散布这类谣言，作为自己失宠的报复。

1712 年 1 月，英法和谈最终于乌得勒支开幕，和谈的内容大都已经通过秘密谈判达成一致。1713 年春，两国最终签署和约。显然，大不列颠王国至此已成为一个能够与法国相抗衡的世界强国，此外，拥有地中海直布罗陀和梅诺卡基地的英国海军，实力雄霸一方。占领纽芬兰和哈德逊湾的英国人，牢牢地控制着北美。英国还获得了一项额外的好处，即取得了贩卖奴隶特权，该条约允许英国船只将非洲奴隶运送到美洲的西班牙殖民地。海上霸权影响深远，在乌得勒支签署的和约让法英两国在接下来的十五年
63 中相安无事。

然而，几家欢喜几家愁。在和谈过程中，战争一直在继续，奥蒙德公爵被派去接替马尔伯勒指挥英军。但派他去的意图并非让他用鲁莽的军事行动来破坏安静的外交成果。他接到了一项“限制令”，不得参与任何形式的战斗或攻城行动。全线都必须相安无事。英格兰的盟友们很快就发现昔日并肩作战的友军摇身一变，成了非战斗人员，他们满腹狐疑、怒不可遏。这些盟军着实被英格兰人抛弃在了战场上。

与其他盟国君主和指挥官一样，汉诺威选帝侯乔治觉得自己被渴求和平的英国托利党政府背叛了。他的利益被暗中出卖了。很明显，只要英格兰觉得不再需要对方，便会抛弃所谓朋友。因此，便诞生了“背信弃义的阿尔比恩”这一说法。然而，对于托利党人来说还有一件不幸的事，即汉诺威家族的继承人乔治很有可能成为下一任英格兰国王。哈利等人如何才

能在他的怒火下自保呢?

因此，在女王统治的最后一年，党派忠诚度受到了极大的破坏。与托利党一起投票赞成和平就等于自绝于下一任国王。与辉格党一起投票赞成战争就是置沸腾的民意于不顾。“老僭君”的问题使英国的政局更添一份不稳。人们普遍猜测，女王站在汉诺威王朝后人的角度会暗中青睐同父异母的兄弟詹姆士·弗朗西斯·爱德华·斯图亚特。对于一些大臣来说，或许真的是这样，但我们没有理由相信她怀带这样的愿望。她是个狂热的新教徒，从良心上无法忍受让一个坚定的天主教徒回国。詹姆士很快便公开拒绝放弃旧信仰，因此他继承安妮王位的可能性也变得愈加渺茫。

一些大臣和议员仍然在做两手打算，一面向斯图亚特宫廷表忠心，一面继续与汉诺威王朝打交道。如今被迫流亡欧洲的马尔伯勒公爵正在布鲁日、根特等地积极组建忠于自己的军队，一旦汉诺威王朝受到威胁，他将 64
为其而战，但与此同时，他也仍与“老僭君”保持联系。这种系于两个大人物之间的令人眩晕的模棱两可态度，是英国国民对于两个王位继承人矛盾感情的极端表现形式。

在种种苦难和争议的缠绕中，实难找到平衡。据说，女王驾崩后，詹姆士和乔治谁先回到英格兰，谁就会继承王位。但这种说法实乃无稽之谈。继位问题已成为充满怀疑、谣言、阴谋的毒泉。丹尼尔·笛福在1713年的小册子《反对汉诺威家族继承的原因》中写道：“卑鄙可怜之人先是学会呼喊‘拥护高教会；打倒荷兰国王；打倒汉诺威！’待他们占了上风，听闻对手辉格党人叫嚣着‘反对与法国议和，反对老僭君，反对教宗党！’便会成为下一个暴徒。”第二年春，理查德·斯蒂尔写道：“根据事态，怕是只有上帝才能阻止内战在几年内爆发吧。”以上便是深谙世事之人的悲观预言。安妮的时代并不稳定。

托利党内部各自为政。有人甚至跨越英吉利海峡，去做了僭君的臣子，另一些人则保持缄默，用当时的一句话来形容便是：“等待那一天的到来。”另一边，有人较为温和现实，静候汉诺威国王的到来，另一些人则积极投身于汉诺威王朝的大业。他们被称为“想入非非者”。辉格党也处于混乱、犹豫、惊慌的状态。一些辉格党人见“老僭君”及其盟友似乎已经组建起军事联盟，担心他们会发动战争。但这些军队很可能只是由于恐惧和谣言而聚集到一起的纸老虎。

随着女王的健康状况日益恶化，困惑和焦虑自然愈演愈烈。在这一年的早些时候，女王曾说过自己“每每痛风之后，便有疟疾的症状”，这句话可能暗藏深意，也可能只是随口一说。然而她岌岌可危的健康状况并没有对身边狂热的臣子们造成影响，用她的话来说便是“毫不顾及她的健康、
65 生命，以及和平”。对于这些臣子来说，比起等待一个老妇人，国家的未来才是重中之重。女王生命垂危，而在她的病榻前，臣子们争吵不断，鼓吹战争的声音在朝中不断回荡。

对于重病的女王来说，这一切超过了她所能承受的限度。女王开始发烧、神志不清。大法官哈科特勋爵向她低声说出了什鲁斯伯里公爵的名字。该公爵最近在法国和爱尔兰任职，更重要的是，他从未将自己归为全然的辉格党或托利党拥趸。财务大臣的白色权杖必须交付给放心的人把持。这是她最后一次任命大臣。第二天早上，女王驾崩，御医记录道：“女王突然驾崩，是由于痛风的体液”从双脚双膝“转移”到了神经和大脑。上涌的
66 体液夺去了君王的性命。

7

伟大的涂鸦社

涂鸦社于 1714 年私下创作了一部作品——《马丁纳斯·斯克里布勒诺斯的非凡生活、作品及发现回忆录》(以下简称为《回忆录》)。该社团本身就是个文学、艺术、哲学的大杂烩，在 18 世纪初鼎鼎有名。它由两个同好俱乐部或群体组成。其中一个是托利党俱乐部，成员包括斯威夫特和博林布鲁克。另一个则有较多轻浮的年轻人，成员包括蒲柏和盖伊。这些人以兄弟会的名义聚到了一起，并于 1711 年开始聚会。他们的主要对手是辉格党作家，如到处散发《旁观者》的艾迪生和斯蒂尔。

1713 年秋，在蒲柏的协助下，“兄弟会”摇身一变，改组为涂鸦社，蒲柏提出每个月撰写一篇针砭时弊的讽刺作品。他们每逢周六便会到圣詹姆斯宫中约翰·阿巴斯诺特的房间聚会。阿巴斯诺特是安妮女王的私人医师，同时也是位作家。在涂鸦社中，他是名声最小的一个。他出生于苏格兰东北部，但在二十岁时移居伦敦，当时他的处女作出版上市。那本书名为《机会法则》，迎合了当时民众对于赌博的兴趣，包含西洋双陆棋、骰子、彩票等内容。毕竟，当时的著名政客们，都是赌徒。阿巴斯诺特(或在同 67
僚的帮助下)领悟了一种讽刺文章的写法，这使其成了涂鸦社不可多得的成员。

斯威夫特说，涂鸦社体现了“天才之间的友谊”，对于这一赞美，蒲柏回应称涂鸦社汇聚了“当代最杰出的才子”。在1714年初夏，蒲柏在给斯威夫特的信中写道：“阿巴斯诺特博士自命不凡，但在他看来，您所致力之事，乃从容不迫地为涂鸦社注入生命并不断开拓……为您的伟业贡献一己之力乃我之夙愿，顺带一提，我正打算翻译荷马的著作。”几年后，斯威夫特本人表示：“我尽力促成天才之间的友谊，并欣见其成。当代之人杰，不过三四人，若能团结一心，定会推动世界前进。”罗伯特·哈利是1711年以来首位就任财务大臣、女王首席大臣的涂鸦社成员，他的存在让涂鸦社的地位愈加显著。

《回忆录》最初的定位是发表在蒲柏编纂的讽刺期刊上的一篇文章。然而，该文最终独立成篇，成了一部描述愚蠢而轻信的书呆子的传记。该文经过多次修订，内容不断扩充，于1741年定稿出版，收录于蒲柏散文集第二卷。

有意回避论战与严肃讨论的时代，“讽刺”成了对公共事件最有力的回应方式。对生活斤斤计较，非君子之行。这同时也是个常识问题，《牛津英语词典》在1726年的文本中首次提到了该词，并将它定义为具有“重大的实际意义”。但是，这种常识必须与节制相结合，或者，用蒲柏在《论批判》（1711）中所说的那样，“并非愚蠢假设，亦非盲目正确”。“亲和力”也是那个时代的关键词，但有其局限性。平衡才是关键所在。在当时的运动中，皇家学会的论文和《旁观者》的文章都占有一席之地，这些文字都反映了人们在尝试以简单而平实、朴素而实用的方式追求真理。皇家学会的历史学家威廉·斯普拉特将科学文章描述为“一种细致、赤忱、自然的说
68 话方式，正面表达，道理清晰，自然而易懂，尽可能使一切和数学一样平实”。文人、诗人、剧作家以及散文家都想最大限度地运用人们日常使用的语言。当时的评论家科利·西伯说，约翰·范布鲁格的戏剧看起来“不过就是把日常对话写到纸上罢了”。

原先充满思辨与激情的修辞，如今被事实和观点的论述所取代。讽刺取代了教条，尽管绝不能说神学研究的时代已经过去，但在当时的公众读

物中已经开始强调“个性”和“观察”。这有助于让新闻撰稿人和小册子作家的文章重获新生。在当时，文章便是真正的布道，《旁观者》在一篇戏剧性突显的文章中指出：“伦敦有机会在正派、荣耀、教养的规则范围内，通过支持激情、悲伤、愤慨甚至绝望的象征，来维持自身的正义。”

不断扩大的读者群体（随后被称为“阅读大众”），紧紧抓着富有时代性和时效性的内容，他们对于上流社会事务和利益的兴趣非同寻常，甚至可谓前所未有。读者的这一兴趣正是孕育出各类小说的温床，而斯威夫特和笛福两个记者，便是当时最为杰出的小说家。这或许也可以用来解释以康格里夫、范布鲁格、约翰·盖伊为代表的对话戏剧（而非修辞戏剧）的兴起。

因此，不论有意无意，若我们想聆听安妮女王时代的声音，或许应从当时的文学中找起。当时文学语言的基调博学而戏谑，发人深省而嬉笑滑稽，藏锋敛锐，目的其实在于削减字词间流露的自负。这代表着对不论光荣与否的革命，对眼看没个尽头且毫无收获的战争，对如今被认为过时且不必要的政治、宗教仇恨等秉持的反对态度。

只要有愚人、有伪君子，便有讽刺作品，但在经历了17世纪激烈的争
论和下定义之后，讽刺文的主题借由反讽和俯就得以扩大。尽管这种文体 69
无法在辩论中驳倒对手，但足以奚落对方。蒲柏和斯威夫特是运用尖锐讽
刺的个中好手。这是当时那个时代的脾性。涂鸦社的所有成员都构建了多
个讽刺形象。

蒲柏自身就有不少可讥讽之处。作为一名天主教徒，他被禁止在大学或政府部门任职；他的脊柱患有结核，因而身材矮小，常驼着背。他曾抱怨：“久病，吾命。”他写的多数是英雄双韵体诗歌，这些诗歌先是成了那个时代的风尚，随之成了那个时代的表达方式。他的双韵体诗歌工整而造作，而当时不论何处，工整造作都是有教养的标志。

然而，就蒲柏的例子来看，精巧工致的双韵体诗歌并没有阻碍雄辩与真情的流露。18世纪初的前几十年被描绘成克制的年代，而即便如此，人们依然拥有热烈的感受与激情。吐露真心成了不合时宜的举动。一切都通

过含沙射影、旁敲侧击来达成。如较早的教科书所称，这一时代确实是“理性的时代”，而正是理性，才使得人们激情四溢地去分析。还有什么追求能及得上凭借理性让自己脱离方才过去的黑暗呢？

《回忆录》最初便是一项多人协作的工程。用蒲柏的话来说，“以一个广泛涉猎艺术科学，同时样样精通的人物之视角，来讥讽学界的一切错误品味”。因此，这本小书成了攻击时尚品味的武器，同时也成了当时智慧的传播者，书的精神可以用斯威夫特的墓志铭来形容“Saeva Indignatio”，即蛮愤。涂鸦社员（如果可以这么称呼他们的话）尤其如此，这群人坚决反对那个时代的科学——所谓“机械论哲学”或“微粒哲学”，该哲学把一切都简化为物质。他们厌恶实验主义者的技术语言，并斥之为谬论，同时厌恶认为世界上不存在精神成分的观点。

70 除此之外，他们攻击的对象还有很多。当时思想界的一大争论在“古代人”与“现代人”，即崇尚古典文化的人和遵循新的科学和实验哲学的人之间展开。《回忆录》对这两个学派（或派别）的人都做了讽刺，讥讽他们故步自封、胡乱揣测。这本书讥笑了那些利用相对新近出现的社会自由，在咖啡馆、俱乐部、书卷堆里的那些夸夸其谈之人。每个人似乎都有权发表自己的意见。

马丁·斯克里布勒诺斯生于七面钟附近，他出生的社区以占星家和医生而闻名，由于当时医疗护理水平低下，不论是富人还是穷人，都喜欢去那里求医问卜。这反映了18世纪轻信和迷信大行其道，而这种倾向的引领者便是那些信奉书本而无视经验的人。马丁的父亲科尔内留斯·斯克里布勒诺斯曾翻阅亚里士多德的作品，以寻找最佳的受孕时刻。

安妮女王统治时期，人们在“圣詹姆斯宫外”第一次看到马丁，“尽管之后的生活过得更好了，但这件事依然是每个英国人都不能忘怀的”。后来，有人在“在圣詹姆斯宫舞蹈厅旁的广场上”瞥见过他，他在附近拥有一间“四段楼梯上的小房间”倒也不是没有可能。或许甚至会和阿巴斯诺特在圣詹姆斯宫中的寓所类似。

然而，对于提供过多低质量细节以吸引读者眼球的做法，作者十分慎重，因为“我敢向读者保证，不论何时，只要他认为某一章节很乏味，下一章的文风一定会改变”。在之后的篇章中，也出现了同样的论调：“《回忆录》原版该章节的文风与其余章节大相径庭，让人很难想象出自谁的笔下。”无法想象一个 17 世纪的作家会以这种方式写作。然而，该书文风和《项狄传》很像，《项狄传》前两卷于 1759 年问世。聪明与诙谐相结合可以被视为 18 世纪文艺的真实标志。

“还原手稿、挖掘硬币，采购木乃伊”等都是那个时代的风尚。同样 71
在此期间，面相学家、颅相学家、手相学家得到了很大关注，这些人相信通过分析客户的脸、头、手，可以由外在迹象破译出内在品质。涂鸦社讽刺了所有这些伪科学，以及鹿角精、匈牙利水等风行于 18 世纪医学界的假药。“是什么让英格兰人不苟言笑、悒悒不乐呢？牛肉。是什么让威尔士人性格火辣、冲动易怒呢？奶酪和韭葱。而法国人轻佻的源头则来自他们餐桌上的汤、青蛙和蘑菇。”

人们开始对医学实践和理论进行调查。为了寻找启示，马丁·斯克里布勒诺斯“购买了一具男罪犯的尸体”，刚被绞死不久，并“在离泰伯恩路不远的圣吉尔斯的‘疫地’附近租了间房，用作解剖室”。所谓“疫地”，即 17 世纪被用来埋葬鼠疫患者，如今荒着的空地。因为担心引起别人注意，他的仆人在午夜将尸体用出租马车运回来，但尸体放屁现象（这种感觉很 18 世纪）让全家人陷入了混乱。在随后的骚动中，该仆人被带到地方法官面前，但他为自己所写的辩护词，通篇用了双关语。这又是个反潮流的力证。1719 年，《双关的艺术》（又名《语言之花》）出版，该书由当时著名的“双关语作家”托马斯·胡德所作。

叙述者还把矛头指向了现代逻辑和哲学实践，讽刺其将古老的三段论和命题变成了谬论。这是长期统治中世纪经院哲学的诅咒。天使如何在不经过中间状态的情况下，从一个极端过渡到另一个极端？在一些仍将亚里士多德和阿奎那哲学奉为圭臬的大学里，上面这类论点大多成了众矢之的。古典主义哲学是唯一开设的课程。

这位年轻的涂鸦社成员还对波斯和阿拉伯文学表现出兴趣。他享受观

看野生动物和其他悦人之“奇观”的展览。这类展览会展出侏儒、连体双
72 胞胎、独角兽的角、麋鹿的脚，以及巨人的大腿骨。好奇之人会前往“约翰·普拉特先生之家，康希尔街的天使像旁”或“查令十字街上的皇家马厩大门对过”观看这类怪物展，而且必须支付六便士才能入场。外国大陆也是好奇和探究的对象，而非占有和统治的对象。当时的人们，仍然痴迷于塞缪尔·约翰逊的《拉赛拉斯王子漫游记》和其他异域幻想书籍。

在 1714 年夏天，安妮女王驾崩后不久，涂鸦社似乎就解散了，抑或走向了衰落。然而，机智和讽刺的紧密联系，铸就了涂鸦社成员最伟大的作品，包括《格列佛游记》《愚人记》《乞丐的歌剧》。这是英国文学乃至英国
73 历史上一段独一无二的时期。

8

德国人来了！

安妮女王于1714年8月1日早晨驾崩，当天，重臣们齐聚圣詹姆斯宫门，宣布："先王已去，如今，尊贵伟大的不伦瑞克–吕内堡选帝侯乔治亲王成为我国唯一符合法理之君主，乔治，承蒙神恩，登基为大不列颠、法兰西及爱尔兰之王，信仰之捍卫者……"在这场争夺王位的竞赛中，乔治胜过了詹姆士·爱德华。据估计，从世袭角度看，比乔治更有优势的有五十七人，但汉诺威选帝侯（乔治在非正式场合的名称）是所有人中唯一的新教徒，是故继承大统。

在宣布确定王位继承人后，谣言四起，传闻德国人会蜂拥而来，急不可耐地用英格兰的财宝装点自己，但最终与新国王同行的只有九十名随从。其中包括再平常不过的廷臣和官员，药剂师和裁缝，以及御厨的整套班子（不能想当然相信一个全新且未知国度的烹饪技术）；同行登船的还有乔治的两名土耳其贴身侍女：穆罕默德和穆斯塔法，此外，他还带了两名王室情妇，这两位女子让英国人十分惊诧。

弗莱琳·冯·舒伦贝格与乔治的情人关系确立已久，她有两个"侄 74
女"，其中一个同国王长得很像。根据玛丽·沃特利·蒙塔古夫人的说法，她起初拒绝与乔治一起去英国，"她担心惯于野蛮对待国王的英格兰人会在半个月内让他身首异处”。她后来改变了主意，因为她得知自己的情敌会与国王同行。后来，作家兼鉴赏家霍勒斯·沃尔波尔在回忆起冯·齐尔曼塞克夫人时，说她有着“黑色的大眼珠，凶光四射，骨碌碌转……绯红的双颊大如田埂，脖颈如海一般丰腴”。

伦敦人见到新国王的两个情妇一胖一瘦，乐开了花。简直像童谣唱的一样。没人见到新君主不幸的妻子索菲娅。在与一位德国伯爵私通一事暴露后，她被囚禁在阿尔登城堡将近二十年。该伯爵也神秘消失了，汉诺威宫廷由此蒙上了类似奥特朗托城堡的气氛。乔治的妻子从未获释，但她的儿子最终登上了英格兰王位。

“乔治·路德维希”于9月18日在格林尼治登陆，并于次月在威斯敏斯特大厅加冕。他并不是一位光芒四射的君王。索菲娅在他们不幸的婚姻开始前，曾喊道“我才不会嫁给那个猪鼻子”，并将他的画像摔到墙上。她这话说得或许有点不太公允。他虽然矮小，但相貌算不得奇异。他脸上总是阴云密布，额头很高，看起来缺乏生机活力。他鼻子硕大，双眼可谓“空洞”。他寡言少语到了木讷的程度，与生俱来的迟疑使他说话和思考都很慢。他因而被认为古板冷漠，但也可能只是来到了陌生环境所采取的防御姿态。正如切斯特菲尔德勋爵所说，英格兰对他来说太大了。

尚不清楚他是否会说英语，但现存的文件表明，对于英语他懂得很多，
75 写得很少。不管怎样，他有法语这门国际外交语言作为后盾。他的个性与先前的斯图亚特王朝统治者一样，无情而固执。或许这些个性是任何一位成功的君王所共有的。他在十五岁时就上了战场，因此绝对算不上怯懦，而且他统治汉诺威已达十六年之久。他可不是黄毛小儿。关于他，沙克雷写道：“他来到我们国家的时候，已经五十多岁了。我们选他，因为我们想要他，因为他符合我们的要求。我们讥笑他举手投足间透露出的德式粗鄙，对他不无嘲讽。他对我们的忠诚深信不疑，不敛不义之财，坚定地与教宗党和木鞋子划清界限。因此，就我而言，在那段日子里，是站在他那一边的。”木鞋子象征着被法国奴役。

鉴于他天性内向随性，所以宫廷并不豪华。他让贴身德国扈从来处理

必要事务，因此对英国臣民来说，他遥不可及。他起得很早，但直到中午才走出房间接见大臣，开完通常会持续三个小时之久的大小会议，接着再次回到寝室。下午晚些时候，他会去圣詹姆斯御花园散步，接着整个傍晚都会与他的一位情妇打牌。他偶尔会去看歌剧或戏剧，但没有任何仪式或大张旗鼓，也从不用皇室包厢。他的廷臣们都不是自命不凡的人，并没有因为国王的举动而意乱神迷，也并不想掀起崇拜君主的狂热。除了穆斯塔法、穆罕默德，当然，还有一胖一瘦两位情妇以外，国王和这届朝臣们并没有什么异乎寻常之处。

新国王来到英格兰的时候，带着对托利党本能的厌恶。他认为，不管对不对，托利党中有许多人仍然支持斯图亚特王朝。而且他不能原谅那些促成《乌得勒支和约》的托利党政客，该和约将盟军抛弃在战场上，而他当时便是盟军中的一员。然而，人们普遍认为，他会像安妮那样尝试以一种温和的方式集两党之力施政。但实际上，这种持平局面只持续了很短时间。

例如，他登基后，便褫夺了奥蒙德公爵的军事指挥权。奥蒙德继马尔伯勒之后，也被解除了兵权。在第二年，奥蒙德公爵因涉嫌支持詹姆士党
而被控叛国罪。托利党基本跌落黑暗之中，周围尽是指控、撤职或永不录 76
用的种种危险。曾经名不见经传，但在被人用匕首捅破背心之后成了家喻户晓的牛津伯爵的罗伯特·哈利，如今被打入伦敦塔，一关就是两年。其他人，例如奥蒙德本人，则逃到法国，投奔了“老僭君”。蜂拥前往“圣日耳曼”宫廷的逃亡人员，对托利党造成的伤害甚于千本言语恶毒的小册子。从某些方面看，现在托利党被认为就是詹姆士党。与托利党联系紧密的国教也变得黯淡了起来。国王尽管遵循英格兰的宗教仪轨，但内心仍然是个狂热的路德派。

新上台的辉格党政府如今得到了国王的荫庇，政治态度也不再激进。比如，他们原本反君王的狂热很自然地消散了，这种狂热是在1679年的“王位排除危机”中产生的，当时詹姆士二世是众矢之的。现在，辉格党成了执政党。是控制国家金融体系的商人、工匠、专业阶层和城市士绅的代

表。然而，任何缺乏统一反对派的统治阶层都将成为野心、嫉妒、私人对抗的舞台。总会有人想要高人一等。

在占统治地位的辉格党人之间确实存在着许多分歧和分裂，致使法国大使评论说：哪怕基督复活来统治英格兰，也还是会被英格兰人钉死在十字架上。年轻的辉格党人反对老辉格党人，宫廷派辉格党人反对乡村派辉格党人，议会派辉格党人反对保皇派辉格党人。离开了引人关注或有意参政的托利党，议会似乎百无一用。一位托利党成员查尔斯·塞德利爵士在一次特别重要的辩论中因为沿着林荫大道散步而受到指责。他回应道，他早料到了，“一个真诚的人无法纠正此处的不正之风，如同一滴精油无法消除一桶屎尿的恶臭”。

然而辉格党本身并没有得到完全认可或接受。大多数英格兰国民并没
77 有投票权，同样，对德国君王统治的王朝也漠不关心；根据旅居英格兰的奥地利人约翰·菲利普·霍夫曼估计，1715 年，英格兰三分之二人口实际上对汉诺威王朝心怀敌意。这种说法有点夸大其词。然而，伦敦街头的暴乱司空见惯，对持不同政见者集会场所的袭击仍在继续，就好像萨谢弗雷尔“高教会”暴乱从未停止过一样。为了纪念 1660 年的王朝复辟，一群人聚集在圣保罗大教堂前的安妮女王雕像前，高喊“打倒汉诺威王朝！”还有“上帝保佑吾王詹姆士三世！”英格兰各地的小客栈和小酒馆里，人们在喝酒的时候会祝“老僭君”身体健康。5 月 28 日，乔治国王生日当晚，一群暴徒手持棍棒，聚集在证券交易所，高呼“高教会和奥蒙德！”在齐普赛街，人们喊道：“打倒汉诺威王朝！打倒长老会政府！”根据伦敦历史记录办公室的说法，有一位市民被捕，因为他拿“五十几尼下注，赌国王十二个月内就要下台”。

抗议活动的规模还算不上是革命，但撼动了新成立的辉格党内阁，并对其所施行的法治提出了疑问。《骚乱法》就是在这一关键的背景之下制定的。根据该法案，十二人或以上的人群如果在解散命令发布后一小时内未能解散，参与人员将面临死刑。在治安法官的批准下，参与遣散新暴徒的警察还能获得补偿金。在内乱时期，例如由于饥荒或失业引起的混乱时

期，该法案对当局大有裨益。由于其特别有用，该法案直到 1967 年才最终废止。

然而，当真正的詹姆士党在英格兰聚集起事时，当地的狂热反倒有所消退。该事件被称为“十五事件”。1715 年 9 月初，马尔伯爵在阿伯丁郡的布雷马竖起詹姆士党人的大旗；据报道，约有一万人参与此次行动。詹姆士的侍臣们听闻英格兰民众心怀不满，想伺机加以利用。但是，与那些为詹姆士·爱德华·斯图亚特摇旗呐喊、上窜下跳，或许连酒都没醒的少数派相比，民众的热情从来就算不得高涨。

关于叛乱的报道在伦敦引发了几近恐慌的情绪，汉诺威国王在他的新
王位上并不完全安全。新制定的《骚乱法》被严格执行，卖民谣和小册子 78
的商贩被就近关进了感化院，任何有叛逆迹象的人都可能面临拷打或被戴上镣铐。

兰开夏和诺森伯兰两郡的一些支持天主教之人呼应起事，但这支人数寥寥的部队于 11 月在普雷斯顿被击败。其中一些人因叛逆遭到处决，另一些人则被流放到美洲。叛军主力向伦敦挺进，考珀伯爵夫人在日记里写道：“人群对他们百般讥讽，拿着暖盆在他们面前招摇，附以千百句粗鄙至极的话语，一些囚犯获得了赦免，兴致高昂地加入了羞辱队伍。”暖盆是“老僭君”不正之名的象征，据说当年襁褓中的他就是被装在这种容器里偷偷送入寝宫的。由马尔伯爵率领的苏格兰詹姆士党叛军虽然规模较大，但也于当月兵败谢里夫穆尔，马尔伯爵焦急地等待着自己的斯图亚特君主前来接管军队，渡过难关。

詹姆士·弗朗西斯·爱德华，即英格兰国王詹姆士三世和苏格兰国王詹姆士八世的登基大典原定于 1716 年 1 月 23 日在斯昆宫举行，但不幸的是参加大典之人无一按时到场。詹姆士于 12 月底抵达彼得黑德，随后出发前往宫殿。但他的行踪显然被间谍所掌握，他的军队也遭到跟踪，发现自己处境危险后，他同马尔伯爵一起于 2 月 5 日在蒙特罗斯上船，五天后到达法国北部。

实际上，起义成功的概率微乎其微。路易十四驾崩后，法国摄政当政

才一个月，绝无可能为“老僭君”组织起一个军队，更为重要的是，法国人也无此意愿。少了外国援助，任何国内暴动都不可能成功。支持詹姆士党的托利党人（可以较为确定是少数）一无计划，二无领导，三无武装。他们或许还支持巨人国国王①。对辉格党政府的厌恶并没有转化为积极的反
79 对行动，而对信仰天主教的国王的惧怕足以浇灭他们重走老路的所有热情。

然而，辉格党政府不会涉险让阴晴不定的选民决定自己的命运。对詹姆士党的恐惧直接导致议会通过了《七年法案》，将政府由三年一选改为七年一选。因此，原本1718年岌岌可危的选举被推迟到了1722年。这样，在选举遥遥无期的情况之下，托利党很难对辉格党内部的分裂加以利用。这给当局带去了安全和权威，此外，还赋予了议会本身更进一步的宪法权力。

1716年夏，《七年法案》生效两个月后，国王回到了汉诺威。那是他一直以来的心之所向。那块领地是在某次及时驰援并协助对抗土耳其之后，神圣罗马帝国皇帝利奥波德一世赐给乔治家族的，是一块面积不大、舒适安宁的地方，和英格兰截然不同。国王意欲时时返回故地，或狩猎，或饮泉，但英格兰的诸多问题让他十三年间才回去五次。哪怕这样，对于他的英格兰大臣来说依然太过频繁，因为他一旦离开，治理王国的重担便会压在他们身上。风向和天气有时候也会耽误他返回英格兰的行程，而每当这种情况出现，议会就不得不休会。国王出行，身边总有国务大臣陪同，只要有意，任何大臣都能给其百里之外的同僚带去麻烦。国王决定在汉诺威待上六个月；哪怕在当时，对于国内外政坛来说，六个月也是相当长一段时间。

毕竟，或许在国王心中，汉诺威的利益要高于英格兰的利益。波罗的海地区的事务同他紧密关联，而这些事务同英格兰并无瓜葛，伦敦的大臣们也无意卷入这类争执，对于他们来说，这都是外地事务。

① 英国作家乔纳森·斯威夫特创作的游记体讽刺小说《格列佛游记》中的虚构国家，巨人国与英国相比是另一种社会制度，作者将它描写成了一个理想的、有教化的君主政体，国王也较贤明正直。

由于个人原因引起的王室内部分裂很快便浮出水面。事实上，作为父亲的乔治·路德维希厌恶儿子威尔士亲王乔治·奥古斯都，对此，儿子以牙还牙。某种程度上说，这个问题古而有之，世子急不可耐地盼着先王退
位，这一难题自君主制出现之时便已存在。还有某些大臣或廷臣认为没有 80
获得应有的尊严或赏赐，等着新王登基匡正不善。18 世纪初，政局动荡，这类事情愈演愈烈。

例如，国王动身前往汉诺威期间，会任命自己的儿子为“王国的守护者与代理”，该职位自 14 世纪黑太子时期便已废止。对于亲王及其支持者来说，这同侮辱无异，此外国王还对亲王摄政强加了种种限制，让事态雪上加霜。在没有得到国王许可的情况下，亲王不得决定外交政策，不得任命国家要员，必须推迟同意议会法案。他无法接触国外发来的快信。而某些关于他行为的快信则会直接送往汉诺威。

国王的顾问们定然对王子溜须拍马，如今亲王觉得自己既然什么都不能做，那也就不承担政治责任，他觉得自己应该成为制定政策的一股独立力量。他或许可以在议会中建立一个派别或党派来与国王分庭抗礼。

关于亲王长子洗礼一事，国王与亲王发生了争吵，国王指定的教父被亲王怒拒，继而导致了 1717 年 11 月两人关系的进一步分裂。国王命令自己的儿子离开圣詹姆斯宫，而亲王之妻安斯巴赫的卡洛琳决定追随夫君。经裁定，任何拜访这对叛徒夫妇的人都将被正式禁止面见国王。这同开战无异。自玛丽一世和伊丽莎白一世争权至今，这类事从未发生过。关于亲王，赫维勋爵写道：“他总说自己父亲软弱，而非恶毒或虚伪，还说……父亲总憎恶他，待他很不好。”

威尔士亲王夫妇谪居到莱斯特广场北部的莱斯特宫，在那里，他们建立了一个不论从意图还是目的上看，都与当下朝廷针锋相对的小团体。亲王不再参加内阁会议，由此可见他遭到了流放。但凡有大臣冒犯了国王，势必受到亲王的欢迎。莱斯特宫中聚集着心怀不满的辉格党、怏怏不平的
托利党、失意的求官者，以及唯恐天下不乱之人，天天歌舞升平、传杯弄 81
盏、热闹非凡。国王对于儿子社交上的成功感到十分不快，于是打破平生

惯例，也开始设宴群臣。圣詹姆斯宫的起居室一周开放三天，肯辛顿宫中歌舞频传，烟花绚烂。

父子俩三年后才和解，而直到最后都貌合神离。亲王曾对妻子说，自己去觐见室面见父王，虽只是尽礼数，但心存痛悔，而国王只是不停嘟囔着“汝之恶行……汝之恶行”。次日两人公开露面，彼此间毫无交流。

82 与此同时，一抹阴霾，薄如泡沫，笼罩了宫廷、伦敦，乃至全国。

9

泡沫降临

泡沫始于托利党意欲设立与英格兰银行对抗的机构来对公众发放贷款一事。1711 年春，南海公司成立。首先涵盖了所有购买战争国债达一千万英镑之人，公司说服这些人放弃年金，入股这个前景光明的新公司。入股者得到保证能获得 4% 的利息，这部分钱由间接税金筹得，他们还可以从所有和美洲的贸易中获利，在当时，西班牙的贸易收入极为丰厚。对于当局来说，该举措可以以较低的利息顺利偿还现有债务，而股东们则梦想着从黄金国捞上一笔。西班牙王位继承战争期间，贸易和工业自然下挫。但西班牙国王腓力五世早在 1720 年便同大不列颠、法国、荷兰共和国签订了《海牙条约》，缔结了四国联盟。人们觉得美洲的矿产财富将如同宙斯化为黄金雨来到达娜伊身边那样源源不断来到伦敦。

狂热于 1720 年初发生，当时《圣詹姆斯周刊》报道："我们听说南海公司同财政部达成协议，将九十九年的年金纳入其启动资金预算之中。"该 83
公司如此势不可挡，如此信心十足，揽下了国债中的一大块。公司的效能和利益倚仗着股票价格上升。又有什么能够阻挡大势所趋？公司股票在该年度最初的几个月一路上涨，到了 6 月 24 日，原先 100 英镑的政府股票变成了 1 050 英镑的南海公司股票。随着越来越多的股票被出售，股票的价值水涨船高，股票价值越高，就越发诱人。

第一轮股票很快就售罄了。约翰·伊夫林爵士变卖了土地才分得一杯羹。人人都想赚快钱，纷纷你追我赶。以某个股价买入股票，没过几天便抛出，就能赚上一大笔。据说交易市场里的股价在“交易巷两头价格相差一成”。男人们在酒馆和咖啡馆寻找掮客，怀带同样目的的女人们则蜂拥至女帽店和缝纫店。公司以免费股票的形式贿赂大臣和议员，让他们在股价较高的时候抛售。很快，这一时期就被称作“泡沫时代”。“泡沫”成了坑蒙拐骗的同义词。诡计、发明、方案都是“泡沫”。

托比亚斯·斯摩莱特在描写这段历史的时候写道：“交易巷挤满了政客、牧师、教会人士、持异议者、辉格党、托利党、医生、律师、商人，甚至还有许多妇女，场面十分离奇。”当时，利用大众的愚昧和轻信，还出现了各式许诺快速回报的项目方案。其中之一是让水银变得有延展性。还有一个项目方案是从西班牙进口公驴。以及海水淡化的项目。这一时期，有八十六个不同的项目方案在刊登广告寻找潜在投资者，例如“改进公园”、“购买保险增加孩子的财富”、“在大不列颠全国推广葬礼装饰”，以及“永动轮”。做项目是赌博的代名词，做项目等于投机，做项目等于买彩票。

鲁滨逊·克鲁索在开启他著名的航行之前，通过做生意大赚了一笔，“我的头脑中充满了无法企及的项目和事业”。笛福对自己在写什么心知肚
84 明。这部小说最早出版时，曾取名为《论项目》(1697)，富有远见的笛福悲哀地称之为“全民项目幽默”，每天都会出现“闻所未闻的全新投机、阴谋、项目把戏”，从这些伎俩中，我们或许可以“追溯银行、股票、投机、保险、互助会、彩票之类的起源”，可别忘了“那些股票江湖骗子，我们称之为掮客是恰如其分的”。

善赌者为王是英格兰文化的一部分。有时候这种习性会规限在宫廷、酒馆、妓院、客厅的牌桌上。理查德·斯蒂尔1705年的小说《温柔的丈夫》中有一个角色，对以下现实甚为失望：“妇女可以预见全家的生计，从抚养儿女到防老的钱款，会全数葬送在牌桌之上。”男人会去的赌博场所随处可见。投机和赚快钱的风潮具象化形成了关乎火灾、水灾和人寿的保险，

此外，保险还涵盖了婚姻、出生和死亡。个人的赌博行为由此成了公共经济不可分割的一部分。此外还引发了较不显明的结果，即复杂的计算激励了帕斯卡和费马在数学领域发明了概率论。

赌博影响了各个阶层。霍勒斯·沃尔波尔写道，在布鲁克斯俱乐部里“数以千计的牧场和农田被当作赌注，葬送于一掷”。政客们在去议会辩论之前，会先去奥尔马克俱乐部赢个或输个几千英镑，且官越大，表情就越沉稳。奥尔马克俱乐部的顾客会穿特定的装束：身披大衣，皮质护袖，头戴宽檐高顶帽遮挡灯光，帽子上装饰着鲜花和彩带。辉格党政客查尔斯·詹姆斯·福克斯在哈扎德俱乐部赌博，一坐就是二十二个钟头。绅士们会赌父亲能活几岁。托马斯·惠利来自爱尔兰，是个赌徒兼政客，他赌“自己能从自家客厅窗户跳下去，落到从旁经过的第一辆马车上，并亲吻里面的乘客”。布鲁克斯俱乐部对面有人倒地昏迷，俱乐部里的人便赌此人是死是活。其他没那么多可赌的东西的人，就在当地酒馆赌滚球撞柱游戏或多米诺骨牌游戏的输赢，赌选举的结果或即将降生的婴儿的性别，在教堂礼拜过程中投骰子并不稀奇。 85

1709 年，政府建立了彩票业，之后一直到 1824 年，每年都会通过一项彩票法案。这个巨大的骗局之所以风行，是因为从一开始便被操控了。1710 年 1 月 21 日，据记载：“彩票于昨日开始在默瑟教堂接受预订，据说预订量已经超过百万。”彩票有时候被称为“甩卖”，这样会好听点。若你花两便士买了张彩票，赢了一套“新款时尚餐盘”，那就会被当成是捡了便宜。据说当时莱姆豪斯有六套房子“被安排为彩票奖品，当地教区的两个男孩花了两个硬币在伍德街的三阳酒馆买了彩票，把房子一股脑儿赢走了”。

许多人认为，若一个城市的建立大都依赖欺骗与贪婪，一个社会的构成尽是暴力与腐败，巨大的贫富差距促生着邪恶不道德行为，那自然而然就会滋生博彩业。1720 年的《伦敦杂志》严厉指责了当时的贪婪与享乐之风，而数月后，《周刊》认为南海泡沫是“经年累月的恶行所自然导致的结果”。实际上泡沫一直存在，几百年来，伦敦欺诈和腐败的程度并没有加重或减轻。恐慌发生的频率成了人们观察的对象，此类事件通常被称为“痉挛”，就像在形容金融机构发烧了一样。然而，确实有那么一刻，一个泡沫破裂，回声不同寻常，久久回荡。

就如同大多数金融危机一样，这个危机的到来突如其来、出人意料。一首民谣迅速传遍了集市和市场：

> 泡沫升腾富在望，
> 泡沫破碎财尽失，
> 欢喜有之愁有之。
> 泡沫汩汩如雾电，
> 86 泡沫噗噗成云烟，
> 挥别房产与田畜，
> 空留股票把日度。

人们发现南海公司并没有足够现金支付给抛售股票的民众。西属“黄金国”贸易预期的收益如同海市蜃楼。随着信任的消失，笼罩着收益和财富的浓雾散去。原本被用来填补政府债务年息的股票价值一落千丈。到了1720年9月，局势已经无法挽回。股民们的投资都打了水漂。

托比亚斯·斯摩莱特写道：“这段时期是历史学家最不喜欢写的，任何有想法和立场的读者都不会对不厌其烦的交易细节感兴趣，没有温度，没有色彩，简陋粗鄙，唯独展现出了毫无生气的庸俗和刻薄不善的堕落。”但这一泡沫，正如一本书的书名，很大程度上阐释了《无处不在的错觉和众人的疯狂》。一心求财，历经失败，财富一夜蒸发，天旋地转，成千上万人近乎疯狂地投机倒把，继而家破人亡，这些事情比一千场战争更能反映这一历史时期。

有一件事很快便昭然若揭，即某些大臣和公司领导在泡沫破碎之前便抛售了股票，民众对此怒不可遏。有人呼吁将他们中的主谋处以轮刑[1]。

① 指死亡轮（breaking wheel），一种于公开处决中使用的酷刑，受刑人会被绑在这个轮子上，刽子手会用棍棒击打他们的四肢，直到他们的骨头被打断。然后，受刑人就会被丢在原处直到死亡。

之所以没有爆发内乱，是因为人们觉得此次伤害波及太广，必须做些“什么”，全国的金融秩序不能崩溃。

在这个节骨眼上，就不得不说一下身材圆润、容光焕发的罗伯特·沃尔波尔了，因为他在安抚恐慌情绪、让南海公司基本具备偿还债务能力方面，做得比任何一位政客都要好。他来自诺福克，一直保留着乡音，俨然农村人诚实、直率的代表，他坐在议会第一排的长椅上，咬着产自家乡的苹果，压着怒火。据说他先是读了自家农场经理的报告，然后就去找报 87
社了。

他身材矮胖浑圆，双下巴十分显眼，关于他的许多肖像都描绘出一个和蔼的形象，表情带着些许厌倦，而在现实生活中，他以幽默欢快著称。他总是第一个对议会新成员表示欢迎，而将来他将在议会一手遮天。他总是穿得一本正经，尤其在议会开会期间，俨然就像个等待新娘的新郎。他知道下议院的运作模式，也知道下议院议员们的感受。他坚信一点，即大臣之安危，维系于——用他的话来说——“下议院的认可”。

他对人性了如指掌。据记载，他曾说过：“若长期卑贱贪婪、机关算尽，没有哪个人的心智会不受到损伤的。”他对将来会当上首席大臣的亨利·佩勒姆说：“若你对人性的了解近乎于我，那你离憎恨人类这个物种就不远了。”但这种黑暗厌世的悲观态度从未影响到他表面的和善。他最大程度地利用了人性的弱点。他喜欢陪人喝酒，这样他就能对别人的酒后失言加以利用。他知道每个人的价码，他会毫不犹豫地抛弃那些对他并非死心塌地之人。他掌控着伦敦本地与全国的所有职位任命，他对于教会职位的把控程度丝毫不比对陆军或海军职位轻。他创造了后世所谓“权势集团”。对他来说，没有哪个职位，不论是否闲职，是微不足道的，每一个他都要牢牢把控。

如果说他在社交方面有缺点，那便是言语过于粗俗。哪怕在18世纪，他也被认为过于粗鄙。卡洛琳公主有一次斥责他在自己的侍女面前言辞不雅。德高望重的第四代切斯特菲尔德伯爵说他“行为不雅，道德放纵，有着粗鄙的幽默，对于他这种地位的人来说，有欠收敛”。然而，沃尔波尔对这类批评一笑了之，因为二十年间，他将整个国家玩弄于股掌。

在英国政客中，他属于率性直言的那一派。他不能接受说不通的事。
88 他宣称自己相信常识，也就是他口中的公平办事。他会不惜一切代价追求中庸。他要的是平衡。他要的是国内外安宁，这样贸易才能繁荣。他会奉承那些见风使舵之人。碰到紧急情况就权宜糊弄。在必要的时候行贿。面对公众质疑，不论误解有多深，他都会息事宁人。他最喜欢的一句谚语是“别无事生非”。这或许是他担任立法公职时的座右铭，也是之后许多政客的座右铭。

他是个实打实的实用主义者，除了生存之外没有任何原则。他是个商人，也是个管理者，以工作的热情和能力著称。后来，切斯特菲尔德伯爵写道乔治二世谈起他的时候，说他“是天下无出其二之大能者，对财政收入了如指掌，亦懂得如何驾驭难管的下议院，比其他任何人都要强得多，离了他，王室诸事务绝无可能开展得如此顺利”。这句话自然也就意味着沃尔波尔并非思想家，用他自己的话来说，他“非圣人、非斯巴达人、非改革者”。

然而，他一直是个不折不扣的辉格党人，甚至一度在托利党得势时被关进伦敦塔。“我对他们的作为极为不齿，”他在给妹妹多丽的信中写道，“总有一天我会报一箭之仇。”此次监禁其实对他没有造成任何伤害。他答应出仕多个职位，于1717年担任了一段时间财政大臣，并以不为人知的手段敛了巨额财产，继而辞职，“因为我无法放任某些不道德的行为”。然而，他说的不是原则问题，而是国内政策。尽管这样，1720年6月，在泡沫势头最猛的时候，他成了发钱的总管，因此有了能力整顿财政部。

泡沫确实是他的机会，他进入议会后几乎就一直在处理财政事务，作为一名辉格党人，他与英格兰银行领导层有着良好的关系。他对与银行针锋相对的南海公司心存疑虑，但依然投了些钱进去。然而，他并不是那种贪图短期利益、见好就收的人，所以他很可能在交易中损失了一大笔钱。
89 这也让民众更确信他会力挽狂澜。他先前已经展现出了精明的一面，现在，需要他展现沉着的一面了。

到了1720年夏天，他实际上已经成了复兴国家金融业的首要大臣。在这件事上，他天赋异禀。切斯特菲尔德伯爵在《品性》一书中写道，沃尔波尔“能够清晰无比地陈述最为错综复杂之事，涉及金融领域尤为如此，哪怕最无知的人，听了他的话后，都会觉得自己明白了先前不明白之事”。他必须让人们觉得财政状况已恢复稳定，国债已在掌控之中。他说服英格兰银行领导层购入一些南海公司所掌控的政府股票，以此减轻公司债务，稳固公司根基。他没收了公司领导层的不当收入，并尽量公平地做了分配。他还坚持成立了一项“偿债基金”，这一设想其实他早在三年前就开始酝酿，相关资金由特别税或专门税提供，基金的收入将用于建设未来的项目，该举措进一步巩固了金融系统的未来发展。他拯救了英格兰的金融业，国王和政府都对他心怀感激。良臣安定人心的效果不可限量。沃尔波尔消弭了风暴，平息了波涛。

他还做了另一件事，并由此赢得了“庇护所”或“庇护将军”的称号。某些大臣同南海公司高层串通在一起非法盈利，就连国王及其情妇也涉足其中。沃尔波尔将维持平衡和维护国家表面上的尊严放在首位。议会委员会由此成立，南海公司高层被禁止出境。但其中仍有一两个人因民愤而逃亡国外，有一个贵族（斯坦霍普勋爵）因为被控贪污罪而中风身亡。在这时死一两人或许恰到好处，因为死者无法开口或招供，沃尔波尔并没有花太多心思庇护南海公司高层，那些人将成为公愤的牺牲品。 90

然而他对保护同僚很是上心，并通过恫吓和贿赂证人等方式使其免受攻击，哪怕其中有些人与他私交很差。由此，泡沫事件的主要嫌疑人都得以脱罪。沃尔波尔确实成了庇护所，在其身后，许多人得以躲藏，他的势力也由此大增。1721年春，罗伯特·沃尔波尔再次就任财政大臣，并得到了君王的荫庇。他操控了一切。随后的一段时期被称作“沃尔波尔时代”抑或“稳定时代”。沃尔波尔担任国之重臣二十一年，以前所未有的方式独揽政治经济大权。他不结党，支持他的只有国王，他必须同时讨好议会的支持者和王室的支持者。这便是为什么他步步为营。他必须平衡国内多方力量从而保证自己独占鳌头，他必须同时讨好金融从业者和贵族、不信国教的商人和信奉国教的绅士。

把他当权的那段时期称之为“稳定”或许是不言而喻的。毕竟稳定对他来说至关重要。但稳定并非由他一手促成。来自斯图亚特家族的威胁解除后，坚实的汉诺威王朝对“稳定”也做出了贡献。愉快地赚钱盈利、巧妙地促进贸易，这对金融从业者和商人起到了很大的安抚作用。哪怕谈不上热爱，人们至少接受、认可了国教。将大选限定为七年举办一次的《七年法案》维持了这一时期的安宁。党派热忱和宗教热情由此受到规限；人民生活水平的提高以及就业率的上升，都为当时的国家做出了相应贡献。

而沃尔波尔也拥有成功政客不可或缺的幸运。泡沫所带来的混乱局面彰显了政府的软弱以及财政的无能，这两点都能让斯图亚特家族有机可乘。议长阿瑟·翁斯洛回忆道，泡沫破裂之际，“若是僭君到了伦敦塔，或
91 许能一路骑马前往圣詹姆斯宫，而几乎不会受到阻拦”。还有人觉得詹姆士·爱德华·斯图亚特或许会利用这个机会夺回王位。罗切斯特主教弗朗西斯·阿特伯里是詹姆士党的核心成员，他披着羊皮，看上去俨然是个托利党人。然而，1721 年春，他写信给詹姆士，说道：“只要少许海外朋友的协助，您回国来到友人身边将会易如反掌。”但沃尔波尔缔造的宁静依然没有被打破。

首席大臣周围危机四伏。据说詹姆士党遍布四周，甚至连他床底下都有，但他心里很清楚，詹姆士党的任何阴谋都将污染托利党，同时让国王与忠于他的政府关系更近。例如，詹姆士的支持者计划让奥蒙德公爵带领爱尔兰军队入侵英格兰。或许这个计划并没有那么周全，但不管怎样，它很快便被英格兰叛乱者的内部分歧和大量会为了钱财泄露一切的间谍搞乱了阵脚。最后一切都打了水漂。罗切斯特主教本人被逮捕并遭流放。

沃尔波尔意识到阴谋一直没有形成气候，但他绝不会错失良机。翁斯洛指出，发现詹姆士党的阴谋“是沃尔波尔一生中最幸运的事”。国王同首席大臣永远站在了一起。托利党由于同詹姆士党有着内在联系而受到巨大

挫败，其中许多人离开了公众视野，托利党在可以预见的未来绝无复兴的可能。1723 年夏，国王的大臣们下令“任何所有”超过十八岁之人，都必须对时任君主宣誓效忠。

在同一时期，罗伯特·沃尔波尔优雅且心怀感恩地婉拒了贵族爵位，他心中十分清楚自己真正的权力来自对下议院的掌控。他的决定让一些人感到讶异，但这也预示着一个事实，即议会实际上统治了全国，有着远超贵族阶层的责任和义务。议会成了英格兰人自由的最终裁决者，再无须希求哪怕最为仁慈的汉诺威君主开恩。议会成了政治观点、政治派别论战的舞台，不论有多少矛盾，各派都能各抒己见。议会成了申冤的大论坛。这 92
便是为何三十年后，也就是 1757 年，一群来自林肯郡的人们抗议保留职业军人，一致同意“如果议会无法取信于人，那一切都完了”。

沃尔波尔方才掌握了执政的技巧，在政府内部达成了平衡，但没过多久，权力游戏中的一个主要玩家就突然离他而去。1727 年 6 月初，乔治一世动身前往德国，去看望他心爱的亲眷们。出行第七天，他便抱怨因为吃多了草莓和橙子导致胃痛。许多君主因为暴饮暴食而患病。他脸色苍白继而晕厥，吸了大量嗅盐才苏醒了过来。随后睡去，但并不安稳，病情进一步恶化，他在昏睡中失去了意识。到了奥斯纳布吕克，他恢复了一些气力，抬起手向他儿时的宫殿致意，但当晚便撒手人寰了。

对于罗伯特·沃尔波尔来说，这个打击十分巨大，或许称得上致命。他与老国王关系很近，而且对其很有影响力。而他同老国王的嗣子则很难算志同道合，其实，嗣子一直深深地提防着政客们。但万幸新国王有个好妻子——安斯巴赫的卡洛琳，她对于一国之君的理解比丈夫准确得多。沃尔波尔给乔治二世拨的王室使用经费远高于其父亲，由此保住了自己快乐且深具影响力的职位。

乔治一世留下了难以估量的遗产，对此很难举出反例。他维护了汉诺威王朝的稳定，维护了亲缘和同盟关系，在欧洲众多君主和派别间合纵连横。沃尔波尔协助他完成了这项伟业。沃尔波尔对战争恨之入骨，因为它妨碍了商业发展，还会摧毁经济。

乔治一世宫廷中的一位荷兰外交官写道：“他爱惜声名，但算不得野心
93 勃勃，他在处理国事、维护经济秩序方面天赋异禀，他头脑灵活、判断力
精准……将公正时刻铭记于心，而且心地善良。”这些冷冰冰的文字是平庸
者的铭文，抑或，至少是用来形容免灾之君主的。

必须多说一句，对于英格兰的生命、活力、进步，乔治一世浑然不知，
94 也丝毫没有为之费心。

10

无形的手

丹尼尔·笛福于1724—1726年间出版了三卷书来歌颂祖国，名为《英伦游记》。并不清楚他在当时是亲自完成了环岛旅行，还是怀带思乡之情神游了英伦三岛，也不清楚他所写的内容是基于现场观察，还是倚仗点滴回忆大胆创造。他天生博闻强记，观察也细致入微，所以我们可以原谅他加入了些许想象，以赋予该书生命与能量。此书之所以传世，是因为抓住了那个时代的精神。

这一精神便是活力和进步，在书中，他不断重提“制造业、商业、航海的进步”。他的理想时代便是“当下”。当文明世界和欠文明世界沉迷赌博而无法自拔时，工业和贸易阶层正得益于史无前例的发展环境，笛福将其描绘为“世界上最为富足、阔气的国度”，“文化”和“贸易”不断进步，“人口”和“建筑”不断增加。比如，他提到德文郡“人们个个都很忙，全员参与生产”。

当时“制造业”还未同即将到来的工业革命相联系，制造业的进步和普及已经十分惊人。在富人坚固的家中，陈列着马姆斯伯里的布匹、谢菲 95
尔德的刀具、诺丁汉的玻璃制品。这一切都由贸易推动，贸易是发展的引擎。在笛福看来，贸易是“不竭之水，不仅流入池塘，使其充满，还不断溢出，淌入地势较低的池塘及其周边”。

城镇是贸易的圣殿。乡镇或城市的当地贸易“是某种秘方，与属地密不可分”，如利兹的布料贸易，泰恩河畔纽卡斯尔的煤炭贸易，雅茅斯的鲱鱼贸易，以及赫尔的黄油贸易。笛福在诺里奇感到欢欣鼓舞，“居民个个忙生产，忙得不亦乐乎，要么在阁楼里织布，要么就在他们所谓梳毛店干活”。每个人都能找到工作。笛福很高兴地看到在汤顿“镇上或周遭村里，所有超过五岁的孩子，只要不是父母反对或从未受过教育，都能自食其力”。

前几个世纪的古文物研究者，如伊莱亚斯·阿什莫尔和威廉·卡姆登，四处嗅探古迹，仿佛它们是英格兰香水的原料，但对于笛福来说，中世纪古镇伍斯特“逼仄陈旧，房屋间隙过于狭窄”。他反倒对伦敦城外的斯特拉特福村赞不绝口，因其“所有空隙都填上了新房屋”，“价值和租金都比先前建在该处的房屋有了提升”。

就在这个世纪，贸易被认为是国家最为重要的活动，这和宗教与政治的理念背道而驰。17 世纪末到 18 世纪，新书层出不穷，其中有查尔斯·达芬南的《两论英格兰财政收入与贸易》、亚当·安德森的《从历史与时间角度推论商业的起源》、戴维·麦克弗森的《商业年鉴》、查尔斯·金的《英国商人》，以及威廉·伍德的《贸易调查》。当然，也不能漏了丹尼尔·笛福自己的作品《全然的英格兰商人》。

“贸易是我们的主要支柱，”卡特莱特勋爵在上议院解释道，“因此我们
96 必须摈弃其他一切观点以维护贸易。”曾几何时，英格兰人因其纯净的宗教或不成文的宪法而自豪，如今，他们引以为豪的是商业的繁荣。英格兰的商业举世无双，这是人们广泛的共识，也得到了广泛的报道。事实上又有哪个国家能与英格兰抗衡呢？哪个国家能有海军来促成此事呢？法国哲学家和历史学家伏尔泰在《哲学书简》中恰如其分地写道：“商业贸易如此强大，能在 1723 年同时派遣三支舰队前往大洋彼岸三个不同地方。”

从本质上说，商业是无须通过战争就能获得的权力。约翰·盖伊用诗歌恰如其分地表达了这一观点：

愿商业为你唯一希求之事；
坚持不懈，世界必为你掌控。

当然，这一切暗含着社会翻天覆地的变化，商贾不再被认为处于社会中下层，比神职人员和律师低贱。在上述著作中，伏尔泰指出，国务大臣汤曾德勋爵的兄弟是伦敦商人，牛津伯爵之子在阿勒颇做生意。罗伯特·沃尔波尔娶了木材商人的女儿。商业不仅能赋予人自由，还能赋予人威望。这便是为何赞助、掌管商业的辉格党比托利党更有优势。如今，贸易造就了绅士，哪怕这些绅士尚未被接纳为上层贵族。

如今，商人为英国社会所接纳，有望成为最能为联邦所用的成员。雷威斯附近东霍斯利的当地店主托马斯·特纳在1754—1765年间的日记中提到："贸易流入正确渠道是多么令人欣慰啊。可以说，贸易赋予了个人行动生命与精神。"一如血管中流淌的血液。这一比喻传遍了全国。

伦敦的发展和城镇的壮大是该世纪两大紧密交织的地缘现实。英格兰
和苏格兰的联合创造了世界上最大的自由贸易区，由此，在岛国内部，伦 97
敦的金融业同利物浦的商业、中部的煤矿业、北部的纺织业紧密结合。全
国同气连枝、共同发展，仿佛受到一种基本存在法则的无声引导。

数据可以从另一个侧面对这一情况进行反映。18世纪进出口量增长了五倍，在同一时期，复出口量增长了九倍。在1726—1728年间，进出口量增长了22%，出口量增长了27%，复出口量增长了57%。复出口是殖民地产品出口的中性说法，根据法律，殖民地产品必须先运回英国，然后再销往欧洲大陆。英国由此可以凭借低价买进，高价售出获得最优价格。相应的，这也是英国获取急需的欧洲商品最为有效的方法。

来自东印度公司的布匹、西印度群岛的糖、弗吉尼亚和马里兰的烟草，以及来自世界各地的茶叶、朗姆酒、香料等一改英国人生活附属品的样貌，这种转变可谓文化、社会、商业之大变革。商品、流行品、奢侈品不断涌入英国，贸易和关税自然节节攀升。

笛福在《英伦游记》中描写了英国城镇出人意料地突然发展了起来。

萨默塞特东北边的弗罗姆“在过去二三十年间迅速发展，建起了新教堂，还修建了许许多多新街新房，而且房屋里都住满了人”。哈利法克斯的人口“在过去四十年间，也就是说自光荣革命末期至今，增加了至少四分之一”。关于利物浦，他写道：“我觉得可以很有底气地说，我第三次造访这里，规模比第二次翻了一番还多，另外，我听说该地的财富、人口、贸易、建筑依然在明显地增加：至于要增长到什么时候，我无从知晓。”

1700 年，诺里奇是唯一一个人口超过两万五千的省级城镇，到了 1820 年，拥有这一人口数量的城镇增加了十四个。赫尔、诺丁汉、利兹、莱斯特等城镇的居民数量在同一时期增长了五倍。利物浦、伯明翰、曼彻斯特
98 的人口数量是先前的二十一倍。1700 年，只有四分之一不到的人口生活在城镇中，一个世纪后，城镇人口数量上升了三分之一到五分之二左右。英格兰缓慢但不可逆转地成了一个有凝聚力的城市社会，这与德国、法国、意大利都大不相同。

不论大小，几乎没有哪个城镇没被部分重建。原本由树枝和灰泥，或用橡木和其他木材建成的房屋，摇身一变成了砖房。由大理石砌成的礼堂和澡堂很快也都建了起来。然而，砖块是最受新兴中间阶层喜爱的建材。砖房可以拥有大窗户，这是富人们所钟爱的。人们认为房屋应具有“古典美”，意思是比例均衡，于是房屋都被建成了各种类似平均律的样式。广场、圆形广场、拱廊、新月形街区都有建筑学的美感。

伦敦本身则是翻新整修的范式。西莉亚·法因斯在一次旅行中观察到诺丁汉是“我见过最为整洁的城镇，由石头建成，有着精美宽大的长街，就像伦敦一样，房屋建得又高又好。市场十分宽敞，与一条大街相连，和霍尔本有几分相似，但建筑很是精美”。这里描写的重点是空间，宽敞的空间，新城镇应与詹姆士一世和斯图亚特王朝时期城市拥挤、恶心的区域仔细区分开来。那些区域将逐渐留给穷人或建筑工人居住。在这个世纪，人口不断增长，对于空间的需求愈加强烈，较为富有的居民则试图为自己创造如同伯明翰旧广场（如今已是废墟）那样的飞地。

因此，我们可以确定小村城镇得以蓬勃发展的年代。这些城镇再不是

小镇子，再不是集镇，而是很快成为首都以外的繁荣中心，为社区居民提供服务、商品、娱乐，以及集会场所。对家庭和专业服务的需求不断增加，在这个新落成的环境中，人们很快就想要装有路灯的干净街道。到了18世纪30年代，十六个省级城镇在大街上装配了油灯。咖啡馆、演奏会、舞会、文学会也不再是首都的特权。 99

那个时期建筑的特点便是和谐与节制，不再有哥特式的张扬或复杂的矫饰。在社交行为举止方面，绅士淑女们都节制而端庄。大楼的样式应该严谨而和谐，在设置窗户的时候应遵循对称的黄金法则，装饰品的使用也要节制。继而在建造街道、新月形街区、广场的时候也会遵循平衡和匀称原则，这不言而喻是想借此在国内新建立或新扩建的城镇中促进社会和谐。任何东西都不能过分个人化，不能恢恑憰怪。空气中弥漫着一种全新的轻盈感，一扫近来的沉闷。白是现代的颜色。然而，立克柱式的房屋和公共建筑，是否和石墓穴有几分相像呢？礼节本身也会令人乏味，在巴斯或坦布里奇韦尔斯死板、拘束的生活中尤为明显。对于激情澎湃或特立独行的人来说，如果碰巧前往了这些地方，原本疗愈人心的城镇就无异于露天监狱。

18世纪40年代或50年代，中间阶层的家装摆设也讲究得体与和谐。用青花瓷杯饮茶是**完美典范**。茶杯要放在由胡桃木或桃花心木制成的、经过精美漆制并抛光的茶桌上。橡木不再流行，因为会使人联想起斯图亚特王朝。银质茶具和亚麻餐巾也是不可或缺的。若要做到十足的体面，窗户必须配上窗帘，墙上必须挂上钟、镜子、油画、版画。地板不再是纯色的木板，而是铺上大量花地毯。老式石壁炉换成了大理石壁炉。还要有写字台和牌桌。甚至要有书柜。前代纯色厚实的家具退出了历史舞台，代之以轻便、富有曲线美的椅子和沙发。用贺加斯的说法，蜿蜒之物更能展现曲线美。新型室内舒适设施的广告，会对“简洁”和“利落”大加赞赏。

穷人的居住环境并不为人所知。劳工的简陋住房、文员的出租房、店 100
主的小屋、工匠的居所都被一扫而光，或被改造成难以辨认的模样。小村舍和棚屋被夷为平地，一些是人为的，另一些是风吹雨打所致。穷人家中不会有韦奇伍德牌陶瓷或印花墙纸，至多一床一桌，外加两三把椅子，这些家具制作极为粗糙，乃至连省城博物馆都不收。

较富有的居民则住三到七室的房子，这种房屋设计可容纳一家五口外加两三个用人。两个女用人配一个男童是一家的标配。房间各具其用。早些时候，评论者若觉得人类的所有活动都能在一两个房间内完成还情有可原，但到了 18 世纪，在较为富有的家中，不同房间显然有不同功用。休息室用来聊天，化妆室用来让女士们讲悄悄话，卧室和婴儿室常常设在楼上，用人们则只能退居屋后。在较为贫穷的家里，客厅取代了休息室，而在更为贫寒的家中，一家子依然围着厨房转。这种家庭境况一直持续到 20 世纪。

再没有比省级城镇一跃成为社交生活中心更能体现国家财富的增长了。随着人口开始稳定地向城镇和其他城市中心迁徙，国家的文化也随之融入了城镇的格调，而这种格调原先被规限于伦敦和其他大城市。这一现象大多源于效仿的压力，而效仿则是社会变革最强大的溶剂。一周一班的驿站马车将伦敦的最新商品带往全国各地，每一个相对富裕的家庭都想每年去一趟首都。伦敦的演员们会在诺里奇新剧院或位于汉斯莱特巷的利兹剧院登台演出，伦敦的书籍也摆上了流通图书馆的书架。在流通图书馆中，图
101 书不能买卖只能借阅。1761 年的《社科年鉴》写道："在乡村和城镇中，人们喝着同样的酒，玩着同样的赌博游戏，有着同样的作息，生活内容也大同小异……不论男女都希望同在伦敦过着高质量生活的人们一样思考、一样说话、一样吃喝、一样穿着、一样生活。"由此，地覆天翻，出现了越来越多的花园、步道、游乐园、剧院、音乐厅、图书馆、书店等。

"步道"可以是砾石小道，也可以是滨海步行大道，或树荫大道，或露天平台，绅士淑女们可以在此漫步，而不用担心被下层人搭讪或被无必要的噪声、恶臭所搅扰。步道还勾画出一种社交准则和规矩，即人们会对穿着时尚或地位显赫之人鞠躬致意。上流和中间阶层之人习惯上会在下层人民依然在工作的时候散步，从而避免尴尬的照面。或许还有一件事值得一

提，即随着社会文化不断向商业化转变，这些乡间步道直接促成了沿街店铺或“橱窗购物”。

那些自认为属于所谓“上流社会”之人会前往这些地方，怀带着看商品和想被人看到的目的。哪怕已改头换面，当下的乡村小镇依然可谓妄自尊大。如今，穿着、见面、喝咖啡、交谈、跳舞都有特定的方式。当地的剧院取代了先前的“礼仪书籍”，成为礼仪学校。在商业和机械领域占主导地位的追求“进步”的思想如今也被运用到日常生活之中。纵观历史，城市一直是政治与美学生活的象征，或许可以认为，在 18 世纪，英国将城市化实验推广到了全国。

不同职业如雨后春笋般涌现，创造了一个全新的中间阶层。乡绅阶层接纳了神职人员、普通法院和衡平法院的律师；医师，甚至外科药剂师也都随着为穷人免费提供医疗服务的慈善医院兴起而获得了新的社会地位。
公务员数量上升，创造了一个与国家运行息息相关的职业官僚体系。到了 102
1714 年初，有一百一十三个委员领导着十八个不同的政府部门，每个部门都人员充足。到了 18 世纪 20 年代，大约一万两千名公职人员获得了终身职位。18 世纪标志着我们现代概念中政府的形成。

公共建筑（市政厅、谷物市场、会馆、法院、公馆、金融交易所）也有了焕然一新、更为壮观的样式，庄严与交际性是第一原则。哪怕慈善机构也在追随时尚：学校最先被改建得更为壮观，接着是医院，然后是监狱。上流人士同时也是社交人士，从定义上讲，即慈善之人。上流社会这一说法出现之时，慈善基金大为上涨。1735—1783 年间，有二十四家医院落成，其中九家是在 18 世纪 40、50 年代筹建的。当时的公共机构，从监狱到学校，都是志愿者组织构建的，与中央政府毫无关系。此外还有航海协会、慈善协会、皇家人道协会等，这些石制建筑大多留存至今供人纪念。上流也意味着道德。

如果省级城镇的公共建筑代表了进步精神，另一种全新事物则是近期社交风尚的典范。“礼堂”确切地说是供人们集会的多用途大房间，是比较现代的东西，特别适用于巡回法庭或骡马集市之类的旧时集会。笛福在《英伦游记》中对“如今大肆盛行的新型集会”其实持批评态度。他或许批评的是男女在这些场合肆意交往，尽管当时的行为准则依然十分严格。

103 约克的礼堂如同巨大宫殿里的画廊，人们三三两两在里面闲逛。茶室和棋牌室比较高档，但最棒的集会地点当数舞厅，后者内部由低向高铺设了三排座椅，供人观赏舞蹈、衣着、首饰。

舞会通常每周都会举行，只要订个年票就能让你进入那个蜡烛、吊灯、烛台、壁灯台相映生辉的世界。伴着房间里二十个乐师演奏的乐曲，人们可以两两成对跳小步舞曲，或到后来，跳当代更富活力的乡村舞蹈。每个人都留意着彼此，陌生人会受到观察和议论，突然的配对会在第一时间被发现。这里依然是乡村，而不是城市。

一切都是假象，令人倦怠，而男性参与者的倦意会在觥筹交错中消散。较为客观地说，舞会无异于求偶表演，不论男女都想借此找到未来伴侣。其中包含某种假饰的元素，即给较为传统的活动披上古典秩序与和谐的外衣，这与 18 世纪的许多社交活动大同小异。

“游乐园”的出现是当时的另一个巨大变革。游乐园可直接追溯到 17 世纪的“茶室”——乡村地区旅馆的组成部分。然而游乐园的设计更为精巧，更具企图心，里面设有音乐表演、舞会、林荫步道等，甚至有时还上演戏剧。游乐场景由雕像、装饰品、油画、湿壁画、巧夺天工的建筑共同组成。

当时的两个最为有名的游乐园当数泰晤士河南岸的沃克斯豪尔花园和位于切尔西的拉内拉赫花园，它们很快便吸引了数以千计的游客前往。人们喝茶饮酒，吃着火腿三明治，但量都特别少，以至于沦为笑谈。据说一个称职的服务员能将一个火腿切片后发遍十一英亩的拉内拉赫花园。

到了晚上，万千灯火将游乐园照亮，令人仿佛身处雪赫拉莎德的
104 “一千零一夜”中。但没过多久，游乐园便成了没那么入流的谈话与幽会的场所。高尚的文化或许总会不可避免地演变成本质上较为低俗的娱乐。据说游乐园里的娼妓数量比服务员还多。人们也可以凭此一窥 18 世纪的城市

众生相。

另一个 18 世纪的名胜便是“水疗”，该活动是健康和理性愉悦的典范，原本是海滨城镇的养生和社交项目，后来蔚然成风。人们认为伦敦漫布疾病与腐败的阴云，逃离那里的“尘嚣”不仅必要，而且对身心健康不可或缺。水疗可以追溯到数百甚至数千年前用于宗教庆典的具有疗愈作用的泉水（又称圣泉）。但其宗教元素已被全然遗忘。再无人提及司掌巴斯泉水的罗马女神苏利丝·弥涅耳瓦。圣母玛利亚冠名了中世纪许多建筑，如今也再无听闻。药泉的守护者圣查德完全被抛之脑后。取而代之的是巴斯庆典的主持人博·纳什，后者拄着细手杖，戴着河狸帽。他缔造了所谓娱乐或治愈性的服务场所，这里会提供戏剧、音乐会、赌博、骑马、纸牌、书店以及与乔治王时代文化生活有关的各种消遣活动。

保健领域有许多竞争者，但巴斯独占鳌头。上了年纪或身体欠安的政客，受不了威斯敏斯特的压力，就会去那里疗养，但治疗效果要么持续时间很短，要么完全没有。任何一个有身份的人前来，巴斯修道院都会为其鸣钟，乐队还会在他下榻之处的门前演奏小夜曲。在这里，个人信息绝不会公开，以此突出来宾显赫的社会地位。巴斯的规矩很多，其中有一条便是禁止在公共场所使用屏风，只因“此物会将人们分隔开来，违反了这里的基本原则”。而最大的考量则是不想妨碍人们社交。

这里的一天由泡澡开始，接着男士们去咖啡馆，女士们去精品店，中
午前，还能有时间去听音乐会、演说或参加宗教活动。正餐前的两三个小 105
时，人们将出门、散步、打牌，接着在傍晚时分前往矿泉水供应室。所有社交活动都有足够宽敞的场地，这也再次突出了社交生活的热络与良善。

海滨城镇的生活或许更为刺激，聚集在那里的上流人群还要面对难以逆料的风浪的冲击。对于自然，当时的人们并没有既定观念，而只是将其看作某种依稀透露出优美的东西，因此只要在对的人手里，便可加以“雕琢”。花园可以修剪或打造出蜿蜒之美，海洋却在人类的控制之外，尽管有些水手可以乘风破浪，但海对于人们来说名声依然算不得很好。体格硬朗的人可以参阅理查德·罗素 1749 年出版的《海浴操作说明》，但直到当下，

只有最为勇敢之人才会随着性子下水。与之相比，在安全铺设的步道上散步要好得多。

文明意味着教养，而在水疗地与海滨城镇，这意味着秩序与交际。照面与致意、谈话的尊卑、正式介绍的礼节、进房时的举止、男性为异性开门等都能体现出这一点。善交际的男子是最为出类拔萃的，他们知书达理、温文尔雅，体现出时代的精神。据描述，社交生活让人变得温和而有节制。正如沙夫茨伯里伯爵在《特征》(1737)一书中所写的："我们通过友好的冲突互相抛光，打磨自己的棱角和粗糙之处。"所以，不论男女，只要符合当时的时尚与习俗，就会被形容为"文雅"或"和善"。这一转变并非欢天喜地或激情澎湃，抑或匆匆忙忙达成的。我们或许会不自禁地想起塔西佗针对罗马治下英格兰本地人行为的评述：他们称之为文明，而事实上只是奴役的一部分。18 世纪的中间阶层（小乡绅、专业人员、富裕商人）渴望成功，并摆出一副精英姿态，而当时的芸芸众生只是他们这一虚假神明的
106 奴隶而已。

塞缪尔·约翰逊在 1754 年 2 月的《冒险者》杂志中提到，难以管教之人、无教养之人"拒绝共识，不顾众人谴责，置自我判断于通行法则之上"。换句话说，这样的人反社会。另一个极端便是像女人一样点头哈腰、忸怩作态，有教养的男子们会对此避之不及。听意大利歌剧、喝茶都是娘娘腔的表现，这反映了人们对当时的新品味或要摧毁斯图亚特和伊丽莎白时代的古老男子气概文化的真实恐惧。男人之间在打招呼的时候互相亲吻尤其受到谴责。在科利·西伯的戏剧《爱造就了男人；或花花公子的财富》(1700)中，一个演员如此祝贺同行："先生，您吻得真棒。我爱同男子接吻。在巴黎，我们可不会吻其他东西。"

社交生活最重要的媒介自然是交谈。在交谈中，公共评价和个人品味最终融合在一起。多数人觉得文明的价值观和公共真理的最好获取方式是社交和对话。若没有与同道之人的对话，从而让自己过热的头脑降温，塞缪尔·约翰逊或许就不会名留青史了。通过对话，他意识到有一个更为庞大的世界能让他大展身手，这个世界同他所恐惧的可怕或麻木的沉默大不

相同。他在 1752 年 1 月的《漫游者》中写道："虚荣之念想，若饰之以交谈之艺术，将无比高尚，无可指摘。"这一点或许连艾萨克·牛顿或威廉·布莱克都尚未了解，但对于生活在 18 世纪中期的人们来说则显而易见。人就是为对话而生的。

这无疑归功于俱乐部的大量出现。俱乐部是男性间交往的媒介，论贡献，每周在严格管理下的处所集会的"交谈协会"尤为突出。"学习自然哲学还是世俗历史对人类更为重要呢？""父母是否有义务为孩子接种疫苗以维持其性命？"或许是出于对上一个世纪政治、宗教分歧的无意识厌恶，俱乐部旨在营造欢愉、快乐、友谊、共识。

俱乐部如今随处可见，有些俱乐部在酒馆安营扎寨，如"埃塞克斯 107
头领俱乐部""常春藤巷俱乐部""土耳其头领俱乐部"等。这些俱乐部都和塞缪尔·约翰逊多少有着关联。约翰·麦基在《论安妮女王宫廷人物》（1732）一书中写道："几乎（伦敦）所有教区都有各自的俱乐部，居民在商店或交易所忙了一天后，睡前都会去那里放松心情。"18 世纪文明的大祭司约瑟夫·艾迪生说"人是社交动物"，但或许他在这句老生常谈的话语中并没有把女人包含进去，因为当时没有哪家俱乐部接纳女性会员。

所有与男性相关的行业、贸易、兴趣、传统、活动、艺术或野心都有其俱乐部。伦敦的俱乐部数量达到了三千家，而布里斯托尔的俱乐部也大约有两百五十家。英格兰人几乎不需要独处的时间。或许可以肯定，直到 19 世纪初期"浪漫主义"运动到来，才有人体会到独处的愉悦。然而在当时，也有人自愿遗世独立。分隔间的教堂和酒馆的数量同开放的一样多。有一个故事讲到一个男子二十五年来一直在同一家酒馆用餐。这么多年来，他和隔壁房间的客人从未说过一句话。最终，这位男子鼓起勇气说：

"先生，二十五年来我们一直一同吃饭，但从未说过话。请问您尊姓大名。"

"先生，您太无礼了。"

这组对话很有英国范儿。

"去俱乐部"意味着本着共同利益聚到一起，买卖普通股票或追求共同目标，成为合伙人或筹集一定数额的款项。有些俱乐部因而与贸易组织无异，有运煤工人的俱乐部，有丝绸纺织工人的俱乐部，有出租车工人的俱乐部，有制鞋匠的俱乐部，有钟表匠的俱乐部，有假发制造商的俱乐部，有蹄铁工的俱乐部，还有姜饼制造商的俱乐部。

也有艺术俱乐部和音乐俱乐部，哲学俱乐部和文学俱乐部，啤酒店俱
乐部和猎狐者俱乐部。“恶人俱乐部”在每个月第一个星期一的午夜在伦敦
108 塔聚会，俱乐部成员用刺刀切牛肉，饮下混着火药的白兰地。还有一些俱
乐部的名字过于奇异，一听就不正经。“懒人俱乐部”的会员们必须穿着
睡衣集会，“噤声俱乐部”不准说话。“丑陋俱乐部”的特点从名字就能看
出。“高个子俱乐部”“坏脾气俱乐部”“放屁人俱乐部”也与之类似。戈
弗雷·内勒描绘的一些基特-卡特俱乐部成员依然陈列在国家肖像馆。艾迪
生、范布勒、康格里夫、沃尔波尔、斯蒂尔都在其列，游客们能在那里一
109 睹 18 世纪早期英国社会、文化名人的风采，尽管现在都已成了过眼云烟。

11

消费热情

常常有人认为中世纪或伊丽莎白时代的英格兰市集和市场是自然而然地消亡的。严格说来这种说法并不正确。只要有赚钱的机会，人们还是会摆个小摊或在屋门旁架个隔板。市集和市场依然在满足当地需求，市场更是直到现在依然发挥着这一功用。但市集和市场得到了“改进”。由于影响交通，先前的露天市场被一扫而空，市场十字架也被拆除，新型市场中，各式商品分类摆放，空间得到了有效节省。

然而，另一种东西的出现最终改变了全国的零售业样貌。到了 18 世纪中期，每个乡村都有商店。而有了商店，乡村与小村庄便区别了开来。这一动力来自伦敦——市场营销的源泉之地。自罗马时代起，首都便有了汇集世界各国物产的大商场。如今亦然，例如，1567 年落成的伦敦皇家交易所与两年后落成的位于河岸街的新交易所并驱争先。这两家交易所在伦敦可谓典型。在 17 世纪早期，商店无非就是搭个棚、摆个摊，或在地下室交易，但特别是 1666 年的伦敦大火，迫使商店不得不腾出宽敞透气的空间。 110

某些房屋，或者房屋的底层就是专门设计来开零售商店的，没过多久，商品展示便蔚然成风。对于较为贫穷的零售商来说，玻璃窗依然过于昂贵，但他们会打开前窗，把商品放在外面售卖，到了晚上再收进屋内。在那个人们习惯于走走看看的年代，显然大型商店会在陈列商品上动足脑筋，以体现品味。这些商店拥有了皇家交易所和新交易所的功能，集仓库、陈列馆、拍卖行、集市于一身，没过多久，垂直推拉的窗户就让位于凸肚窗，以展示更多的商品和物件。

“商店俨然是富丽堂皇的剧院，”《尚流》杂志于1709年评论道，“各式高档丝绸令人目不暇接，绸缎商人仿佛在表演歌剧……‘这件，女士，多迷人啊。这件丝织品，女士，多么吸引人啊。这件，女士，是我这儿的明星产品！多好看啊。’”这场永不停歇的木偶剧，让贸易变成了艺术抑或赌博。索菲·冯·拉罗什在1786年的日记中写道：“在硕大的玻璃窗后面，一切摆放得整整齐齐、引人注目，商品琳琅满目，令人垂涎。”这便是后世所谓休闲购物的开端。她走过“钟表店，随后是丝绸店或扇子店，现在来到了银匠店、瓷器店或玻璃器皿店”。再后来，希尔斯、斯旺和埃德加、福特纳姆和玛森等商店纷纷在18世纪或19世纪早期横空出世。

人们将这称为“商业革命”，但准确来说，这个革命是由什么组成的呢？在较为富有的家庭中，我们或许能找到体现当时流行品味之物的蛛丝马迹。克劳利先生在1728年写了一份伦敦富商的家庭物品清单，从中我们可以看到“两块印度蓝色锦缎窗帘……帆布收边的锦缎墙幔，六个雕花镶银树皮凳，外包金银锦缎……一个沙发两个方凳……一条波斯毯，两个雕花镶银框，一个用于茶桌，一个用于茶水壶……一个乌木雕花储物
111 柜……”清单上的物件还有许多，其中有些价值也很昂贵。以当时的标准来说，这家人还不算特别阔气，但要是放在稍早一些的年代，那便是极为富有了。寡居的福思太太先夫是杂货商，她似乎对红木情有独钟，梳妆台、床、抽屉柜、安乐椅和十四把其他椅子都是红木的。拥有喝热饮的茶杯的家庭在1725年之前的三十年间上升了55%，这反映出了时尚蔓延的速度与众人的喜好。

大型制造商博尔顿与福瑟吉尔的库存清单让人们得以从另一个角度管窥当时那个时代：“鼻烟盒、仪器箱、牙签盒——镀金、玻璃、钢制小首

饰，银累丝①盒，针线簿等——各种镀金器物，如茶壶、啤酒罐、茶杯、咖啡壶、奶油罐、烛台、酱汁船、陶罐……”到了1702年，墙纸开始出现，当时有一则广告：“位于欧得曼布里的蓝纸仓库（再没有其他地方），正在出售货真价实的带图案墙纸，有些长十二码，有些则制成挂毯大小。”到了来年，又推出了“仿镀金皮革”的式样。钟表、图画、印刷品、镜子等如今都能在绝大多数精品店的凸肚窗后找到。

然而，如果你从河岸街拐到凯瑟琳街，或从高霍尔本转到德鲁里巷的人行道上，消费社会的特征就比较难以辨认了。这里没有奢侈品，只有维持生存的必需品。这里的商店没有店名，只有原始的标识。商店没有窗户，唯能从敞开的大门看到昏暗的内部。在贺加斯的画作《晌午》上，我们能看到一个小女孩热切地从阴沟里捡起一块破碎散落的馅饼。

据估计，在霍尔本街区有三千家商店，而在南华克地区有超过两千五百家商店。整个伦敦大约有六千五百家商店，每家商店平均有二十二名顾客光顾，克勒肯维尔的人口和商店比为三十比一。

这些商店中绝大多数是小巷商店或“小卖部”。与之最为接近的是农村的小店，里面贩卖各种生活必需品，货架上放着茶叶、糖、奶酪、盐、黄油等。其他物品如黄肥皂、香料、干果、坚果、糖浆、蜡烛、面粉等偶尔也会售卖，但供应量很少。顾客会每天来买东西，但只买能撑到明天的 112
量。他们时常还要靠借贷过活。店主常常和顾客一样贫穷，都靠粗茶淡饭过日子。

然而，在比较富裕的街区，人们需求之物及其品质难以准确估量，在品味和时尚突然成为重点考量的年代，消费的样式变得极为重要。在1675年，瓷器还不为人所知，但到了1715年，就成了讽刺文学中的常见事物。在17—18世纪之交，陈列柜制造商成了一个重要职业，虽然为时不久，但藤椅曾一度成为起居室的王者。此外，购买书籍和钟表也彰显了新近富

① 累丝工艺是有记录可查的最早的珠宝制造技术工艺之一，又名“花作”或“花纹”。将金银拉成丝，然后将其编成辫股或各种网状组织，再焊接于器物之上，谓之累丝。

裕起来的人们对于“想要”什么有着更为敏锐的觉察。笛福在 1708 年 1 月的《每周评论》中写道，印花棉织品起先“溜进了我们的房屋，钻进了我们的壁橱和卧室。窗帘、坐垫、椅子，最终，连床上都是印花棉布或印度产棉布”。

效仿是关键所在。《英国杂志》在 1763 年写道：“当下模仿上流生活的狂潮已经在下层人群中蔓延开来，过不了几年，我们或许完全找不到普通民众了。”四年后，纳撒尼尔·福斯特在《对当今供应品高价格之调查》中对于英格兰社会进行了更为深入的分析，他写道：

> 在英格兰，不同阶层的人们不知不觉融合到了一起，一种平等的精神遍布周身。从而，人们争相模仿，互争高下，地位较低之人矢志不渝地想往上爬。在这种情况下，时尚自然会不可控制地摇摆。时尚
> 113 的奢侈品必然如同传染病一般在人群中传播。

并不存在永远敌对的社会“阶级”——这种观点除了 17 世纪的掘土派和平均派之外没人怀带——而是各种不同阶层都想通过财富竞争超越对方。

许多调查佐证了新阶层的出现同时也影响到了干苦力活的穷人。这些调查显示在前半个世纪，人们的实际工资有所上涨。亚当·斯密在《国富论》第一卷中评论道：工资的上涨保证了“在当下这个世纪，劳工所能获得的生活必需品和便利品的实际数量增加幅度超过了其价格的上升幅度”。粮食更便宜了。土豆的价格只有先前的一半。芜菁和大白菜也都在贱卖。以上的说法有一部分或许是一厢情愿，或许是观察与估计错误，但那个年代人们普遍忙个不停，这确实反映了经济活动的普遍复苏。

你只需看看印刷出来的广告便知。广告在英格兰的文化中几乎是一个全新事物。在各种报刊上，单单乔治·帕克伍德牌剃须刀清洁剂和剃须膏的广告就有六十则，而且各不相同。詹姆斯·格雷厄姆医生为他的“天空般的、有保健作用的、带磁力的、带电力的”床打广告。他补充说：“这张天空之床里没有填充羽毛……用的是富有弹力的兽毛床垫……为了达成这

一重要目的，我花了大价钱购入英格兰牡马的尾巴，以取得最为强韧、最富有弹性的兽毛。”霍金和邓恩提供“一分钟咖啡”，而贾斯珀·泰勒则推广一系列预调酱汁，如“伊壁鸠鲁酱”。还出现了关于“万能愈合膏”或“皮尔斯牌透明肥皂”的广告。此外，还有推广狄克逊牌胆病药片、巴特勒牌修复性牙粉、戈德博尔德牌蔬菜哮喘药膏，以及哈克曼牌治疗结石的药片的广告。这些广告时常被称作“吹捧”，刊登在墙上、玻璃上，以及期刊杂志上。当时的社会景象实在蔚为壮观，与16世纪已大不相同。16世纪时，人们只会在柱子上张贴演出海报。

或许约翰逊博士说“如今，广告的技艺已臻完美，再难改善”含有夸 114
张的成分。但瓶罐、鞋帽、餐盘、盖碗、斗篷、玻璃的广告图随处可见。“永恒的诗人”威廉·布莱克为乔赛亚·韦奇伍德的陶器设计的广告词或许能称得上是他最绝妙的诗句之一：永恒便是爱上时间的产物。

营销角度的“消费者”在18世纪20年代首次出现，与不断增长的消费现象相较，算是姗姗来迟。在威廉·康格里夫1693年创作的《老光棍》中，贝琳达说道：“父亲买了一个牛角做的火药容器、一本年历、一个梳子盒，母亲买了个大大的假头饰、一条琥珀色的粗项链，女儿则只拿了两双标着‘随便试’的儿童皮手套……”贝琳达描绘的是一个乡绅及其家人逛伦敦时尚店的景象。

这无疑是他们第一次逛这家商店。这些新近发家的人有足够的闲暇能够自驾马车，或至少乘坐公共马车进城。而他们自己的家中，挂毯、屏风、窗帘等无疑一应俱全。在《牛津英语词典》中，“消费者”的原意指那些“狼吞虎咽、铺张浪费或兴妖作怪”之人。

一切都奉都市的神祇——时尚之名。兰开夏郡的棉布制造商塞缪尔·欧德诺称“唯有新事物方能取悦时尚女子”。《旁观者》杂志的一个记者于1712年初在街区教堂长椅上听到有个女子对同伴悄声说：“在国王街考文特花园的七星商店，有位小姐打扮得活脱脱就像是巴黎来的。”“小姐”一词用的是法语，其原本的含义是穿着最新款式衣装的“娃娃”或木偶。一个月后，《旁观者》杂志的另一名记者抱怨自己的妻子在七年内把家里的家居物品彻底更换了三次。1770—1800年间，有大约三十本年历或年刊是专门为时尚妇女定制的，里面包含大量的广告和图片。在当时的社会，没有哪个小姐能忍受自己“跟不上时尚”。男人们也一样，裁缝们会鼓励他们穿上最新潮的衣服，“好好展现一番”。

115 小说家兼伦敦地方法官亨利·菲尔丁对这一现象颇有微词，他曾说贸易的发展大大改变了国民的样貌，尤其是“下层民众”的样貌，就他看来，下层民众变得贪婪、狡诈、虚荣了。同时，贸易也增进了买卖双方的平等，现金是卓越的唯一标志。在欣欣向荣的市场里，原先对权威、正统、传统的遵从没有了立足之地。任何宗教义务都免不了追求盈利。民众们普遍没有“公允价格”的概念。对于面包等生活必需品，原先的价格维持了很久的时间。但从更广的角度来看，人们肩负的义务被抽离了。人们不再依靠合作，英格兰成了一个世俗、崇尚个体主义的社会。贸易限制、劳工管制逐渐消失。原先负责监督雇用条款和本质的工会权力受到了极大限制。

新兴的贸易世界影响了人们其他方面的追求。塞缪尔·约翰逊的友人，音乐史学家约翰·霍金斯爵士写道：“追求奢侈之心史无前例地在此地蔓延……都市贸易最突出的物件便是奢侈品，如仿制餐盘、玩具、香水、女帽、印刷品、音乐等。”约翰逊自己或许并不同意友人的判断，因为他和18世纪其他评论者一样，相信奢侈品为劳工们提供了就业机会和收入。“如今的真相是，”他说，“奢侈品创造了许多良善。”非必要和过剩的商品，如老兵式样的眼镜、土耳其地毯、日本屏风、弗兰德蕾丝、中国花瓶、意大利雕像等构成了高级贸易的命脉。

17世纪中叶运到英格兰的那些较为朴素的茶杯或茶碟被认为是不能让人忍受的奢侈品，会在消费者人群中散布抑郁和倦怠。许多人认为这些东西暗藏危险，由古怪的原材料制成。没有营养。会令人消沉，影响睡眠。

然而，到了1717年，绿茶成了上选饮品，所有阶层的人们都普遍饮
116 用，尽管有些人试图阻止这一潮流，但他们注定会失败。在17世纪90年代，茶叶的年平均进口量为两万磅，到了1760年，蹿升到了五百万磅。在一个世纪内，给茶这一苦涩饮品赋予甜味的糖的消耗量增加了十四倍。这

里花费的人力成本基本都来自对殖民地的剥削，关于这一点将在下一章展开讨论。一勺糖的背后，是奴隶异常艰辛的劳作。18 世纪末，废奴主义者伊丽莎白·海里克写道：“我们国家的法律或许能够阻止我们食用浸泡着同类血液的甘蔗，但无法阻止我们饮用令人讨厌的魔水。”有一点或许挺讽刺的，即每天饮用加糖的茶可以帮助那些英格兰城市中的奴隶们挣得工资。

每条奢侈与时尚之路上，都立着一个写有“通往伊特鲁里亚”的路标。而乔赛亚·韦奇伍德则是该目的地的大师，他是乔治王时代贸易文化工匠典型中的佼佼者。韦奇伍德于 1730 年夏天出生于斯塔福德郡的伯斯勒姆——陶瓷之乡的中心。他很快便为这里的精神所鼓舞，成了当地真正的天才。我们对他的早年知之甚少，但显然他很快就着手开展了一项有关研究与改进的计划。他全身心投入工作，在试验各种釉料与颜色的同时，也成了工业设计的先锋。他立志引领世界乳色陶瓷的时尚。“我发现这里土地开阔，”他写道，“土壤优良，只要有人勤劳奋发将之塑造，必能得到巨大回报。”

他从一开始便意识到自己的生意重心必须放在蒸蒸日上的“中间阶层”上。他在 1722 年写给其生意伙伴托马斯·本特利的一封信中说道：“我们都知道，该阶层与上层之人的数量相比，要多得多，我甚至可以说，天悬地隔。”这句话或许可称之为新消费者社会宣言。他还意识到自己若想要成事，时尚乃关键所在。“从许多方面来看，”他写道，“时尚都要比优质重要得多。”这句话从某些方面反映了他的乳色陶瓷大获成功并取代其他瓷器的原因。他在给本特利的另一封信中写道：“太令人惊讶了，它竟然如此快地风靡全球，广受喜爱。”但他紧接着又问道：“如此广泛的使用和评价，究 117
竟几分出于推广模式，几分出于其真实的实用性和美丽？”这个问题一语中的，但不曾也无须即刻得出解答。

而“推广模式”便是韦奇伍德与其伙伴最重要的考量。为达到此目的，他采用了精美展示、大发广告等方式，并率先使用了产品目录和商标来区分自家产品。如果主顾的名字能同某一系列乳色陶瓷联系起来，那就更好了。他在伦敦开了间仓库及几个展销厅，在那里，商品被打造成仿佛是画廊或博物馆中的藏品。他在圣马丁巷和大新港街拐角处新开展销厅的时候，首先会确保让展销厅的地址刊登在《圣詹姆斯编年史》上，因其追捧者为“时尚之人，我觉得上面还应刊登戏剧广告”。

他还雇了旅行推销员，甚至花了相当大的心思把自己的乳色陶瓷出口到欧洲的王室和贵族家庭。他立志做“天下花瓶制造总管”，而从某种意义上说，他做到了。如果我们能将他称作贸易社会的缔造者之一，那他也能被称为新工业社会的先驱。许多来访者前往他的工厂，他的雇员们有组织地各就各位，同生产线上的茶杯和盖碗一样毫厘不差、井然有序。事实上，这座工厂占了三个大街区，沿着特朗克大运河绵延一百五十码，几个院子和高塔里搭建了窑炉。一名外国同行路易·维克多·戈夫罗描述其为：“巨大的建筑，可以称得上是个小镇了……令人啧啧称奇的组织。”如果我们深挖工业革命的核心，也可以看到有关英格兰工厂的类似描述。这一切就是专门为了使用流水线大规模生产而设计的，只是首次被运用于陶瓷工业。

韦奇伍德将陶瓷生产过程进行了细分，如滑动铸造[①]、转移印刷[②]等，每个步骤都有专人负责。他的目的是“让这种**人力机器**不犯错”，由此达成持续不断的生产。这一景象与其说发生在1769年，不如说更像奥威尔
118 《一九八四》里的场景。他不能容忍次品。由于儿时疾病，他装了条假腿，据说他会抡起木腿，把瑕疵品砸个稀烂。他会在早上五点四十五分敲响上班铃，还制定了“打卡”表，后者成了工厂系统的标配。

从“打卡”时间到下班时间等英格兰贸易世界里的一切，都在市场参与者中广泛流传并得到了应用。赫耳墨斯·特里斯墨吉斯忒斯这位神祇已成为一切的中心，覆盖广度难以估量。现代意义上的市场概念其实从那时就已经形成。最早的两处引用出自亚当·斯密的《国富论》(1776)，该书可谓现代经济的奠基之作，斯密在提到特定商品的贸易时，用了“市场”

① 用于大量生产相同陶器或陶瓷片的技术。这种技术可在陶瓷片难以于陶轮上生产时使用，也可在需要廉价快速的大规模生产手段时使用。

② 转移印刷是一种将预先制作好的图像从一个位置移动到另一个位置的方法。这个过程最初用于将图像从金属或陶瓷板移动到陶器上，而较新的形式使用了特殊纸张，几乎可以转移到任何地方。

一词。

斯密认为贸易必须是自由的，全然摆脱中世纪系统所设下的限制，工资、工时、利率或物价等都不应该受到控制，任何外在当权者都不得约束劳动力和资金的流动。任何形式的“保护”都必须终止。传统和家长式的价值观必须被摧毁，代之以由供求关系决定的经济系统。

这一观点必然影响甚广。1776 年，也就是斯密完成《国富论》的同年，理查德·普莱斯针对国民自由写道：“所有政府，哪怕在国家内部，如果非必要地滥用权力，或在维护和平或保证国家安全之外用权，便是在施行暴政。”政府的职责是增进国内正义和抵御外来侵略。再无其他。因此，需求和供给的自然运作对所有人都有益，允许其自然运作的市场便是最好的市场。

正如贸易本身被认为怀带优秀品质，贸易的基本原则（低买高卖）也
成了金科玉律。市场关系覆盖了从婚姻到出租马车执照等社会活动的方方 119
面面。在笛福的《摩尔·弗兰德斯》中，摩尔·弗兰德斯评论道：“市场如今对我们的性别不利。”其结果便是导致了“自由放任”，这一说法在 18 世纪 50 年代很是流行。

比如，人们认为商人和个人投资者必须出资建造桥梁和道路，而无须中央政府介入，推进科技的责任则落到了贵族和学者身上。若涉及金融和经济事务，是否更是如此呢？这样的信念逐渐在下议院渗透开来，1796 年，小威廉·皮特痛惜“干涉束缚了产业”，并宣布“贸易、工业、交换总是可以自己找到解决问题的方法，规限只会打乱其自然运作，使其无法全然发挥效果，并阻碍其发展”。

这便是《国富论》带来的永久性影响。斯密作为预言家并不可信，他在年轻时曾被自己老家寇克卡迪的补锅匠绑架了一小段时间，或许这段意外的旅程导致他产生了一些怪异的行为。他会习惯性地笑，并且自言自语，以被称为像虫一样“蠕动”的方式行走在爱丁堡的大街小巷。他声音刺耳，牙齿如同墓碑。有一次他正向同事讲述分工，却突然掉进满是脂肪和石灰的制革坑。他被人用轿子抬回家，抱怨了一路。

他认为个人必须走自己的路，并坚信“每个个体在面对自由和安全受到威胁时，都会自然而然地付诸努力改善自己的处境”，而这一内在力量足以将任何社会带向“富足繁荣”。当个人致力于谋取财富，将受到“一双无形的手”引领，前往与其本意截然不同的终点，即所谓公益。将英格兰描绘为“店主之国度”的并非拿破仑，而是亚当·斯密，这一描述恰如其分
120 地将英格兰定义为一个全然倚仗贸易的国家。在《国富论》第二卷中，斯密提出：“我们能吃上饭并非出于肉贩、酿酒师、烘焙师的善心，而是出于他们对自身利益的考量。”从这句话中蹦出了控制社会和经济理论长达一个
121 多世纪的洞见。这其实也是18世纪留给我们的影响深远的遗产。

12

你管这叫啥？

老国王在挥别心爱的德国宫殿后驾崩了，但死讯直到三天后才传到位于里士满官邸的王室居所。将这个消息上奏给新君主乔治二世是能臣罗伯特·沃尔波尔的职责，乔治二世立马要求沃尔波尔通知斯宾塞·康普顿。康普顿是新国王家中的财务主管，如今有望飞黄腾达。但事实并非如此。那些翘首企盼沃尔波尔倒台的人低估了他的能耐。

人们发现沃尔波尔同乔治妻子卡洛琳王后的关系很稳定，而且显然牢牢把控着下议院。不管怎么说，在当时看来，他都是国内最有能力、最为权威之人，事实上，哪怕新国王都无法忽视这一点。国王自己会说英语，但带着混杂喉音的浓重德国腔，所以他有时候需要翻译来协助交流。

但他在英格兰生活得够久，结识了国内最有权力的男男女女，且似乎从一开始便决定要以不同于父亲的方式实施统治。这一偏见显然给了在乔治一世统治时期被有组织地夺了权的托利党希望。他们蜂拥进宫，但一片赤诚未必能顺应事态发展，实际上，强大的反对势力已经将他们视作詹姆
士党排除在外了。此外，托利党还反对汉诺威王朝参与的欧洲大陆战争， 122
因此依然没有得到信任。

国王自身毫无王者气概。他非常矮小，靠着假发和高跟鞋突出自己。

溜须拍马者会发现他有淡蓝色的眼睛和富有贵族气质的罗马人一般的鼻子，而他的敌人则只看得到他的愚蠢和懦弱。他没什么耐性，个性顽固且脾气暴躁。据说他的大臣们被迫“忍受……甚至绅士们绝不可能说出口的污言秽语”。他总是夸夸其谈、恐吓咆哮。王室副内侍赫维勋爵记录了国王对妻子说的一些话。“她才把想说的话说了一半，国王便打断了她，说她总喜欢说些蠢话，谈自己一无所知的事……她要做什么事，总是去问蠢货，只有蠢货才会去寻求蠢货的建议。”

可以理解，作为君王他自视很高，但并没有让身边人敬佩。有一幅关于他的漫画，画里他提起一条腿正准备踹人。他以踢踹仆人、态度粗鲁，甚至对突然到来的拜访者甩脸色而闻名。然而，他实际上没有看起来那么顽固，廷臣乔治·巴布·多丁顿在其日记中写道，国王“听到人们说作为君王他必须这么做时，会气急败坏、大发雷霆”，但他还是会去把事情做了。他是个注重实效的人，若非出于本性，那便是责任心使然。

他发觉英格兰人并没有对汉诺威家族的国王怀带喜爱或尊敬之情，从而想方设法彰显自己。他的着装严格按照礼仪，表现出过分的傲慢。他爱的是那种王者气概与盛大排场。但他也了解臣民的感受，他并没有通过接触“国王之恶”的患者来宣称自己半人半神，他也不鼓励通过肖像或雕塑
123 等形式对君主进行个人崇拜。

其实，他对臣民的爱并不比臣民对他的爱多。赫维勋爵记录了国王滔滔不绝地评论英格兰人的缺点和愚蠢。“就没一个英格兰甚至法国厨师懂得为餐品调味；就没一个英格兰甜点师会做甜点；没一个英格兰戏剧演员会表演；没一个英格兰车夫会驾车，英格兰骑师也不会骑马，英格兰马既没法驾驭也没法骑；没一个英格兰人知道如何进屋，没一个英格兰女人知道如何打扮……”当然，只有他的德国同胞们才能胜任所有这些活动。这种赤裸裸的偏好在更大范围内带来了麻烦，大臣们担心国王会不顾国家利益以汉诺威家族为导向制定外交政策。除了进口木材之外，威斯敏斯特和俄国或瑞典又有什么关系呢？在他父亲统治期间，他一直没有被允许前往汉诺威，但登基后，他多次前往自己的选侯区并一待就是很久。他是欧洲最

古老的王朝韦尔夫家族的一员，因此我们多少可以确定，与其大臣们相比，他对于欧洲大陆的眼界更为广阔。

当然，他一丝不苟地履行着自己的职责，他不是那种沉迷狩猎荒废国事的人。他会读完面前的所有文件，把每天的时间依照不同职责进行划分。哪怕情爱之事都按部就班。他会在傍晚七点临幸自己的情人亨丽埃塔·霍华德。如果稍稍去早了，他会在她家门外拿着表来回踱步，直到那激动人心的时刻到来。

沃尔波尔似乎很快便摸清了他的底细，向赫维倾吐道："陛下时常觉得自己无所不能，只是因为一开始没人反对，于是就觉得自己最终能做成。他自以为十分顽固，从不放弃自己的意念或观点，但每当我觉得他应当如此的时候，他付诸实践时又偏偏不这样。"他总结道："他充其量只是个戴了王冠，患得患失的政治懦夫。"并提议："你越将意见粉饰得像是他的想法，那他就越会听你的。"

所以沃尔波尔必须成为一个既精通舞台管理，又端庄得体的艺术家。
权力天平两端的重量和平衡依然难以捉摸，他必须慎之又慎。当然，在威 124
斯敏斯特，以及在之后的权力走廊里，沃尔波尔依然无人能及。罗宾[1]掌控了一切。他在议会中拥有绝佳的用人与管理能力，坐在第一排席位上的都是由他提名的人，他知道怎么通过提拔或暗中分发服务费的方式点中他人忠诚的"秘穴"。他保证给国王一个安静的生活，而这一点正是乔治二世最想要的。"考虑一下，罗伯特爵士，"国王似乎说过，"予人方便即予己方便。"他俩成了终生挚友。

因为国王并没有被要求做这做那，所以他的名声似乎蒸蒸日上，法国大使在 1728 年写道："这位国王比乔治一世受欢迎得多。他会尽力让自己受欢迎。"这部分归功于卡洛琳王后的努力，王后在原本拘谨的宫廷中加入了轻快、欢愉的基调。显然国王本人对英格兰人的非难并没有传到大众耳朵里。前一章提到的工资增加、商业发展也让国王的地位进一步提高。

① 即罗伯特·沃尔波尔。罗宾是罗伯特的昵称。

当然，沃尔波尔也有许多各式各样的反对者，所有对英格兰政府不满意的人都会把矛头指向这位肥硕的首席大臣。许多持不同政见的辉格党人都将沃尔波尔视作敌人，他不仅夺走了他们的权力，还在威斯敏斯特大厅中独断专行。支持汉诺威家族的托利党人天生反对辉格党独裁者，尤其是他手里还把控着贸易与任免权。接着便是詹姆士党人，他们翘首盼着海峡对岸的君王能回国夺回本属于他的王位。这些五花八门的反对者或许一致都想罢黜沃尔波尔，但他们又无法制定出另一套条理清晰、于国有益的政策。

许多公共刊物都在同沃尔波尔唱反调，最为著名的当数《机巧者》，从名字就能看出该刊物是用来揭露工于心计或狡诈之人的。该期刊在 1726 年
125 末发行的第一期中写道："为政之术充斥着难以计数且花样繁多的欺诈、淫乱、残暴，带着各种伪装，引来了无穷无尽的讽刺和指责。"由此引发了针对沃尔波尔及其盟友的不断攻击。

一个月后，《机巧者》对首席大臣进行了中伤，将其形容为"穿着朴素，却手拿黄金钱包。他气势汹汹地进屋。面带与其说是微笑，不如说是嘲讽的表情。他的脸由于自信呈现出红褐色。目露凶光"。后来有一期则做了范围更广的批评。"腐败如同毒药，很快就会在各个阶层的人群中扩散开来，由源泉扩散尤为要命。卑鄙、下流、唯利是图的心态将盛行于世。"

甚至还连载了一首民谣《诺福克管家传》：

话说一人名罗宾
出身寒门无所凭
弄权、泡沫、炒股票
收入囊中尽金银……

其他期刊和小册子也加入了攻击行列，其中还有以文笔辛辣闻名的斯威夫特和蒲柏，但都比不上这首伦敦民谣来得成功。

斯威夫特在 1716 年夏天的一封信中建议涂鸦社成员，同时也是好友的

约翰·盖伊应该创作一部“关于纽盖特监狱里的妓女和小偷的田园剧”。这个暗示在十一年后促成了18世纪最有名、最成功的音乐喜剧。《乞丐的歌剧》被冠以许许多多名号——喜剧歌剧、民谣歌剧、滑稽剧、讽刺剧、音乐剧等——如同人们口中的胜利之父也是林林总总。但没人知道这部剧到底该如何归类。那个世纪中，有些剧院将其定义为低级闹剧或感伤悲剧上演。该剧可以说两者兼是，也可以说两者皆非。随着字句的转换，原本的感伤剧一下变为哑剧，原本的愤世嫉俗在瞬间变得温情脉脉，在某些段落 126
中，各种基调和文风相互交杂，令人无法分辨，导致有人觉得困惑，有人觉得可笑。

当我们再看蒲柏的《群愚史诗》、斯特恩的《项狄传》、斯威夫特的《格列佛游记》，就能发现其中的相似点。这是个充满怀疑、含混不清的年代，人们通过讽刺和愚弄获得内心的平静。出于这个目的，《乞丐的歌剧》吸纳了从街头民谣到滑稽戏和民歌等当时所有的流行创作模式和形式。将大街小巷的芸芸众生尽收其中，对统治者进行了无声的抗议。

18世纪并不能称作戏剧大兴的时代，当时的“严肃”悲剧充斥着说教和矫揉造作的道德言论，这也导致约翰·德莱顿等人才惨遭埋没。但《乞丐的歌剧》确实赋予了伦敦舞台惊叹与欢乐，根据《日报》的说法，该剧的写作手法“十分新颖”。贝尔托·布莱希特在1928年创作的《三毛钱歌剧》中对其进行了改编，直到那时，该剧的内容依然历久弥新。

《乞丐的歌剧》于1729年1月29日在林肯律师学院广场的皇家剧院（别和德鲁里巷的皇家剧院搞混了）首演，一演就是六十二晚。这标志着大众对此剧反响热烈，因为当时绝大多数新剧只会演六到七晚。剧中描写了两个年轻女子爱上了（并且认为自己嫁给了）一个足智多谋的劫匪，名为麦克希斯（意为荒原之子）。窝赃人之女波莉·皮丘姆和纽盖特监狱狱卒之女露西·洛基特在满是皮条客、小偷、妓女及其他下等民众的酒馆和纽盖特监狱公寓争宠。观众们听到的都是些粗言秽语和男欢女爱，而恋人们的抱怨则充满弦外之音和讽刺之情。在当时，目之所及尽是踩着道德高跷无趣至极的表演，这部剧令人过目难忘，令人耳目一新（如果这个词能够用来形容这部粗俗戏剧的话）。

在18世纪的人们看来，纽盖特监狱是许多阴谋的中心。即使没有实际见过，其名声也如雷贯耳。纽盖特成了监狱的代名词，“纽盖特之鸟”则被用来指代囚犯。该监狱以不同样貌在同一地点屹立了六百年，并于1770年
127 再次改建。在当时，它是许多诗歌和戏剧的灵感源泉，这是任何其他建筑所不能及的。《乞丐的歌剧》中的所有角色都围绕着纽盖特监狱，后者如同黑太阳，18世纪伦敦许多著名人士都与其相关。

例如，波莉的父亲皮丘姆这个角色大体上便是基于乔纳森·怀尔德塑造的。怀尔德做的是窝赃的勾当，却是个臭名昭著的“抓贼人”，他会告发自己团伙里无用的、无能的，或受伤的成员，以换取四十英镑的赏金。他设计偷盗，并在新闻上为赃物刊登广告，以此为自己的犯罪活动换取收益。这种勾当在当时很常见，但怀尔德是个中好手。他在1725年被绞死，但他的声名流传于世。亨利·菲尔丁在十八年后，为他写了本自传《乔纳森·怀尔德大王传》。怀尔德是个狡猾、暴力的人，生活在那个渎神、残酷的年代。他的姓氏体现了他的性格①。菲尔丁自己也将18世纪的伦敦描述为荒蛮之地，“大片树林，盗贼能安居其中，如同野兽盘踞于阿拉伯和非洲的荒原”。

该歌剧的英雄或反英雄②麦克希斯是个劫匪——这个职业在18世纪很受推崇。尽管盖伊将麦克希斯描绘成讨厌鬼，嗜酒如命，但劫匪这一身份，就会让他被视作富有骑士精神的冒险者、道上的绅士、富有正义感的人。他的抢劫对象为地主或各个旅馆里的酒保——他们也被称作“值得一见之人”或“值得交谈之人”。

霍勒斯·沃尔波尔在日记中回忆道，“马背上一个漆黑的人影”截住了马车，车上有他和一名姓布朗的小姐。劫匪索取小姐的钱包，说道：“不用

① 在英语中，怀尔德（Wild）有狂野、不羁、放荡的含义。

② 反英雄（anti-hero）是与“英雄”相对应的一个概念，是漫画、电影、戏剧或小说中的一种角色类型。作者通过这类人物的命运变化对传统价值观念进行“证伪”，这类角色也标志着个人主义思想的张扬、传统道德价值体系的衰微和人们对理想信念的质疑。

惊慌，我不会伤害你们。”她把对方索取之物奉上后，对方在骑马离开前又说道：“我保证不会伤害你们，非常感谢，祝你们晚安。”这或许是18世纪犯罪行为令人较能接受的一面，但并不能阻止罪犯被绞死。盖伊的描写或许对窃贼和娼妓进行了粉饰。当时有人写道：“城镇里的男女劫匪和浪漫主义毫不相关，但在我们的诗歌里，男劫匪个个英俊帅气、精力充沛，女劫匪个个美丽动人。作者把一切粉饰上了一层浪漫、感伤的色彩，甚至连纽 128
盖特监狱都仿佛成了万里挑一、充满欢愉的度假胜地。”但真正的欢愉来自金钱。

这是个钱财、股票、泡沫、金银，以及1695年英格兰银行发行的新纸币的世界。贸易和金融的语言自然影响了盖伊。他不必介绍或评论，这些语言轻而易举地出现在了他的作品之中，因为它们是那个时代的反映。“生意”“账户”“利益”“收益”“债款”“信用”这些词便是其中范例，它们随着金钱泡沫一同飘进了这部剧中。这是个贪婪与利益的世界。在当时的文化中，一个人可以如同餐盘一般被轻易买卖。自私自利是“关键”所在，同时也是打开纽盖特监狱大门的“钥匙”。“正直”本身便是虚妄，甚至窃贼都会自称“正直之人”。

那当时谁又能称得上绅士呢？洛基特被称作“纽盖特的首相”，菲尔丁写道“乔纳森·怀尔德拥有成为伟人的各项条件”。他们代表了伦敦和周围乡村的实际统治者，工作成效远超那些住在威斯敏斯特的有名无实的主子。

皮丘姆列举自己手下的时候，提到了“巴沙特的罗宾，又名戈尔贡、吹牛皮鲍勃、卡邦克鲁、鲍勃·布蒂”。从那时开始，沃尔波尔就常常被贬损为“鲍勃·布蒂”或“吹牛皮鲍勃”。他其实在首演那晚就去看了这部戏剧，并表现出其特有的沉着冷静，在剧中对自己含沙射影时鼓掌，甚至要求加演。但针对他的含沙射影或许可以适用于更广的范围。洛基特这样说道：

若你提到了恶行或贿赂，
官爷们必会觉得受到侮辱，

但这些说法对谁都适用，
人人都会觉得自己是事主。

意大利歌剧于1705年被搬上了伦敦舞台，是较为新潮的时尚。自中
129 世纪神秘剧或奇迹剧出现开始，音乐剧和民谣歌剧就一直存在。一有机会，人们便会把莎士比亚的角色融入歌谣中，《暴风雨》或许可以被描述为英国歌剧。但有着吟诵和咏叹调、假面剧一般的布景、异想天开的情节、阉人歌手、首席女歌唱演员的意大利歌剧让18世纪的人们为其痴迷。在《乞丐的歌剧》中，盖伊讽刺了意大利歌剧的美好结局，情节剧式的某些时刻，但似乎对其蓄意的浮夸很是钟爱。当时的卫道士和批评者（有时候这两类人并无分别）指责意大利歌剧道德败坏、令人委顿、娘娘腔。盖伊并不同意他们的观点，反而从歌剧中汲取了持续不断的刺激与幽默。

一次，两位女高音在干草市场的歌剧院一争高下，两人的歌迷在一旁起哄，有人描述当时的场面为“狗嚎猫叫，尽是喝倒彩和其他不雅举动”，因此“当晚结束的时候，全场一片混乱，令人胆战心惊”。盖伊将这一场景融入了露西·洛基特和波莉·皮丘姆因妒生恨的争执中。

他将身边的小曲和民谣加以改编融入歌剧中，有些是不知何人创作的民谣，而另一些则取材于时兴的歌剧和流行歌曲。洗衣女工会唱，搬运工人会吹。调子和旋律不绝于耳。

盖伊来自德文郡，在巴恩斯特珀尔出生并长大，他还在当地上了语法学校。十七岁的时候，他熟门熟路地前往伦敦，去布料店当了学徒，成了布商的助手。在当时，布商助手这个职位时常受到歧视，被认为娘里娘气，但盖伊本人似乎也很缺乏自信，几乎隐形。他有一次写道：“我觉得这个世界不会注意到我，我对此也无须多么在意。”他从学徒晋升为帮闲文人，在一个名为《不列颠阿波罗》（又称《机敏人的奇趣》）的双周期刊上发表小文章。随着他创作的不少诗歌和小册子大受欢迎，他由私人帮闲文人一跃成为公共作家。

接着，他便开始了耗时且残酷的找寻赞助人之旅。赞助人比穷酸文人

更为讨厌、更为朝三暮四。然而穷作家依然需要他们。当时，出版书籍本 130
身并不能获得多少回报。斯威夫特在《木桶的故事》中怀带善意地描述了有志成为作家的人们："他们写作、集会、押韵、歌唱、说话，但言之无物。他们饮酒、打架、嫖妓、睡觉、咒骂、吸鼻烟。他们会去追新剧，阴魂不散地出没于巧克力店。"

盖伊开始创作流行的文学体裁——闹剧、讽刺剧、英雄悲剧、仿英雄诗，他将情绪和体裁怪异地融合在诸如《琐事》(*Trivia*)、《梳妆》(*The Toilette*)以及《你管这叫啥？》(*The What D'Te Call it?*)等标题中。他或许已不再寄希望于能在文学史上留名，但他被聘为国家彩票局委员，在白厅拥有免租金居所，眼下的未来有了保障。这虽算不得什么伟业，但多少也算有了个头衔。他依然抱怨"失意"，但一直在宫廷任职，不断被流言和怨恨围绕。那个时代真正的诗人是银行家和证券交易商，他们点石成金，平地起广厦，这一点或许能让他宽怀。和当时许许多多人一样，他的事业靠的是野心和依赖，靠的是阿谀奉承和徇私舞弊，总想着往上爬，但多数情况下并不能如愿。

1729 年 1 月末的一个晚上，他的戏剧首演，天地为之倾覆。之前从没人看过类似的东西，很快，挡火隔板、扇面、卡牌的装饰都变成了《乞丐的歌剧》中的场景。剧院经理约翰·里奇试图把尽可能多的观众都塞进剧院。例如，3 月 23 日晚，九十八名观众被安排坐在舞台上看剧。威廉·贺加斯针对该剧高潮画了六个不同版本的监狱布景。蒲柏在给斯威夫特的信中写道："当下，约翰·盖伊对于创作歌剧驾轻就熟……我无法对这部剧(及其中的一切)进行归类。"

扮演波莉·皮丘姆的女演员拉维尼娅·芬顿不论走到哪里都被倾慕者包围，不得不在表演结束后由人护送回家。有人评论道："观众感受到了她的激情与热情。幕布落下。掌声雷动——'波莉！''波莉！'——喊声响彻剧院每个角落。优雅地鞠躬、飞吻，下台后拔腿就跑……跑过布景，跑出舞台大门，跑进正在等待的驷马马车——在伦敦泥泞的道路上渐行渐
远。"诗人爱德华·杨格写道，她的"身价从一几尼飙升到一百几尼，但和 131

之前相比，她也并不能成为更伟大或更年轻的婊子”。但她确实勾搭到了一个公爵，成了博尔顿公爵夫人。社交、戏剧、金融世界便是以这种方式相互交融的。

《乞丐的歌剧》其实讲的就是城市的故事，城内许多人成了其暗中讽刺的目标。其实许许多多、各式各样的人都成了这部剧的攻击对象，包括廷臣、工匠、抓贼人、政客，以及歇斯底里地爱上歌剧和歌剧女主角的怪人们。但该剧总体来说是在批判人性的堕落。洛基特说：“在所有捕食猎物的动物中，人类是唯一会社交的。我们都将邻居当作狩猎对象，但我们还一同生活。”在《死囚》[1]一幕中，麦克希斯就着《绿袖子》[2]的曲调唱了首挽歌：

律法从本质上说
便是遏制人心之恶，以及我心之恶
除了在泰伯恩刑场的绞架上
怕是再难找到好伙伴了吧！

总而言之，《乞丐的歌剧》非常好笑——并非谢立丹或奥利弗·哥德史密斯笔下那种精心设计、人为造作的喜剧，而是“下层”剧院里闹哄哄的快乐。凭借着将滑稽、狂欢、下流、隐射进行有机融合，它超越了当时主流的感伤喜剧和英雄悲剧。1782 年，一个男演员穿着女装扮演波莉·皮丘姆，一个观众“狂笑不止，周五早晨一命呜呼”。该事件呼应了约翰·盖伊为自己写的墓志铭：

人生便是玩笑，这一点展露无遗，
132 我曾这么认为，当下我坚信不疑。

① 《乞丐的歌剧》第三场第二幕。

② 英国民谣，在伊丽莎白女王时代就已经广为流传，相传是英王亨利八世所作。

13

残耳

罗伯特·沃尔波尔爵士针对盖伊的报复姗姗来迟。他在 1737 年出台了一个法令，限制了舞台表演的自由。所有戏剧必须在上演前十四天提交给宫务大臣，自然，舞台上对鲍勃·布蒂的含沙射影立马被遏制住了。其实，《戏剧授权法案》直到 1968 年才完全废除，所以沃尔波尔的报复影响了数代人的戏剧创作。

但针对沃尔波尔的含沙射影真的公允吗？他总是强硬地为自己辩护，指责他的反对者是“毫无道德节操的假爱国者，一直以来人们反对他的动机只有嫉妒与憎恨”。他确实牢牢把控着政府政策和政府赞助，有些人觉得自己被排除在外不公平。但肯定不止如此。以权谋私和破坏议事程序皆是下议院的固有属性，那些制定法律的男男女女觉得自己能够凌驾于法律之上。

在沃尔波尔的时代，直接行贿并不罕见，但腐败则会披上较为巧妙的伪装。发放抚恤金、分配荣誉、安排职位、给予挂名等都是获得某人支持的为大众接受且被认为合理的方式。当时的议会议员并没有工资，合理的 133
赞助和贿赂之间只有一线之隔。仅凭沃尔波尔公开的工资是无法建造雄伟壮丽的官邸霍顿庄园的。然而，读一读安东尼·特罗洛普的作品，或许能让诋毁者了解人们直到19世纪60年代依然在用同样的勾当和伎俩。它们以更为间接的方式存续至今。权力最主要的回报便是金钱。

然而，就算是罗伯特·沃尔波尔这么有威望的人，也无法买通整个下议院。并非每个人都能明码标价。很多议员依然根据自己的良知或原则投票。关于这一点，最惊人的例子发生于1733年，当时沃尔波尔对议员们的情绪全然判断错误。他想要将伦敦港从海关的规章制度和蓄意阻挠贸易的海关官员的桎梏中解放出来。他提议花一点费用将所有烟草放在保税仓库。复出口的商品可以返税，但销往国内市场的烟草必须支付每磅四便士的常规消费税。同样的措施也适用于进口葡萄酒。该举措旨在促进出口，抑制当时盛行的走私，简化伦敦港海关的工作。

不幸的是人们并没有从善意的角度来解读此事。人们觉得该举措毫无必要，并反对向生活日用品征收消费税。该举措的微妙之处遭到了忽视或误解，代之以收税官成群结队搜捕没有交税之人的想象。沃尔波尔的反对者们很快便散布谣言说他意欲将收税范围扩大到食物等其他必需品上，英国的自由将从此断送，和欧洲诸国一样，成为专制、重税的国度。英国人民的境况很快便会沦落到如法国农奴一般。

名为《议会议员关于西部自治市镇的一封信》的小册子写道："伦敦和各乡镇中，有成千上万人在散发小传单，要么发到大街小巷的行人手中，要么扔在门口或丢进窗户，所有传单上都写着收税官（如同外敌）将大举入侵，吞噬他们……"此事和大多数恐慌一样没有来由，也和大多数恐慌
134 一样，在短期内影响巨大。

沃尔波尔很快就意识到这条路走不通。他的肖像在公共市场被焚毁，人们围着放烟花，点篝火庆祝，戴着饰有"自由、财产、无税"字样的帽子。在公众心目中，辉格党依然同战争税和统治伦敦的金融家的阴谋联系在一起，所以人们对这种看起来像筹钱新举措的提议心存疑虑也是情有可原的。在唐宁街的一次晚饭后，当仆人都离开了房间，沃尔波尔对同僚宣布"此事到此为止，明天我准备宣布收手"。他并没有改变立场，但民众针对收税的"呼喊和群情"让他经过"慎重考虑"后决定退出争斗。法案废

止后，他不得不面对聚集在议会外面的人群，在保镖的护送下，他窜进咖啡馆，接着逃离。

沃尔波尔估错了形势。他天生的乐观压倒了谨慎。埃格蒙特伯爵在日记中写道："可以预见罗伯特爵士在议会中的影响力将大不如前。"尽管国王担心情势进一步恶化而力挺沃尔波尔，但反对他的声音一浪高过一浪。1734 年春天的大选让他进一步深陷于性命攸关的逆境之中。他的党派，或者可以称之为执政辉格党，获得了 347 票支持，而反对他的托利党加上与他唱反调的辉格党成员共获得 232 票。想要让一切维持原有秩序需要极大的慎重和高超的手腕，尤其是那些反对他的辉格党人急切地想不惜一切代价获得权力，这些人中的一部分被沃尔波尔称为"爱国童子军"或"幼童军"。他们已经受够沃尔波尔及其亲密同僚，轻蔑地将他们称作"老人帮"或"老兵团"等。我们并不清楚乔治二世如何判断当时的情况，比起信件往来，他更偏爱在觐见室召见大臣进行对谈，但他依然与沃尔波尔站在统一战线。

如果说沃尔波尔的政策有贯穿始终的原则与动机，那便是避免战争的
愿望。他厌恶冲突。这是对人力财力的浪费。战争胜负难料，会在国内引 135
发分歧。早在 1726 年，前代国王驾崩的前一年，就有传闻说要同西班牙开战，为被攻击的英国船只报仇，但装模作样地封锁了巴拿马海岸西班牙堡垒与海军基地波托韦洛之后，这事便不了了之了。对于沃尔波尔来说，随后的谈判是仅次于和平的最佳选择。

沃尔波尔还成功让英国避开了 1733 年开启的"波兰王位继承战争"，这场战事又是一场为了争夺寸土之地而将许多国家卷入其中的混战，但沃尔波尔此举或许会让英国承担无视国际责任，破坏先前联盟的风险。该战争一打就是五年，直到 1738 年才结束，沃尔波尔一直保持中立。然而，英国国内有许多人希望主动开战，原因大致在于法国和西班牙禁止英国船只进入国外市场。没有比贸易损失更能让英国人恼羞成怒的事了。人们普遍认为沃尔波尔过分纵容西班牙。一封封请愿书被上呈议会，生动描述了西

班牙不断袭击英国船只，丝毫不理会沃尔波尔通过谈判签下的“协议”。奥尔德曼·威尔莫特痛惜道：“七十名我国勇敢的水手在西班牙被戴上枷锁！我们的同胞被戴上了枷锁，成了西班牙人的奴隶！这难道不足以让我们狠狠还击吗？这难道不足以让国民们奋起报仇雪恨吗！”他也因此名留青史。

此前还有一个事件让情势进一步白热化。1738 年，罗伯特·詹金斯上尉向下议院呈上了他七年前，也就是 1731 年在登船时被西班牙军官削下的一只耳朵。由于年代久远，难以确认该耳朵是否是他的，但这足以挑起公众的愤怒。也有可能这个上尉的耳朵是由于犯了其他罪被割下的。这只干瘪如皮革的人耳也可能是从伦敦的医院或街道上捡来的。谁又知道，或想要知道真相呢？你可以凭借一只残耳挑起一场战争。

西班牙人无意开战，沃尔波尔也依然偏爱和平的“慢舞”，所以，双方签署了一份抹平所有分歧的“条约”。但对于该协定，很多人并不买账，在
136 下议院尤其如此。沃尔波尔发表了两个半小时支持该协定的讲话，接着一个年轻人起身反对促成和平。“我们还算一个国家吗？”我们难道可以“忍受与西班牙签订的这个充满权宜意味，毫无保障、无法服人、屈辱至极的条约吗？条约中的每一行都充满了谬论或彻头彻尾的屈辱”。

威廉·皮特坐了下来，刚才的发言可谓在后世所称的“詹金斯之耳战争”中打响了第一枪。只有政治预言家才能看出这位三十出头的年轻人将在沃尔波尔统治四十年后，决定英格兰政治的走向。“老”威廉·皮特——之后因其同样有名的儿子的表现而为人所熟知——来自一个因为剥削印度而发家的家庭，他的祖父被称作“钻石”皮特。这个年轻人走了一条为人所熟知的成长路线，从伊顿公学一路读到牛津大学，随后于 1731 年加入了第一皇家骑兵卫队。四年后，他在议会占有了一席之地。这是他的宿命。

他年纪轻轻就反对沃尔波尔政府，被称作“辉格党幼童军”。他还依附于威尔士亲王，后者决意反对自己的父亲乔治二世，因而也反对父亲的首席大臣。卡洛琳王后称自己的长子为“我亲爱的大儿子是世上最大的坏蛋、最大的骗子、最大的暴民、最大的野兽。我衷心希望能将其除名”。尽管如此，皮特还是进入了亲王的总部——莱斯特宫，并最终被提拔为“寝宫侍

从”。因此，沃尔波尔很早便将其视为政敌。皮特反对和平的言论不过是他俩敌对的另一个标志。

而他这段巧舌如簧的发言还是很有威力的。首席大臣之子霍勒斯·沃尔波尔评论道：“他的口才，如同决堤之水，不断喷涌，猛烈异常！……十分傲慢，充满挑衅，带着杀气，能力超群。”据说他刚站起来的时候并不知道自己要说什么，但随后，即兴发言，滔滔不绝。

其实，对于那些着迷于他气势的听众而言，很难一五一十地记得他到底说了什么。一个名为亨利·格拉顿的议员记得他提到了“伟大的臣民、伟大的帝国、伟大的人物、光辉的思想、经典的范例”。皮特十分喜爱莎士 137
比亚，会在家人面前朗读精彩片段。他只引用悲剧，而将喜剧传递给他人。从这一点，我们可以管窥他充满戏剧性的创造力。其实，当我们检视他同时代的名人，会发现那个年代的政客总体来说都是技艺高超的演员。他晚年最亲密的盟友谢尔本勋爵形容他为“全然虚伪之人”。“他总是在演，”谢尔本说，“总是在粉饰，从不发自内心，一直处于即兴发挥的状态，没有朋友，也不会去交朋友，一直在提防别人，从不放松……”便是这样一个人，成了平民中的伟人。

对于皮特，谢尔本还形容他“人很高……鹰眼、小头、鹰钩鼻又长又挺”。从现存的肖像上，我们可以看到一张忧心忡忡的脸，双眼机警而疲惫。他在伊顿公学时身体就不好，并被医学诊断为“痛风”。在随后的日子里，“痛风”侵袭了他身体多个部位，他因而看起来总是病恹恹的，身形也很消瘦。后来他饱受躁狂症的侵袭，又被诊断为“脑痛风”。

对于一个几乎日夜被疼痛侵扰，被委托人和同僚的诉求搞得筋疲力尽的人来说，他几乎不可避免地会表现得很冷漠。除了和三五亲密好友在一起的时候，他为人冷淡而内敛。他会受人引导，会摇摆不定，但不会任人摆布。这便是为何他得了“百毒不侵”的名号，尽管他其实并非没有野心，并非对财富毫无追求。他还有着随机应变、见机行事的天赋。他曾说个人荣誉“让野心变为美德”。没有一个公共人物不是矛盾的集合体。然而，我们或许可以说皮特在早期的政治生涯中有两大野心，一是想让英格兰称霸海洋，二是想让英格兰超越所有邻国。

皮特还是不断提醒沃尔波尔必须开战的人。他称赞自己的政治盟友威
138 尔士亲王弗雷德里克为英格兰海军力量的守护者和英国贸易的捍卫者。海洋自由！自由与繁荣！伦敦城繁荣！这些都是皮特和他年轻盟友时常挂在嘴边的名言。亚当·斯密将针对西班牙的战争称作“殖民战争”，旨在捍卫公海及英国海外财产。霍勒斯·沃尔波尔认为战争的压力来自议会中“愤愤不平、心怀不满者”以及威尔士亲王宫中想要依照中世纪君王模式打造一个善战君主形象之人。“天哪，”卡洛琳王后说，“受人追捧总让我感到不适，而弗雷兹[1]被人追捧到让我想吐。”

而迫使沃尔波尔打非他所愿的战争的是由这些好战群体挑起的民意。更为屈辱的是，他先前的盟友如今却指责首席大臣纵容战争情绪蔓延。他最终于 1739 年 10 月宣战，大众欢欣雀跃。“他们现在正高兴，”他有一次毫不掩饰地说，“很快便会扼腕叹息。”

海军上将爱德华·弗农首战告捷，于 1739 年 11 月攻占了位于南美的西班牙基地波托韦洛，一切似乎顺风顺水。这场胜利让民众欣喜若狂，弗农准备率领第二支舰队出航的时候，威尔士亲王位于克利夫登的乡村寓所中首次响起了《统治吧，不列颠尼亚》的歌声。英格兰的城镇为“神人弗农”举行庆典，并将他和弗朗西斯·德雷克、沃尔特·雷利等人相提并论。“蓝海”政策的巨大成功也是对沃尔波尔等偏爱绥靖政策的政治家们的当头棒喝。

正如沃尔波尔所担忧的那样，战争风云诡谲。英军占领波托韦洛的时间连三周都不满，到了来年夏天，海军上将尼古拉斯·哈多克和约翰·诺里斯没能阻止西班牙和法国舰队开进加勒比海域。关于战争还有一句老话，即一场冲突会在当事人还没反应过来的时候演变成另一场冲突。如同芭蕾舞剧变换场景一般，原本针对西班牙的战争演变成了“奥地利王位继承战争”。

① 即弗雷德里克。

事情是这样的。神圣罗马帝国皇帝查理六世膝下无子，多方同意他应把哈布斯堡家族的领地（包含奥地利、匈牙利、波希米亚、荷兰，以及意
大利的部分领土）完整无缺地传给长女玛利亚·特蕾西亚。然而，皇帝驾 139
崩没多久，各个阵营便争相抢夺他的遗产。盗者无义，哪怕君主也一样，他们一见血就红了眼。普鲁士国王腓特烈二世入侵了哈布斯堡家族的西里西亚省，用他自己的话来说，出于“野心、利益、想让人民谈论我，以及胜利，因此我决意一战”。他至少还算坦诚。西班牙和法国也是挑起战争的两个主要国家，因为他们同时也是英格兰最强大的敌人。英格兰于 1740 年被迫卷入欧洲冲突之中。对于所有参战国来说，这场战争卷入了太多君主，但可以获得的王冠又太少。不断有新的舞者，前仆后继地登上战争舞台。

1741 年 9 月，乔治二世宣布自己的选侯区汉诺威在战争中保持中立，这一举动让臣民大为吃惊。但他的决定情有可原。他的领地被诸多张着血盆大口的大国环绕。他撤出了英格兰依然参与其中的争端，可见他有两套外交政策，一套指向和平，一套指向战争。但两面人是无法领导处于战争状态的国家的，许多人认为乔治二世将英国的海外利益置于汉诺威之下。尤其是皮特，他对寄生虫般的汉诺威人进行了抨击，而他的立场引起了国王永久的敌意。

沃尔波尔受够了，1742 年 1 月，他辞职了。“这是你们的战争，”他对一个大臣（此人没过多久便受封纽卡斯尔公爵）说，“你们来指挥吧，希望你们开心。”纽卡斯尔公爵值得在本书中享有一席之地，因为他是一个标准且独特的 18 世纪人物。他本该与康格里夫或斯摩莱特同时登场的。他是个强大的辉格党大人物和技艺高超的选举策略大师，但他同时也是个小丑。在一个流泪的年代，他以不停哭泣闻名。他拒绝在没睡过的床上睡觉，对
寒冷潮湿深恶痛绝，不走海路，说话说个不停。据说他有一天起晚了半小 140
时，接着一整天都在试图弥补错失的时间。W. E. H. 莱基在《18 世纪英格兰史》中写道：“他说话不知所云、一片混乱、前言不搭后语，总是阿谀奉承，承诺说完就忘，并幼稚地展现出胆怯、无知、烦躁、困惑……”

他语速很快，且含混不清，同时会因为紧张而乱动，所以他片刻都停

不下来。比起制定政策，他更喜欢心急火燎地忙里忙外，但做事风格又迂回而断断续续，导致时常被同僚指责。他似乎对别人的奚落不以为意，但如果有人试图同他争权，他便会疑神疑鬼，一直生活在恐惧之中。但他很喜欢参加早朝或大型集会，他会开心地拥抱、亲吻眼前的每一个人。此外，他还有长寿的秘诀，担任国家要职将近四十年。

罗伯特·沃尔波尔光荣退休，并因其功劳受封奥福德伯爵。他返回霍顿庄园，在那里看着自己担任公职所收获的果实。人们欢天喜地地庆祝他离去，战争的失意也仿佛随他一起消失了。

但战争的运势并没有随着他的离职得到实质性的提升。胶着的战事并没有任何加速迹象，而且似乎主要依靠的是财政援助和雇佣兵。没人对战争的胜负或战场的风云变幻上心。不论谁拿下了于利希或贝格，布热格或沃兰，都没有人会在意。在战争的最后六年中，背叛和罪孽，两面派和分裂，变节和密约，谎言和流血比比皆是。1748 年，和约在亚琛签订，但几乎为时已晚，上面连一项重要成果都没有。苏格兰著名历史学家托马斯·卡莱尔文风如火，最终将该战争描述为“难以理解的英外诸国大谵妄”。

所有人都想要沃尔波尔退休，就连他的亲密伙伴也不例外，但其实他的退休几乎没有改变什么。老团队的成员依然在位，正寻求“新辉格党”和“亲王党”中一些人的支持。并没有某些人想要的或觉得会发生的里程
141 碑式变化。确实有更多秉持不同倾向的辉格党成员上任，但最终被一些与他们唱反调的托利党称作“大屁股”。因为他们什么职位都能坐。如今辉格党斗辉格党，托利党斗托利党，托利党与辉格党斗辉格党与托利党，这样的内讧一直持续了大约十六年。到了最后，自然所有人都倦了。斯泰尔伯爵在沃尔波尔离开后的第二年，也就是 1743 年写道：“在伦敦，似乎完全靠打惠斯特牌来决定职位。”

“老僭君”之子查尔斯·爱德华·斯图亚特于 1745 年夏天在苏格兰登陆，此事带来了一些刺激。“小僭君”，更为后人所知的名字为“邦尼查理王子”，利用欧洲大陆战争准备在英格兰稍稍掀起些风浪。一些在弗兰德作战的军队被调回国内，但王子依然攻下了爱丁堡，并在爱丁堡东部的普

雷斯顿潘斯取得了大胜。这一切在伦敦引起了某种恐慌情绪，但究其原因，这一情绪主要来自恐惧而非遭受入侵的现实。城防陷落兹事体大，在全面战争的年代尤其如此。

小僭君召集了大约五千人的部队南下进入英格兰境内，最远到达了德比。伦敦人愈加恐慌。他其实也不会继续前进了。苏格兰人并没有望风归顺，支持詹姆士党的托利党人也没有给他很大支持。当时英格兰国民的心思都放在国家富强上，所以不会有社会或政治革命产生，英格兰银行彻底断送了斯图亚特的野心。查尔斯要求法国盟友入侵英国，但法国深陷弗兰德不能自拔。在德比，詹姆士党的将军们知道大势已去，不顾王子强烈反对，最终撤回了苏格兰高地。而他们蒙受的屈辱并不止于此。

查尔斯和顾问们决定同敌人在库洛登开阔的沼地战斗，但不出一个小时，他的军队便被由坎伯兰公爵率领的英军打得落花流水。一些苏格兰人
决定择时再战，但他们的决心在小僭君决定返回法国后瓦解。苏格兰通过 142
暴力手段争取独立的最后一次尝试落幕。坎伯兰公爵的士兵在苏格兰高地有组织地烧杀抢掠，詹姆士党由此断绝。高地军队在大败之后，被迫缴械投降，所有穿着“高地军服”的男子或男孩都被投进监狱关押半年，其间不得保释。若是再犯则遭流放。这是一项蓄意的文化灭绝政策。

胜利者的欢呼和掌声之下，变节的苏格兰人或许会流下悲痛的泪水。《统治吧，不列颠尼亚》在五年前便被写成了歌，《天佑吾王》在小僭君登陆时发表在《绅士杂志》上，之后其副歌部分广为人知。

这位年轻的王子于1750年再次冒险前往英格兰，乔装打扮进入伦敦。他似乎同一名忠诚的詹姆士党人一起住在西奥博尔德路，皈依了安立甘宗，奢望自己能最终被接受成为君王。他在伦敦走街串巷的时候，肯定戴着面具化着装。从这个角度来说，他已经融入了这个时常无异于一个大舞台的
城市。 143

14

杜松子酒母亲

在托比亚斯·斯摩莱特的小说《汉弗莱·克林克探险记》(1771)中，时值18世纪，马修·布兰布尔造访伦敦，让他愕然的是“各行各业交杂在一起——泥水匠、下层技工、酒保、出版商、店主、讼棍、市民、廷臣一个个摩肩接踵”。肆意放荡“随处可见，辘辘、嗒嗒、翻滚、冲撞、推搡、搅和、蹦跳、爆裂、碰撞……交织在愚蠢与腐败的纷纷扰扰中——一切都喧哗而匆忙，人们会觉得这番景象源于疯癫，正是它们使得人们一刻不能停歇”。

几年前，另一个天真的人儿来到伦敦，在伍德街旁的贝尔旅馆前下了马车。在威廉·贺加斯的描绘下，莫尔·海克宝特很快就被奇怪的人与物包围了。[1] 栅栏上悬着夜壶，阳台上挂着破内衣，一个穿得有模有样的浪荡子在门口看着她自慰。但其中最怪异的当数一个老妇女，脸上贴着快要剥落的美人斑[2]，像迎接来自乡下的表妹一般跟她打招呼。这位老妇女名为尼
144 达姆妈妈，是18世纪20年代到30年代初臭名昭著的老鸨。她最终被戴上

① 这段描写了英国艺术家威廉·贺加斯的系列作品《哈洛特的历程》(*A Harlot's Progress*)所描绘的故事。

② 指17、18世纪欧洲妇女为了衬托自身皮肤白皙而贴在脸上的黑色纸片或绸片。

1. 格林尼治皇家海军学院彩绘大厅天花板局部，画上是戴着王冠的威廉三世国王和玛丽二世女王

2. 安妮女王。十分不幸、身患痛风的女王

3. 第一代马尔伯勒公爵约翰·丘吉尔。伟大的将军、穷奢极欲——于布莱尼姆一战成名

4. 布莱尼姆战役场景。“我深知肩上责任重大，”他在战前写道，“但若我不勇挑重担，帝国将一蹶不振……”

5. 乔治一世，英格兰君主，有个胖情妇，有个瘦情妇。像首打油诗

6. 乔治二世。横行霸道、自以为是且咄咄逼人

7. 伦敦咖啡馆的群像画，约 1700 年

8. 罗伯特·沃尔波尔。丰腴、和蔼、城府极深。他掌控着政坛

9. 老威廉·皮特，两度担任首相，说了一句被深深误解的名言，即“无限制的权力将腐蚀其所有者”

10.“老僭君”詹姆士·弗朗西斯·爱德华·斯图亚特，被废黜的詹姆士二世之子，错误地认为自己将成为詹姆士三世

11.“小僭君”查尔斯·爱德华·斯图亚特（约 1740 年），又名“邦尼查理王子”

12.《贺加斯：著名画家威廉·贺加斯全集》一书插图。贺加斯是他那个时代的罗兰森和伦勃朗

13. 珍妮纺纱机，工业时代折磨的最新范例

14. 杜松子酒的恐怖，在一个为酒疯狂的年代

15. 约翰·德莱顿，诗人、剧作家，首位官方的桂冠诗人

16. 乔纳森·斯威夫特，讽刺文学家、小册子作者，格列佛之父

17. 亚历山大·蒲柏，或许正在构思那句“久病、吾命”

18. 堕落而邋遢，塞缪尔·约翰逊乃当时之巨匠

19. 乔治三世：他丢失了心智和美洲殖民地

20. 摄政王，即后来的乔治四世，肥胖、放纵、妻妾成群。是汉诺威君王的范本

了颈手枷，被公众拳打脚踢后伤重不治而亡。

与《旁观者》和《绅士杂志》的描绘相比，这两个关于伦敦的画面更为接近 18 世纪城市的现实，不仅毫无夸张，而且极其真实。在当时的风雅文学中，我们也能看到拍卖行、咖啡馆、读书会、辩论俱乐部、礼堂、舞蹈大师、化装舞会、大型舞会、剧院、画廊、演讲厅、音乐厅等景象。但其实这只是 18 世纪伦敦的表象，在此之下，是并未改善的更为深层、更为黑暗的生活。这一块是任何“进步”都无法触及的。宽阔的街道、开放式桥梁、时尚的广场、商业拱廊等，与长久以来投射在伦敦的阴影毫无关系。哪怕是相邻的房间，有的是为“享乐的时代”而设，而另一些，则属于匮乏、贫穷、惩罚、痛苦的时代。

从几英里开外就能闻到伦敦的气味，根据乔治·切恩于 1733 年写的小册子《英国之疾》的说法，该气味混杂着“数不清的火焰……恶臭的烟云、汗臭，更不必说那么多患病的人畜，拥挤的教堂、墓地、坟场……”而其中最为刺鼻的当数马粪。

街道的气味消弭了行走其上之人的阶层差别，工匠、才子、学徒、出版商、浪荡子、文员、花花公子、教士、文具商、淑女、女仆、演员、歌手、政客、流浪汉等，似乎都没了高低贵贱之别。常言道：“久居鲍市不闻其臭。”步道上不仅有行人，还有轿夫、搬运工、垃圾车、邮政马车、泥土车、扛着肉盘的男孩、乞讨的士兵、卖花的女孩、修椅子的人、二手衣商、糕点商人。在一条街上，不只有一种文化，而是多种夹杂。

若想靠租辆马车来规避这些不便也并不见得有效，这些街道逼仄迂回，
处处是障碍，各种马车时常寸步难行，还会造成“拥堵”。碰到这种情况， 145
马车夫就会拿起鞭子抽打对方的马，还常常跳下马车抡起拳头干架，围观群众则看热闹不嫌事大，在一旁煽风点火。各种谩骂赌咒为伦敦罩上一层忧郁的气氛。街道上的喧嚣如同贝德莱姆疯人院，远远听来叫喊声仿佛直冲云霄。与火山喷发有几分相像。

这便是古老暴力的伦敦，从没消失，也不会消失，直到 18 世纪最后几十年之前，在城市中依然能看到公开绞刑和鞭笞。贝德莱姆疯人院中的疯

子是城市的一大光景，此外还有埃奇韦尔路边绞刑架上的尸体，以及圣殿酒吧屋顶正在腐烂的人头。乞丐会露出一身烂疮，而妓女则会试图掩盖自己的疮痛。

莫尔·海克宝特就成了这样一个妓女，其实对于那些从乡村来的，或在街头长大的人来说，这是常见的归宿。18世纪，性唾手可得，从考文特花园有住处的娼妓到随便丢几个钱就能玩上一把的幼男幼女，比比皆是。廉价、大量的性交易是伦敦的暗流。较为富有的市民或商人想要找个人满足性欲如同探囊取物，很难相信当时的宗教虔信对此能起到遏制作用。哪怕在这个时期的尾声，城市的“改进”已无处不在，激进运动的发起人弗朗西斯·普莱斯依然在《自传（1771—1854）》中写道：“许多（妓女）的乳房以极为恶心的方式垂着，她们大都直发，刘海像老鼠尾巴一样在眼前垂下，爬满虱子，至少滋生了许许多多这类虫子……”只要两便士就能让她们去“墙后”服务。

关于此事，艾迪生的描述则较为温和，他写道自己有一次在圣詹姆斯街被一个苗条的漂亮女孩搭讪，女孩十七岁上下。“她装出放浪的样子试图勾引我，但我看得出她又冷又饿：她的双眼憔悴而恳切，她的裙子单薄而俗丽，她的样子柔弱而稚嫩。”一个多世纪后，街上依然净是此类人群，记者威廉·托马斯·斯特德由此写下了《献祭给现代巴比伦的女郎》（1885）。
146 伦敦的某些方面似乎亘古不变。

犯罪和暴力如同燧石和石料一般属于街道的一部分。当然，除了老旧的日夜值勤之外，并没有系统的监管政策，老守卫们会在哨所煮茶或杜松子酒。街道昏暗，难以令人安心，廉价公寓阴森森的，贫民窟危机四伏。夜里犯罪频发，却没人在意。每到危急时刻，抓丁团会强制抓人去参加海军。詹姆斯·瓦特于1754年来到伦敦，他几乎不敢出门，生怕被抓走。

“人们都是迫不得已才出门，”霍勒斯·沃尔波尔于1751年写道，“哪怕是中午，出个门都像上战场。”盗贼有自己的住处，在俱乐部、酒馆，他们甚至会像军队一样分成各个工种，如入室窃贼、扒手、拦路强盗、公路响马等。但人们对于常备军厌恶至极，哪怕增加警察数量的呼吁都会遭到一些不想在军营里生活的人抵制。

伦敦在 18 世纪不断壮大，而沸点也随之降低。在《汉弗莱·克林克探险记》一书中，马修·布兰布尔对一个友人提到“在七年间，威斯敏斯特的一个区就建了一万一千栋新房，此外，在这个庞大笨拙的都市的其他地方，每天也都在添砖加瓦”。伦敦是如此“庞大笨拙”，“首都成了一只过于肥大的野兽，如同积水的头颅，在失去营养和支撑后，会脱离身体和四肢”。砖块还没凉透就被运到了建筑工地，困惑的行人会看着杂乱无章的工地上建了一半的房屋目瞪口呆。

在这种混乱的投机行为背后，有着某种驱动力，即权力和金钱。城市对食物巨大的需求助力了国家农业领域的革命。茶叶、大麻、棉布从世界各地运送至伦敦。糖直接在首都“煮制”。这是世界上最大的工业城市。伦敦东部，泰晤士河两岸，工厂林立。城市中满是科学设备、灶具、气量表、
家具、出租马车。从东部海岸运来了煤炭，为火焰添加燃料。 147

神职人员和道德家听着城市窝点和洞穴中传来的咒骂和下流的话语，毫不犹豫地预告末日审判将要降临。有一首伦敦的歌谣足以让神职人员火冒三丈：

我肯定她要下地狱
因为她让我在礼拜时间干她……

我们不要忘了，伦敦人总体上来说十分迷信，仿佛他们知道自己生活在一个注定要毁灭的城市。城市中被报道出现了鬼魂、女巫、幽灵，国王本人据说相信吸血鬼——尽管这或许源于德国的传说。口袋里没钱的时候，听到布谷鸟的叫声就会倒霉。如果一条蛇穿过你面前，那你就该回家。如果渡鸦飞过你头顶，你就该把头低下。早晨看到鸣角鸮预示着一整天都危机四伏。一次，公鸡巷传出一连串敲打和刮抓的声音，人们吓得蜂拥进一间屋子。塞缪尔·约翰逊隶属于一家调查这类想象的委员会，最终的调查结果是一户人家的大女儿搞出来的恶作剧。尽管如此，鬼魂的报道依然搞

得人心惶惶。

来自戈德尔明的玛丽·托夫茨女士在生产的时候生出了好多兔子，她试图去抓，结果流产了。她被带到伦敦，在莱斯特的一家澡堂接受了许多当时的名医检查。廷臣赫维勋爵曾说："城里所有人，不论男女都前去一睹为快、亲身感受：她肚里无休止的活动和声响十分巨大，伦敦著名的内外科医生、助产士日以继夜地等在那里，想看她这次会生下什么。"而这件事也全然是个骗局，利用了伦敦民众的迷信与轻信。

1750 年 2 月 8 日，伦敦和威斯敏斯特都感受到了大地的震动和声响。人们纷纷跑出家门，害怕末世降临。整整一个月后，也就是 3 月 8 日，又
148 一次更为剧烈的地震将一些房子夷为平地，对街道也造成了很大损害。当下，人们坚定地认为 4 月 8 日将发生比前两次更为骇人、更具破坏性的第三次地震。《绅士杂志》最为出名的或许当数其怀带的理性偏差，该杂志写道："地震是上帝惩罚邪恶、叛逆之人的手段。"多年来，伦敦的罪孽愈演愈烈，似乎到达了临界点。这座城市太过黑暗、流毒太深、病入膏肓、荒淫无度，因此难逃天谴。伦敦主教在写给教区信徒的信中谴责了"令人憎恶的公共妓院"，"罪大恶极之娼妓的历史和传奇故事"，以及自然神论者和其他蔑视"宗教伟大真理"之人的书籍。

在人们认为地震将要到来的前一周，能离开伦敦的人都离开了。亨德尔的清唱剧《犹大·马加比》演出被取消。霍勒斯·沃尔波尔数到了有七百五十辆马车穿过海德公园角前往较为安全的乡村。许多人失魂丧胆，移居到伦敦北部或南部。人们对中心地带，黑暗的中心地带，城区和威斯敏斯特避之不及。结果，什么都没有发生。上帝休息了。但这一现象和恐慌足以让些许人（哪怕不是所有人）心生忏悔。而其他人也转向他处寻求慰藉。杜松子酒母亲张开了双臂。

1751 年，威廉·贺加斯在莱斯特的黄金之首画廊创作出了《杜松子酒巷》，同年，亨利·菲尔丁在一本题为《关于近期强盗数量增加的调查》的小册子里警告道："一种前所未有的醉酒形式最近在我们中间冒了出来……

肇因为一种名为杜松子酒的毒药。”贺加斯的版画上，一个当铺老板正在进行一项十分红火的交易，他仔细检查着一个木匠的锯子，而另一个妇人则焦急地把水壶和炖锅递给他。他们脚下是一个杜松子酒窖，上面挂着我们都很熟悉的“皇家杜松子酒”标牌。这个酒窖无非就是在墙上开了个洞，一条黑暗隧道直通地下。酒窖上方写着几行字。

> 一便士醺醺然
> 两便士醉如泥
> 干净的吸管免费。 149

这样的话不太可能真的写在卖杜松子酒的店铺外，应该是贺加斯自己创造的，尽管如此，这句话仍广为流传。

杜松子酒巷并不为地志学者所知，也没有收录进地名词典，但贺加斯将其设定在了因乞丐、瘸子、流浪汉、穷人而臭名昭著的圣吉尔斯教区。该版画描绘的地点如今位于沙夫茨伯里大街的北端。一个神情恍惚的醉酒妇人坐在台阶上。周围的时间仿佛凝结了，她百无一用的双手垂到了地上，一个婴儿正从她的身上摔落。一个骨瘦如柴的民谣歌手躺在她下方的台阶上奄奄一息。不远处，有人正在与狗抢夺一根肮脏的骨头。

但该妇人是这幅画作的中心。她腿上有梅毒的印记，且满身污秽，衣衫褴褛。她之所以在圣吉尔斯的街巷里，一定是因为酒瘾犯了来买酒。对于该版画，有一条评论写道：“如果一个妇人习惯没事喝点小酒，那她就会变成世上最为悲惨，最为可鄙的生物。”有一起事件在解释这句话的寓意上胜过任何言辞。朱迪丝·德富尔带着她两岁的孩子去了济贫院，孩子能在那里得到较好的照料，还能穿上新衣服。几天后，她又去了济贫院把孩子带了出来。她把孩子带到了附近田地里掐死，把尸体丢进水沟，接着把从孩子身上扒下的新衣服拿去当铺换了一先令买杜松子酒。这是个极端的例子，但并没有极端到不合情理。

位于贺加斯版画右端的基尔曼酿酒厂旁，两个小女孩正在大口喝酒，而一群乞丐则为了争酒大打出手，一个年轻母亲在往婴儿嘴里倒酒。死亡的迹象随处可见，一个人在众目睽睽之下上吊自杀，一个孩子不慎被烤肉叉刺穿身体，一个棺材被悬挂在一家店铺的外面，棺材里装着去世的店主，以此替代葬礼。当铺的招牌如同十字架一般悬在众人上方，远处是圣乔治布鲁姆斯伯里教堂的尖塔，顶端是乔治一世的雕像。他是伦敦唯一崇敬的君王，但此时他看起来冷冰冰的，与教堂一样和自己的国度相隔甚远。贺加斯的版画细致入微，将画上的细节整合起来，便是一项振聋发聩的声名。
150 比如，刚才两个饮酒的小女孩，身上别着“GS”（即圣吉尔斯）教区的徽章。教区委员会本应照管穷人，但他们的无能或不负责任昭然若揭。

贺加斯的这幅版画连带另一幅相同主题的《啤酒街》以一先令的价格出售，尽管这个价格并非穷人可以负担得起，但有理由相信这幅画会被挂在酒馆或啤酒屋的墙上发挥讽刺或规劝的作用。《伦敦晚邮报》上的一则广告提到：“这些版画上的人物意在革除某些尤其见于下层人民的恶行，作者希望这些画作能为更多人所用，所以出版时把价格尽量压低。”

民众对杜松子酒的狂热大约兴起于18世纪20年代，但这种酒从1688年光荣革命开始便随处可见了。威廉三世从鹿特丹周遭地区买了这种酒带在身边，很快，这种荷兰烈酒就取代了法国白兰地。法国的所有东西都是不可信的。威廉的士兵被鼓励在行动前饮下“荷兰的勇气”。在他成功入侵的两年后，通过了一项“鼓励从谷物中提取白兰地和烈酒”的法案。酒税不仅从每加仑一先令降到了一便士，农民和酿酒商还将进一步受到奖赏。伦敦人一直以来都喜欢喝酒，但杜松子酒在首都街道上的流通势头愈加迅猛。在这个充满欲求、痛苦、冰冷的年代，许多人对酒精趋之若鹜。酿酒商的酒桶里，升腾起令人作呕的蒸汽或雾气。

杜松子酒在纺织店、染色店、理发店、木匠店、制鞋店售卖，济贫院、监狱、疯人院里这种酒比比皆是。售酒处也依照肮脏与恶心程度分为三六九等。旅馆有宾客寄宿的房间，酒馆也有为城市各行各业提供“招工室”，而白兰地酒店或酒吧则是最低等的，人们聚在店里的酒窖、内室、墙洞中豪饮。杜松子酒在手推车、临时摊位、小巷、内室、廉价旅馆里都有卖。乞丐、流浪汉、犯人、济贫院工人，以及伦敦居民不论老少都在痛饮这种酒。它还尤其受女性欢迎，女性们还会用大量这种酒让小孩子安静，驱散寒冷和饥饿。喝酒能让人暂时逃离世界。 151

但后果十分可怕。孩子们会跑去杜松子酒商店，喝到连路都没法走。成年男女则会因为过量饮酒死在阴沟里。有些酒鬼喝着喝着就一命呜呼。不论白天夜晚，人们喝得东倒西歪并不罕见。斗殴以及人为忽视造成的火灾比比皆是。一个外国人塞萨尔·德·索叙尔对此评论道：“酒馆几乎时刻挤满了男男女女，有时候里面甚至有孩子，众人开怀畅饮，最后连出门都困难。”喝酒至少能在一两个小时内让穷人感到温暖、精神恍惚。

威廉·梅特兰于18世纪中叶出版了《伦敦史》，他认为伦敦城中开了八千六百五十九家杜松子酒店，在南华克和怀特查佩尔地区尤其多。十年间，烈酒的销量翻了一番，1735年达到了五百五十万加仑。女性不仅喝酒还卖酒。据估计有四分之一到三分之一的无证酒贩是女性。这是一个并没有把女性排除在外的行当，拥入首都的女孩和年轻女性成了唾手可得的剥削资源。1736年有一本名为《提取烈酒：国之祸根》的小册子记录了酒吧里聚集着“女仆和劳工的妻子”，并强调杜松子酒在某种程度上是女性饮品。这种酒被称作“淑女之乐”，1736年的《杜松子酒法》据说让“寡妇流泪”“老妇神伤”。

政府出台了数项措施以管控或缓和杜松子酒的销售，结果不一。《杜松子酒法》对烈酒征收每加仑二十先令的税，杜松子酒零售商需要花五十英镑办理年度许可证。该举措反倒让非法售酒愈演愈烈，变得一发不可收拾。杜松子酒被当作药剂或被冠上桑格里、透柔、梅克希福特或科西嘉岛的西奥多国王等假名售卖。人们还发明了各种狡猾的分销方式。蓝锚巷有个有魄力的商贩，买了个张着嘴的猫型招牌，他把招牌钉在窗户边，在猫爪下面装了根小小的铅管。管子的另一头是个漏斗，可以往里面倒酒。不久， 152
他就对外宣称“明天，我窗户旁边的猫就能卖杜松子酒”。他等待着第一个客户上门，没过多久，他就听到了“一人柔声说道，‘猫儿，给我打两便士杜松子酒’”。钱币从猫的嘴巴塞了进来，而商贩则把足量的杜松子酒倒进漏斗。很快，人们便聚了过来看“这只魔法猫”，杜松子酒本身也被称作了“猫儿”。

威斯敏斯特对盛极一时的杜松子酒贸易进行干涉，引发了伦敦城较贫困地区的骚乱。暴乱极为严重，有些人甚至觉得会危及全国。肖尔迪奇和斯毕塔菲尔德两个区受害最为严重。那些向当局举报非法出售杜松子酒的告密者被暴徒纠缠殴打。有些人被活活打死，另一些人则被按入泰晤士河、池塘或阴沟。这是街头力量的表现形式之一。有个妇人在河岸街喊道“告密者！”于是“暴徒一拥而上”将其“控制”，“下手是那么地狠，那男子因伤势过重死去”。

1736 年的这部法律被证明无法施行。由于公众抗议，当局对该法进行了修订，七年后，出台了一部新法，被称作《饮酒法》，之后在 1747 年，杜松子酒酿酒商赢回了零售权。（不论是纯的还是混入果汁的）烈酒，又一次成了人们的上选饮品。据估计，在霍尔本，有五分之一的住房被用来卖杜松子酒。

结果可想而知，也似曾相识。1751 年，海关专员科尔宾·莫里斯记录了出生率下降以及“新生儿的健康堪忧”。他还注意到医院里挤满了“大批因为饮用烈酒导致水肿和肺结核的病人”。酒还被同乱性联系到一起，据记载，“十二三岁的少女因沉迷杜松子酒，没法生活在正常的家庭中……于是她们就一直沦落街头，十分耻辱地长大”。这一描写同贺加斯和版画与菲尔
153 丁的小册子不谋而合。

然而，随着人们口味的微妙改变，对杜松子酒的狂热逐渐褪去。这和最终一无所成的禁令没有任何关系。庄稼歉收使得杜松子酒愈加昂贵。卫斯理宗哪怕在城市的穷人里，其影响也日趋加大。突然之间，茶叶流行了起来。

威廉·贺加斯当之无愧是伦敦此次风潮最为有名的观察者，而他自身又引起了另一个城市现象。我们来谈一谈贺加斯吧。他出生在伦敦的史密斯菲尔德，以雕刻金器起家，是一个城市工匠。他的第一幅画作取材自《乞丐的歌剧》。他和塞缪尔·约翰逊或亨利·菲尔丁一样，本身就属于 18

世纪。他是新一代小说家的偶像和灵感源泉。托比亚斯·斯摩莱特在《兰登传》(1748)中写道:“我将以贺加斯的笔触,表达斯特拉普的惊讶和担忧。”塞缪尔·理查逊写完《学徒指南》(1733)后,希望“心灵手巧的贺加斯先生能为此书画龙点睛”。在《弃儿汤姆·琼斯的历史》(1749)一书中,亨利·菲尔丁中途搁笔,呼喊道:“啊,贺加斯!愿您能赐予我文采!”

贺加斯触及了18世纪的方方面面,可谓那个年代的文艺主神。他通过邂逅、意外、建筑的倒塌、马车的倾翻理解生命的无常,通过贫贱与富有、病死与健康、邪恶与高尚之混杂了解生活的两极。他深爱街头的贫民生活,花了大半辈子将之歌颂。街头耸人听闻与奇异之事同《巴塞洛谬集市》里的演员一样多,是当时时代精神的反映。贺加斯写道:“因此,我们会将画作上的人物同戏剧舞台上的角色相提并论。”

他还是个精明的商人,在商业领域比其他任何人都更为专业。他在报纸上为自己的画作登广告,不通过中间人或画商,直接卖给买家。他在自家门外挂上了商店招牌。他还成功让当局立法,通过了《贺加斯法案》,保护了雕刻师的版权。艺术家时常压榨市场、操控赞助人,但或许从未以如此全然商业的手段出手。不论是通过道德格言还是唤起城市热潮,抑或通 154
过敏锐的商业嗅觉,贺加斯牢牢抓住了时代的特征。 155

15

纸牌屋

威廉·皮特将在战争中大展身手、扬名立万，从一开始他便对罗伯特·沃尔波尔不惜一切代价维持和平的政策不屑一顾。他同沃尔波尔展开较量并获得了胜利。如今，属于他的时代快要到了，他将被称作那个年代的战神，“伟大的平民”成了伟大的战士。英、法，及其他参与奥地利王位继承战争的国家经过谈判签订《亚琛和约》八年后，皮特将第一次流血的暗示指向了远在大洋彼岸的殖民地。表现形式依然是英法两国的敌对。法国在北美的政策（至少在英格兰看来）是不断扩张、侵略。据说法国的目标是“全球贸易”。法国人已经在北至圣劳伦斯，南至密西西比设立了据点，利用一长串堡垒控制了新英格兰殖民地以西所有的领土。如果英国被限制在大西洋海岸的狭长地带，就将无法参与势头迅猛、利润丰厚的毛皮贸易。尽管如此，法国人依然同当地印第安联邦（名为“六国联盟”）结了盟。1754 年 4 月，一支来自加拿大的法国军队占领了一个堡垒，也就是后来的匹兹堡。相应地，英国也派出了远征队，但收效甚微。战争的重要性
156 尚未突显。

对于万里之外的美洲，英国人依然知之甚少。公共报纸会刊登来自“殖民地”的报道，并冠以“美洲事务”或“英国种植园”等标题，但英国

人和美洲居民之间并没有真正建立起同气连枝的纽带。美洲被认为是一个农民的国度，大片荒地上有星星点点的农田和村落。事实并非如此——哈佛大学和耶鲁大学已经建成，其中哈佛大学在一个世纪之前就建好了。英格兰的商人当然心知肚明，他们买入鱼和木材，以及早已从“面包殖民地”满溢而出的小麦与谷物。此外还有产自弗吉尼亚和马里兰的烟草。最终，这些商品将成为战争的根源与肇因。

由于美洲局势紧张，法国和英格兰的关系进一步恶化。1756 年 3 月，由于担心遭受侵略，英格兰当局召集汉诺威雇佣兵加强殖民地海防。动用德国军队这一举措前所未有，引起了当地反对汉诺威和黑森雇佣兵的风暴。然而，这些军队的战斗力并没有受到战争的检验，或许法国从未想过入侵，而是在发动更为强大的攻势之前虚晃一枪。果不其然，5 月 18 日，一场可谓奥地利王位继承战争后续的全面战争开打。对于政治和贸易来说，战争如同熟悉的枕边人。

所有原先的联盟关系都进行了洗牌，英格兰和普鲁士联合对抗奥地利加上法国与西班牙的波旁王朝势力。这场战争在不同地区有着诸多名称：在北美被称作“法国与印第安战争”，在印度被称为“第三次卡纳蒂克战争”。在欧洲大陆被称作“波美拉尼亚战争”或“第三次西里西亚战争”。在英格兰则更为直接地被称作“七年战争”。所有参战国或许都没料到冲突会持续这么久。

战争还没打响，就有情报表明一支法国舰队正在土伦备战，准备在地中海展开行动。法国长久以来一直威胁着自 1708 年就由英国控制的梅诺卡岛，因此，十艘军舰在海军上将约翰·拜恩的率领下，由直布罗陀启航前去防卫该岛。这场战斗令人困惑、前途未卜，加上拜恩生性谨慎且船只状 157
态欠佳。拜恩在认为大势已去之后，便没有支援梅诺卡岛的英国守军，直接撤回了直布罗陀。守军在全面战争打响一个月后，于 6 月投降。开局不利。

海军部一心想把责难推给军官，于是海军上将拜恩便成了牺牲品，他先是被送上了军事法庭，接着在皇家军舰“君主号”的甲板上遭枪决。对于这一事件，伏尔泰评论道："时不时杀掉一个海军上将以振士气真是个好主意。"但献祭性地杀掉拜恩并没有抚平民愤，毕竟英格兰人一直觉得自己的国家是公海的霸主。公众的猜疑和愤怒与日俱增，让首席大臣纽卡斯尔公爵难以承受。愤怒的群众将拜恩刻成雕像烧毁，而其他大臣也遭到了嘲弄。当时有一首民谣宣称"跟着纽卡斯尔必上断头台，跟着拜恩必从桁端堕海"。是年秋，纽卡斯尔公爵辞职。所有的目光都集中到了威廉·皮特身上，这位让国王生气，甚至厌恶的大臣，似乎将成为政府首脑。毕竟皮特对国王忠于汉诺威多有责难。但皮特对自己很有信心。他对德文郡公爵说道："救国于水火，舍我其谁。"按传统历史学的说法，在当时，每当一个人物走下历史舞台，必然有另一个人物取而代之。但实际上并没有这么简单。

所有的牌都要重洗。所有玩家聚在桌旁，狭路相逢。当时的一名政治记者描写了这一景象：

> 此事环环相套，无穷无尽……周一的爱国者到了周二成了廷臣，周三的廷臣到了周四成了爱国者……前提是他是个好孩子……反之，则会像学生过完假期后就忘了怎么学习……不止一个人打烂了一手好牌……皮特于火中取栗……你知道并不存在英格兰第一大臣这种东西，
> 158 所以你不要摆出那副模样……他就没有把它当回事，仅当娱乐……爱国者一个都没有，所有人都是营私舞弊的参选者。

这段话将需求、欺诈、威胁、阴谋、操控、诡计一语道尽。甲想当财政大臣，若乙不同意，甲也能去下议院当个油水很大的主计长。丙想要丁继续担任爱尔兰总督，这样在危急时刻，丁就能让丙继任。不论在哪个国家，政客们都会把优先权放在政治倾向前面，对于这一点谁都不会感到惊讶。

然而，皮特凭借着民众支持和下议院的信赖拿了一手大牌，所以尽管国王反对，他依然成了南方事务部长、最高国务大臣，而德文郡公爵则成了名义上的第一财政大臣。皮特上任的时候困难重重、四面楚歌，其中比较突出的事件便是他对轻易处死海军上将拜恩一事感到失望。国王的小儿

子坎伯兰公爵声称只要皮特在任，他就拒绝指挥德国军队，因此皮特根本没有推进自己战争政策的时机。乔治二世等的就是这个机会，1757 年 4 月初，皮特被解职。

一切都令人困惑、前途未卜。整整三个月，好多大臣前仆后继想要协调对抗法国的政策，但论热忱或自信，没一个及得上皮特。5 月，一支法国军队入侵了乔治的选侯区汉诺威，在 7 月的哈施滕贝克战役中，联军惨败。吃了败仗的将军就是坎伯兰公爵本人，他被迫签署条约，将汉诺威的归属权拱手让给了法国。国王对此火冒三丈，将怒气撒在自己不成器的儿子身上。他见到儿子后冷漠地不发一言，对自己的廷臣说："这就是我的儿子，他将我给毁了，也把自己的脸丢了个干干净净。"因为坎伯兰此后再也没有担任过军职，所以他对皮特的憎恨也无须考虑了。就连国王自己也明白，想要对抗众敌，就必须出以重拳。

到了 6 月底，正当人们担心国家机器的巨轮将要停转的时候，皮特答
应同身经百战的纽卡斯尔公爵联手执政。皮特负责战事而纽卡斯尔处理所 159
有国内事务，包括为皮特筹集所需的税款。皮特和纽卡斯尔绝不是天生的盟友，其实他们互相看不起对方。他们之所以联合，只是因为他们都想身居要职。"大人，如果可以的话，请您稍缄贵口，"皮特对健谈的纽卡斯尔说，"因为长久以来，您的话对我都毫无价值。"这两个看似合不来的人，组成了英格兰历史上最成功的联盟。

皮特回归的时候，情势十分紧迫。切斯特菲尔德伯爵在当时写道："不论谁上台，谁下台，我都确定我们败了，不论国内还是国外都是如此。国内债务和开支不断飙升，国外运势低迷、将士无能……我们再不是一个国家了。在我看来，未来从未如此渺茫。"1757 年秋，约翰·威尔克斯写道："我从未见过不安情绪如此蔓延，各行各业每个与我交谈过的人，似乎都看到了非常糟糕的事正在迫近。"此人后来成了一个大声疾呼的煽动者。

在当时的局势下，皮特所面对的，可以说无异于一场世界大战。从魁北克到瓜德罗普，从塞内加尔到东弗里西亚，从布拉格到路易斯安那，两大交战国及其盟友全力争夺着海上和贸易的霸权。皮特便是为这种战争而

生的。他的首要政策便是尽可能多地开辟与法军交战的“战线”，以此牵制住法国军队，同时在战场上尽可能多地扶植并援助法军的敌人。为了达到这个目的，他需要舰船、人力，以及金钱。金钱方面，由纽卡斯尔通过增税的形式帮他筹集。皮特告诉下议院自己需要资金“以截停并铲除法国的海上贸易，同时对大不列颠的海上贸易提供全面保护”。他想要称霸公海，换句话说，除了欧洲大陆之外，他还同时面对着四条反法战线，分别位于美洲大陆、加勒比群岛、非洲海岸，以及印度。

1834年，麦考莱在《爱丁堡评论》上提到，皮特作为战争部长有着极
160 大的弱点。他写道：“或许是我们无知，无法看出他的安排有多么意义深
远，多么环环相扣。”或许皮特只是走运罢了。他肯定无法凭一己之力构思
并施行战争中的各大事件，针对他的大部分褒奖理应转给海军部的诸位军
官。但如果说有这么一个人，操控着战争的千头万绪，那此人非皮特莫属。
他的神气和精力伴随着傲慢和对同僚的讥讽，他完全不相信别人的能力，
对别人也几乎毫无信任可言。他凡事以自我为中心，傲慢自大、飞扬跋扈。
但他对英格兰和国家命运很有远见，并不仅限于欧洲狭长的边境，而是着
161 眼于建立起一个世界贸易帝国，从而奠定国家在贸易和海洋上的霸权。

16

我该做什么？

1738 年 5 月的一天傍晚，约翰·卫斯理行走在奥尔德斯盖特街上，他这是去参加一个英格兰国教社团的活动。在这个时期，伦敦的城墙上写满了诸如“基督是神”“犹太人是凶手”之类的话，而在奥尔德斯盖特街上方，是刚完工的圣保罗大教堂圆顶。卫斯理拥有圣公会牧师资格，能在正统宗教团体传教。他曾在牛津大学林肯学院担任导师，在那里，他和弟弟查尔斯邀集同人建立了名为“圣社”的小团体。1735 年秋末，他远涉重洋，来到了由反对奴隶制的约曼农建立的新殖民地乔治亚。并于 1737 年末由于法律纠纷回国。

他有一个秉持着相同宗教理念的同道。乔治·怀特腓同卫斯理兄弟一同加入“圣社”，且很快便因史学方面的才能而闻名，他能让民众因为伤心而晕厥，演员戴维·加里克对朋友说，他愿意出一千英镑学习如何以怀特腓的口气说：“喔！！！！”但卫斯理在这时暂时失去了信仰的慰藉。1738 年，怀特腓也动身前往乔治亚。

但当卫斯理走出位于奥尔德斯盖特街旁的宗教小社团后，信仰发生了转变。“大约八点四十五分”，社团中有成员正在对众人宣读马丁·路德的 162
《罗马书序言》。他背诵着序言中的文字：“上帝通过基督的信仰，让我内心发生了改变。”卫斯理如此说道：“我觉得自己的内心奇异地暖了起来。”这是他“觉醒”的第一阶段，用卫斯理的话来说，那一刻“上帝开始在英格兰进行伟大的工作”，并通过循道运动收获果实。

卫斯理在路德的序言中寻到了一个信念——“我们生在神的恩典之下，而非律法之下”。这种恩典是慷慨的馈赠，是伟大的祝福，他想将之给予那些从未因圣灵而感动的人。1739 年，乔治·怀特腓从乔治亚回国，途中，他在布里斯托尔城外的金斯伍德对着一群煤炭工人布道。此次布道在室外进行，罕见且几乎无人知晓。他的话语如同宝剑，让人们心生虔敬，心潮澎湃。“来吧，贫穷、失途、迷乱的罪人，以本真的你归于基督吧。”便是这声忏悔的号召，大大鼓舞了循道运动。人们纷纷从当地社区聚集而来，聆听他们认为是上帝的声音。1739 年 3 月，怀特腓在给卫斯理的信中写道：“你必须前来，为上帝让我播下的种子浇水。”四个月后，他在日记中写道：“可以看得出来，煤矿工人的行为发生了巨大且明显的转变。他们不再骂骂咧咧，而是吟唱着有关森林的赞美诗……”

这在英格兰宗教史上是史无前例的。在之前几个世纪，“田间布道”都是非正统或非主流的团体才会做的，多明我会的修士们在市集中设立讲道台，但如今，那些先前从未去过教堂的人齐聚山丘和空地。

怀特腓说：“一名布道者，不论什么时候登上讲道台，都应将之看作最后一次布道，自己的话最后一次得闻于民众。”他大声疾呼，在木匠台上跺脚，并泪流满面。“喔我的听众啊，神罚将至！神罚将至！”卫斯理自己就描写了一次循道集会的景象：“人们仿佛被掐住了咽喉不能呼吸……许多人
163 默默流泪，有人瘫倒在地，有人大吵大闹，怒发冲冠。有个男子朝墙上猛撞，大叫道：‘啊，我该怎么做？我该怎么做？以报基督的滴血之恩！’”据说民众的呻吟便是讲道者的回报。

换作前几个世纪，教会必然会勃然大怒，用尽一切奸诈手段对付他们。16 世纪的路德宗，17 世纪的贵格派和再洗礼派，都遭到了拳头和火焰的惩罚。但如今教会并没有那么强大。对于英格兰国教，或许可以用沉睡来形容吧？许多教会成员要么很融通，要么无所谓，他们将周日去教堂礼拜仅

仅看作履行社会职责而已。

1689年的《宽容法》带来的结果正如其批评者所预料。人们对于宗教不再狂热，有些地方甚至到了冷漠的程度。伏尔泰在《哲学书简》中写道："如果英格兰只允许一个宗教，政府很可能变得专制；如果有两个宗教，民众会起内讧；如果有许多宗教，大家都幸福生活、相安无事。"不同宗教派别和团体会聚到一起，彬彬有礼地就恩典或救赎等议题展开公开辩论。当然，这么说并非出于刻薄，也不是说这一现象并不重要，只是当时的宗教氛围并不能很好地解释卫斯理宗等其他福音派的狂热虔诚。当时，信仰的重点集中在"纯洁"与"理性"、亲和与反教条上。哲学家大卫·休谟将之描述为"最冷静之淡漠"。

"老不服从国教派"的情况也不容乐观。这些原本异端的宗派以自己的方式进入了正统行列。其教义不再新奇，也不会冒犯到任何人。曾经最为狂热的教派站稳了根基，制定了各种规章制度、习俗惯例约束自身，但也因此不堪重负。"老不服从国教派"的拥趸有工匠和著名的商人，他们和乡绅与教区牧师一样，在英格兰社会占有一席之地。作为其中一分子，菲利普·多德里奇解释称他们不接收"教育程度低和没有品味的平民"。而罗马天主教的所作所为同样了然无味。丹尼尔·笛福在《英伦游记》一书中写道达勒姆的城镇非常"老旧，尽是罗马天主教徒，他们过着平静的生活，不会打扰别人，也没人打扰他们。我们去那里度假，看着他们光明正大地 164
去教堂做弥撒，其他异端之人也一样，只是他们会选不同的日子，去各自的集会地点做礼拜"。然而，伦敦人对于他们的怀疑与憎恨会在18世纪80年代再次浮出水面。

1740年，卫斯理和怀特腓走到了岔路口，面前有两条路可供选择。怀特腓选择了较少人走的那条，接受了加尔文派的得救预定论，以及独一无二的"预选说"。卫斯理则秉持对国教的忠诚，尤其是所有自愿从基督身上寻求拯救之人都能得到救赎这一信条。他对行政和组织有着极大的天赋，有时候被称作"约翰教皇"。他在担任牧师一职期间，建了三百五十六座卫斯理宗教堂，将信徒分成了不同"级别"和"团体"，并召开年度大会，他会在会上对自己的追随者进行规劝、谴责、褒奖、批评。

能与卫斯理的乐观心态相提并论的只有他的精力。他在老年时写道："我自打出生到现在，情绪低落的时间不超过十五分钟。"在他八十七年的人生中，这种热情从未断绝。他在破晓前很久就会起床，于早上五点开始第一场布道。他在八十五岁的时候，八周布道八十场，在生命的最后一年，一天骑行七十英里。他每年布道八百场，一生旅行二十五万英里。这是拜如火一般燃烧的信念所赐。较为正统的安立甘宗教徒（卫斯理终其一生坚称自己坚定不移地信仰着安立甘宗）害怕他心中的这团火。他于日记中记载了自己在担任牧师之初，"差点被一大群人袭击，他们认为我是个狂热分子，编造新的信条来蛊惑人心"。然而他一直保持着冷静和自律，柔和地回答了人群的疑问，平息了他们的怒气。

有一人指责卫斯理的追随者尽是修补匠、理发师、鞋匠、烟囱清扫工，但实际上他的支持者范围要广得多。其中包含一大批工匠，以及同贸易和制造业相关的工人，这些人或许可以被称作新兴行业的从业者，有矿工、采石工、纺织工等。然而，并不好说卫斯理宗的"觉醒"和工业主义的开
165 端之间有什么联系。或许卫斯理宗以其自身的凝聚力，在一个其他社会关系逐渐弱化的时代，将其拥护者团结成一个紧密的社群。还有一点很有启发性，即卫斯理宗信众中大约有一半是女性，原因或许在于女性在由男性占主导地位的安立甘宗中遭到了疏离。

这一信仰在英格兰东北、中部靠北，以及"瓷都"[①]等几个制造业兴盛的地区广为流传，并在矿区和渔村蓬勃发展，以上这些地区都想在官方的统治之下寻求自保。基于这个原因，康沃尔和威尔士成了卫斯理宗劝化的中心。与安立甘宗相比，卫斯理宗同当地人的情感联系更为紧密。比如卫斯理就很喜欢操着威尔士语布道。以同样的方式，卫斯理宗也让凯尔特人

① 即特伦特河畔的斯托克（Stoke-on-Trent），位于英格兰西米德兰兹郡，斯托克城的瓷器生产非常有名，号称"英国瓷都"。

及其他深受压迫的人民欢欣鼓舞。比起城市，卫斯理宗在乡村的影响力更大。或许这也难怪宣称自己支持托利党，同时坚定信仰国教的卫斯理会吸引一群鱼龙混杂的信徒，因为其中许多人思想极端，有反权威倾向。关于个人能凭自己得救的信条超越了现存教会的正统教义，这一点比传教者更为重要。结果，卫斯理宗信徒被斥为平均主义者、民主主义者，甚至无神论者。

此外，卫斯理宗还是福音派狂热的源泉。后者实质上影响了18世纪80年代英格兰宗教的氛围。卫斯理宗的集会最出名的特点便是哭泣、歇斯底里的大笑、大声呼号和忏悔。在17世纪风行，并于王政复辟时期几乎湮灭的宗教“激情”又回来了。18世纪早期，上帝拣选得救者的理论还没有盛行，但在卫斯理的领导下，成批的人们成了由基督拣选的得救者。由此“老不服从国教派”被“新异端”所取代，工匠和其他城市工人的热情影响了教堂会众。18世纪中叶的几十年间，许多宗派兴起，在愈加荒蛮的海岸行走并祈祷。18世纪中期的伦敦街道上，出现了一群群摩拉维亚派信徒、马格尔顿派信徒、桑德曼派信徒、哈钦森派信徒、圣约翰派信徒、萨蒙派 166
信徒、斯威登堡派信徒，以及波墨派信徒。在年轻的威廉·布莱克看来，伦敦是座“黄金城”。

福音派的复兴似乎和卫斯理宗同时出现，这并非意料之外的事，因为它们本是同根生。随着循道运动不断壮大，一种同样秉着寻求个人信仰革新，将安立甘宗和异端融合在一起的新觉醒形式也随之出现。然而后世所称的福音派厌恶公开集会和狂热地表露激情。一些著名的福音派信徒，如威廉·威尔伯福斯和哈拿·摩尔，总是静静地工作，同时积极改造社会、教授基督教行为。他们对抗18世纪的种种恶习——赌博、酗酒、虐待动物等。他们还严守安息日。他们属于繁荣和赞助商的世界，或许可以恰如其分地被形容为比卫斯理宗信徒拥有更高的社会阶层的信徒。哈拿·摩尔最大的成功当数于1795年创作了一本小书，题为《平民故事》。

因而，他们的传教活动很有可能以宗教社团和小组的形式展开，就如同从1790年开始集会的克拉彭派（又称克拉彭圣人派）那样。旨在“改革行为”的社团逐渐为人所知，如“普善社”“施行陛下之反恶习宣言社”“促进宗教教导青年社”“惩恶社”等。此外，还有“向海外宣传圣经社”“促进基督教知识社”“伦敦牧师社”“教会牧师社”“宗教短文社”“英国与海外圣经社”等。

福音派复兴带来的最主要影响是“主日学校”的数量在18世纪后期不断增加。“主日学校社”于1785年成立，半个世纪不到，就建起了大约
167 一万七千所专为穷人孩子开设的学校，教他们读书写字。但这些学校的首要目的是宣扬宗教和进行道德劝导，尤其会对孩子灌输遵守纪律、服从命令等观念。其实，其中的许多孩子最后都加入了童工行列，这是工业革命
168 的显著特征。

17

破釜沉舟

威廉·皮特称霸世界的愿景似乎触手可及。七年战争的早期战况由于盟友普鲁士国王腓特烈赢得的一系列胜利大为改观，腓特烈也很快便获得了欧洲新教英雄的美名。1757 年 11 月，他在萨克森的罗斯巴赫击败了法国和奥地利联军。一个月后，在巴伐利亚的洛伊滕，腓特烈又击败了更为强大的奥地利军队，并夺取了西里西亚。在这一连串胜利的鼓舞之下，另一位联军指挥官不伦瑞克亲王斐迪南也成功将法军逐出汉诺威，并一路将其赶到了莱茵河对岸。先前极为沮丧的切斯特菲尔德承认“事态得到了惊人的缓和”。

敌人在撤退，皮特终于可以放手制定大陆战略了，但他的志向更为远大。1758 年春，联军部队攻占了塞内加尔的法军要塞，英国由此掌握了该国最主要的商品——奴隶。是年末，一支英国军队攻占了达喀尔附近的岛屿戈雷，三十年后，该处建起了臭名昭著的“奴隶屋”。来自沸腾狂热的西非海岸的奴隶、象牙、橡胶、金砂，这些商品被储存在该岛，由当地首领提供的武装人员守卫，等待着被运往加勒比或英格兰。 169

此外，这一年还传来了另一则消息，罗伯特·克莱武在普拉西战役中获胜，控制了拥有三千万居民的孟加拉。克莱武自己形容这场战役夹杂着

“战斗、诡计、欺诈、阴谋、权术，以及其他鬼知道是什么的东西”。这场胜利让英国直接控制了南亚，大大增强了帝国的实力。但不是所有人都对这些进展表示欢迎。同番邦异国搅和在一起让一些人感到忧虑。一切似乎都悬在半空，没有坚实的基础。这些疑虑直到 19 世纪才得到解决。

法国被迫在三年内撤离印度。由于没有强大的海军，法国难逃扼腕叹息的命运。东印度公司很快便凭借警力和当地军队控制了这个东方国家。这家公司如同丛林中的老虎，散发着血光和珠光宝气。印度成了斗鸡场，在那里，我们可以看到贸易不过是换了个名字的战争罢了。其实，非洲和印度在当时的诗歌中多有提及，这两个地区已经成了人们创作的源泉。但帝国这个说法依然没有出现。

西印度群岛成了日进斗金之处，哪怕法国、西班牙、荷兰都要从中分一杯羹。是年冬，一支远征军启航，占领了棉、糖、糖蜜的产地瓜德罗普。对于皮特来说，夺取产糖的岛屿比获得加拿大价值更大，因为贸易联结要比领土联结强得多。这个岛每年出产一万吨糖，代价是往那里运送五千个奴隶。这样的交换被认为很公平。在 1680 年之后的一百年，有大约两百万个奴隶背井离乡，被送往西印度群岛的劳工营。

奴隶工人的生活条件之差臭名昭著。对于西印度群岛的另一个产糖岛屿牙买加，爱德华·沃德在《五次旅行手稿》(1702)中是如此形容的：“如医院一般恶心，如瘟疫一般危险，如地狱一般炎热，如恶鬼一般邪恶。”奴隶在这种酷热的条件下无法繁衍，所以必须源源不断地运送新的过去。而这只是奴隶所遭受苦难的冰山一角。英格兰许多海外殖民地人民所遭受的苦难与斯大林时代苏联的殖民地不相上下。

170 奴隶不过就是牲口罢了。他们早已被钉在了三角贸易的十字架上，即他们在西非海岸被贩卖以换取布匹或烈酒，接着远渡重洋，被卖给种植园主，运送他们的商船则装满糖、朗姆酒、烟草返程。以上只是概述。有时候，当地会发生一些骚乱，扰乱奴隶贸易的顺利进行。奴隶们会被戴上镣铐赶进内层甲板，那里十分拥挤，没有活动空间，妇女和儿童也混杂其中。如果船只即将沉没，许多人就会被打开镣铐扔进海里，有些人落水后大喊：

“自由了！自由了！”由于人群聚集，传染性疾病很容易传遍整艘船。跨海的“中央航路”时常造就死亡之船。

然而，教堂的钟声依然响彻英格兰全国。哪怕浑身恶臭、身体腐烂的奴隶正在被运往牙买加和巴巴多斯，在英格兰，1759 年新年依然被赞颂为“奇迹年”。先前占领瓜德罗普是个预兆，之后英格兰在海外赢得了一系列胜利，成功夺取了全球霸权。霍勒斯·沃尔波尔提到教堂的钟因为胜利敲了太多次，都变薄了。他在给皮特的信中写道：“祝贺您赋予国家的荣光……先生，这并不是奉承：就您的权力，并不能给我任何可接受之物；除了您的荣耀，我无所歆羡，而这又是您不会给的东西。”而荣耀一直以来都被认为是法国人最为推崇的美德，“gloire”（光荣、荣耀）和“le jour de gloire”（荣耀之日）后来作为《马赛曲》的第二行歌词流传于世。但在 1759 年，法国人的荣耀被夺走了。

在瓜德罗普被占领后，多米尼克和胜利国签署了中立条约。接下来轮到加拿大（当时又叫新法兰西）了。6 月，阿默斯特将军占领了尼亚加拉要塞，下个月又攻下了克朗波因特。在夺取了这些胜利之后，随即到来的便是秋天魁北克的陷落，当时，詹姆斯·沃尔夫少将如同暗夜中的盗贼一般率军登上了亚布拉罕高地。这个法国王室直属省的首都坐落于圣劳伦斯河与圣查尔斯河的交汇处，背倚陡峭的岩壁。此地易守难攻，英军一开始的攻击没有起到任何作用。沃尔夫在信中写道：“我们几乎要面对整个加拿大 171
的敌军。”

破釜沉舟。他打算让军队在圣查尔斯河岸边登陆，占领制高点，从防守较弱的侧翼向魁北克发起攻击。刚从胜利的喜悦中缓过神来的法军奋起反击，但被打退。法军指挥官蒙卡尔姆在站着的时候被子弹击中。沃尔夫头部负伤，之后胸口和身上又中了两枪。他咽气的时候，英军赢得了胜利。一败涂地、士气全无的法军从加拿大的大部分领土撤出，回到了蒙特利尔。一年后，蒙特利尔游击队也投降了。加拿大加入了英国海外领土的行列。

人类行为所带来的结果往往无法预料。随着法国威胁的消弭，英国殖民者开始对军队心生不满。既然敌人不在了，谁还要这些红衣军来保护呢？星星之火可以燎原。被伏尔泰轻蔑地称作“因几英亩雪地而起”的冲突，最终缔造了美利坚合众国。

欧洲的局势并不乐观。法国的侵略威胁遭到了忽视。据报，装备登陆用平底船的法军正准备侵略英国。皮特紧急召集国民卫队巩固海防。1759年11月，在南布列塔尼海岸另一头的基伯龙湾，英军发现了法国海军，并将其一举击破。法国侵略的威胁终于被铲除了。

结局（至少看起来）就是如此。英国获得了海上霸权以及前所未有的领土。然而，英国国内的经济由于为筹集军费而收取的苛捐杂税开始露出疲态。但哪怕人们表现出厌战情绪，首席大臣也视而不见。虽然皮特在加拿大、东印度群岛、西印度群岛取得了辉煌的成功，但他一心想要操控欧洲的命运，巩固祖国在全球贸易领域的力量。纽卡斯尔公爵在一封给同僚的信中写道：“皮特先生陷入了一种追求暴力的情绪，在我看来，我们明年无法再继续打仗了。（他说）这样得来的和平是不可行的，会增长敌人的气
172 焰，我们或许有困难，但他知道仗还能继续打下去，而且比起法国，英国继续战争的困难要小一百倍……简而言之，他什么都听不进去。”皮特知道自己的同僚们更偏向于议和，但对他来说，谈判就是向法国人退让。他绝不收手，直到海外最重要的领土都尽在掌握。但再周密的计划，也未必能开花结果。

风云突变。1760年10月15日，乔治二世早早起床喝巧克力，接着他想上厕所。根据似乎对王室家族内部各种秘密了如指掌的霍勒斯·沃尔波尔描述，就在这时，侍从“听到厕所里传来响声，比国王放屁的声音还要大”，他继续听，接着仿佛听到了呻吟声，他跑了进去，发现国王倒在地板上，额头上有一条长长的伤口。没过多久，国王驾崩，给继承人留下了一
173 个未必对其感恩戴德的国家。

18

提琴手

1759 年是胜利之年，该年 1 月，大英博物馆正式在蒙塔古大楼开业，该馆主要用来收藏汉斯·斯隆爵士的大量藏品。斯隆爵士是名老派的博物学家，收藏了大量书籍、手稿、艺术品，以及自然界标本。这些藏品是来自全世界的精品，难道还有比伦敦更适合收藏这些东西的地方吗？藏品中有一把来自远古时代的尖头燧石手斧；一面约翰·迪伊博士的镜子，他是一位魔法师，为伊丽莎白一世勾画了大英帝国的蓝图；一些来自巴布亚新几内亚的天堂鸟，提醒人们在地平线彼端有一个充满异国风情的世界；一些仪式用的木工艺品，来自如今已成为血之岛的牙买加；一个西王母的象牙雕像，西王母是中国的神祇；以及一个来自伊斯法罕的黄铜星盘，用来计算太阳及其他星辰的位置。

1768 年，皇家学院落成，乔舒亚·雷诺兹为第一任院长。在过去几十年间，伦敦没有任何形式的美术馆或展览，该学院的出现意义十分重大。1760 年 4 月，位于河岸街的艺术学会举行了历史上第一场公开展览，震撼之大，就连场馆的玻璃都碎了好几块。抛开别的不说，此次展览的功绩在 174
于首开先河，重组了艺术和大众的关系。开创了新的市场。出现了新的商品。1767 年，詹姆斯·福代斯描述年轻女性的时候说“她们……想要了解美学艺术的原则”，这是“美学艺术”一词最早的文献记录，这或许并非出于偶然。

该世纪早期，有一些专为年轻艺术家开设的协会，其中最为著名的当数位于圣马丁巷的一个新学院，威廉·贺加斯便是其会员。这个学院的会员都是（或曾经是）装饰艺术的学徒，但如今他们正通过欧洲模式另寻出路，并对“写生”兴趣盎然。他们中的一些有抱负的画家，才能曾经被局限于绘制天花板、舞台、肖像画，如今终于可以一展宏图。他们的兴趣落在了光与奔放的线条（贺加斯称之为“美之曲线”）上。

很快，当时的小说和戏剧中出现了一系列新颖、有趣的角色——年轻艺术家。受雇负责教年轻小姐绘画课的年轻艺术家。受邀绘制乡间宅第及其住户的年轻艺术家。最近搬去罗马研习古典名画，或许还会为英国旅客担任向导的年轻艺术家。在伦敦过着有一顿没一顿的生活，在皇家学院或拍卖行外面游荡，盼着能找到画作买家的年轻艺术家。当然，艺术鉴赏家认为只有意大利名师的油画或者他们的仿品才值得一看。但水彩和素描逐渐挂上了新兴中产阶层家庭的墙面，并被认为十分体面。如今，自称“艺术家”再没有浮夸之意，也不会遭人耻笑。这是一个新的职业。

因此，皇家学院声名鹊起，汇集了大批有志向的艺术家，由于该学院是一个大型国家机构，成为其会员也能提升自己的地位。艺术进入了公共舞台。威廉·布莱克于 1779 年进入皇家学院学习，詹姆斯·吉尔雷早他一届，而托马斯·罗兰森早在 1772 年就进入了该校。1789 年，J. M. W. 透纳
175 以学生身份来到萨默塞特府。来年，皇家学院开始公开招生。在极为优渥的环境中，一项新事业在全国范围内开启了。

新成立的伦敦演奏社团——“古代音乐演奏会”于 1776 年开始在河岸街的皇冠与船锚酒吧定期演出。尽管这个场地的名字听起来像个喝酒的地方，但其实那里是个“巨大的礼堂”，有楼梯和前厅。一个受人尊敬，其实也十分正式的音乐团体在这里聚会，他们致力于演奏 16 世纪和 17 世纪的英格兰音乐。很快，这些乐手达成了共识，把二十年前谱写的音乐一概

归于“古代”，或许从这一点我们可以看出当时美学艺术的特征是其“摩登性”（最近的、最新的东西）。

英国美学艺术带着一种“轻松”或者在其他时代会被称为“愉悦”的感觉。阿奇博尔德·艾利森在《论品味的本质和原则》（1790）一书中写道：“美学艺术被认为是一种能够引发联想，提供快乐的艺术……”文章、版画、水彩、妙语、微风、瓷碗等，所有能提供高雅快乐的东西，都能归在美学艺术的范畴里，用哲学家凯姆斯勋爵的说法，它们提供了“秩序之爱”以及“精致的感受”。

古代音乐演奏会的成员们都是独立的职业乐手，不再隶属于宫廷或教会。封建的隶属关系被切断，有时候会带来意料之外的结果。约瑟夫·海顿原先在艾斯特哈奇宫廷艰苦谋生，去了伦敦后，他被自己的演出收入吓了一跳。他通过演奏会和私人委托赚得盆满钵满，1794 年，他一场演奏会就拿了八百英镑，对此他说道：“此事只会在英格兰发生。”当时的八百英镑相当于现在的四万五千英镑。这真实地展现了一种全新的音乐文化。

专业演奏会最早出现于 18 世纪 60 年代，就在同一时期，公共艺术展
也首次在伦敦举办。这之后的十年里，汉诺威广场建了一个演奏厅，牛津 176
街上建了万神殿①，其经理便是那个把海顿请到伦敦的人。

这个新文化的另一个迹象反常地出现在克勒肯维尔周边，在耶路撒冷路上，“小炭”人托马斯·布里顿每周都会组织演奏会，在演奏会上，人们可以欣赏“全城最好的”音乐、歌唱、器乐表演。“小炭”人指的是卖炭的商人，他在库房上方腾出了一块“音乐空间”给当时最为有才的作曲家和演奏家，让他们在懂得鉴赏的听众面前表演。所以音乐在社会各阶层都得到了认可和赏识。

当然，音乐一直伴随着社交生活。16 世纪的英格兰被描述为“鸣禽之巢”。但到了 18 世纪，英格兰的音乐走向了大众，也变得更为正式，再不是那种塞缪尔·佩皮斯参与的私人即兴创作。音乐走进了游乐园和茶园，

① 位于伦敦牛津街南侧的公共娱乐场所。其中央穹顶如同罗马著名的万神殿。

在铁泉纪念碑①旁、在剧院里、在假面舞会上、在上流聚会中，都能听到
袅袅乐声。音乐晚会上，主要演奏小型立式钢琴和羽管键琴，室内音乐风
行一时。音乐俱乐部、音乐厅、演奏厅成了职业乐手的竞技场，请业余歌
手在自家餐桌旁演唱已经过时。到了 18 世纪，音乐已经成了所有公开或
半公开聚会自然而然、必不可少的组成部分。音乐带来了欢愉，而不是责
任或沉思。不论你去礼堂、剧院，看芭蕾舞，或者看哑剧，都会被小提琴
和中提琴的乐声环绕。有时候，他们还会闯入时尚精品店和咖啡馆。塞缪
177 尔·约翰逊将这些演奏者称之为“提琴手”。

① 位于伦敦汉普斯特德的一块纪念碑。

19

自由的呼声

乔治三世于1760年秋登基，这标志着英国君主政体将发生翻天覆地的改变。同祖辈们不同，他是第一个在英格兰出生并受教育，且说话不带德国口音的汉诺威君王。在他作为君主的议会发言稿中，他宣称："我以身为英国人而光荣，增进效忠并温暖我之人民的福祉乃我人生极大乐事，且是我为王最重要且隽永的保障。"这些情感充沛的话无疑出自书记官的代笔。但很快就将一验真伪。

他登基之时，皮特的战争已持续四年，正打得如火如荼，且已经让国家占据了显著的优势。然而新国王厌恶战争，且厌恶皮特。他将这两者同自己的祖父乔治二世联系到了一起，自懂事以来，他就和祖父长期不和。他觉得祖父是一个"戴着镣铐的国王"，受制于贪婪且虚伪的大臣。他觉得皮特利用了他和父亲威尔士亲王弗雷德里克，以此打入王室内部。他将皮特斥为"黑心"之臣，是"草中蛇"。显然他想按照自己的方式行事。他的 178
母亲常常对他反复念叨："乔治，要有国王的样子！"他不想让母亲失望。责任一词一直在他头上盘旋。

他似乎从汉诺威祖辈那里继承了顽固自信的特质。他的缺点是思维僵化，加上盲目自信以及心怀不解的怨怼。在其执政早期，担任总督的沃尔德格雷夫勋爵在《回忆录》中将乔治三世形容为“一丝不苟、尽心尽责、不带恶念、甚为虔敬，然而气量不大，亦不坦诚”。从某些方面来说，他是个宗教狂热分子，或者说正经过度的人，对宫廷里尔虞我诈或缺少规矩真心感到失望。他登基一星期后，便发布公告：“要求增进虔敬与美德，预防并惩治邪恶、渎神、伤风败俗。”他十分重视皇家特权，并会誓死捍卫国教。幸好他没有生活在要求君王做出自我牺牲或必须独当一面的时代。

他将秩序与制度作为新朝的口号。他有一大堆钟表和气压计，对于廷臣来说，这或许是一个警告，履职必须严谨精确。国王对军官名册和宫廷礼仪的所有细枝末节了然于心，他清楚地知道在什么场合应戴什么徽章，清楚地知道宫廷内所有人需要例行的公事，从最高阶的外交官到最低阶的侍从官一个不漏。他早晨六点起床，刮完胡子并穿戴整齐后开始批复昨晚送来的奏章。接着会去骑马，然后吃早饭。早饭后直到下午四点的正餐前都不进食。他一整天都在处理正式或非正式的公务，但也会在晚上十点吃晚餐的时候接见特定的宾客。他在餐饮方面节俭而克制。

然而，如果把他描绘成一个一本正经的国王将有所偏颇，毕竟他不过是以伊丽莎白和斯图亚特先王们为榜样，强调君主的特权而已。或许除了他对新教的虔敬之外，他的一切所作所为都不会让伊丽莎白一世或查理二世感到惊讶。他喜欢去户外，纵情于骑马或狩猎等运动，在其统治后期，
179 他因为酷爱田间的一切，得了个“农夫乔治”的诨名。

在给枢密院首次正式公告的草稿上，他写下了“血腥、昂贵的战争”。皮特当然不能允许对正由他一步步引向胜利的战争做出如此评价，所以在正式发行的公告版本中，这一提法改成了“昂贵但正义且必要的战争”。所以，人们觉得年轻的国王是在首席大臣的胁迫或游说下才更改公告也并非毫无理由。国王在后来对待手下政客的时候，一直没有忘记这个教训。他觉得自己理应得到全力支持，并且拒绝做出任何让步。他不会因为批评和反对而沮丧，因为他知道自己是正确的。“我知道自己在履行职责，”他曾说过，“因此绝不会收回成命。”针对这一观点，或许还可以加一句：“我宁愿丢掉王位也不愿做丢人之事。”正是这个思维模式，让他丢了美国。

起先，乔治三世是个名副其实的“爱国君王”，就连尖刻的霍勒斯·沃尔波尔都称赞他“英俊、开明、诚实”，诺森伯兰公爵进一步赞美他碧眼皓齿“皮肤白皙而鲜亮”。对于一个君王，这是莫大的礼赞。但谁又能预料到在他漫长的在位期间，将会面对精神错乱、法国大革命、拿破仑崛起，以及美国独立？

然而，他当下已经有了主见，这样的君主将十分危险。他对辉格党和托利党都怀有仇恨，并且十分鄙夷愤世嫉俗、诽谤中伤、投机倒把、忸怩作态、欺瞒伪善。所以他决定不倚靠任何党派，任人唯贤。人们希望并相信这一举措能让两党进入一个新的和平与彼此理解的时期，尤其是托利党，他们十分盼望能打破辉格党独大的局面而重新得宠。国王又一次取得了政治中心地位。对于国王来说，这不仅仅是国政，而且是道德责任。

他让一位密友来协助自己。四十出头的布特勋爵自国王儿时起便是最得恩宠的顾问官，同时也是王太后萨克森-哥达的奥古斯塔最亲密的同伴。年轻的国王不信任环绕在祖父身边的那些顾问官和政客，唯独信任布特。
登基两天后，他告诉皮特：“若他（布特）不在场，朕不接见任何人。”习 180
惯于以自己方式处理事情的皮特自然对这一说法不以为然。他写道：“我很清楚，与布特勋爵共同执政，我必然束手束脚……我忍受不了被人指指点点，我的政治观点如同宗教信仰。无法改变……我不会任人摆布，受人指使……”

然而，从国王对布特的信任和依赖上确实可以看出他当下要么太谦虚，要么太胆怯，要么太紧张，导致无法以足够的自信行使自己的权力。他一直怀带忧郁和紧张激动的情绪，或许因此导致了他晚年的精神错乱。

面对国王的信任，布特报之以忠诚和感激，但从另一方面来说，他似乎并不适合担任首席大臣的职位。他并不受欢迎。布特出生于苏格兰，自1707年《合并法》实施以来，英格兰人就一直出于傲慢与偏见，对苏格兰人怀带一种矛盾的态度。英格兰人觉得大多数苏格兰人懒散邋遢，但对于那些身居高位的苏格兰人，则又说他们生性贪婪、野心勃勃。尽管布特勋爵之名无人不晓，但并无裨益。

沃尔德格雷夫勋爵写道，布特“外貌英俊、腿型漂亮，最重要的是他身上散发着一种戏剧性……不论谈论大事小事，他的语调都抑扬顿挫、缓缓道来，如同说教一般”。新国王的父亲评价布特时曾说，若天下太平，此人能在宫中做一位出色的大使。看上去他为人冷漠，难以相处，但他会用数不清的工作来弥补自己的社交缺陷。切斯特菲尔德写道：“对于每件事，他都要干预、安排、负责。”

由于重臣意见相左，国政乱成一团。国王与布特希望尽快结束战争，而皮特和纽卡斯尔则希望战争继续打下去。因此，政府最高层缺少相互信任，尤其是皮特觉得自己被横加阻挠。托利党在几乎被放逐了五十年后终于得宠，但已经无法自我定位；辉格党则分裂、稀释成许许多多派别和利
181 益集团，也几乎难以辨认彼此。用一位辉格党成员亨利·康韦的话说，“不同党派之间似乎不仅怨恨消失了，甚至连彼此之间的界限都找不到了”。

在时任国王和布特的鼓励之下，基于人们对皮特战争政策的普遍痛恨，从政阶层内掀起了一场覆盖面很广的支持和平的运动。众所周知，整个国家都已厌战，但尤其遭人厌恶的是战争税。第一步采取行动的是法国国王路易十五，他觉得（或希望）敌人的金融资源已几乎消耗殆尽。1761 年 3 月底，他发布公告，要求两国的谈话必须以承认当前领土范围为前提。该安排用外交术语来说即“uti possidetis”（拉丁文，意为“占有原则”），而这个词在不同场合可以有不同的诠释。

或许出于偶然，就在这一时期，一场大选吸引了所有关心政治之人的目光。这场竞选艰难且花费高昂，霍勒斯·沃尔波尔描写道，“西印度群岛人、征服者、纳博布、海军上将”一时间在每一个自治市镇频频出现。“西印度群岛人”指的是种植园主，“纳博布”指的是在印度发家致富之人。贿赂和腐败也相应呈上升趋势，一个议会自治市镇萨德伯里甚至在广告上明码标价出售。由于当时在辉格和托利两党之上，还有各种各样的联盟、派别、集团、圈子等，很难看出究竟谁才是胜利者（如果确实有胜利者的话）。而这不可避免导致的结果便是不安全和不稳定，此刻，国王的统治面临了前所未有的挑战。

然而，在1761年10月的议会会议之前，皮特一直独揽大权。议员理查德·里格比将皮特描绘为“独裁者”，而法国大使弗朗索瓦·德·比西说道：“他在枢密院几乎没有朋友，但也没人有能力或有勇气将他取而代之。”皮特自然全力想要继续将反法战争打下去，宜将剩勇追穷寇是他的原则。 182

皮特还号召先发制人，同西班牙开战，这样两个波旁王朝的国家就没有时间或机会联手对付共同的敌人了。他召集同僚并对他们透露法国与西班牙其实已经签署了家族内部协议的信息。此外，更为重要的是必须拦截每年从美洲起航装满财宝的“奖杯”舰队。“法国即西班牙，”他告诉同僚们，“西班牙即法国。”但众人并不倾向于这个结论。伦敦市宣称没钱支持进一步的战争，海军上将安森埋怨说舰队尚未准备好。要求慎重或不作为的理由成千上万，而且听起来都很在理。

皮特的反应出人意料。用他自己的说法，他“只为自己所引领之事负责”，并于10月5日辞职，西班牙、法国、布特伯爵，以及新国王都大大松了口气。“我会说，”乔治写道，“那个疯皮特就该被罢免。”但皮特做出了一件让支持者丧气，让反对者怀疑的事，他决定接受每年三千英镑的政府养老金。愤世嫉俗者对皮特此举做出了虽然简短却极为激烈的回应。最伟大的爱国者最终还是被收买了，他大公无私地引领国家的举动如今遭到愤世嫉俗者大肆扭曲。霍勒斯·沃尔波尔如此写道：“哎呀，哎呀！皮特先生竟同巴斯勋爵一样爱财如命。”皮特对此恼羞成怒，这也导致他原本退出政坛的想法只持续了一小段时间。他将伺机对诽谤自己之人报一箭之仇。

现在该轮到纽卡斯尔公爵了，这匹执政了四十八年的老战马，终于向“新人”低头，辞去了第一财政大臣的职位。他早已抱怨道：“我的建议或想法，不仅很少被问及，而且**从未**得到采纳。我身居高位，却毫无底气，而且完全没人与我交流。”从他的哀叹中，我们可以看出当时的公共政策很大程度上是由屈指可数的几个顾问官决定的。在乔治统治早期，一群重要人士（数量基本为七八个，后来增加到十三个）组成了名副其实的内阁——与由各类要人组成的外阁相对。布特伯爵极其自负地独揽了国家政策的制定权。谢尔本勋爵曾说过，布特“总是一副趾高气扬的样子”。

183 到了来年，皮特的预言成真了。珍宝船驶入了西班牙港口，收到大量补给的西班牙官方矢口否认挑衅英国船只。1762 年 1 月，英国对西班牙宣战，英国攻占了哈瓦那和马尼拉，展现了无与伦比的海军力量。从西印度群岛到菲律宾，皇家海军似乎所向无敌。然而，硝烟刚散去，布特便开始寻求和平之路，通过各路调解，他同马德里和凡尔赛宫廷取得了联系。或许他担心的是公众的情绪，因为当年英国经济出现了大衰退，紧接着，在未来十年，英国出现了持续的干旱和粮食歉收。

11 月初，初步和约在枫丹白露签署，经过了纷繁复杂的谈判，情势愈加明朗，英格兰获得了绝大多数战利品。梅诺卡岛、新斯科舍、加拿大、塞内加尔、圣文森特岛、格林纳达以及其他领土被英国纳入囊中。法国还将印度的最高权力转让给了英国。而曾经主导战争的皮特对此并不满意。他来到议会，腿脚缠着法兰绒布，他患上了严重的痛风病，因此获准偶尔坐着发言。尽管如此，他还是对初步和约滔滔不绝地批评了三个半小时。其间他将法国描述成强大而危险的敌人，在彻底将其打倒之前绝不能姑息。但是，战争已经结束。

1763 年 2 月，《巴黎协定》签订，全面和平已成定局。历经七年战争的欧洲诸国均筋疲力尽，其中绝大多数都几乎没有从流血与破坏中受益。没人记录有多少家宅、多少田地、多少居民遭受了侵略者的劫掠与摧毁。之所以没人记录，是因为没人关心。人们的情绪（至少在英格兰如此）普遍乐观，甚至到了扬扬得意的境地。霍勒斯·沃尔波尔在给朋友的信中写道："你再也认不出祖国了。你走的时候，她还只是一个自给自足的小岛。现在则成了世界的首都……圣詹姆斯街上，尽是纳博布和美国酋长。皮特先生在萨宾山庄，东方的君王和北方的选帝侯前去拜访他，他会等自己腿上的
184 痛风缓和后同客人会面。"

18 世纪 60 年代初期，英格兰似乎是横跨加拿大与孟加拉的迅速壮大的贸易网的中心。但依然没有被冠以帝国之名，帝国的概念通常适用于幅员辽阔的中华帝国、奥斯曼帝国，或莫卧儿帝国，成为帝国并非欧洲人的追求，爱德华·吉本在十三年后出版的《罗马帝国衰亡史》中对这一点进行

了论证。尽管如此，对于18世纪70年代的某些人来说，英格兰在七年战争中的收获让其产生了关于帝国的联想与幻想。但对于如今英国统治下的大片殖民地、领地、省、州而言，一无规划，二无统筹安排，三无一以贯之的政策。人民对此的回应是谨慎和犹豫，普遍怀带不安、不确定的情绪，当时有些人斥责政府对殖民地治理松懈、不负责任，另外一些人则不以为然，纷纷预言动乱将至。英格兰为一隅之小岛，人口稀少。当时就有人预计过不了几年，更多人将在北美定居。

贸易乃关键所在。贸易增加了财富和独立性，也培育了力量。重商主义的标准理论认为世界上金银的总量是有限的，而英格兰必须将其中最大的一份收入囊中。根据埃德蒙·伯克的说法，贸易将“同战争紧密结合并因之兴旺发达”。贸易产生了以奴隶、糖、烟草为主要商品的新气象。战争对国内也产生了间接影响，枪炮匠、刀剑匠、码头工人的需求不断增长。铸造厂、铁匠铺、磨坊热火朝天。当时的人们还不太清楚这一现象将来会在更大范围产生影响。

为七年战争筹款、供给战舰、雇佣兵、收税、向公司贷款等举措，也导致英格兰将发生不可逆转的改变。英格兰不再是原先从理论上说偏安一隅的小岛了，而是成了不折不扣拥有国家力量的巨型公司，倚仗不断增加的财富及巨额贸易的支持，并依靠越来越多的官僚和管理者（还不算收税官和海关人员）来维持统治。在18世纪20年代，英格兰的公务员人数达 185
到了一万二千人。

一个外国人写道：“英国人早上洗手用肥皂要交税，九点喝咖啡要交税，早餐时喝茶加糖要交税，中午给头发扑淀粉要交税，晚上给肉加盐调味要交税，喝啤酒也要交税。”盖房子用的砖块、取暖用的煤、取光用的蜡烛甚至窗户都要收税。讽刺的是，或许那些基于自由对交税抗议最凶的人，到头来却是最愿意交税的人。正是对权威的这种模棱两可的态度，导致英国骚乱不断，但没有发生革命。

通过这些或那些方式，英国政府获得的国家收入高于欧洲任何国家。而这些公款中，有高达83%被用于军事。从詹姆士二世到乔治四世统治期间（横跨本书），税收提高了十五倍，此间，英格兰在八个不同场合同外国宣战。英国政府实际上成了主要针对波旁王朝的战争机器，成了世界上最恶劣的财政和军事国家。而是否有很多人了解这个事实及其意味着什么则另当别论。当时有一首在大厅和茶园中广为传唱的爱国歌曲，或许能更好地表达当时人们的认知，歌中理所当然地认为：

> 统治吧，不列颠尼亚！不列颠尼亚，统治海洋！
> 不列颠人将永远永远，永不为奴。

对于《巴黎协定》，布特曾说："他希望自己的墓志铭上，不刻其他，只刻上他是该协定的顾问。"然而，两个月后，他便辞去公职，他的骄傲十分脆弱，很快就因为批评而分崩离析。例如，有些人和皮特一样抱怨国家过于轻易地放过了西班牙和法国。布特守护了和平，但他的脆弱似乎无法抵挡批评与责难。他已经因为颁布苹果酒税引起英格兰西南部等地骚乱而
186 备受攻击。所以，1763 年 4 月 8 日，他走了。但他没有全然消失。据说他只是"垂帘听政"，在接下来的三年里，依然暗中为国王出谋划策。他由此
187 得以目睹 18 世纪英国和美国历史上最激动人心的两起事件。

20

我们又回来了

塞缪尔·约翰逊被称为“词典约翰”和“老象”，而自1755年春，他编写的《英语大辞典》出版后，用前一个词来形容会更为传神、更为精确。这是一个充满规定和查究的年代，零散被加以规限，充沛的精力或洋溢的热诚被束上秩序的规则。拿约翰逊自己的话来说，语言的特点在于“令人迷惘”“困惑”“千变万化”。他对于字词博闻强记，而且还是个藏书家和古文物研究者。

从某种意义上说，约翰逊的《辞典》并非独一无二或非同寻常。当时，已经出现了许多词典，其中最古老的当数由罗伯特·考德里编纂，于1604年出版的《字母表》。18世纪是词典的时代，有1702年出版，由约翰·克西编纂的《新英语词典》，以及九年后出版，由内森·贝利编纂的《通用词源词典》。

1768年出版了首部《大英百科全书》。一股追求秩序的狂热在大众意识中弥漫开来，人们对寻根溯源和下定义产生了新的兴趣。

但约翰逊的词典独树一帜。他并不是个词源学家或词典学家，而是个作家。他将自己的雄辩、博学之才一股脑儿投入了字词的剖析中，引用了大量作家的诸多范例来解释字词的运用。在解释“brim”与“brimful”这 188

两个词的时候，他引用了培根、克拉肖、斯威夫特、德莱顿、弥尔顿、西德尼等人的作品，但他会的不仅仅是引经据典。他将这部词典称作“我的书”，对于他来说，这部词典是书中之书，是历史的凝练，是百科全书，是专题论文，是道德篇章，是意味深长的英语世界。

他的童年在父亲位于利奇菲尔德的面包市场街上的书店度过，接着他被送往了一所由老妇人主办的家庭小学读书，后来上了当地的语法学校，并在那里首次接触到了希腊文和拉丁文的神圣奥秘。在《辞典》中，“学校”被定义为“管教、指导之处”。他后来考上了牛津大学彭布罗克学院，读了一段时间后，因为资金短缺而不得不回到家乡利奇菲尔德。他在老家的教师生涯并没有让他喜欢上教师这一职业，后来，他与戴维·加里克结伴搬去伦敦，在那里，一个充满政客迂腐言行的世界正等着他来见证。伦敦十分适合他，他张开双臂，如同拥抱爱人一般拥抱了这座城市。《辞典》是他的第一部大作。

约翰逊成了18世纪名人的代表，其实，若换成其他时代，他不见得能扬名立万。他的忧郁并不新颖，但他夹带忧郁的疯狂则震撼了克里斯托弗·斯马特、威廉·考珀、乔治三世的时代。他与考珀一样，觉得自己将被打入地狱永世不得超生，他吸食大量鸦片，冀望遭到囚禁与鞭打。他引领的一大转变便是旅行文学的新品味，他于1735年出版了第一部作品，译作热罗尼莫·洛博神父的《阿比西尼亚航行》，他通过该书展示了自己对异国与未知的品味，这一品味伴随了他一生。

此外，他的大量怪癖也让他被认为是18世纪的典型。从贺加斯的版画以及菲尔丁和劳伦斯·斯特恩的小说中，随处可见创作者在描绘千奇百怪人物上花费的大量心力。在艺术家和小说家的作品中，伦敦宛如一个舞台，上演着充满怪诞之人的默剧或化装舞会。最为出名的约翰逊传记作家詹姆斯·博斯韦尔写道：“他坐在椅子上，无论说话还是沉思，通常都会将头侧向右肩，并随着身体前后摇摆点个不停，手掌也会沿着同一方向揉搓左
189 膝。”在交谈间隙，“他口中会发出各种声响，有时仿佛牛羊反刍，一会儿又好像在吹口哨，有时还会卷起舌头顶住上腭，发出母鸡般的咯咯声……”

他走路的时候“仿佛戴着脚镣艰难前行，骑马的时候完全不控制缰绳，仿佛在乘坐热气球”。他走路时会在路的两侧间以“之”字形来回游荡，他还有一个强迫性的习惯，便是触碰伦敦街上的每一个邮箱，如果不小心漏碰了一个，便会急忙折返不补碰一下不罢休。他会在街上走了一半突然停下脚步，并将双手举过头顶；即将跨过门槛的时候，会原地打转，突然跃起。他喜欢从山坡上滚下，还喜欢爬树。他儿时患有淋巴结核，留下了深深的疤痕，他邋邋遢遢，常常脏兮兮的，穿着十分随意。他可谓18世纪人们深感兴趣，甚至渴望成为的典型人物。

这一时期还有一大特点，即新兴的识字阶层（包括劳工阶层）开始培养起了阅读的爱好，一位法国观察者塞萨尔·德·索叙尔于18世纪50年代写道：“工人们惯于清晨去咖啡馆阅读最新的新闻，从而开启他们的一天。”他们会仔细阅读说明书，甚至小说，从中学习如何优雅地举手投足、穿衣措辞。教导贸易和农业的书籍需求量极大。约翰逊在编完《辞典》两年后，他又说服《伦敦编年史》的经理们开始针对他《辞典》中提到的书撰写书评。正如约翰逊笔下所描述的那样，这是个“作家的时代”。约翰逊本人当然是个中翘楚。他之所以成为那个时代的典范，这是重要原因。

《辞典》的文风强硬而专横，该书的影响力或许也源之于此。他自己有时候也会不自觉地在言辞中用上“约翰逊体”。有一次，他说一部剧“还不够诙谐，所以不好看”，接着改口说“该剧未能怀带足够之生命力使其免于迂腐”。他刚说“这女的屁股挺好看的”就引来了一阵哄笑，他立马住嘴， 190
转而一本正经地说，“我是说此妇人之臀部生得恰如其分”。18世纪时人们说话的语体风格有其轨范，是可以后天习得的。《辞典》的目的在于教导，并赋予人们创造性，这很大程度上展现了那个年代的精神。

在编纂《辞典》的准备阶段，他凭直觉做了大量阅读。他读书很杂，有时候会为了了解书中内容而把书撕了。他一旦看到自己喜欢或需要的字词，就会在下面画线，并记下出处。他的助手人数很少而且不定，有时候四个，有时候六个，占据了他位于高夫广场之宅子的上层，像文员一样坐在账房的桌边。约翰逊本人则会坐在一把古旧的扶手椅上，这把椅子只有三条椅腿，一个扶手，靠墙摆放。

他每读完一本书，便会将之传给一个同伴，后者就把标记下来的段落眷到一张四开大小的纸上，纸上写满参考文献后就会被裁成细条，并被分门别类扔到一堆“垃圾桶”里。第一版完整的《辞典》录有四万个字词，超过十一万条引用。对于研究复杂文本十分实用。巴黎或佛罗伦萨的学者针对他们自己的词典进行了长时间的讨论，与那些词典相比，这部《辞典》必然更胜一筹。但对于约翰逊本人来说，编纂该《辞典》也是他人生中的一项伟业，为他驱散了怠惰和忧郁。他曾说自己“在不便与烦乱，病痛与悲伤中”撰写了该书，但这书也让他得到了极大的提升。

他还为《辞典》写了一篇《计划》、一篇《序言》以及一篇《英语史》。他认为《辞典》本身将展现其“强大的生命力”，同时将“科学原则”“显著事实”“完备过程”“直言告诫”“美丽描绘”等包含其中。然而这些从本质上说不过是“诗人的幻梦，注定于最后唤醒一位词典编纂者”。他的这项伟业从菲利普·锡德尼的时代开始，于王政复辟时期结束，因为在16世纪中期到17世纪中期这段时间，人们找到并品尝了“纯净的英语之泉”。

他以大师般的高超技巧处理了词典中的引文，有时候全部引用，但很多
191 时候并并非如此，他将其简写或缩写。他拒绝引用托马斯·霍布斯的作品，因为他认为此人的作品很是缺德，他引用了很多弥尔顿的诗歌，而对于其散文，只引用了一次，因为他觉得弥尔顿的散文非常极端且具有颠覆性。约翰逊认为自己的《辞典》具备道德与教化的功用，哪怕最简单的字词，他都要赋予其虔敬或伦理的含义。他引用约翰·洛克的话来解释“桌子”——“桌旁的孩子从不予取予求，而是心满意足地接受任何给予他们的东西”。这部词典是充满实用道德的作品。约翰逊是虔诚而正统的安立甘宗教会成员，在安立甘宗看来，字词是信仰的砖瓦。“教导”一词的第一个解释来自《以赛亚书》，写道：主“必将他的道教训我们，我们也要行他的路”。[①]

他在查阅资料的后期，发现有些字词艰涩或怪异，但又见于日常对

① 出自《圣经·旧约·以赛亚书》第二章第三节。

话。所以我们接连找到以下这类词语:“breedbate”为引起争吵之事物;“brontology”为研究雷的科学;“brunion”为一种介于李子和桃子间的水果;“bub”为麦芽酿造的烈酒;“bubbler”为骗局;“bubby”为女性胸脯;“budget”为袋子。所谓“bedpresser”指一个肥胖或懒惰的男子,而“pension”则“通常被认为指因叛国而支付给国家雇员之钱款”。

他针对“take”一词罗列了134种用法,涵盖5个页面,多达8 000字。然而,约翰逊并非无所不知。他时常说“我搞不懂意思”。“tatterdemalion”被定义为“tatter以及我看不懂的部分”。对于“plication”,他只是写道该词“在《克拉丽莎》的某处被用到过”。字词新老更迭,有一些转瞬即逝,另一些则欣欣向荣,为新思想系统的建立打下了牢固根基。约翰逊在为《辞典》写的《计划》中提到“所有改变本身都是邪恶的”,而最终,他不情愿地意识到字词如同人类一般有生有死。从这个意义上说,该词典是一部非常个人,非常必要的书籍。浏览该书如同在被闪电映照得更为鲜活的18世纪漫步。

1769年9月6日清晨,斯特拉特福的雅芳河岸边,十七门加农炮和
十二门迫击炮三次发炮,以庆祝莎士比亚诞辰。这个国家节日由戴维·加 192
里克发起,为时三天,以纪念英国最伟大的作家,其间会有古装和戏剧游行,当时的名流都会参与其中。公爵、公爵夫人、演员、政客、海军上将、将军都纷纷前来。博斯韦尔将自己打扮成科西嘉人,以推广自己关于该岛的新书。他写道,加里克“对我上下打量。我们先对彼此致意,接着热情地握手”。

庆典的第一天十分顺利,但到了第二天,秋天的雨水从天而降,淹没了镇上的鹅卵石街道,雅芳河的水位也不断上涨,十分危险。许多公共活动被迫取消或中止,而观看其余未取消的活动的观众们都被淋成了落汤鸡,十分狼狈。这个庆典总体上不能算大获成功,而只能算“Succès d’estime”(叫好不叫座),该活动开启了莎士比亚纪念活动的先河,到了后来被不无讽刺地称作“莎士比亚崇拜”。此外,也标志着英国戏剧被当作传达国家精

神的媒介，从而在全国范围内得到颂扬。戏剧成了蒸蒸日上的文化自信和爱国主义的象征。

博斯韦尔煞有介事的行为举止无伤大雅，因为戏剧正是那个时代的表与里。不论是政客还是神职人员，所有人都从舞台上得到启发。人们会记下并引用剧中的人物对话。剧中的装扮，尤其是女演员的装扮也得到了追捧。博斯韦尔在第一眼看到加里克的时候对其“致意”，其实就是摆了舞台的造型。舞台上的一些话成了流行语。知名演员成了滑稽戏和街头表演的取材对象。整个伦敦城成了一个大剧院，就算是乞丐都要“穿戴整齐”以体现其伦敦街头的形象，客厅女仆有特定的衣着，泼妇也有专门的装扮。人们常说，一旦有人穿着“逾矩”，将导致社会混乱。康格里夫、谢立丹、阿芙拉·贝恩的名字家喻户晓；而所有写手或记者，所有失业演员或牛津和剑桥大学的失意学者，都投身到舞台创作中，将其作为谋生的手段。

伦敦有两家获颁营业执照的主要剧院，即分别位于考文特花园和德鲁
193 里巷的皇家剧院，三教九流的人群都在那里聚集。绅士们和自以为是绅士的人们很愿意花上三先令坐在靠近舞台的内场，而普通市民及其妻子则会花上两先令在一楼廊台入座。下层人们则会坐二楼廊台，那里有卖水果的，还有妓女。最有名望的人们则早已订下包厢，独享欢愉。考文特花园和德鲁里巷的皇家剧院是仅有的两家拥有演出话剧执照的剧院，但显然没法阻止各类戏剧在其他场馆上演。

一些伊丽莎白或斯图亚特王朝时期的老建筑也被征用了。例如，1728年，南华克鲍林格林的“旧戏台”就上演了歌剧以及“群魔乱舞”般的舞蹈节目。这家剧院还承诺上演以臭名昭彰的罪犯和逃亡者杰克·谢泼德为原型的戏剧，以及“戏剧歌剧”和“民谣滑稽戏”。此外，伯勒大街的乔治旅馆庭院里，以及史密斯菲尔德大街医院门口也建起了剧院。我们可以在1776年10月22日的《每日广告报》上读到“美丽的巴塔哥尼亚式剧院”在埃克塞特交易所另一头的大厅重新开业，上演了名为《弥达斯》的喜歌剧以及名为《魔法师》的默剧。绝大多数这类场馆最终要么被遗弃，要么坍塌，要么被烧毁。但依然能让人们回忆起伦敦欣欣向荣的戏剧生活。在

1726 年初，约有三十六出戏剧登上了广告。

一切都很时新，笑话、言谈都紧贴时事，暗示都直指当下，讽刺的目标也都是当时的社会现象，如卫斯理宗和钻营“泡沫”之人等。人们前来聆听最新的新闻或最近的传闻，当然不仅限于舞台，其他观众也是一大来源。传奇剧、情节剧，以及后世所谓综艺节目在当时也会上演。

观众和演员一样引人注目，发人深省，台下的闲聊与评论贯穿戏剧表演始终，有时候甚至听不到台上的演员们在说什么。内场观众吃着李子蛋糕，如果对表演不满意，还会吹响锡哨，剧院内的喧闹声被称为“猫嚎”。剧院成为城镇自我表现并自我审视之地。看戏着实是全员参与的活动。观 194
众席的灯光更胜日光，观众们体现了伦敦群众的一些特质——人们会因为坐席价格或外国演员的出现而大打出手。有时候，剧院内部设施会遭到毁坏，若剧院经理上台恳求台下少安毋躁，反倒会引起更大的骚乱。

在 18 世纪，观众时常会担起演员的角色。著名的看剧人成了城里争相讨论的对象。二楼看台上有位观众为了表达自己对表演的肯定，用橡木手杖猛敲座椅或壁板，巨大的响声会传遍整个剧院。据艾迪生的描述，此人“是个身材魁梧的黑人，没人认识”，被称作“二楼看台的皮箱匠”。艾迪生还描述道，另一个“精力充沛的大块头”，会在幕布升起之前从包厢一侧跳上舞台，他抽着鼻烟，持剑沿着幕布走了几步，接着转身正对观众。“他佯装环顾整个剧院，不时鞠躬微笑，露出一排洁白的牙齿，接着消失在幕布后面，每次开场前，他都要来这么一出。”

首都剧院数目如此稀少，导致有几家剧院还没领到正式皇家许可证就开张了，需求促进了供给。比如，干草市场的两家剧院，一家于 1705 年开业，用来上演歌剧，另一家于 1766 年开业，什么都演。第三家剧院于 1727 年在怀特查佩尔的艾利夫街开业，在其周边，有一家更早的剧院于 1703 年就开业了，另一家则于 1732 年开业。所以怀特查佩尔就成了第二个戏剧之家。无证剧院被默许开张，但前提是如果他们上演的戏剧严重违法，则会被立即关停。

1737 年规定戏剧必须由宫务大臣把关的《戏剧授权法案》对戏剧舞台

195 造成了立竿见影的影响。戏剧内容不得隐射下流或渎神内容，不得进行政治暗讽。原本鸡飞狗跳的 18 世纪剧院，出现了一种追求正确感受与正确思考的道德情感剧。在谢立丹 1779 年的戏剧《批评家》中，当格勒说：“如今天哪，我觉得最差的改变便是观众变得友善了——没了一语双关，没了含沙射影，就连范布鲁格和康格里夫都不得不进行拙劣的改变。”

但该法案的限制不仅赋予了戏剧道德感，而且还促使作家转变了写作方向，进而改变了小说的本质。所有创造力和精力，所有巧思和戏剧性，统统从舞台转到了书本的字里行间。《戏剧授权法案》预示了英格兰严肃、成功小说的崛起。先前，笛福及其同时代的人认为小说只不过是新闻的延伸品，但现在，小说开始自成一家。

例如，菲尔丁和斯摩莱特先前都把注意力集中在了舞台上。菲尔丁取得了巨大的成功，甚至得了“英国莫里哀”的称号。如今，他们的喜剧找到了一种全新的表达方式。那些无法在舞台上呈现的东西依然可以在《弃儿汤姆·琼斯的历史》或《匹克尔传》中描写。喜剧、隐射、戏剧冲突、情节剧中的逆转等，都被运用到了小说之中。

亨利·菲尔丁的六卷本《汤姆·琼斯》于 1749 年初问世，托比亚斯·斯摩莱特的四卷本《匹克尔传》在其两年后出版。而 1748 年问世的由塞缪尔·理查逊创作的七卷本《克拉丽莎》，则可谓为小说的大量出现拉开了序幕。在短短四年间，三部无与伦比的小说相继问世。散文小说以超越舞台限制的形式包罗了人类的一切经验，这暗示着 18 世纪的小说已经趋于成熟。

于是 18 世纪成了小说家的时代。18 世纪中后期的文学史上，诗人和戏剧作家鲜有耳闻，所有人的注意力都被吸引到了散文小说作家的革新与创造上了。菲尔丁在《汤姆·琼斯》第二卷中将散文小说描述为“写作的新领域”，并宣称“我可以打破陈规，随心所欲”。不用遵循戏剧的“三一
196 律”，也不用押韵。18 世纪的小说几乎不遵循叙述结构，每一章和前后章节都十分相似，但加入了错综复杂的变化，让读者手不释卷。

斯摩莱特在《费迪南德伯爵历险记》（1753）的序言中将小说形容为

“一幅巨大模糊的图画，包含了活生生的人物，并将其分群列队，以多种角度陈列，再归于统一的计划全然呈现，从而让每个角色都各就其位”。因为“统一的计划”是那个时代的至高真理，所以他这么提也并不奇怪。斯摩莱特其实在表达小说的人物是种种细节完备的人。没有规则。所以菲尔丁将《汤姆·琼斯》描述为“兼具英雄主义、历史性、不带诗意的诗歌”，可以涵盖一切，或了无含义。斯摩莱特的《匹克尔传》是另一个范例，结合了讽刺剧、情节剧、淫秽、戏剧性、情感、感伤、现实主义、反高潮、悬念、喜剧等元素。以上所有一切，哪怕角色本身，都被禁止登上舞台，所以它们蜂拥到了书页中，高声喊道：“我们又回来了！”

尽管有些小说家来自伦敦之外（如斯摩莱特出生于邓巴顿郡，菲尔丁出生于萨默塞特），但当时的小说呈现出明显的伦敦气息。小说是一种城市文学，源于讽刺剧和新闻，而非传奇或寓言。菲尔丁将小说称作“与报纸用差不多的字数叙述，而不论其中是否涵盖新闻”。小说的伦敦气息根深蒂固。菲尔丁怀带全然的城市情愫，他将默剧与舞台布景融入小说之中，并陶醉于呈现活力与冒险，却对心理或道德的复杂描写兴趣寥寥。他以离奇古怪来描写人类的微妙个性。斯摩莱特《兰登传》中的人物也很难在“戏剧、歌剧、假面舞会、午茶会、集会、傀儡戏等城市时髦消遣”中脱颖而出。

小说流行的另一层面全然关乎如今占其读者一大部分的“中间”阶层。小说直接指向了“有生活品质的”人群，不论他们是否达到了这一目标。在农村，这一人群指的是乡绅或地主，在城市，则是淑女和绅士。因此，197
对于有意跻身绅士阶层的人来说，小说可以作为说明书或“礼仪读物”，小说是通往礼仪和上流社会的指南。小说中的人物因美德而获得了财富与地位。在当时的广告上，塞缪尔·理查逊的《帕梅拉》被形容为“意在培养年轻男女内心的道德与宗教准则”。理查逊的原意无疑确实如此，但这一宗旨多少被贺加斯和斯摩莱特给带偏了。18 世纪小说的普遍气氛是一种意气风发的讽刺性欢乐，小说中的主调乍看起来欢欣鼓舞、令人发笑。但对其最佳、最真实的形容依然是讽刺。198

21

大屁股

布特伯爵对于自己不受欢迎深感惊讶，于是他辞职了。布特淡出人们视线八天后，乔治·格伦维尔崭露了头角。格伦维尔来自一个显赫的家族，仕途也是一路青云直上，其中部分原因来自威廉·皮特，他和皮特同样对法国深恶痛绝。然而，他并不受国王喜爱，因为后者不想要一个标准的辉格党政客来接替自己的苏格兰密友。国王还很讨厌格伦维尔说话过于啰唆，总是虚张声势。国王曾说："朕宁愿接见魔鬼，也不想见乔治·格伦维尔。"国王还说："他烦了朕两小时后，看了下手表，寻思要不要再继续烦朕一小时。"但是这个讨人厌的家伙于1763年春成了首席大臣。

格伦维尔上任还没满一个月，就经历了一场考验。国王在4月19日的议会开幕致辞中，赞扬了两个月前签署的《巴黎协定》，称其"为朕带来荣耀，为人民带来福祉"。而事实是否如此，尚未可知。一年前，约翰·威尔克斯创建了一份名为《苏格兰人报》的报纸，用以隐射祖籍苏格兰的布
199 特。如今，他把矛头指向了格伦维尔和国王。路易十五的首席情妇蓬帕杜夫人曾询问威尔克斯英格兰的新闻有多自由。威尔克斯答道："我正想一探究竟。"

1763年4月23日发行的《苏格兰人报》第四十五期上，他直接指出国

王在撒谎，不存在荣耀的和平，此次和平源于腐败和软弱。他写道：“我国的每一位朋友，必然喟叹这位广受英格兰人尊敬，拥有如此多可敬和可爱品质的君王，竟在从来以真理、荣耀、高洁闻名的王位上，施行了最令人不齿的举措，发布了最不公正的宣言，将英名葬送。”指责国王撒谎，哪怕是旁敲侧击，都是叛逆行为。

如今，威尔克斯的名字被人们口口相传。他的标准肖像出自威廉·贺加斯笔下，是个狞笑着的恶毒之人，怪异的假发仿佛恶魔的犄角。然而，威尔克斯是个斗鸡眼。他其实是个老派的伦敦激进分子，出生于克勒肯维尔圣约翰广场的酿酒商家庭。克勒肯维尔自瓦特·泰勒时代起，便是激进团体的聚集之地。威尔克斯的早年生活多少有些放荡，接着又在议会单调乏味地度过了两三年，后来才在《苏格兰人报》上妙笔生花。

他对乔治三世的攻击引起了人们的强烈抗议。逮捕他的呼声是可以预见的，但或许也是不幸的。政府下达了能适用于任何官方想针对之人的“一般逮捕令”。威尔克斯被关进了伦敦塔，但在5月初，他两次现身威斯敏斯特大厅，斥责一般逮捕令非法，作为议会的议员，他要求无罪释放。他在第二次对法官的陈述中宣称：“绅士贵族们的自由，以及更深深触动我心的，中下层人民的自由……将由今日我这个案件得到最终裁决。”据此，主法官驳回了针对威尔克斯重罪或叛逆的一切指控，下令将他无罪释放。威尔克斯用了激进派政客常用的手段，并不依附于某项大众事业，而是利用自己的处境，创造出一项大众事业。他宣称自己只是一个诚实的公民，被迫卷入了王国及其仆从的斗争中。他代表个人提出疑问，英国的自由是 200
否“真实存在，抑或只是个幻影”。从而，伦敦的大街小巷回响起了一句口号：“威尔克斯与自由！”数千人将威尔克斯从威斯敏斯特护送回家。很快，就出现了支持威尔克斯事业的大量传单、海报、小册子。

威尔克斯刚获释，便状告签署一般逮捕令的国务大臣第二代哈利法克斯伯爵，并借由同情他的法庭获得了一千英镑赔偿款。威尔克斯向国家机关发起了挑战，并获得了胜利。对那些觉得权力机器出了问题的人来说，这无疑是一针强心剂。

但权力本身便是恶毒狡诈的。几年前，威尔克斯参与创作模仿亚历山大·蒲柏的《论人》的讽刺作品《论女人》，以挽诗的形式隐射伍斯特主教的淫乱生活。该书的隐射对象之一是第四代三明治公爵的前任情妇范妮·默里。诗歌开篇为“醒醒，我的范妮！”在一些文本中，这句话被记录成“醒醒，我的C……”她还被比作圣母玛利亚。

威尔克斯参与这首诗的创作不仅开了个恶毒的玩笑，还为自己招来了是非。如今，该诗的一些段落在上议院被大声朗读。尊贵的绅士们原本就对这个被免于起诉的议员多有嫌隙，如今看到大众和法官都站在他那一边，更是怒不可遏。辉格党领袖们也三缄其口，没有表示支持威尔克斯。11月，上议院斥责《论女人》为“最为可耻、下流、不敬的诽谤”。同期，下议院裁决第四十五期《苏格兰人报》为“虚假、可耻、反动的诽谤”，必须在皇家交易所前由刽子手烧毁。然而，大批伦敦人聚集到了那里，阻止执行官把报纸投入火焰。

下议院如今认为威尔克斯难逃发表反动诽谤的罪责。尽管他因为和一名政敌决斗，大腿根部中弹导致无法行动，但到了1763年末，伤势刚复原他就逃往了法国，避免了在由强大敌人控制的法庭中面对必败的局面。然而，他并没有丧失幽默。人们邀他打牌，他拒绝道：“我无法分辨国王[①]与
201 恶棍。”

在他不在场的情况下，法院开庭审理了他发表反动诽谤一案，他被判有罪，并处以流放之刑。据报道，他在巴黎过得不亦乐乎。比起伦敦同代人的道貌岸然与假正经，他更偏爱旧敌国的风趣与文化。托比亚斯·斯摩莱特在《匹克尔传》中也承认，“法国多的是令人肃然起敬，有着远见卓识，受过最为开明教育的男子”。

威尔克斯若去了北美，或许会受到同样的欢迎，他极力捍卫自由的态度得到了普世的承认，有些人说威尔克斯将与美洲共沉浮。他被关押在伦敦塔里的时候，弗吉尼亚给他送了烟草，波士顿给他送了海龟，南卡罗莱

① 指扑克牌中的K。

纳给了他一千五百英镑帮他偿清债务，新成立的美国社团自由之子社发表正式声名，对他表达了善意和同情。他正在推进他们的事业，和一个腐败的政权做斗争。

不论如何，美洲殖民地的境况不容乐观。一些殖民地已经遭到了来自印第安原住民部落联盟的攻击和骚扰，后来演变成了因一名部落领袖而得名的“庞蒂亚克战争”（1763—1766）。激战的范围似乎仅限于大湖区，以及伊利诺伊与俄亥俄地区，但恐慌情绪传遍了所有殖民地。据说英国军队为了报复原住民暴动，将沾染天花病毒的毯子散布到原住民中。此事可能性不大。伦敦决定将大批军队永久驻扎在北美，一方面震慑原住民部落，另一方面防止法国突然入侵原先属于他们的领土。不论如何，法国依然占有新奥尔良周边地区，同时控制着密西西比河口。庞蒂亚克战争持续了两年有余。

处理此次冲突自然需要资金支持，对于首席大臣乔治·格伦维尔来说，殖民地理应担负起其中一部分开销。国王早已指责他就像个“账房先生”。
因此，制定“印花税”完全符合格伦维尔的性格，因为他觉得该税既不过 202
于繁重，也不过于张扬，征税项目为在官方文件上粘贴的印花税票。他甚至给了殖民地一年时间为征收相应钱款提建议。然而他没有料到不经殖民地同意就征收全新税款会引发群情激愤。这不仅仅是挑衅，而且是侮辱。用当时的话来说，美洲居民“珍视自由”，会对来自英格兰的任何形式的专政予以谴责。

乔治·格伦维尔在制定《印花税法》后四个月辞职，原因并非他糟糕的提案，尽管该法在英国历史上被一些人称作最失败的法律。格伦维尔不得不下台，因为他一次次惹怒国王，而且还将太后牵扯了进来，但他去职之后，命运之轮开始转动。布特、罗金厄姆、查塔姆、格伦维尔、谢尔本、福克斯、诺斯在巨大的国家赌桌旁你来我往，等待金球最终落下。罗金厄姆侯爵幸运地获得了最终奖赏，但好景不长，他才上任了一年就下台了。十七年后，他第二次拾起金球，四个月后，死神仁慈地降临。

这种局面并不能保证政策的稳定或连贯。格伦维尔的《印花税法》已经激起美洲居民的愤怒。弗吉尼亚首先出台了一系列决意作为抗议，这些决意被描述为“不满的警钟”。去波士顿执行该法的官员的雕像被吊在了树上，办公室也被夷为平地。暴动不断蔓延，愈演愈烈，官员的房子遭到洗劫，法院的文件被付之一炬。来自不同殖民地的商人达成一致意见，不再下英格兰商品的订单，并取消所有现有合同，此举将对贸易产生极大影响。这或许不是叛乱，但也相差无几。

1765 年 10 月，“印花税法案代表大会”在纽约召开，一些殖民地赞成
203 通过申诉取消该法，并拒绝承认议会有在他们领土收税的权力。但似乎美洲居民从许多方面来看和英国人一样迷茫，一样举棋不定。一些人对于母国显然借着常备军的存在而意欲对殖民地采取一系列压迫措施感到愤怒。另一些人则支持国王，并认为忠君为理所应当之事。据估计（虽然并没有证实），有三分之一到五分之一的殖民地表示效忠英王。十三个殖民地都有着各自的宪法和传统，这一事实让局面更为混乱。

1765 年 11 月 1 日，《印花税法》正式生效，美洲的教堂敲响了丧钟，并降半旗志哀。面对这个不幸且意外的对抗局面，英国人反应不一。一些大臣提议妥协，而另一些人则想要坚持原则不动摇。才履职的首席大臣罗金厄姆意识到与其针锋相对，不如息事宁人，他同时也认识到英国政府几乎无力处理远在大西洋彼岸的事务。1766 年 3 月，大臣与议员们达成一致，以一百多票的压倒性优势废除了《印花税法》。罗金厄姆的秘书埃德蒙·伯克描述道：“所有英国领土上的人们普天同庆，这种欢乐是史无前例的。”英国政府的此次让步显然是被迫的，是被威胁后的产物，但随之出台了《宣示法》，规定英国立法机关有权“制定法律和法令”从而“在任何情况之下，让殖民地和美洲居民紧密联系在一起”。换句话说，英国政府做出了让步，同时出台了一部暗藏杀机的法律，对此当时几乎没人注意到。遭人恨的《印花税法》废止了，足矣。

后来，一些人看到了这部新法的重要性。美国独立领袖托马斯·潘恩就在 1782 年的一本小册子中断言：“《宣示法》剥夺了殖民地的‘全部权利’，其中包含着世界上最为专制之政府已发芽的种子。”他还写道：“这部

法律染指了一切。将人的一生都剥夺了……法律的本质是要求服从，但这部法律要求的是奴役。”他觉得这才是1775年战争的真实原因，在这场战争中，英国败了。把时间拉近一点，这或许也是召开“印花税法案代表大 204
会”的原因，该代表大会让不同的殖民地聚到了一起，直面共同的敌人。

然而，罗金厄姆在位时间还没有长到能够享受自己政策的果实，1766年夏，年迈的皮特取代了他的位置，人们依然觉得皮特才是应运而生之人。对于许多人来说，他接受伯爵爵位是个错误，他再也不是创造政治神话的“伟大平民”了。皮特，亦即查塔姆伯爵被迫在上议院陈述自己的政策，然而在那里，他尽失原先在下议院的权威与雄辩。有一篇讽刺小短文揭露了他的忸怩作态。“以极大的代价，原先著名的爱国者摇身一变成了迂腐之人，满口自以为是的断言，比喻用得天花乱坠，时而大声斥责，时而悲哀叹息，时而大夸海口，但这一切都显得矫揉造作。”

他选择担任掌玺大臣，而相对不为人知的第三代格拉夫顿公爵奥古斯都·菲茨罗伊被任命为财政大臣，这一安排注定会让政局动荡。新受封的查塔姆伯爵从未以关心执政细节闻名，到了夏天，他的这一弱点带来了致命的后果，当时，粮食歉收导致了缺粮骚乱与暴动。他召集了各路人马组成内阁，伯克称之为“没有水泥的镶花步道”，内阁成员们相互不认识，所以第一个问题常常是“先生，您是？”抑或第一句评论为“先生，我哪比得上您”。普鲁士国王腓特烈在柏林对英国大使说没办法和英国政府打交道，因其太不稳定了。查塔姆一败涂地，他或许对此也心知肚明，没过几个月就病倒了。他先是痛风复发，该病甚为常见，1766年的整个10月他都在巴斯度过。次年的前两个月又在那里疗养。首席大臣（尽管他没有接受这个名号）的缺席对于政府事务的开展很不利。到了那年夏天，他的病情恶化，当时的前财政大臣利特尔顿勋爵认为皮特陷入了“极度忧郁”。这位后世所称的老皮特拒绝处理任何政府事务，看到公函就会全身发抖，并一声不吭 205
地坐在漆黑的房间里独自承受病痛。

格拉夫顿成了政府的实际领袖，而查塔姆则被排除在领导层之外。查尔斯·汤曾德成了财政大臣。到了1767年，他似乎把《印花税法》的教训全然抛诸脑后。他制定了所谓《汤曾德法》，对美洲进口的一些商品（包括茶叶、玻璃、纸等）征税，意在用收上来的税款支付殖民地政府的开销。税金将装入总督和军人的口袋，使这些人很大程度上独立于所在之地——当时依然称作“殖民地”。本杰明·富兰克林写道：“每个英格兰人似乎都觉得自己是美洲的统治者，和国王一起挤上王座，满口‘我们’殖民地的臣民。”美洲对于新法的态度是彻底抵制。法庭记录被销毁，商人拒绝同英格兰做生意。

然而和反对《印花税法》相比，此次抵制行动没有那么大张旗鼓。经济繁荣加上中庸或妥协的天性主导了大西洋两岸的协商氛围，相对平静的局面维持了三年。不论如何，如今伦敦对美洲事务兴趣寥寥。一个更为有趣，且显然更为危险的难题浮现，并呈现出约翰·威尔克斯的身形。

自我流放法国的威尔克斯于 1768 年 2 月回来了，若他想凭自己回国一事掀起风浪，那他可要失望了。当局并无意逮捕他。这会引起太大的麻烦。但他下定决心兴风作浪，并决定代表伦敦参加即将于 3 月到 5 月间举行的大选，虽然他的名字排在了参选者名单的末尾，工匠和城市贵族们的票数依然不够多。他并没有因之灰心丧气，转而将注意力转到了更为激进的街区米德尔塞克斯，那里有很多市场商贩和小生意人，从某种意义上说，他们是伦敦的刺头。威尔克斯以极具戏剧性的场面拿下了布伦特福德巴茨的选举：两百五十辆马车上坐满了威尔克斯的支持者，他们戴着蓝色帽徽，
206 挥舞着“威尔克斯与自由！”的标语，为竞选整装待发。威尔克斯获得了选举投票第一名，此事让国王大为震怒，民众则欢欣鼓舞。市民们必须将窗户照亮以示庆祝，否则窗玻璃就会被砸碎，据说从圣殿酒吧到海德公园角的每家每户的大门都被写上了数字“45”；《苏格兰人报》第四十五期上出现的丑行的种子。《社科年鉴》写道：“乌合之众纷纷攘攘。”

威尔克斯在克勒肯维尔度过了青少年时期，打那时起，他便对伦敦众生相有着本能的理解，他能将自己同城市里持异见者聚集地内怀带激进倾向的人群联结到一起。激进的俱乐部和团体在酒馆、酒吧聚会，大声疾呼要与威胁自由的专制政府官员做斗争。他的追随者都是些显然需要依靠伦

敦和国家大权在握之人开恩才能过活的小财主、城市房主、商人、店主、工匠、劳工等。

因而，“45”成了响彻伦敦街巷的战争呐喊，同时也是此次运动的象征。上一次詹姆士党人暴动发生在1745年或许亦非偶然。泰恩河畔的纽卡斯尔有一家酒店定做了一个有着45支分叉的烛台。据《纽卡斯尔日报》报道，竞选刚结束，4月份的一次威尔克斯宴席上，有45人一同就餐，“1点45分，喝了45及耳葡萄酒，酒里还打了45个刚下的鸡蛋”。此次宴席共有5道主菜，每道主菜配9个小菜，凑出那个富有魔力的数字，在餐桌中央，还放着一块刚好重达45磅的牛里脊。这样的事还有很多，风行一时——45片吐司、45管烟草、45支冲天火箭烟花、45个卷的假发。威尔克斯的支持者扛到布伦特福德的旗帜上写着大字“自由。解放！权利法案。大宪章！”这些话语古而有之。

国王要求不能让这个煽风点火、蛊惑人心的丑闻传播者进入议会；同时，对于是否可放任一个戴罪之人（尽管罪名是在他不在场的情况下被判决的）在民众中兴风作浪，也引起了热烈争论。威尔克斯抢先一步，宣布愿意把自己交给司法系统，在南华克的王座法庭监狱中静等判决。他的 207
支持者们聚集到南华克区附近的圣乔治菲尔德，但骚乱愈演愈烈，以至于1769年5月10日，一个兵团的苏格兰士兵被派去维持秩序。在随后的骚乱中，一队士兵射杀了一个过路人。在宣读完两遍《骚乱法》后，又有五六个人被杀，其中有“编织工威廉·雷德本先生被射穿了大腿，死于伦敦医院”，以及“来自圣萨维尔，在干草市场旁卖橙子的玛丽·杰夫斯，当场死亡”。

6月，威尔克斯因为先前的反动诽谤罪被判罚款并入狱二十二个月。然而，他的牢狱生活相对舒适，收到了不少富有支持者送来的食物和金钱。下议院试图落井下石，剥夺他在米德尔塞克斯议会的席位。将他除名一事在伦敦引发了零星骚乱，大约两千名米德尔塞克斯的自由持有农决定再次提名他进入议会。接着上演了一场政治闹剧，威尔克斯在没有任何人反对的情况下再次进入议会，接着又被除名，他再次站了起来，但他的胜利被宣告无效。他再次被米德尔塞克斯选民选中，又马上因“不具备选举资格”被除名。他第五次参选，并又一次赢得了选举，但下议院安排了他的一个政敌上任。

来年春，威尔克斯正式从王座法庭监狱获释，他一现身便得到了广泛欢迎，人们将他视为人民英雄，在与公权力抗争的过程中展现出无畏与创造力。他并没有这种政治理念，而且也称不上激进分子或革命者，他所呼吁的无非是传统意义上的人民自由，但他在行动过程中，敏锐地觉察到了所谓媒体的力量。他以精妙的手法，将嘲笑、讽刺、谴责混入了国家的政治意义中。他还是自由身时，曾在米德尔塞克斯拉选票，一个屋主对他说：“我宁愿选魔鬼。”威尔克斯答道：“那是自然，但如果您的朋友没有参选，您能否支持我呢？”他的塑像如今屹立在费特巷，是伦敦唯一一尊有着斗鸡
208 眼的名人像。

其他人也觉察到了媒体的力量。在18世纪中叶，对于“户外”民意的关注与日俱增，这一点在报纸的流通上可见一斑。《晨报》于1770年发行，两年后，出现了《晨邮报》。1777年，伦敦发行了十七种报纸，其中七种是日报。一年后，《周日箴言报》成了英格兰第一份周日发行的新闻报纸。

不论如何，当时都可谓一个政治骚动的年代。1768年秋，查塔姆伯爵辞职，为他旷日持久、每况愈下的统治画上了句号，格拉夫顿也由此大权在握。平息威尔克斯和美洲税务暴动的都是格拉夫顿，但在一个充满暴乱、申诉、媒体奚落的时代，他并不适合当领导。

一位匿名的媒体人引起了世人的注意。这位笔名“朱尼厄斯”的记者在报纸上大显身手。他文风辛辣，毒舌功夫很有一套，但引起人们最大兴趣的还是他的不明身份。塞缪尔·约翰逊写道：“他穿着一袭黑外套走来，如同巨人杀手杰克，不费吹灰之力就能做好多恶作剧。”会不会是个大臣或前任大臣在幕后泄密呢？他的文章刊登于1769—1772年间的《公共广告人》上，当时威尔克斯事件正闹得如火如荼，而他在煽动民意上下足了功夫。格拉夫顿公爵是“黝黑、懦弱的暴君”，“不配为人”，而国王则被推论为“王国中最卑鄙、刻薄之人”。国王的母亲，奥古斯塔太后被冠以“纷争

之恶魔”的名号，说她“带着天生的恶意看着自己的所作所为”。太后死于癌症之后，朱尼厄斯写道：“一切针石都对其无用，她唯有靠吮吸蛤蟆苟延残喘。此事真可谓神罚，甚至能让无神论者改信上帝。”这种骇人听闻、恶毒病态的笔调，同 18 世纪 80 年代吉尔雷等人的政治漫画不谋而合。

吉尔雷等人的漫画揭露了一个充满恐怖、不断退化的政坛，威斯敏斯特在西西弗斯把控之下，里面妖魔丛生，所有政治机构都变得奇形怪状，到处是下垂喷屎的屁股，所有参与者都身材佝偻或容貌尽毁。那些所谓政 209
治家成了自己掠夺之物的奴仆，而旁观者则因为激动或恐惧屁滚尿流。你几乎都能闻到他们呼出的口臭味。政敌们用大量的屁相互攻击，其中还混杂了大量的屎尿，抑或将自己的贪婪或歹心如瀑布般呕吐出来。一个政客顶着一壶尿当作王冠，而另一个则等着被鞭笞。用图画描绘出这样的堕落世界是史无前例的，除非我们把中世纪手稿上那些“笔调笨拙”的草图也计算进去。这种形同谵妄的绘画脱胎于英国传统淫秽下流的幽默。而真实世界的恐怖也不输图画。格拉夫顿公爵将大法官一职授予了查尔斯·约克。后者接受了该职位，但后来因为过于焦虑而自刎了。

这是个骚乱的年代，威尔克斯的煽动和美洲造反者树立的抗命榜样更是让局势火上浇油。叛乱是早晚的事。本杰明·富兰克林在 1769 年写道：“我在一年内，看到了国内的各种暴动，因粮食而起、因选举而起、因济贫院而起、有矿工暴动、有编织工暴动、有运煤工人暴动、有锯木匠暴动、有威尔克斯支持者暴动、有政府领袖暴动、有走私商暴动，导致海关官员和收税官被杀，国王的军舰和军队遭到攻击。”就在前一年，商船海员在德特福德、泰恩河畔纽卡斯尔等主要港口发起暴动，南华克的制帽工为寻求提高待遇而进行罢工。再前一年，也有粮食暴动、抢劫和社会动荡。

政治俱乐部和兄弟会大量出现，在大城市尤其如此。然而，我们可以猜测每家旅馆和酒馆都有当地的克伦威尔或汉普顿，对乡绅或牧师或“威斯敏斯特那帮人”进行谩骂。1769 年 5 月至 1770 年 1 月间，来自十三个郡和十二个自治市镇的请愿书如雪花般被送往圣詹姆斯宫，纷纷请求或要求尽快解散议会。公共集会，而非聚集或骚乱，首次成了政治生活的一部分。

210 1769年夏，七千人聚集在威斯敏斯特大厅前，表达了对现任政府的不满。

格拉夫顿公爵在压力之下屈服了，国王任命第二代吉尔福德伯爵弗雷德里克·诺斯接任了他的位置，诺斯爬上了仕途这根油腻的旗杆，迄今为止还没滑下。他通常被称为诺斯勋爵，时常被后世视为笨手笨脚把美洲丢了的蠢蛋，但实际上他是个精明的政客，在把控议会的手段上与罗伯特·沃尔波尔有几分相像。他其貌不扬，长得像漫画版的国王，眼珠外突，脸颊下垂，用霍勒斯·沃尔波尔的话说，活脱脱像“瞎了眼的小号手”。但他屁股很大，这个形容正好呼应了他具有大局意识，同时还很幽默，这些特点让他面对危机的时候能够保持平衡与沉着。一次，有个议员斥责他与其说是在管理国家，不如说是在毁掉国家，正在国务大臣席上睡觉的他睁开一只眼睛答道：“我对上帝发誓，我还真希望是那样呢。”他心思周密、谨慎、耐心，做事有条不紊。约翰逊曾说：“椅子都给他填满了。”

在英格兰，他能像施放了政治魔法一样，让原本情绪沸腾的民众变得昏昏欲睡或无精打采。伯克写道：“国内诸事经过了发酵，随之而来的便是显而易见的死气沉沉、了无生气。”除了诉诸个体心理，对于为何原本的暴力骚动会演变成死气沉沉并无定论。显然诺斯勋爵在美洲殖民地并没有造成同样的影响，他平息众怒的尝试最终只是火上浇油。

他于1770年当上首席大臣之后，决定废除汤曾德对美洲进口货物征收的一切税项，但茶叶除外。这一举措的原意是希望能缓和局势，最终呈现出来的却是一种心不甘情不愿。取消征税可以被视作美洲居民道德上的胜利，但对茶叶依旧征税也可以被解读为将采取进一步行动，是奴役美洲的象征。

1770年3月5日，一群波士顿人包围了奉命保护港口海关的英国军队，美洲居民侮辱、恐吓并最终攻击了军人们。军队奉命开火，三个波士顿人当场死亡，后来又有两个伤重不治。面对不断投来的石块，英国人不得不从海关撤退，但镇民大会要求英国人彻底撤出这一地区，最终英国人奉命
211 撤到了三英里开外的一个岛上。美洲居民象征性地获得了胜利。该事件不可避免地被冠以“波士顿惨案”之名，并越传越离谱。一次纪念该事件的

演说形容道："我们的房屋被大火吞噬，我们的孩子成了杀红了眼、毫无人性的野蛮士兵的战利品，我们美丽的姑娘被兽性大发的他们大肆侮辱……"该事件被永远铭记，并且被认为是之后独立战争的最重要的导火索。而其他美洲居民则没有那么群情激奋，他们谴责了波士顿人的冲动，《纽约公报》称"是时候阻止暴民们了"。

所以哪怕对亲历者来说，事态的发展方向也不清不楚、难以捉摸。双方都认为展现一下武力就能压倒对方。一些美国人高呼"暴政！"而一些英国人则喊道"叛徒！"双方都对彼此有着错误的看法，这种双向误解或许是冲突的根源。

有三个小事件或许能说明一二。1770 年，一个海关收税官在新泽西遭到殴打。1772 年 6 月，一艘英国收税船在罗德岛海边搁浅，很快就被岛民们付之一炬。1773 年 3 月，弗吉尼亚议会建议所有殖民地议会都应通信往来，对此本杰明·富兰克林回应道："代表大会将由此诞生。"代表民众关切及愿望的代表大会将让威斯敏斯特的大臣们大为戒备。诸事件带来的影响正暗潮汹涌。 212

22

神奇的机器

洛姆家的俩兄弟约翰和托马斯于1719年在德文特河中的一座小岛上建了家制造厂。里面的一台丝织机令民众们十分好奇，叹为观止，根据原始专利的说法，这是“一个新发明”，包含“三种从未在大不列颠制造过或使用过的发动机，一种用来绕最优良的生丝，另一种用来纺丝，还有一种用来织丝……”十四年后，他们申请更新专利，写道：“97 746个轮子、可动装置、独立部件（日夜不停地运转）。”马拉奇·波斯尔思韦特在《通用商贸辞典》中写道：“这个不足五六英尺高的小东西，有着两个臂膀，工作起来就像个巨人。”

全国各地的上流人士纷纷乘坐马车前来观摩这个奇迹。这个制造厂有五层楼高，由石头砌成，有一个巨大的水轮为其供能，建筑内部有一个高大的圆柱形机器不停轰鸣旋转。一个工人负责六十个线头。这是德比郡的一大景观，大型机器日夜不停地生产，并由专门的工人负责，可谓后来18、19世纪丝绸厂和棉纺厂的雏形。据说这个机器的设计是洛姆兄弟从意大利剽窃的，约翰·洛姆也由此于1722年被关进了监狱，但这台机器无疑是新
213 时代传奇的组成部分。到了19世纪初，它如同古代纪念碑一般巍然矗立在那里。

奇迹层出不穷。丹尼尔·笛福在工厂建成当年撰文，描写了“新的贸易、发明、发动机、制造业，在我们这个不断发展，蒸蒸日上的国家出现”。当时还没出现把工厂视为动力源的概念，通常该词只被用来形容聚集着外国商人的建筑。但慢慢地，人们开始从社会、经济角度打这些坚固、阴森的大楼的主意。马修·博尔顿于1769年建成了位于伯明翰东北部汉兹沃思希斯的索霍制造厂，用来制造各种各样的“玩具”或搭扣、纽扣之类的小物件。仓库宽十九开间，高三层，有着帕拉第奥式门面。但这座建筑看起来与其说像乡间宅第，不如说像监狱。1776年，詹姆斯·瓦特便是在这里动手制造他的蒸汽机。七年前，瓦特的分离式冷凝机，理查德·阿克莱特的水力纺纱机分别获得了专利，现在，可以制造新型蒸汽发动机了，水力纺纱机也能纺出数以英里计的廉价棉布，让衣服变得越来越便宜。

同样在1769年，当时政坛上的“威尔克斯与自由！”运动正闹得轰轰烈烈，乔赛亚·韦奇伍德在斯塔福德郡的特伦特和默西运河边开了家占地约三百五十英亩的巨大制陶厂，并将其命名为伊特鲁里亚，用以致敬古代制陶业的先行者。因此，这家工厂披上了古色古香的外衣，尽管其理念彻头彻尾是现代的。韦奇伍德实际上开创了英格兰美丽瓷器的时代。正是他将新古典主义介绍给了英国的消费者和顾客。这是工业变革在审美领域带来的结果，但这一结果的产生并不依赖任何技术上的巨大革新。

伊特鲁里亚建成后两年，理查德·阿克莱特在德比郡的克罗姆福德建了家工厂，用以放置其新发明的机器，接着又建了座村庄，给他数百名携家带口的工人居住。有着一千个纺锤的水力纺纱机，纺出了第一匹纯英国制造的棉布。从此，棉布成了纺织业的领军产品。到了19世纪初，英国是棉布的天下。一首匿名诗歌《自然的神殿》于1803年发表，歌颂了这一巨 214
大变革：

阿克莱特真机巧
开花收获拉棉条

钢齿疏理去结团
银白棉布天下穿

既然荷兰会为教他们国人培育鲱鱼的人竖雕像，那是否意味着，肯定也有一尊雕像，是为那个创造了伟大国家制造业和制造系统之人而造的？

然而，一些评论者认为第一批工厂就如同堂吉诃德骑马朝风车冲锋。这些工厂被比作济贫院，确实两者在某些方面有几分相像。济贫院本身被称作“工业之屋”，而第一家生产蒸汽机的工厂在1702年就被称作“济贫院”。在当时的人们看来，穷人受到的强制规范和工人受到的待遇之间显然不无关联。制造厂被比作军营，因为它们对时间、秩序、效率的要求都十分严格。

依然处于雏形的全新工业系统中，出现了一种被称作“原始工业”或“原始资本主义”的生产模式。将重心放在本地劳工身上，由此，农民及其家人们既从事纺织工作，又从事农业生产。丹尼尔·笛福在他周游英国期间途经奔宁山脉，对这一现象做了详细描述。他拜访了一家大型制衣厂，发现“屋里挤满了壮丁，有些人在染布，有些人在给布料上浆，有些人在织布”。附近数不清的农舍中“住着雇来的工人，工人们的妻儿们则一刻不停地干着梳棉、纺布等活计”。孩子只要满四岁，就能找工作赚钱。

这真真实实地展现了家庭手工业的场景，一个小商人（或叫小资本家），把原材料给农民家庭进行纺织加工，并于规定时间回收纱线或布料。农民的妻子以及农民本人还要整天在田里劳作，纺织工作与收获田里的小麦、豆子同时进行。独立农户们会将袜子、奶酪、猪、布匹等作为商品出
215 售。在林肯郡，牛粪被用作燃料，猪粪则被用来漂洗布匹，所以就有了一句俗话，说在林肯郡“猪屎做肥皂，牛屎烧火”。

织布这个行当收入微薄，且会随着季节上下浮动，工作环境通常拥挤而肮脏。农民们晚上工作，伸手不见五指，因为他们太穷，连盏灯都点不起。数九寒冬，地里不长庄稼的时候，他们忙个不停。纺织工和裁缝会把夏天叫作“黄瓜季”，因为黄瓜是他们唯一能吃得起的食物。工业化在当时

看起来并没有那么邪恶。

工业化的起源很难精确定位，因为无处不在。有些人说源于那些为农民提供工作的小商人，他们后来将二三十台织布机安置在一个建筑中，最终成了大制造商。另一些人说源于人口的不断增长，大量的人口拥入城市，为城市工业提供了大批劳动力。1760—1830 年间，英国人口从 610 万增长到了 1 310 万，换句话说，翻了一番还多。土地不需要这么多人口来耕种。所以他们聚集到大城市，对于那里的雇主们来说，廉价劳动力多多益善。这无疑带来了另一个结果，房屋越建越多，交通也得到了改善。

还有一些人说技术进步和革新才是点燃工业化的星星之火，这是一个循序渐进的过程，偶尔出现几个大飞跃，如引进蒸汽机或复杂高效的纺织机等。基于此，时常有人说英国人不管怎样都是一个彻头彻尾依仗经验和实践的民族，不像法国人或德国人那样重理论，这种概括性的说法其实一直以来都被广为接受。路易·巴斯德曾说过“机遇只偏爱那些有准备之人”。据说每家工厂都有自己的发明家。

另外还有一种说法，即低息信贷刺激了工业化的进程。工业化之所以
迅猛发展，是因为大约只有 3% 的贷款利率为其提供了资本基础。英格兰是 216
个富有的国家，英格兰银行的存款以及股票交易所的大量“泡沫”让这一点显而易见。机会降临到了未来不可限量的工业领域。18 世纪的前六十年间，国外贸易的显著增加也被视为驱动了工业化的进一步发展。

另一个刺激来自缺少政府干预，政府帮了个小忙，即把贷款利率调低，但并没有试图引导工业政策。技术改变或改进并没有激起反对浪潮，工业化的障碍主要来自愤怒的工人，他们认为自己的饭碗被机器夺走了。对此政府听之任之。

人们还列出了其他造成工业化加速的原因。英国本土没有战争，政体适应力极强，没有发生像法国那样的革命。政治只是一个方面。工厂促成了规模经济，但更重要的是，形成了劳动分工。

科学和理性思考的力量让商业阶层大为震撼。手表、钟表，以及车床、刨床等精密仪器是这个时代的附属品。在大户人家，显微镜、望远镜并不

罕见，气压计成了人们交谈的话题。1675—1725年间，拥有钟表的伦敦富人之比例从56%增长到了88%。到了1800年，克勒肯维尔有八千钟表工人，每个人都有一技之长。解决了经度问题的约翰·哈里森于1759年制作了精密计时器，库克船长带着它完成了环球航行。

工业化另一个（或许比较偏向精神层面的）肇因来自激进的工业变革。在实验者和革新者中，也有不少持异议者，而持异议的学院会训练年轻人实用技术，导致许多人据此得出结论——新教宣扬的独立思考与实践的精神在工业化兴起的过程中功不可没。天主教（有欠公平地）被认为没有能力面对新领域。然而，对于以上推论出来的工业化起因，讨论孰轻孰重并
217 不明智。借用《罗马书》第八章第二十八节的话来说："我们晓得万事都互相效力"，至少对那些有该想法之人是如此。

关于这一变化之本质的诠释还有上百种之多。它如今被描述为"工业革命"，但这一说法并不得见于当时。"工业革命"一词由法国社会学家奥古斯特·布朗基于1837年创造，并于七年后由弗里德里希·恩格斯引用于一篇名为《英格兰的状况》的文章中。接着又因阿诺德·汤因比的《18世纪英格兰工业革命讲稿》而广为人知，该书于1884年出版，当时汤因比已经去世。如果说这真的是一场革命，但它既没有突然爆发，也没有闹得天翻地覆。不如将其视为延续了将近百年的周期中的一段。英国全国范围的发展似乎始于18世纪40年代，接着在18世纪80、90年代势头迅猛，随后在19世纪30年代以及之后又经历了一次飞跃。

如果"工业革命"一词在当时并不存在，那当时的人们是如何诠释这一现实的呢？他们是否意识到了周围有惊人或陌生之事正在发生？阿瑟·杨格在1774年出版的《政治算术》一书中让读者"想一想过去二十年间英国国内的一切进步"，这一观点于两年后在亚当·斯密的《国富论》中被再度提及，斯密认为"英格兰在自然而然地朝财富与进步前进"。当时的《大英百科全书》记录了那个时代的"发现与进步在这个国家蔓延开来，这一点凭借征服或占领绝不可得"。人们也明白改变所具备的坚实基础。1784年，据报道"在不列颠，煤层……铁矿、石灰岩……常常在同一地点以及

海边地区被发现，这是迄今为止任何国家所不能及的”。所以当时的评论者意识到了这个国家正经历着决定性的变化。

显而易见，变化接踵而至，且都是如同进化一般的革新。在先前几个世纪，社会或技术的变化会在某个阶段趋于平稳，但在 18 世纪后期，变革似乎无穷无尽。E. J. 霍布斯鲍姆在 1968 年才出版的《工业与帝国》中指出：“自新石器时代诞生了农业、冶金业、城镇以来，在改变人类生活方 218
面，没有什么能及得上工业化。”

最为深刻、最为难以捉摸的变化只能通过回溯得见。或许对于发明家、工程师或科学家来说，他们并没有觉得自己在寻求超越自然的力量。这种说法似乎带着亵渎的意味。然而结果确实是他们获得了这样的力量。用来替代木材的煤炭在当时看来似乎取之不竭。先前用来种树的土地如今被用来种粮食。先前人们通过砍伐森林和树林获取燃料，然而树木重新长出来需要时间，这是生态所设下的限制，随着对来自地底的动力源的取用，这一问题不再存在。天然煤炭资源让英国在关键时期取得了比欧洲任何国家更为丰富的能源。这是工业化的关键。

据工业革命时期著名历史学家 E. A. 里格利估计，1800 年英国的产煤量为一千万吨，这与一千万英亩土地产生的能源相当。突破有机经济的限制，意味着突破发展的局限。不用苦苦等待，不用借助风力水力。煤的用途广泛，被认为是深藏在洞穴中的“黑金”，取之不尽，用之不竭。英格兰曾以树林和森林著称，如今成了煤的王国。

然而，这一进步是缓慢且失衡的。经济中的某些方面，如炼铁、纺织、采矿等，正经历着日新月异的改变，但是英国的许多工作和劳动力依然在传统经济模式下又持续了百年之久。面包师、矿工、铁匠、制革工等从 18 世纪中叶到维多利亚时代几乎没有改变。许多作坊依然处于 17 世纪的模式。不同时代的经验在当时并行不悖。

煤的产量逐渐上升，势不可挡，在 18 世纪，煤产量从三百万吨增长到了一千万吨，而 1800—1850 年间又增长了四倍。但导致的结果是自然风 219

景被永远地改变了。《伯明翰邮报》记录道：“蔚蓝的天空被灰黑的浓烟笼罩。大地上积满了灰尘和成堆的垃圾，甚是不雅。运河里净是煤尘，恶心至极却依然流淌着。摇摇欲坠的房屋，岌岌可危的工作，危如累卵的黑烟囱，吐着火舌的熔炉，浑身脏污、漆黑的人民。”查尔斯·狄更斯在《老古玩店》（1841）对英格兰中部的研究中，记录下了这种西西弗斯式极端、可怖的景象。

小内尔和祖父走过这个地区，看到“堆满煤灰的道路，由奇形怪状砖头砌成的小屋……伴着发动机的轰鸣不断抖动，发出微弱的嘎吱声，高耸的烟囱吐出黑色的雾气，在屋顶上方聚起浓密难闻的乌云，周遭空气都是灰蒙蒙的”。这两位朝圣者被带进了一家铁匠坊，“榔头的敲击声，熔炉中烈火的嘶吼声，夹杂着烧得通红的金属插入水中的嗞嗞声，以及各种从未听见过的奇声怪响”。这位小说家的想象和他的观察一样有力，但至少有一点他是对的，这些响声此前从未出现在世上，或许，只有在火山喷发时，才能听得到吧。

狄更斯形容铁匠“如魔鬼般在火焰与烟雾中移动，若隐若现，被熊熊烈火吞噬、折磨”。一些人睡在煤灰和煤渣中，另一些人抽出烧得通红的金属，“散发着灼人的高温，暗淡的光将野兽般的双眼映照得通红”。

然而，光和热所代表的，远远不止人们的工作境况，还代表着巨变。煤不仅能塑造金属，还能炼铁。什罗普郡的科尔布鲁克代尔山谷便是炼铁的中心。虽然被称作山谷，但该山谷和田园诗中描写的山谷天差地别。

有个贵格派铁器制造商，名叫亚伯拉罕·达比（祖孙三代中的第一位），搬到了科尔布鲁克代尔，并于1708年租了座老式高炉和几个附属的锻铁炉。他来到这个乌烟瘴气的山谷还不到一年，就用焦炭炼出了高质量
220 的生铁。这个地区有许多优势，其中之一便是煤中的硫杂质含量比其他地方要少，从而提高了炼铁的质量。达比往熔炉中加煤，用生成的焦炭炼出制锅的铁。把煤烧成焦炭取代了把木材烧成木炭。制铁再不用倚靠有机生物的生死循环了。这一过程最终被运用到了19世纪人们生活中不可或缺的桥梁、火车发动机、管道、气缸、大炮、子弹、机器零部件上。

第一条铁轨于1767年铸造于科尔布鲁克代尔。这项技术在当时进入了一个急速扩张、自给自足的阶段，并从此永不停歇。对于这段历史，我们依然要回过头来谈一下技术与发明之间的惊人共生关系，所有东西似乎都汇聚在了一起，无法脱离彼此而存在。

这一改变的意义并没有在当下就被人们意识到。亚伯拉罕·达比为人谦虚、少言寡语，他的贵格派弟兄们似乎很乐意让这项新技术仅在宗教团体内部流传。然而值得赞扬的是，达比一家并没有像绝大多数同行那样为自己的技术申请专利，他们的理由是“剥夺大众了解这项技术的权利”是错误的。

菲利普·劳瑟博格的绘画《科尔布鲁克代尔夜景》（1801）将人类创造的这一壮观景象描绘得淋漓尽致。画上硫黄的火焰直冲仅被一轮苍白的月亮微微映照的夜空。地狱般的烈火是这片天地唯一的光源，其中一个制造厂得名“贝德莱姆疯人院”真是恰如其分。尽管火焰在宗教中有其特殊意涵，但并不能否认该画描述的是一个工业与生产的场景，前方的马匹正拉着满满一车东西，旁边还跟着一只正在小跑的狗。

透纳的画作《科尔布鲁克代尔的石灰窑》（约1797）同样也光线昏暗，左侧引人注意的是一片白、蓝、橙相间的光源。山坡上有一道光射下，照亮了两个工人和马匹，而石灰窑的拱形洞口里，有火焰，有阴影，仿佛魔法洞穴一般。这便是所谓工业革命开端的意义。这是个有着巨大可能性的 221
时代，但又与16世纪的炼金魔法不同，在这个时代，大地将孕育新生。《老古玩店》中，一个在熔炉旁工作的老工人对小内尔说：“这是我的回忆，这团火，展现了我的一生。”火将永不熄灭。

相互依存这一不成文的法律保证了工业化的不断发展。我们可以通过同步出现的诸多发明与改变的例子看出端倪。比如，1815年夏天和秋天，泰恩河畔纽卡斯尔的乔治·斯蒂芬森和伦敦的汉弗莱·戴维都想到了为矿工打造安全灯，斯蒂芬森的一个合作者承认两人的“发明基于同样的原理，但皆为原创”。几年，甚至几个月间，出于相似目的的发明层出不穷。能在不用木炭的情况下冶炼熟铁的“普德林法”，在数月间分别出现于南威尔士和普利茅斯附近的方特利，两个发明者彼此都不认识。真是无巧不成书。

各个行业形成了明显互利共生的状态。例如，加农炮的镗削技术被运用到了制作蒸汽机气缸上，鼓风炉的发明促成了铸铁工艺，铸铁工艺又促成了纽科门的第一台蒸汽机，蒸汽机又保证了铁的大规模生产。人们发现木质机械无法承载蒸汽机过于强大的动力，于是铁制机械又横空出世，而铁制机械的出现又让制造更为庞大的机械成为可能，后者又需要更为强大的发动机。一切都环环相扣，不断推进技术改进的速度和本质。机器被用来制造更大更好的机器。这或许能让我们想起机器人的发展。

锻造车间和工厂对蒸汽日益增长的需求促使人们开发效能更高的蒸汽机。为前往科尔布鲁克代尔熔炉的运煤车铺设铁轨直接影响到了第一条铁路的诞生。陶管的大量生产在19世纪卫生领域扮演了重要角色，或许更为
222 重要的是，陶管改善了农田的排水系统，继而增加了粮食产量。粮食产量的增加又养活了日益增长的工业人口。布料产量的大幅上升又让开发新型快速漂白工艺变得迫在眉睫，所以化学家们将注意力转到了硫酸上，而不是幻想着调配长生不老药。

机器生产保证了大规模生产，市场也因之不断拓宽。量产引发了大众消费，抑或是消费促进了生产？这个两分法大家都不陌生。问题又来了。这一切又是怎么成为可能的，两个风马牛不相及的行业，比如棉布制造业和制铁业，怎么就同步发展了？这也体现了自然演化过程中的一些问题，仿佛机械本身就具备着生物体的特征。我们或许可以鹦鹉学舌一般，用达尔文生物演化的理论来解释“工业革命”缓慢、渐进且不可阻挡的进程。

所有这些发展都离不开所谓科学态度的普及，而科学态度直接继承自17世纪的仪器制造者兼理论家艾萨克·牛顿。牛顿在二十六岁时自己动手制造了望远镜，其中的抛物线镜面是用他自己发明的锡铜合金打造的。作为皇家学会会长，他强调以理性和实验为中心，这一思想对下一个世纪的工业世界极为重要。18世纪初，人们可以在伦敦等地聆听皇家学会举办的科学讲座，讲座“配备气压计、温度计等实验仪器”。牛顿的追随者，约

翰·哈里斯牧师，在伯钦巷的海洋咖啡馆举办了数学讲座，出发点是此举“益于社会”。英国自然哲学家约翰·西奥菲勒斯·德萨吉利埃会在讲座上讲授实验哲学，包括关于早期蒸汽机的专题演讲，称其“在为矿井抽水，以及为城镇和绅士家庭供水方面用途极大”。到了 18 世纪 30 年代，电这种人类的神奇财产得到了全然的检验。

一群科学家和产业工人组建了俱乐部，讨论并分享自身的实验知识。
伯明翰的月光社由一群怀带革新思想的人以及政治、宗教界的激进分子于 223
18 世纪 60 年代末建立。他们中有植物学家、制造商、哲学家、工业家、自然科学家、地质学家等，所有人都急切地想驾驭当时风行的好奇心与实验。该社团的成员包括马修·博尔顿、乔赛亚·韦奇伍德、詹姆斯·瓦特、约瑟夫·普里斯特利等。工业家、铁器制造商、科学家们就实操技术和较为学术的观点互通有无。这个社团是改革的温床，众人团结一心促进科学应用。大多数社员都拥有各自专门的实验室，比如韦奇伍德致力于矿物分析和颜色化学。

马修·博尔顿于十八岁时发明了在搪瓷上镶嵌钢铁搭扣的工艺，此外，他还开创了一种理念，他称之为“哲学精神”。他在笔记本上记录了人类脉搏和行星运行的内容。便是这种精神，推动了 18 世纪科学文化的发展。发明家们对一切人文知识兼收并蓄。约瑟夫·普里斯特利获得了鉴别“燃素”或氧气的殊荣，同时他还发现了光合作用。博尔顿鼓励并协助瓦特建造了蒸汽机。

艺术、制造、贸易促进协会于 1754 年成立，它奠定了这些领域在国家层面发展的基础。该协会成立的初心在其章程上可见一斑：“旨在鼓励事业、增进科学、提炼艺术、促进制造、扩大贸易。”该协会设立了奖金，专门奖励机械发明和艺术成就，以此肯定普遍的创新活动。艺术和科学并不被认为是泾渭分明的活动，协会的记录本上事无巨细地记录着对钴蓝和茜草红的调查研究。这些成分还可以被用作工业染料。于是，一切又一次整合到了一起。

这被认为是“启蒙运动”的一部分，但是这场以欧洲为中心的运动至

多也就传到了英国沿海地区。然而，沃尔波尔的话中清楚地表明“博物志
224 蔚然成风”。《旁观者》上出现了艺术大师的形象，以不无讽刺的笔调描述大师们聚在一起讨论人体解剖学场景。乔纳森·斯威夫特在1706—1709年间写完的《格列佛游记》第三卷中对“坐船前往拉普塔、巴尼巴比、拉格那格、格鲁都追、日本”的风潮予以讽刺，他描写了“拉格多大科学院”中的实验员们投身于从黄瓜中提炼阳光，把冰转化成火药，以及将“人类粪便还原成食物”等研究。

然而不可否认，机械、冶金、工业化学等领域还是出现了科学变革的新气象。1782年，用于公共照明的实验性煤气系统已经建成。工业和贸易一直是重心所在，亚当·斯密认为投身工业之人是“伟大的发明阶层”，化学家以及新出现的电工和工程师也可包含在内。塞缪尔·斯迈尔斯后来写道：“我们的工程师在某种程度上可被誉为现代文明的缔造者。”

专利的申请和批准数量的上升也可反映人们创造性的提升。在18世纪中叶之前，大约每年会批准十二项左右的专利，1769年，数量上升到了三十六项，1783年，上升到了六十四项。到了1792年，数量达到了八十五项。发明林林总总，从新设计的泵，到从盐中提炼碱的过程不一而足。脱毛材料、假牙、火灾警报器、洗衣机、防盗铃、厕所等都被拿去申请专利。所带来的结果是节省了劳动力，而更为重要的，是节省了时间。高效、精确、统一也是专利人的目标，从这个角度看，他们反映了工业改革的精神。

这个年代可以被称作改进的时代，但用当时的话来说则是革新。塞缪尔·约翰逊曾说：“这个时代随着革新一路狂奔，世界上的一切事物正以全新的方式开展……”具有实践意义的变革不断涌现是18世纪奋进的灵魂所在。1757年，塔克教长在描写伯明翰技工的文章中写道：“几乎每个大师和制造业者都有属于自己的新发明，并每天都在改进其他人的发明。”

从交通的变化上，或许最能看出人们对进步的关注。英格兰的路况被
225 认为是国耻。丹尼尔·笛福写道，一位来自雷威斯的女士坐着由六头牛拉的车去教堂，因为没有马能在又稠又深的泥地里行走。许多道路自罗马人最初铺成之后，十四个世纪以来从未整修过。教区的主干道通常只是一条

马道，但道路上的烂泥能漫到马腹。哪怕是从肯辛顿宫到伦敦市中心的道路也泥泞不堪，布满车辙、坑洼，以及松动的石头。从约克前往伦敦得花上一星期时间，有个约克郡人在冒险出行之前把遗书都写好了。1771 年，阿瑟·杨格在《北方游记》中描写通往泰恩河畔纽卡斯尔北部的道路时说："我建议所有旅人将该地区视作大海，将冒险踏上如此可恨的道路视作驶入海洋。"

解决方案来自当地人民进行的私人修缮，有确凿的证据表明这类行为是由利益驱动的。一系列"收费公路信托团体"横空出世，团体成员有义务修缮、维护某一路段，并被允许在负责路段的某一头收取过路费，从而补偿修路的支出以及偿还贷款。有些人说这一举措并没有立竿见影的效果，另一些人则抱怨过路费过于昂贵，但路况缓慢且间或地得到了改善。当然，特尔福德、麦克亚当等工程师在此期间帮了大忙，他们的修路才能与罗马人相比毫不逊色。

在理查德·格雷夫斯 1779 年的小说《科卢梅拉》中，一个人物问道："谁说现在坐马车从伦敦到巴斯大约十二个小时，而二十年前，要整整三天？" 1763 年，从伦敦前往埃克塞特只有六辆驿站马车，十年后，数量增加了三倍。一则广告保证："不论听起来多么难以置信，该马车不出意外的话能够在离开曼彻斯特四天半到达目的地！！" 一些乘客因为速度太快而反胃，被称作"晕马车"。因而，邮件往来变得愈加快速，愈加频繁，这奠定了塞缪尔·理查逊书信小说的基调。从粮食或煤的运输，到农业的进步，一切都变得越来越快。

交通领域的其他进步也在同时发生。18 世纪的头几十年间，人们齐心 226
协力通过拓宽、挖深河道，加强堤坝等方式改进国内的河流状况。这些河流在 18 世纪中叶通过运河网络被连接到了一起，孕育出一个巨大的交通系统，1755—1820 年间，人们开凿了长达三千英里的运河。1755 年，第一条工业运河桑基河被开凿了出来，将默西河与圣海伦斯连接了起来。三年后，布里奇沃特公爵开凿了一条运河，用以连接他位于沃斯利的，与曼彻斯特相距七英里的煤矿。曼彻斯特的煤价因而降了一半，这很好地反映出了公爵的工业头脑。1761—1766年间，又有一条运河将曼彻斯特和利物浦北部的默西河连接了起来。到了18世纪最后十年，伦敦、伯明翰、布里斯托尔、赫尔、利物浦被连成一体，得以相互交通的小城镇更是难以计数。这些人工开凿的河流不仅能够运送煤、铁、木材、砖块、石板，还能运送棉花、奶酪、粮食、黄油。

英格兰的经济活动从此改头换面，亚当·斯密写道："状况良好的道路与运河，以及可航行的河流让运输费用大为减少，让偏远地区如同近邻。"地方与区域中心紧密相连，形成了一个国家市场，继而成了国际市场的一部分。这一现状还带来了另一个结果。随着国内不同地区之间的联系愈加
227 紧密，在战争和国外革命期间，英国民众得以心怀国家、众志成城。

23

倾　茶

1773年春，诺斯勋爵政府通过了《茶税法》，允许东印度公司直接在美洲售卖茶叶，但每磅征收三便士的税，该税六年前就被提出了。茶叶在美洲的价格依然比在英格兰便宜许多，但对于殖民地民众来说，这部法律相当于议会直接向他们强制收税，对帝国独裁的种种恐惧又一次被激起了。有些人认为此举是瓦解美洲自由的阴谋。10月11日的《波士顿公报》在大多数装载茶叶的商船停靠的港口分发，报纸要求退回茶叶这种“奴隶的桎梏”。第一艘运送茶叶的商船“达特茅斯号”于11月27日到达波士顿港，两天后，波士顿群众举行会议，决定控制所有进港的商船。参与此次活动的人被称作“躯体”（the Body）。

12月16日，一群波士顿人打扮成莫霍克族印第安人，来到当地集会点的门口发出“战嚎”，建筑内的一些人也对此做出了回应。他们随后前往三艘运茶船停靠的码头，并开始系统性地毁坏船上的货物，有三百四十二箱茶叶被倒进了海里。

如今，问题上升到了权力层面，挑战议会的行为不容忽视或逃避。诺 228
斯勋爵于1774年3月7日将此事提交下议院，要求关闭波士顿港。议会还通过了其他多项措施，旨在给美洲的暴徒们一个教训。这些措施被称作

"强制"或"不可容忍"法案。《波士顿港口法》关闭了港口和海关，《马萨诸塞州政府法》限制了现有立法机关的权力，《司法与驻军法例》旨在维持民众秩序。诺斯勋爵宣称"让你们的殖民地相信你们能够并且无惧于控制它们，依靠这些法律，深思熟虑的你们将收获臣服"。他似乎获得了绝大多数民众的支持，埃德蒙·伯克写道："当下不论屋内屋外的民意都强烈反对美洲。"

伯克本人也再次作为保守主义和传统的拥护者出现在这段历史之中，并面对了无数挑战。他是个爱尔兰人，对于古而有之的原则秉持着强烈的拥护态度，这些原则源于"随着时间、传统、继承、积累、置换以及所有权的进化而诞生的事物本质"。风俗与传统在长年累月、持续不断的传承之下被认为是神圣的。对于那些反对改变或害怕改变的人来说，这是一条亘古不变、抚慰人心的信条。

美洲居民对"不可容忍"法案的反应或许不言自明。1774 年 9 月初，旧殖民地代表大会在费城召开，史称"第一届大陆会议"，下个月，大陆会议拟定了一份权利法案（或称权利宣言），规定美洲议会有权利也有义务在不受英国议会干涉的条件下制定关乎所有本土事务的法律。与会代表宣称美洲居民"享有其生活、自由、财产的权利"。乔治·华盛顿写道："危机已经来临，我们要么主张自己的权利，要么容忍不断强加于我们的不公。"到了年底，当地联盟或革命委员会开始一边筹集武器和弹药，一边执行如
229 今人们口中的"国会法"。从英国及其殖民地进口商品遭到禁止。面对近在眼前的全面战争和贸易禁运，一边想不受干涉地做买卖，一边怀揣着与生俱来的爱国情感的英国商人阶层进退维谷。

战争号角之下，兵勇集结。这些志愿军被称作"一分钟人"，因为他们能够在一分钟内带枪集合。同时，一万名英国新军在美洲土地上登陆。如果他们立马发动进攻，或许能给美洲军队造成巨大打击。但在盖奇将军的领导下，英军按兵不动。首先行动的是美洲军队。从此，两军开始激烈冲突。

美洲地方委员会以及紧急召集的省区大会开始计划军事行动，一群群

市民挺身而出。1775 年 4 月初，波士顿的英军指挥官接到从伦敦下达的平叛令。美洲军队的主要武器供给源于距波士顿十六英里开外的康科德，英军于是朝那里挺进。他们在列克星敦绿地遭遇民兵阻拦，冲突中八名美军阵亡。英军继续朝康科德挺进，但被躲在屋后、树后、篱后的民兵打得溃不成军，最后慌忙朝波士顿撤退，在到达这个相对安全的城市之时，已经有两百七十三人阵亡。战神再次现身，号召更多的流血牺牲。

一些殖民者（当时他们依然被这么称呼）对暴力愈演愈烈感到担心，并呼吁克制，而另一些殖民者则对独立的呼声心生疑窦。或许有点过火了。然而，1775 年夏天在费城举行的第二届大陆会议上，更为坚定、更为狂热的代表压倒了温和派。会议决定必须组建代表殖民地“联合”与“联邦”的军队，一名来自弗吉尼亚的绅士乔治·华盛顿被任命为指挥官。此人沉默寡言、不善言辞，但深谋远虑，做事有条不紊。天生的贵气外加克制与自律，让他成了人上人。他十分不情愿担任指挥官，但责任感和自身的荣耀感让他最终答应。哪怕在这一阶段，他依然拿不准能否打赢英国红衫军（又称“龙虾军”）。 230

6 月 16 日晚，也就是大陆会议召开后的第一天夜晚，美军的一个小分队不声不响地偷偷占领了布里德山。这是一处重要据点，坐落于查尔斯河以北的半岛上，与邦克山相邻，可俯瞰波士顿。起义者行踪被发现后，英军战舰的六门大炮朝他们齐发，一支红衫军特遣小分队也坐船穿过查尔斯河朝他们进发。英军爬上布里德山的时候，美军从战壕中不断朝他们精准射击，许多英军逃回了船上。在这个节骨眼上，盖奇将军和一群军官也渡过河来，支援或强迫英军继续登山。英国士兵们再次遭受了枪林弹雨，但逞能或福气让他们继续挺进。美军随后逃往了邦克山，但此前已经对英军造成了重大伤亡，一千多名士兵和军官或死或伤，而美军只损失了小几百人。

英军失利的消息让那些满心认为殖民地绝不可能和英军正面作战的人大为震撼。此事被认为是灾难，是国耻，是军耻。受过正规训练、纪律严明的军队竟然被一群志愿军打败。如今一些人认为这场战役是美军最终胜利的前兆。豪将军接替了盖奇将军的位置，但最终结果表明，接替傻瓜的是个蠢蛋。

双方如今冲突不断，毫无和解的意愿。国王宣布：“木已成舟，殖民地要么投降，要么被打败。”1776 年初，一本小册子在殖民地广为流传。托马斯·潘恩的《常识》的影响直接而深远；乔治·特里维廉在他撰写的美国革命史中写道：“再难找到哪部人文作品的影响能如此立竿见影、如此深远。”实质上，正是这本小册子吹响了号角，呼吁美国向野蛮的外国宣布独立，亮明了“美国的事业是全人类事业的重要组成部分”这一观点。一个弹丸小岛却想霸占一个大国？美洲已成为各族人民的庇护所，再不会受英
231 格兰的奴役，后者对待殖民地时唯独考虑其自身利益。自称“母国”是多么可耻，多么令人恶心啊，哪会有母亲如此野蛮地对待子女的？国王“已彰显其真实面目，他是积习难改渴望专权的自由之敌”，因而必须被抵制。潘恩还说道：“我们有力量开天辟地。”他的笔调和语言直指人心，打破了几十年来或理性或细琐的政治话语。

他的呼吁在民众中不胫而走，后来，约翰·亚当斯在给托马斯·杰斐逊的信中写道：“历史将把美国革命归功于托马斯·潘恩。”历史或许不会创造巧合，但《常识》出版七个月后，大陆会议以十二票赞成，一票（纽约）弃权的结果宣布独立。大陆会议在做出这个决定前，经过了长时间的犹豫，受到了诸多阻力，有些代表担心发表《独立宣言》时机尚未成熟，在公开对抗英国前，他们需要外国盟友。但《独立宣言》的终稿还是于 1776 年 7 月 4 日通过了审议，这一天后来被称作美国独立日。美国人赦免了自己，不再效忠英国王室，并宣布成立与英格兰毫无瓜葛的自由联邦，他们高举着“生命、自由、追求幸福”的旗帜。伯克说他预料到了美国人或许会扰乱权威，但“我们做梦也没想到他们会自赋其权”。

这场战争被称作“国王的战争”，言下之意很明显，反对便是不忠，人民被要求与教会和王室一同对付叛乱者和革命者。乔治三世其实是对美战争的主要驱动力，他认为如果放任殖民地脱离英国统治，自己的王位和国家都将岌岌可危。然而英格兰也有不少人支持美国独立运动。“无代表不纳

税”的原则在一个权利遭剥夺，有半数城镇在议会没有发言权的国度不断回响。在后来的彼得卢和曼彻斯特暴动中，这句话作为标语出现在了许多横幅上。

不少激进派认为镇压十三个殖民地追求自由的运动其实是一个实验，
如果成功的话，将被运用于英格兰国内。人们觉得国王和大臣们将会侵犯 232
人权、限制新闻自由、滥用公款，并与普遍腐败的议会成员同流合污。甚至还有人说会施行军事管制。尽管这些指控都毫无根据，但依然有人愿意相信统治阶级怀揣着针对英格兰人民的阴谋。支持美国人的正是这些男男女女。

然而，那些支持国王发动战争的人，将美国人同历史上与国王和教会抗争的清教徒狂热分子联系了起来。他们认为美国人是叛徒，是煽动者，好处拿得越来越多，却毫不领情，不愿对帝国的开支做出应有的贡献。还有一些人就是想要和平，愿意不惜一切代价换取和平，从而维持贸易和良好关系。

当华盛顿开始装备并训练志愿民兵之时，伦敦当局发现难以招募到足够的士兵和海员。1776 年，伦敦和其他港口城市的大街小巷爆发了野蛮的“强征”海员事件，单单首都就有八百人被抓。平乱军由三部分组成：作为乔治三世的德国盟友的黑森士兵，在英国本土招募的士兵或美洲的效忠派，以及许多从监狱里释放出来的囚犯。

尽管展现出了强大的军事实力，但英国当局依然不清楚面前的困难是多么巨大。从英格兰到美国的补给线长达三千英里，武器、弹药、马匹、人员、补给必须横渡大西洋，这段痛苦的航程常常要耗费两三个月。英军刚从船上下来，就要面对长达几百英里的海岸线，岸上的人们充满敌意。不论对于职业军人还是新兵来说，进入美国内陆都十分难熬。英国士兵约翰·海斯对此形容道：“到处是沼泽、小河、树林、虫子，阳光炙热难熬”，许多人得了全身溃烂的热病。

1776 年夏，豪将军先后攻占了纽约、新泽西、罗德岛。美军的节节溃败让华盛顿十分沮丧，他在信中写满了对自己军队难以驾驭、纪律散漫的

233 抱怨。从理论上说，似乎英国人占了优势，美国人也确实担心革命将要失败。但豪并没有乘胜追击，在入冬的几个月间，英军一直待在战壕中按兵不动。潘恩将其形容为“1776 年令人沮丧的战斗”，到了年末，华盛顿承认如果没有新军队加入，“大势将去”。然而八天后，他组织了一次对防守新泽西特伦顿的黑森军团的袭击，并攻下了该镇，尽管此次胜利只维持了一段时间，但确实鼓舞了麾下士兵和军官们的士气。

大西洋彼岸同样弥漫着令人沮丧的气氛。豪将军要求英国派出两万名士兵加入来年的战争，但他只接收到了两千五百人。议会几乎没钱，国王也负债累累。想要组织一场远在千里之外的战争，其困难正愈加凸显。必须速战速决，但如何才能做到呢?

英军指挥官想要通过孤立暴动的新英格兰殖民地的方式掌握主动权。一支由伯戈因将军指挥的英军从加拿大南下，另一支由豪组织的英军则从纽约北上，当两支军队会师，殖民地将遭合围。但计划赶不上变化。由于沟通不畅和能力缺失，两支军队最终失之交臂。豪转而决定攻下费城。伯戈因则在孤立无援的情况下在萨拉托加（现在属于纽约州）被美军包围。他别无选择，只能于 1777 年秋投降，同时放弃了英军取得最终胜利的希望。剩下的就只是时间问题了。

凡尔赛因为英军战败而大为欣喜，1778 年 2 月初，法国伺机正式宣布同美国联合共同对英国开战。这一举动当然让冲突愈加复杂化，甚至上升到了全球的层面。而此事也是英国人最为担心的。英国朝中束手无策，而
234 且一支军队还被困在美国。英国现在不得不一边面对法国人，保卫自己在印度和西印度群岛的财产，一边继续在充满敌意的北美领地作战。西班牙于后一年也加入了新联军，显然意在夺回直布罗陀和梅诺卡岛。英国已孤立无援，而且应对所有战争威胁都已心有余而力不足。

英国人做出了让步，包括废除《茶税法》以及保证不向殖民地继续收税等。公告一出，让政府的忠诚追随者们又惊又惧，他们觉得自己一直以来为之奋斗的到头来只是一场空。然而尝到胜利滋味的美国人则要求完全独立。他们几乎立即领会了同法国结盟的价值，因为英国将不得不分派军

队和舰船前去防守西印度群岛。美军于是朝费城和罗德岛挺进。英国最终取胜的机会已经十分渺茫。

诺斯勋爵不胜其苦。这场战争他满盘皆输。他先前提的诸多要求，最终都迫于压力一一作罢。他丢了一支军队和一块大陆。他四十六岁，但身心俱疲，如垂暮之人。1778 年 3 月，法国和美国正式签订条约，诺斯上书国王，写道："臣心如刀绞，再居高位恐坏陛下之大事，愿以死谢罪。"两个月后，他再次上书："光阴流转，臣愈加确信陛下应另寻他人掌管国事。"然而国王并没有同意。他需要诺斯。他对诺斯的绝大多数政敌秉持不信任与鄙夷的态度，并认为自己可以继续倚仗首席大臣的耿耿忠心。只有诺斯才能防止威斯敏斯特陷入混乱局面。

就在这一时期，查塔姆伯爵老皮特最后一次在威斯敏斯特发表讲话。当时海外之人认为英国是时候从美国撤出所有军队了。对此伯爵决然反对。他在朋友的搀扶下，拄着拐杖，全身包裹着保护皮肤的法兰绒布进入会场，在一些人看来，他就像个僵尸。他刚开口说话的时候声音很是虚弱，但随着慷慨陈词，变得愈加激昂。"大人们，所幸本人尚未盖棺，依然能高呼反 235
对瓦解这个源远流长，无比尊贵的王国！"一个月后，伯爵的棺材盖上了。

1779 年的战争打得不温不火。不论如何，英军把注意力从美洲转到了邻海，因为法西联军眼看就要发动某种形式的侵略。但大西洋彼岸也急需军舰与兵员。海峡舰队总指挥官查尔斯·哈迪爵士只能集结三十七艘战舰以对抗六十六艘敌军联合舰队。再者，英国舰队欠缺维护，状况很差。许多炮里连火药都没有。形势十分严峻，法国和西班牙实际上控制了英吉利海峡，议员威廉·梅雷迪思爵士写道："该国所有领域都笼罩上了如同梦魇般的沉沉死气。"然而哈迪凭借运气逃过一劫，当时正值暴风雨的季节，法国和西班牙的舰队上疾病肆虐。哈迪以静制动，绝大多数时间都在斯皮特黑德安全的港湾中坚守，直到敌军撤退。就这样，夏天过去了。哈迪于来年春天因病去世。谢立丹《批评家》中的第一篇演讲描写了当时的氛围。当格勒先生正在读报纸："如今，我们可以自信地断言**查尔斯·哈迪爵士**——啐——之于舰队，之于国家一无是处！——我讨厌一切政治，戏剧中的除外。”

诺斯再次陷入了深深的抑郁，他写道：“世上再没比我痛苦之人……心乱如麻，天人交战。”同僚威廉·伊登似乎被他持续不断的自责惹怒了，在给他的信中写道：“情势如此紧迫，若您无法振作，就该赶紧辞职。”但国王不为所动。诺斯必须留下。首席大臣说他“被迫”继续任职。

这场战争毫无签订和约或决议的迹象，眼看要旷日持久地打下去，商
236 人、店主、纳税人感到心灰意冷。只有铁匠有理由感到开心，因为船只和军火的需求不断。让事态愈加急转直下的是爱尔兰似乎想走美国的道路要求独立。对于爱尔兰人来说，英格兰人已经无力帮他们抵御敌人的军舰，所以他们自发组建了志愿军联合会来巩固海防。天主教和新教异见者决定联合起来防卫自己的国家，并组建了一支比都柏林议会更有权威的国家军队。

志愿者们如今要求同英格兰进行自由贸易，大臣们无法面对邻岛发生暴乱或起义，于是立即妥协了。爱尔兰人并没有就此止步，他们效仿大西洋对岸的表亲，同样要求司法独立。1780 年 4 月，亨利·格拉顿正式提出决议，要求“世上唯有爱尔兰的国王、贵族、平民才有权为爱尔兰制定法律”。此事自然引起了冗长、巨大的论战，但英格兰最终正式批准了爱尔兰议会独立。1783 年初，英格兰政府接受了“爱尔兰人民所声张的权利，即只受其君主和该国议会通过的法律约束”。格拉顿在都柏林议会起身宣布“爱尔兰如今是一个国家了”。

爱尔兰的争论也对英格兰人产生了影响。这一时期，由于人民普遍担心议会在政府的贿赂与腐蚀之下变得卑躬屈膝，于是出现了一场“国家复兴”运动。1779 年末，约克郡的一次郡县会议同意了组建约克郡协会。该协会旨在缩短议会休会期，让人们享有更为公平的代表权，以及降低税款。协会由文员和地主克里斯托弗·怀威尔领导，此人很快就证明了自己是个组织和宣传专家。他拟定了一份请愿书，说服其他郡县及其委员会参与。他代表的是地主阶层的利益，而非那群追随威尔克斯拿着标语一路“猫嚎”的伦敦民众，所以国家领导们不会不拿他当回事。《伦敦报》于 11 月刊登

了一封来自“辉格党人”的信，信中评论道：“人民之原权，便是享有自由，可为其国家辩护，指正其议会，变革王权……**在英格兰，每个人都是** 237 **政客**。”秉持着相似的精神，宪法知识会于1780年春成立，其显然旨在通过散发文章和小册子来恢复“我们古宪法”中“遗失的权利”。

这便是4月6日议会关于“王权的影响已然提升，并在不断提升，必须予以遏制”这一议题的背景。该议题以233对215票获得通过，但正如一位军方人士评论的那样，希望渺茫。议题获得通过，也表示君主并非它宣称的那般无所不能。但该议题通过后就没了下文，到了下个月，卡姆登勋爵写道：“国民行使权利的欲望愈加低落，这个国家又回到了先前不温不火、事不关己的状态。”激进的社团一个个淡出公众视线，直到被海峡对岸的那场革命再次点燃斗志。

1780年6月爆发了18世纪最严重的暴动，使得所有民众或城市激进主义者开展的运动都名声一落千丈。乔治·戈登勋爵怀带着生而有之的极端，甚至可谓疯狂的思想。如同沙罗曼蛇一般，他天生就注定活在火焰中。他自称“人民的向导”，并在议会出台所谓《天主教解放法案》的当下，疾呼罗马天主教将带来威胁，从而将这一称号表现得淋漓尽致。他的思想既革命又激进，借用一个穿越时代的词汇，还有些浪漫。他试图将历史上所有反暴政之人的身份和属性都兼收并蓄，被他的追随者们称作“英国的布鲁图斯”。

他顺应当时的风潮成立了一个“联合会”，于是该新教联合会很快就吸纳了有产者、工匠、伦敦学徒等城市各行各业的人，这些人被称作“mobile vulgus”或用更为通俗的话说，“乌合之众”。6月2日，这些人和戈登一起拿着请愿书前往议会，热切地希望撤销最近对天主教徒的特许，只有六名下议院议员表示同意，这一结果让请愿者们五雷轰顶，伦敦的事态一触即发。大约午夜时分，“打倒教宗党”的呼声传遍伦敦大街小巷，愤怒的人群闯入宽街和黄金广场，巴伐利亚大使官邸的小圣堂被付之一炬，不论是否出 238
于自愿，威廉·布莱克也参加了暴动，他形容道：“意乌猝嗟、呼天号地、叫苦连天。”

五天后，布莱克注意到了一群狂热的暴徒从霍尔本朝老贝利街猛冲，一心想要摧毁那边的纽盖特监狱。监狱的门甚是巨大，有时被称作地狱之门，如今被人用剑、镐、铁锤猛砸，而监狱本身则被人纵火点着。囚犯们在里面呼天喊地，怕被活活烧死，而暴徒们则爬上了围墙和屋顶，把石头和瓦片全扒了下来。囚犯们被从大火里拖出，也有人靠自己爬了出来，脚镣依然在腿上叮当作响。暴徒们为他们让出一条道，喊着："这边安全！这边安全！"随后领着他们寻找铁匠。就在同一天，富有的天主教徒或天主教支持者的屋子被洗劫一空、付之一炬。

6月7日，星期三，一直以来被称作"黑色星期三"。在这天，人们的恐惧到达顶峰。暴徒们警告说要攻占英格兰银行，将里面的金钱分发，把伦敦塔动物园里的狮子都放出来，没有一座监狱或天主教小圣堂能安然无虞，他们还要把贝德莱姆疯人院拆了，放里面的人上街。奥多诺霍牧师看到贝德莱姆疯人院里的病人们"在火舌的映照下……在医院的玻璃窗中"手舞足蹈、高声尖叫。这个场景让恐惧进一步加剧。当时一个名叫理查德·伯克的伦敦人写道："这个都市被数不胜数的愤愤不平、红了眼的敌人占据……唯有主才知道今晚会发生什么。"他看到一个还不到十五岁的男孩子，骑着马来到女王街，开始大肆破坏，并朝两个年幼的共犯身上扔砖块和木头。然而一些看起来年龄稍大的暴徒则比较克制。霍尔本圣安德鲁教堂的墓地里燃起了熊熊大火，许多人后来因为喝了着火的烈酒而死，一个打更的看守提着灯从旁边走过。

最后，军队通过一些明智的威胁和暴力维持了秩序。许多闹事的头目在认罪后被就地绞死。乔治·戈登勋爵遭到拘禁，最终他转信了犹太教。
239 没人相信到了18世纪，这种疯狂、狂热的暴力还会上演，这一幕幕毁灭和暴力的场景仿佛来自另一个世界。伦敦已和从前判若两城。

但这起事件并非暴徒攻击可怜的天主教徒及其牧师，而是穷人攻击富人。伦敦的穷人们并没有遭到攻击。那些被视作目标的天主教徒都是些有钱的绅士、律师、商人。对于那些寄希望于公众抵制腐败政府的人来说，此事出乎意料，且并非喜闻乐见，而对于那些认为当前这个世纪平静的表面下暗潮汹涌的人来说，此事证实了他们的想法。《罗马帝国衰亡史》的作者爱德华·吉本写道，他见证了“我原本以为已经消亡的黑暗、恶魔般的狂热”。他这里指的是一百年前就被认为已经销声匿迹的宗教极端主义。许多人把维护现有秩序的希望寄托于似乎能令人心安的诺斯勋爵身上，而后者则依然戴着政府的镣铐痛苦不已。

尽管在萨拉托加取得了胜利，攻入了普罗维登斯和罗德岛，还同法国结了盟，乔治·华盛顿依然垂头丧气。他在1781年初写道：“关于未来，我唯有与日俱增的忧虑……我们靠权宜度日，直到难以为继。”没有食物，没有金钱，支援也少得可怜。美军几乎全然倚仗新盟友的支持，但法国政府中有许多人对日益加重的开销心怀忧虑。反过来，英国国内的厌战情绪因为对极端分子的恐惧进一步加强，英国人担心美国叛乱者和戈登暴徒将不可避免地把国家引入君主专制。比较务实的一派人则意识到了这场同前殖民地的战争就是在毫无意义地浪费钱。

这便是约克镇战役前英美两方的情绪。1781年夏末到秋天，查尔斯·康沃利斯将军领导下的英军遭到华盛顿压制并被耍得团团转，最后在
弗吉尼亚的约克镇被孤立。被法国舰队切断了后路，又遭到八千法军和 240
五千美军的包围，康沃利斯别无选择，只能投降。英军在《世界翻天覆地》的乐声中从残破、废弃的据点撤出。美军的胜利由此奠定，独立指日可待。

约克镇的消息抵达伦敦前，国王在给诺斯勋爵的信中写道：“事已至此，我国或成为伟大之帝国，或沦为欧洲最无尊严之国度。”约克镇大败似乎对这个问题做出了决定性的回答。英军的投降引发了愤怒与悲伤。消息于1781年11月25日传到伦敦，恰巧后一天便是议会开幕。据说诺斯勋爵大喊道：“上帝啊，一切都完了！”他知道自己的政治生涯即将画上句号。

然而作为对美政策的缔造者，国王似乎准备继续打下去。他在议会开幕时的讲话中重申了自己对此战正义性的肯定，拒绝通过寻求狂热的和平而将国家的权利与利益拱手交出。随后，辉格党领袖，美国独立的坚定支持者查尔斯·詹姆斯·福克斯站了起来。他捕风捉影地说乔治三世的讲稿

是出于内阁之手，他只有一个目的，便是对国王发动更猛烈的攻击，将其塑造成“一个专断、麻木的君王，将奴隶、臣民卷入毁灭性的怪异战争，为了满足其怨怼或复仇之心，哪怕大难与灾厄临头，也要继续”。

这些话说得很重，但体现了福克斯的精神。历史发展到当下，他只是作为国王及其大臣的大批反对者中的一员短暂出来露了个面。他被描述为天生反骨，作为一名贵族，他青云直上进入辉格党的核心圈子，却从没给人留下丁点正直的印象。他嗜酒如命、挥霍无度，对赌博和政治同样上心，但对于18世纪的政客来说，这并不稀奇。他的魅力来自快乐、积极的个性，时常被说成像个孩子。伯克承认他“性格天真无邪、极为坦陈、开朗仁慈”。辉格党的显贵兼信徒德文郡公爵夫人描述道“他寻找话题的速
241 度快得惊人”，还说“他的谈话如同技艺高超的台球手：一杆接着一杆，咚！啪！”

但他并非天生就能统御或领导一个党派。他粗枝大叶、毫无条理，在下议院的演讲冲动鲁莽、即兴发挥，而且他对公众的看法毫不在意。他完全没有把自己的追随者分成三六九等。对于他和许多与他同时代的人来说，政治便是赌博。用德国评论者卡尔·菲利普·莫里茨的说法，他“黝黑、矮小、健壮且不修边幅”，他丰腴的脸因为两条粗黑杂乱的眉毛而比例失调。他的绰号就叫“眉毛”，千百幅漫画上都出现了他肥胖、乱糟糟的形象。他会在一夜放纵之后进入会议厅，或许还醉醺醺的，随之发表两个小时演说，让所有听众如痴如醉。他是那个年代最杰出的政客。

福克斯一直反对的对美战争与其说被终结，不如说被“放下”了。1782年2月27日，约克镇的消息传到伦敦三个月后，下议院投票反对在大西洋彼岸开展军事行动。此举与投降无异。一个月后，下议院准备就诺斯勋爵及其属下的无能投票表决，诺斯匆忙辞职以免受此羞辱。他上书国王，称“滔天之浪，其势难当”。他担任首席大臣已有十二年，但他再也无法忍受对美战争期间繁重的政事带给他的无尽焦虑。国王没有被打动。他认为诺斯在危机之时将自己抛弃了。他写道：“终于，灾难还是降临了。”

国王不得不面对各派人物为了上位而你争我夺的局面。他一度甚至想

过退位，并起草了一份立即回到汉诺威的讲稿。但从未发表。随着支持战争的托利党垮台，国王不得不转向因为想同美国和解而统一起来的辉格党杂牌军。哪怕他们组建了政府，内部依然是分裂的，之后的两年内更是四度重组。爬上权力巅峰的人物之一是第二代谢尔本伯爵威廉·佩第。他被 242
认为“油头滑脑”，是个“大骗子”，同时又野心勃勃，但这些形容词适用于当时任何一个政客。他之所以名留青史，主要（或者说完全）在于他主导了与美国的和谈。

和谈的对象并不仅限于美国，同在危机时刻与英国交战的法国、西班牙、荷兰达成协议需要缜密的外交考量。同美国的初步和约于1783年1月在巴黎签署，其中最重要的条款是英国承认十三个联邦州是自由、独立的主权国家。美国人对他们中的效忠派毫无妥协之意，这些人在战争中为英国效命，如今他们的命运被交予美国国会裁夺。这一决定让威斯敏斯特的许多人怒不可遏。竟然抛弃盟友，他们签订的到底是何种条约？英国同法国与西班牙的进一步条约在凡尔赛签订。法国交出了格林纳达、圣文森特等岛屿，换取了非洲的塞内加尔、印度的朋迪榭里以及其他几座岛屿。西班牙放弃了巴哈马岛，但获得了梅诺卡岛和两个佛罗里达。1783年出现了一幅名为“众尿之和平”的漫画，画上的主角们（包括美洲原住民）正朝一个锅里撒尿：

> 先生，还没过多久，谁能想到
> 他们这么快就一起撒尿了？

所以，美洲战争结束，出现了世界上首个国民能完全掌控其命运的独立国家。在战斗过程中，乔治·华盛顿在极端的情况下组建了一支国家军队，法国革命时期也借鉴了这一模式从而缔造了一种全新的战争形态。此外，还造成了一个结果。首度有一群人在没有国王、没有贵族、没有国教的情况下，推进了建国大业。

英国人真心相信他们的帝国正在没落，但实际上英国的贸易和海运网络依然完好无损，并能在将来的数年内带来更大的繁荣。这场冲突让法国人喜忧参半，但不可否认，他们对美洲殖民地的援助引发了严重的经济危机，并最终导致了 1789 年的革命。美国的外贸和国内生产由于战争的有利
243 结果而得到增长。英格兰亦然，冲突的止息让工业和贸易取得了二十年未见的繁荣。陆军和海军的裁员让纳税人如释重负，而乔治三世的支持率也随之上升了。他代表了不断运转着的世界之轴心。

但国王支持者的范围并没有包含大臣们。约翰·卡文迪什勋爵向下议院提交了一份关于谢尔本所拟定之和约的决议，称“对大不列颠之敌所做的妥协……不论从其各自所有之物的实际状态来看，还是从其各自的实力来看，都大过其所应得”。但当时的气氛无法孕育唇枪舌剑。卡尔·菲利普·莫里茨写道：“议员不管别人如何辩论，自己都四仰八叉躺在椅子上的现象并不罕见。嗑坚果的有之，吃橙子的亦有之。”

议会以十七票胜出的结果通过了针对谢尔本的谴责，谢尔本辞职。换作其他政客，也很难在和谈中取得更好的结果，但谢尔本在不满与厌倦横行的当时，成了牺牲品。后来，本杰明·迪斯雷利称谢尔本是 18 世纪最伟大的政治家，但这位伯爵终其一生都没有因为缔造了并不受欢迎但不可或缺的和平条约而得到国民的感恩。

谢尔本的离去让国王陷入了艰难境地，身边净是些他不信任或憎恨之人。议员詹姆斯·格伦维尔后来回忆道，乔治三世的焦虑显而易见，“当时，他犹如乱麻的心绪，昭然若揭地写在脸色和姿态上”，格伦维尔观察到“他步伐急促、动作失调、语速飞快，一开口就心急火燎、滔滔不绝，容不得打断，也不会回答问题，而且一直说一些毫不相关的题外话”，这或许是他后来精神崩溃的前兆。然而他生气、害怕也在情理之中。

让公众十分讶异且甚为反感的是，诺斯勋爵和查尔斯·詹姆斯·福克斯竟然握手言和了。一个是心力交瘁的勋爵，一个是不知廉耻的辉格党人，
244 两人先前还冷嘲热骂互不往来呢。例如，福克斯指责诺斯“史无前例地不忠、虚伪”，以及“公开变节”。如今，他们成了最好的朋友，忠诚的同盟，准备组建联合政府。詹姆斯·吉尔雷的画上，两人坐着旋转木马（或

称“新国旋转木马”），而强盗们正在他们身后的屋子里大肆劫掠，画上的题词写道：“可怜的约翰·布尔的家光天化日之下遭到抢劫。”但他们赢得了选举。福克斯获得了九十张选票，诺斯获得了一百二十张选票，而另一些大臣总共才获得了一百四十张选票。用当时的话来说，他们“攻占了觐见室”。国王特别讨厌福克斯，斥之为放荡堕落之人，并觉得弃他而去的诺斯勋爵同变节无异，因而愈加感到反感。他无法阻止两人联合，但他很清楚自己将让两人举步维艰，他剥夺了两人的任命权，而这可谓政府成功执政的命脉所在。直到最后，他都竭尽全力找人替代他们。

国王做出了一个极端的选择，他找上了小威廉·皮特，也就是那个“伟大的平民”的儿子，当时皮特才二十四岁，已经官至财政大臣。皮特之名十分响亮，而他在追求事业的过程中，让这个名字愈加如雷贯耳。伯克曾说：“他不只得了父亲之名，而且得了父亲之实。”他出生显赫贵族之家，年纪轻轻便身居高位，据说他没有童年，行为举止都是照着威斯敏斯特这面扭曲的镜子学到的。他的特点是脸色苍白，鞠起躬来僵硬而正式。他又高又瘦，怀带着知命者的傲慢。他严苛、高傲，特别难以取悦。用霍兰勋爵的话来说，他有着“一对空洞的双眼”。他进入下议院从不左环右顾，坐到自己的座位上也不会和身边人点头或打招呼。

这是他公开露面时的样子。私下里，几杯波尔图葡萄酒下肚，他就变得很容易相处了，甚至还有点幽默。与他共事的威廉·内皮尔爵士回忆起有一次他和几个孩子一起同皮特玩耍，皮特的脸上被软木炭画得黑不溜秋，而他也抓起坐垫纵情投掷。突然传来通知，两个位高权重的大臣想要见他，讨论重要事务。皮特要来脸盆把脸洗干净，并把坐垫藏到沙发底下。内皮 245
尔想起了当时皮特身上发生的改变。“他又高又瘦的笨拙身形仿佛顶到了天花板，他昂起头，眼珠一动不动。”他听着对方说话，简短回答了几句，“最后，他身体生硬地前倾，眼睛都没有向下看，就把他们送走了。接着他对我们哈哈一笑，抓起坐垫跟我们继续玩闹”。从这个角度看，他喜怒无常。据说他“常常待在地窖或阁楼里”。

国王找来这个年轻人，想让他担任首席大臣。皮特不假思索地拒绝了。

他无法掌控多数人的意志，也无法同福克斯或诺斯合作。所以他选择等待。他知道新政府十分不稳定，由于内部的孱弱而弱不禁风，无法长久。他可以伺机而动。理查德·波森在观察之后总结了福克斯和皮特的特点。“皮特先生会想好了再说。福克斯先生想了一半就脱口而出，把另一半留给万能的上帝。”

热气球在18世纪80年代初风靡一时。有史以来，人类首次似乎学会了飞翔。人们在巴黎和伦敦激动地看着热气球升空，一时间似乎因为能够脱离世间的纷扰而喜出望外。这便是自由，至少是为后代许下了自由的承诺。法国大革命期间，政治作家艾蒂安·迪蒙写道：“巴黎人如同热气球一般充满了可燃气体。”1785年春，霍勒斯·沃尔波尔平铺直叙地写道：“来自诺里奇的温德姆先生启航飞入云霄，差点掉到地上遇难。今天又有三个气球升空，不久，我们将在空中组建伟大的舰队，到那时，就算丢了海上
246 帝国又如何呢？”

24

孺 子

以美洲十三个殖民地为主体的大英第一帝国崩溃了。然而许多人对此感到欣慰。因为这是迟早的事。与其去统治美洲居民，还不如同他们做买卖，这一宝贵经验，成了当时正在缔造中的大英第二帝国最重要的原则。殖民地遍布世界各地对英格兰来说并没有什么好处，更重要的是拥有海洋航线上的一系列交易站，并以此打造世界性贸易帝国。世界第一海洋帝国的海军也能对市场和工厂进行保护。

婆罗洲和菲律宾建起了贸易站，而马嘎尔尼勋爵则率领一个贸易使团前往了北京的皇宫。英国的要塞和工厂遍布全球，从槟城到马来亚，从蒂鲁瓦纳马莱到坎杜，从开普敦到中非，比比皆是。当然，印度次大陆以其富饶而深具诱惑力。据说都铎时期远洋探险的精神复苏了，确实大英帝国的概念最初就是在伊丽莎白时代出现的。约翰·迪伊预言了一个能够一统不列颠及其属地所有人民的帝国，这一对未来愿景的勾画可谓十分精确。
还有什么地方舰船和水手不能去呢？去希腊？去阿拉伯半岛？去非洲大陆， 247
还是去东方国度？

对于旧帝国的记忆尚未全然褪去，英国仍对魁北克和加拿大紧抓不放。此外还在新南威尔士建起新殖民地和监狱。但太平洋和印度洋将成为商人们买卖商品的载体。在这一过程中，帝国的本质改变了。第一帝国从本质上说是英格兰的产物，纽约、新英格兰等地名便是对故土的呼应。第二帝国才能算得上是大英帝国，涵盖孟加拉，以及后来的印度次大陆全境，由苏格兰、爱尔兰、威尔士的正规军协助当地军队维持秩序。

然而从诸多方面来看，这个由不同宪法和协议组成的帝国正摇摇欲坠。有的领地根据非正式协议管理，而有的领地则依靠驻军防守或受到条约约束。不同的殖民地有不同的宪法。印度诸省比较靠近之前的贸易路线。并没有建立第二帝国的指导方案或意图。或许民众多少认为由英国统治对当地人民“有利”，但在签订的条约里依然存在大量虚伪和贪婪。英国无意采取政治入侵，而是利用贸易政策同当地精英合作维护政府行政，并促进贸易繁荣。

对许多人来说，这听起来和老帝国相比，不过是换汤不换药罢了。例如，想要在印度发展贸易，东印度公司无可避免将制定政府与占领的政策。贸易同权力密不可分。而权力必须倚靠暴力来维持。所以锡兰被强占，以保护通往印度的贸易路线。1816 年，英国拥有四十三个殖民地，而 1792 年的时候只有二十六个。领土面积总计两百万平方英里，人口大约两千五百万，其中绝大多数既不是白人，也不是基督徒。这个史无前例的现象让伦敦的大臣们觉得难以理解或掌控。怎么才能将帝国所具备的权力同英国传统自由进行调和？他们怀着极为审慎和与生俱来的保守态度面对这
248 个问题。

早在英格兰和美国进行和谈的 1782 年，国王就告知下议院：“卿等可在规范亚洲广袤领土之事务上深谋远虑、一展才能。”亚洲其实让威斯敏斯特政府非常头疼。因为深谋远虑难敌贪婪狡诈，似乎根本无法监督或控制东印度公司的行为。

公司管理层太过富有、太过强大了。他们要维持贸易，就必须保证与其进行谈判的领地政局稳定，他们必须同当地国王或统治者联合，必须精通伊斯兰教法和印度古代法，他们还需要一支军队，最好由友好的当地人组成。威斯敏斯特政府对于自身权力被剥夺感到不快，并对东印度公司通

过剥削甚至暴力达成目的感到忧虑。

大臣们无疑也急切地想从该公司通过繁荣贸易获得的收入中分一杯羹。人们对“纳博布”，也就是在印度工作过又回国的英国人冷眼相待，通过贪婪和剥削赚取“新钱”被认为是悖逆不轨的行为。纳博布随处可见，人们对其极为不齿，因而塞缪尔·富特的《纳博布》（1772）在干草市场剧院大获成功。剧中一个人物哀叹道：“我们拥有了东方的财富，同时也将其罪恶一并带回国内。多么可怕的一群人啊！”纳博布“通过劫掠异教徒壮大自身”。这也被认为是东印度公司的问题。

一贯自信积极的查尔斯·詹姆斯·福克斯认为自己可以解决印度问题。他提议解散当时管理东印度公司的董事会，代之以七名专员。很快，人们就发现被选去的专员都是拥护政府之人，尤其拥护福克斯，许多人认为福克斯想要掌控东印度公司的人事任命权和财富，使其为自己所用。一幅发表于1783年末的漫画上，福克斯裹着包头巾，骑着大象，横行于“印度大楼”[①]前，画上的说明文字写道“卡洛汗胜利入驻利德贺街”。 249

此时，福克斯陷入了危机，他可能会被控吞占国王的资产，他的反对者已经做好准备向他发动攻击。福克斯和诺斯的支持者有能力让上述提案在下议院获得通过，但在这个节骨眼上，国王于12月11日通过一个中间人亮明了态度：“若有人投票支持《印度法案》，他不仅不会将其视为友人，而且会将其视作敌人。”此次干预事件，威廉·皮特很难置身事外，因为这项法案一旦流产，相当于预示了联合政府的垮台。事实确实如此。托利党人托马斯·奥德写道，随着讨论的进行，福克斯的“表情、行为、言语可笑至极，先是沮丧愤怒，随后垂死挣扎”。上议院不同意福克斯的提案，并于12月17日通过投票正式将其否决，国王立马要求这两位重臣辞职。两人第二天就下台了。皮特几乎立马就上位了。他当时年仅二十四岁。

联合政府的举步维艰，福克斯任命专员的无耻提案，民众对当局的愈加不满，种种迹象让皮特有机会在新的位置上放手一搏。他赌自己能够抵

① 位于伦敦的东印度公司总部大楼。

御联合反对他的人足够久时间，从而为担负起国家重任做好准备。而福克斯则完全相反，他相信“我们可以将其扼杀在摇篮之中”。当时这届政府被称作只能在节庆期间维持的“百果馅饼政府”。坊间流传着一句诗：

世所未见稀奇事，
竟将国家付孺子。

议会于 1784 年 1 月 12 日召开，皮特将在接下去的十八年间一直在位。

他从一开始就冷静、细致、果决。他的目标和手段很明确，他的分析令人信服，他对下议院的领导堪称典范。他从一开始就支持并忠于国王，而后者也将人事任命权授予了他，很快，一些支持他的人便成了他的同僚。但他不免常会说些漂亮话。福克斯指责自己的印度法案之所以被上议院否
250 决，是因为受到了“暗中影响”。皮特答道，“他不懂什么叫暗中影响，但他的正直将为他抵御这种威胁”。这并非他最后一次亮明自己的“正直”。

他选择成为内阁中唯一一个下议院成员，并很快就掌控了下议院，他认为自己与生俱来的忠君态度、新获得的人事任命权，以及直面困难的勇气能够让他在下一次选举前屹立不倒。他面不改色地一步步削减反对者的数量。

他的主要目的，除了显而易见想保住自己的权力之外，还包括改革国家的金融以及拓展国家的贸易。这是维持安全与和平的两大保障。他对金钱之事熟稔于心，知道首要任务必然是还清或偿还部分连年战争积累的国债。在他看来，审慎地逐步裁剪冗官闲职从而降低行政开销也是重中之重。这样的话，福克斯和他的辉格党同僚们还有什么能够抱怨的呢？不论怎么看，他们都一直在挥霍国家财政收入。皮特的演讲主题明确、令人信服、难以反驳。用一位反对派帕尔博士的话来说，“此狗精通语法”，抑或，用塞缪尔·泰勒·柯勒律治的话来说，皮特“在遣词造句上体现出一种不自然的老成”。

一场期待已久的选举于 1784 年春举行，竞选持续了五周时间，结果

很快就明朗了起来，比起福克斯和他的拥护者，皮特和国王占尽优势。议员威廉·伊登说："我们一败涂地，整个国家完全为特权而疯狂。"这并不是君主与议会之间的争斗，而是一场支持或反对一个由君主批准的议会的斗争。支持皮特的有地主、制造业者、商人、文员等，他们都想要一个高效、安全，如果可能的话，诚实的政府。一百多名辉格党成员丢掉了议会席位，他们被称作"福克斯的殉教者"，出处是两百年前发表的《福克斯殉教者书》。皮特重新坐上了首席大臣的职位，权力胜过任何一位前任。托马斯·潘恩在后来写道："皮特先生毫无功劳，但做出了诸多承诺。"

他并不会给出有远见的计划或解决方案，也不会触碰原则性问题，或 251
质疑现状。他主要处理的都是一些实际的、行政的、真实的细节。很难将他归类为辉格党人或托利党人，但这种区分几乎不会带来什么改变。他被当作辉格党人培养，但他如今所统御的党派从本质上说是托利党。不管怎样，他不是个"党派之人"。他享受这种独立，很少对同僚吐露心声。对于印度问题，他十分务实。他成立了一个由六名枢密院委员组成的控制委员会，监督东印度公司的事务。康沃利斯伯爵也于两年后被派去担任新一届印度总督。帝国托管制度的概念即将成形。皮特的提议和福克斯的并没有什么太大的不同，但跟福克斯密谋拟定的方案相比，更为诚实、更为开明。

在金融问题上，皮特是内行。他的私人秘书乔治·普雷蒂曼牧师在威斯敏斯特圣玛格丽特教堂给下议院讲道的过程中，解释了国债的危险以及国家正处于紧要关头，"从财政收入来看，尤其如此"。所以全国上下应齐心协力增加税收。窗户税并非皮特首创，但他大大提高了其额度。他对马匹、马车征税；对砖块、帽子、香水征税；他还提高了邮寄的费用和报纸的税额，并首创了遗嘱和遗产税。能压榨的地方他都尽量压榨。对于国债本身，皮特有着全新的解决方案，削减开销外加增加税收和关税，以此让公共资金有所盈余。皮特没有把这些盈余花掉，而是颁布法令，将其定为偿债基金，专门用来偿还国债。该基金不得用作他途。

施行这些举措，皮特倚仗的是国内外的和平。他无法承担战争的花费，也希望能避免公众抗议。他决定对棉纺业征收新税，但两千人在曼彻斯特街上游行，拉着横幅，要求“让贸易永远繁荣下去”，“重获自由”，“希望工业再不受到阻挠”。对于这些民意，皮特其实是同情的，经过内心的挣扎
252 和议会抗议，他妥协了。从 18 世纪 80 年代中期开始，建筑业等领域确实出现了复苏，因而带来了“繁荣”的迹象。

在议会中失利似乎完全没有对皮特造成伤害。从某种程度上说，他早已凌驾于党派之上。对于欧洲事务，他从本质上说偏向于调停和谈判。据说他对于外事既无兴趣也无知识，但在他唐宁街官邸的书房里，装饰着四组地图，他的图书馆里藏有地名词典和地图集。

然而，他确实相信贸易外交，1786 年秋，他同法国签订了贸易条约，让两国的商品能在最少的干涉之下互通。从英国的制造业规模来看，贸易平衡显然对英国有利。在随后几年间，皮特还尝试同另外七个国家签订贸易条约。用《公共广告人》的话来说，“这相当于是在世界上的所有贸易强国之间成立一个史上最强大的贸易主体来管控全局”。然而，同许多庞大的设想一样，最终不了了之。

帝国的问题从未完全解决，审判孟加拉前总督沃伦·黑斯廷斯表明大英帝国依然被不安与混乱团团包围。福克斯已经在下议院表示印度的统治必须“遵循植根于我们内心之中的公平与人道原则”。如果这算是帝国梦的话，有时候现实会截然不同。

在印度度过了大半辈子的黑斯廷斯一回到英国就被埃德蒙·伯克等人控告犯下了或轻或重的诸多罪行：他被指控收受贿赂；将军队的补给卖给当地统治者；敲诈奥德的贵妇和贝拿勒斯的纳博布，从而被迫逃离领地。英国人对这些地名并不熟悉，由此可见他们对于这块异邦次大陆所知甚少，但黑斯廷斯所有被指控的罪行都可被视为代表了东印度公司本身。

253 同伯克关系紧密的政客兼剧作家理查德·布林斯利·谢立丹于 1787 年 2 月在下议院起身，向同僚们呼吁“抹去不列颠之名在印度所蒙受的耻辱，在不断的丑行中挽救国家的名誉”。许多人对英国充当帝国的角色并不乐意，尤其是这个角色不再被认为能够守护一个白人新教徒的国度。这些指控也能被用来损毁乔治三世和皮特的名誉，后者被控将东印度公司的收入

挪为己用。谢立丹一讲就是五个半小时，在演讲收尾的时候，“全场高呼”赞同他的观点。

黑斯廷斯遭到弹劾已不可避免，几个月间，此案引发了对帝国的强烈质疑，并决定了其命运。黑斯廷斯的诉讼于1788年2月13日开庭，人们蜂拥进威斯敏斯特大厅一睹为快。但当时没人能料想到这场诉讼将持续七年之久。此事在当时造成了轰动，首屈一指的演说家（谢立丹、伯克、福克斯）针对一个穿着蓝色法式外套的老人发表长篇大论。麦考莱写道：“老旧的灰墙上挂着猩红的装饰。长长的旁听席上人满为患，观众们有的不知恐惧为何物，有的不断模仿演说者的模样。”王后和朝臣在现场，时尚和艺术的领袖在现场，大使们在现场，各种“社团”也在现场。一张票卖到了五十几尼。

谴责的演讲仿佛将听众带到了干草市场或考文特花园。伯克以演讲开启诉讼程序，一讲就是四天，在其演讲的刺激下，几位女士在旁听席上晕了过去。谢立丹更进一步，讲完最终演讲后直接晕倒在埃德蒙·伯克的怀里。著名女演员萨拉·西登斯也在同时晕倒。仿佛在过“晕倒节”。第二天，吉本拜访了谢立丹。“我早上去的，他安然无恙。他可真会演啊！”伯克似乎在自己演说期间晕倒了五次。“大人们，请原谅我的孱弱，”他说，“我已竭尽全力……我当下以无气力继续了。”此次诉讼激情澎湃，但最终也不了了之。

黑斯廷斯于七年后被判无罪，但国民的注意力已经转移到了其他地方。英国对其帝国角色的态度依然暧昧，此弹劾案最多只能算其良心的一阵抽搐。只能留待更为自信的后代来解答所有疑惑了。 254

对于帝国，还有一个疑惑与不安之源，即奴隶贸易仍在继续，并且十分繁荣。但关心此事的人并不多。人们认为如果英国人放弃买卖奴隶，法国人就会接手。国家需要黄金、象牙、奴隶。伦敦、布里斯托尔、利物浦的商人们用华服、帽子、朗姆酒、火药、打火石换来了在部落战争中被俘的男人、女人、孩子。截至1750年，奴隶数量达到了每十年二十七万人。截至1793年，利物浦占了整个欧洲奴隶贸易的七分之三。谁会愿意把奴隶们放了呢？经过奴隶的劳作，西印度群岛运来了烟草、棉花、糖。这些都是重要祭品，用来献祭给统治这个国家的伟大商业之神。

然而，一小批坚决反对奴隶制的人们在乔治三世统治时期甚为活跃，几封请愿书被呈给了议会，要求完全废除奴隶贸易或以更人道的方式对待西印度群岛上的奴隶。废除奴隶贸易社的缔造者之一威廉·威尔伯福斯对下议院表示，只有不到一半的奴隶能活着抵达目的地，有些人跳进大海，据说在被海浪吞没之前，会因为感受到短暂的自由而快乐地举起双臂。

谈话和委员会议接踵而至，但一直没有成果。直到1788年5月21日，威廉·多尔宾爵士提交了一份关于监管俘虏运输的法案，这些俘虏被迫戴着镣铐、承受着腐烂性热病且几乎没有活动或呼吸空间。这是第一份提交威斯敏斯特讨论的反奴隶制举措，随后制定的法案——以船只吨位计，每吨限载一个奴隶——在两会高票通过。此次胜利让该法案的支持者欢欣鼓舞，威廉·威尔伯福斯尤其高兴。皮特勇敢地发表演说反对奴隶贸易，并承认“这种不列颠的反常贸易，给全球四分之一的地区带去了痛苦而不是快乐”，但对于立法他持审慎态度。作为首席大臣，他会先衡量某事是否甚
255 得民心，接着再投身其中。而蓄奴一事没有达到这种程度。所以废奴法直到四十五年后才执行。奴隶是贸易引擎的组成部分。

256 有人提出，难道国内的奴隶数量还嫌不够多吗？

25

蒸汽机

1788年春夏两季，乔治三世视察了格洛斯特郡的别针制造厂与伍斯特郡的地毯厂和瓷器厂，他还参观了斯特劳德东南部新挖的泰晤士—赛文运河。下一年，他视察了艾克斯敏斯特的地毯制造厂，据厂主说：“（他）听取了工人的意见，问了好多关于制造原理和过程的问题。”这或许是国王首次关心国家的工业和生产，这两者在他在位期间迅猛发展。在这个年代，蒸汽机和动力纺织机已经全部投产，机械锤以每分钟敲打一百五十下的频率运作，令人叹为观止。这一点似乎总结或体现了当时正在发生的巨变。

每个人都在对蒸汽浮想联翩、高谈阔论。查尔斯·达尔文的祖父伊拉斯谟·达尔文在他的长诗《植物经济学》（1791）中对蒸汽赞誉有加：

> 过不了多久，蒸汽未被征服的臂膀，
> 将拖拽缓慢的驳船，驾驶快速的大车，
> 或扇动宽大的双翼，
> 让战车在空中翱翔。 257

马修·博尔顿在1781年给合伙人詹姆斯·瓦特的信中写道：“伦敦、

曼彻斯特、伯明翰的人们掀起了**蒸汽磨坊狂热**。”计算机的首批倡导者查尔斯·巴比奇后来曾宣称：“希望上帝能让我用蒸汽来完成这些运算。”蒸汽的用途似乎无穷无尽。能给熔炉吹气、能锻造金属、能驱动车床、能轧铁、能从矿洞里把水抽上来并排掉。蒸汽可以给纺织业提供动能，还能用来磨面粉、麦芽、燧石。当然，还被用来制造更多的蒸汽机。1792 年，第一台蒸汽机被安装到了纺织厂里，八年后，用于同样目的的蒸汽机数量已经达到了八十台。

1803 年，第一辆蒸汽车驶过伦敦的大街小巷。一年后，史上第一辆铁路机车从梅瑟蒂德菲尔附近的潘尼达伦铁厂驶往格拉摩根运河，完成了十英里的初驶。杰弗里勋爵在描写蒸汽机时写道：“它能刻印章，此前还能对坚硬的金属块进行压制；能完好无损地抽出细如蛛丝的线；能将战舰吊到半空，仿佛吊的是玩具。”先前需要用风力、水力、人力、畜力完成的事，如今单凭热力就可以完成了。

阿尔比恩面粉厂于 1786 年建成，位于黑衣修士桥附近的泰晤士河南岸，旨在利用蒸汽加快面粉生产。在那个时代，该厂可谓伟大的机械奇观，现代生活的奇迹，装配着世界上最强大的机器，伊拉斯谟·达尔文形容其为“人类巨大且成功的尝试”。然而，这也直接导致了威廉·布莱克谴责其为建在“耶路撒冷”的“黑暗的魔鬼工厂”（1804—1810）。该工厂于三年后毁于大火，火灾起因疑点重重。工人们在黑衣修士桥上载歌载舞。并不是所有人都为那个年代的机械奇迹着迷。

这类活动被一名脆弱、忧郁的机械师詹姆斯·瓦特发扬光大。瓦特被历史学家威廉·莱基描述为“迟钝、害羞、呆板、内向的男孩，弱不禁风、无精打采，完全没有灵光和热情，但对于机械很有天赋”。瓦特曾说过：
258 “生活中就没有比发明更愚蠢的事了。”他在另一个场合还说道：“我觉得自己对需要与人打交道的任何事都不在行。”然而就是这个多少有些抑郁的人改变了那个时代的面貌，他凭直觉认为发动机运行的两大步骤——加热与冷却——可以分开处理，突破由此而来。装配了独立的冷凝器后，发动机的运行更为高效稳定了。他有一次走在格拉斯哥的学院绿地上，脑中突然灵光乍现，蹦出了这个想法。但也有人怀疑，离开了马修·博尔顿主动、大力的协助，瓦特能否想出这个成熟的方案。瓦特本人则赞美了这位制造商兼工业家，认为正是其“主动、乐观的性情”激励着他前行。

而博尔特则在带詹姆斯·博斯韦尔参观自己工厂的时候说道：“先生，我在这里卖的是全世界所希冀之物——动力。”而动力则在随后很短的时间内，孕育出后来遍布中部地区和北部郡县的成熟工厂体系，而这些工厂的集合又可被视为一个巨大的工厂。兰开夏郡、德比郡、约克郡、诺丁汉郡、登比郡、柴郡等地成了机器之家。后来，《制造哲学》（1835）一书的作者安德鲁·尤尔将工厂比作“亚洲、埃及、罗马专制的自夸典范”。因此，在工厂蔚为壮观的制造场景之下，暗藏着黑暗、恐惧、绝望。

工厂由实心的砖头或石头建成，有些还装上了铁框，细致精巧程度堪比大教堂，因而，人们有时会将两者进行比较。先前的工业建筑几乎都如同住房（带着一抹烟火气），而高达数层的工厂（铁柱直立，窗户垂直而非水平排列）是一道全新的风景。它们看起来如同巨大的单跨铁桥，仿佛正试图从大地的束缚中挣脱。到了下一个世纪早期，工厂是最先点上煤油灯的公共建筑，因而隔着很远就能看到它们的光辉成就。斯托克波特的历史学家亨利·赫金博瑟姆写道：“伦敦的马车夫在经过工厂的时候会特地放慢速度，从而彰显其中正在进行的神奇活动。”当时的日记作家约翰·宾在参 259
观完德比的丝绸厂后，写道丝绸厂“让我不知所措。如此喧闹，如此扭曲，如此酷热，如此恶臭！”

改变进行得很缓慢，直到19世纪中期依然没有全然完成，但渐渐地，到了18世纪最后十年，以工厂为中心的工业和制造业已比比皆是。许多工厂建在远离老城区和工会的地方，从而让工业家们可以建立新社区来为工厂服务。成排的农舍、小圣堂、教堂、学校、菜园，甚至连酒吧也建了起来，有组织的体育活动得到鼓励，此外工厂每年还会组织工人们去当地风景区旅游。一次，位于克罗姆福德的阿克莱特的工厂遭到了工业暴徒的威胁，他给工厂雇员们分发了枪支、长矛等武器。

新工厂的目的昭然若揭。把所有工人集中到同一屋檐下便于管理和监督，还能提高效率，一系列“车间”或工厂间能专注于工业生产的某个部分。只有工厂才能容纳并维护当时引进的巨大发动机。外部能源（如河流）能够为千百台机器供能。工厂令人生畏的高墙也能保护工业家，避免商业机密遭窃。而大量工人（有男有女有小孩）也保证了工作时间和劳动分工的实验得以进行，如今，工厂能够日以继夜地不停运转了。

速度是工厂最大的优势。一切都变得更快了。工人们不得不加快步伐紧跟彼此，而轮子和传动带则转得更快。旧工会条例和中世纪法规在新生产方式的冲击下烟消云散，工人与雇主的关系以及旧有的生活节奏也都被永远改变了。因而，也难怪这一革命引起了那些生活和生计受到威胁之人
260 的巨大敌意。布拉德福德第一家运用蒸汽动力的工厂霍尔姆制造厂深受抗议和骚乱之扰，德文郡托特尼斯附近的斯泰弗顿制造厂则遭到厂内工人蓄意破坏。

机器旨在节约劳动力，但随着廉价商品的涌入，现有的劳动力总量跟不上市场的发展速度。反过来，相对紧缺的劳动力又导致人们愈加努力试图提高效率与创新。拥有大型工厂的慈善家罗伯特·欧文于1816年声称：“我在新拉纳克的工厂里……由大约两千名年轻人监管机械生产——完成的工作量若换作六十年前，需要投入苏格兰全部人口才能完成。”

合理的分工是关键所在，亚当·斯密在《国富论》（1776）第一卷中对这一概念进行了赞美。他对工业系统下的别针生产之本质进行了思考。

> 一人抽线，一人拉直，第三人切断，第四人磨尖，第五人打磨顶端以便装头。而制作针头则需要两三种特别操作。装头、涂白，甚至包装都有专门工序。于是，制作别针的主要工作就这样被拆分成大约十八道专门工序。

十八个人能在几秒钟内完成的工作若换作一个人来做，得花去一整天时间。继而也需要掌握专门技术，不断精益求精、提高效率的工人。但这种分工模式也离不开数百名被分配在进行乏味、重复工作岗位上的妇女和孩童。

因而，随着国家工业领域产生的变化，工人群体内部也出现了新的分工。

另一句有关工业变化的老生常谈便是对标准化的需求。批量生产由此而生，这另一方面也带动了对精确、规律、效率、速度的追求。消除多样性对于打造国家市场来说不可或缺。当然，要做到这一点，机械化是关键。正如苏格兰工程师兼发明家詹姆斯·内史密斯所说的那样： 261

> 工人群体参差不齐、粗心大意……这愈加刺激了对自动机器工具的需求……机器不会喝醉，双手不会因为过劳而颤抖，不管制造的机械结构是多么精巧或笨重，它们都不会丧失精确与规律。

所以男工女工们在行为和工作方面，就默认必须被训练成像机器那样。《爱丁堡评论》写道："模仿机器或由机器协助的人工操作，确实更加臻于完美。"但关于这些男人女人甚至孩童，有没有人为他们发声呢？最近的相关说法来自两千多年前的希腊历史学家色诺芬，他在《经济论》中谴责了制造之术，称其"完全摧毁了工人的身体，管理者亦然，强迫人们过着久坐不动的生活，挤在屋内，有时一整天都待在火炉前。人的身体由此孱弱，灵魂也不再健康"。

显而易见，许多人一进工厂就遭到了严重的（至少是明显的）奴役。社会历史学家们多年来针对农工或仆人的相对贫困争论不休，但工厂强加于人的胁迫和纪律与前者相比范围要大得多，也更有组织性。人与人之间的纽带被切断，独立的梦想烟消云散。踏入不自由的新领域，被带到充满既定程序和严格纪律的世界，按照规定的方式在规定的时间工作，标志着工人的地位产生了巨大改变。许多人认为，这些拿工资的劳工失去了作为一个生来自由的英国人所应有的权利。1765 年，亚当·弗格森写道："我们创造了一个奴隶的国度，没有自由公民。"男男女女成了"手"或工具，任由他们的工业家主子差遣，而后者将他们当成自己巨大机器的一部分。一旦这些工人被当成"有灵魂之人"，那说法就完全不同了。议会接到报告称工人们对一成不变的工作时间和工作内容感到"无比厌恶"。这是反 262

人性的。

七岁就进入德比郡工厂的威廉·赫顿称："七年间，我每天早上五点就得起床，随时都会遭到工厂主手杖的毒打……"工厂体系在欧洲被称作"英国体系"，当时有人评论道："只要发动机在运转，人们就必须工作……男人、女人、孩子被铁和蒸汽束缚到了一起。这台血肉机器——就算在最好的情况下也是会坏的，而且遭受了千百种磨难——被用锁链牢牢地同不知苦难与疲倦为何物的钢铁机器相连。"

会有监工时刻监督他们的工作，通常还会制定严格的纪律。要是被发现"擅离职守"或交头接耳，就会被辞退。任何攻击或辱骂监工的工人会立即丢了工作。偷偷把酒带进工厂会被罚款两先令。德比郡贝尔珀的、由杰迪代亚·斯特拉特开的工厂有一份不当行为列表，其中包括"懒惰和朝窗外看……对着窗外的士兵喊话……在屋内狂欢……骑在他人背上……撒谎……朝他人扔线轴……讲粗话……吵架……往脸上抹血并跑到城里吓人"。欢天喜地是不被允许的。其他罪行包括"逃跑……跑出去喝酒……去德比市场……说她病了但其实她没病"。

不难理解那些逃跑之人的动机。工厂通常又臭又脏，充斥着机器尖锐的轰鸣声，生产车间通常又黑又窄，夏天令人窒息，冬天寒冷刺骨。后来有一份报告称："总体来说，我从没见过有哪个车间环境如此肮脏、恶劣……沃利斯先生拒绝让我检查账房里孩子的状况，因为他说：'那样会让整个厂臭气熏天，客人们会待不下去。'"

工人工作时间的精确性和规律性有如军训。在离威根和曼彻斯特不远
263 的蒂尔兹利制造厂，工人一天工作十四个小时，其中包含名义上的一小时"用餐时间"，除了半小时的茶歇之外，上班其余时间大门紧锁，哪怕工厂酷热难当，工人也不允许要水喝。据报道，出现过管理人员要花招，尽量拖长工作时间的例子。结果就是工人在生产车间不允许戴手表。根据每周工作六天的原则，工人的工作时间在这个世纪逐渐得到改善，由十三个半小时缩减到十二个小时。但先前工人能去酒馆或草坪上休息的"圣徒星期一"销声匿迹了。该世纪末，煤气开始被用来照明，许多工人于是被迫在

夜里工作。这最终造就了一个充满上班铃声、汽笛声、时钟转动声的世界。

似乎工资的相对提升让工厂工人区别于农民或奴仆，但一些观察者对此不以为然。1771 年，作家兼旅人阿瑟·杨格评论道："除了傻子之外，所有人都知道必须让底层人民一直贫穷下去，不然他们就不会辛勤工作。"多余的现金只会导致懒散或醉酒。威廉·坦普尔爵士于十五年后提出了类似的观点，当时他观察到让劳工清醒和勤劳的唯一方式便是"让他们在吃饭睡觉之外无时无刻都必须工作，才能获得生活必需品"。贫穷的益处被广泛接受，财富与权力倚仗大众的协同劳动，因而必须以最低的成本让这些民众去工作。有些人觉得这便是上帝的律法，同时也是人间的律法。

对于一些观察者来说，工厂里的百态是社会本身的隐喻，因为社会关系本就是靠服从和纪律来约束的。世界便要循着这条道路发展下去了吗？从许多方面来看，是的。据观察，18 世纪的人们对准时产生了越来越大的兴趣，且在不断寻求更为快速高效的方式。机器的轮子传送带越转越快。成功的伦敦商人兼市长约翰·巴纳德爵士在 1740 年出版的《学徒的礼物》 264
一书中建议道："最重要的是，我们应赋予**时间**其应有的价值，节约每时每刻，将其当作你的最后时光。我们所拥有、享受，或希冀之物都在时间之中，失了时间，就失了一切。"

据观察，在伦敦及大型工业城市，人群显而易见地愈加匆忙，伦敦人以准时著称。到了 18 世纪 30 年代，布里斯托尔三分之一的居民拥有手表，或许毫不夸张地说，每个体面的伦敦人，背心口袋里都装着一块表。城市里的公共建筑上多半装着一个大钟，为下方成千上万步履匆匆之人报时。本杰明·富兰克林在 1748 年创造的一句名言，又一次抓住了时代精神——"时间就是金钱"。

诚然，有些艰难困苦被那些反对工业系统之人夸大了，但工人们的直接证词表明，就算是最为刺耳的指控，其真实程度也不容小觑。然而，工人们并没有揭竿而起，因为他们的收入增加了，吃的穿的也更好了。理论家提出了上帝和人间的法则，但市场的法则最终更为强大。

制造业的发展和交通系统的扩大需要更多劳动力，而仅凭人口的增加并不能满足这一需求。所以为了填补空缺，出现了农民离开土地，仆人抛弃雇主等现象，这引起了普遍不满。海关行政人员、经济学家科尔宾·莫里斯于1750年写道，全国上下的农场主对“农民价格的大幅上升以及花再多钱都雇不到足够人手”的现状怨声载道。

工资的提升意味着生活水平的提高。根据现存最为粗略的估计，18世纪60年代和70年代，家庭消费品的增长速度超过了进口量，1784—1800年间，肥皂、花布、烟草、啤酒等大众商品的需求量是人口增长速度的两
265 倍。据估计，这些改变导致19世纪初的工业产值和1770年相比翻了一番。

许多工人享受到了工厂提供的房舍、学校、医院等配套设施的好处。但这一明显的善行当然会附带条件。兰开夏郡特顿的两位工厂主亨利和爱德华·阿什沃思在政府调查的时候说：“我们对他们的道德和社交能力的提升进行了控制或管理……对每个工人进行经常性的、不定期的查访。”房间必须保持干净，床上和孩子身上不能有虱子，他们的共同收入和总体生活习惯都会记录在专门的账本上。

乔赛亚·韦奇伍德在某种程度上对瓷都周边进行了殖民，随后对瓷都的情况进行了记录。在一本名为《对瓷都年轻居民的讲话》的小册子里，他赞美了当地全新的生活状态：“工人们收入翻了一番——几乎都住进了舒适的新房，土地、道路等处处彰显出令人欣悦的快速发展……这种幸福的变化都拜工业所赐。”《新制造体系的起源》（1828）一书的作者威廉·拉德克利夫用热情洋溢的笔调描写了在棉纱制造商塞缪尔·欧德诺资助和控制下织布工的生活状态：“他们的住处和小花园干净整洁——全家人穿戴整齐——男人们口袋里都揣着表……”

当然，反面的证词也不容忽视。一个奉命为海军征召工人的外科医生记录道：“工人矮小孱弱，身体几乎都没什么力气。许多来参加检查的男性脊柱和胸腔都有问题，这和他们狭窄的工作环境有关。”工人们患病的风险极高。斯塔福德郡那些据说很幸福的男性制陶工，不论年龄大小，常常在华氏一百度的环境中连续工作十二个小时。谢菲尔德的磨工在充满石头和金属粉尘的环境中工作，肺病横行；铅管工由于用了铅，正逐渐遭到毒害；

制帽工会用到水银，这导致了神经衰弱；棉纱工则会罹患棉尘病。制皮工
因为炭疽丧命，而肺病则让那些处理羊毛的工人一个个倒下。瓦工的肘部 266
疾病、制陶工和磨工的肺病、煤矿工的肺结核等都是当时的职业病。常有
裁缝和针线活女工失明。哪怕到了 1842 年，曼彻斯特劳工的预期寿命为
十七岁，利兹操作工的预期寿命为十九岁。

工业的存续离不开苦难。旅人威廉·乔治·梅顿观察了铜器制造厂，写道：“一些可怜人从熔炉中将液化的金属舀进模具，他们看起来与其说像活人，不如说像行尸走肉。”

工业的另一类受害者也显而易见。兰开夏郡等地用手摇纺车织布的人丢了工作，因为新的纺织技术让他们的手艺变得多余，在一份关于纺织村落的报告中，安格斯·里奇总结道，这些人“可怜而无望”。遭受苦痛的除了这些人之外，还有南方的农业劳工，他们曾经通过在冬天从事工业劳动增加收入，但如今工厂都搬离了南部地区。此外，他们还遭受了农业方式改变的冲击，如今农业鼓励进一步圈地并以更为科学的方式使用土地。

婴儿们的苦难也近在咫尺。据报道，在制造厂里工作的孩子们极度虚弱、乏力、身体畸形。著名的观察者弗里德里希·恩格斯描述道诸多孩子都出现了“背部、臀部、腿部疼痛，关节肿胀，静脉曲张，大腿和小腿肚出现大片无法愈合的溃疡”。如果有人觉得恩格斯作为证人可信度不高，但曼彻斯特的一位医生肯定了他的证词，这位医生写道：

> 我站在曼彻斯特的牛津路上，观察着十二点钟从制造厂里出来的工人潮。孩子们几乎全部病恹恹的，身材矮小、面色苍白、光着双脚、衣衫褴褛。许多看上去不满七岁。成年男子的年龄几乎都在十六到二十四岁之间，一个老人都没有，他们几乎和孩子们一样苍白而瘦弱……这一景象令人悲哀。

孩子或许给这个工业体系带来了真正的考验。所谓“工厂孩子”的生活是当时那个时代的象征。技工查尔斯·阿伯丁从儿时起就开始工作，他

267 对委员会说道：“我看到我们这个种族的人数和体形都在缩小：我自己有七个孩子，没有一个活过六星期，我妻子和我一样虚弱而矮小，她刚去厂里工作的时候，比我还要小。”

然而，童工被认为大有裨益。毕竟孩子从很小的时候开始就要么下地，要么去商店，要么去别人家里干活了。他们对干重活并不陌生。而且干重活被认为对他们有利，因为能让他们懂得服从，遵守规矩。而且还能为家庭创收。这对于国家有利，对于穷人自身更是好处多多。笛福在周游全国的时候评论道，在诺里奇“几乎见不到超过四岁而手里没活的人”。这里的一切仿佛在诉说一句谚语：游手好闲乃万恶之源。关于诺里奇，他还评论道：“每个超过四岁或五岁的孩子，都能赚钱养活自己。”哪怕到了1796年，皮特还在对下议院说：“从经验中我们可以看出孩子对于工业的贡献有多大。”所以工厂雇用年龄非常小的孩子并没有引发抗议，没有人为之感到愤怒。他们拉低了平均工资。他们为家庭出了力。这有什么问题呢？

伦敦人口较多的教区有为了脱贫而把孩子送去兰开夏郡或约克郡工厂工作的习俗，孩子们被货车拉走，贫困率也皆大欢喜地下降了。许多贫民的孩子被从伦敦和威斯敏斯特的济贫院大批运往北方。有个伦敦教区同兰开夏郡的工厂主讨价还价，说每二十个正常的小孩得搭一个智障小孩。并不清楚哪方向哪方付钱。起初官方会以降低贫困率的名义给工厂主付些钱，但也有许多报告称工厂主会付钱给教区，本质上就是奴隶买卖。

孩子的父母们对于此事没有发言权，因为他们通常也得靠教区接济过日子。所以孩子们就在毫无照料的情况下被送了出去，仿佛是被运往西印度群岛。西印度群岛的一个奴隶主听说孩子在工厂做着朝五晚七的工作，
268 评论道：“我们在西印度群岛无法想象竟然有人会如此狠心。”在商品需求量大的时候，孩子们还会上晚班。

他们的工作环境别无二致地糟糕。在操作机器的时候没有保护措施，因而出现了不少手指被削掉或四肢被轮子轧断的报道。一个在工厂工作了二十年的男孩子说：“我的身体就是在那里变畸形的，十五岁的时候，我的膝盖开始侧弯，现在就成这样了。”他便是恩格斯所谓“瘸子群体”中的一

员。天花板很低，窗户狭窄而且通常紧闭。在这个密闭的环境里，传染病肆虐，1784 年首度出现了“工厂热病”一词。食物通常是变质的，粥和黑面包是主要食物。一些孩子不得不翻垃圾堆或同猪抢食。在这种情况下，纪律被放在了首位。如果孩子打瞌睡或手脚慢，通常都会遭到鞭子、手杖或拳头的毒打，如果有人试图逃走，就会被拴上铁链。犯下严重罪行的孩子有可能会被关进“笼子”或篮子，吊在天花板下。毋庸置疑，有些监工心狠手辣，以折磨孩子为乐。曼彻斯特有家工厂被称作“地狱之门”。

然而，孩子还是非常有用的。他们通常听话且不会抱怨。再者，他们还能对谁抱怨呢？他们手脚快捷灵活，身形小巧，能够在需要的情况下钻到机器里。一些机器在建造的时候就把童工考虑了进去。珍妮纺纱机中就有一个最好由九到十二岁的孩子操作的水平轮。一个名为塞缪尔·施罗德的观察者记录道：“一个小男孩把坯件放进小熔炉里烧到通红。另一个男孩将其取出并放到冲床上。第三个男孩负责将其从冲床上取下，并用油刷在冲床的模具上刷油，冲一下刷一次。一来一去令人目不暇接。”

而且，童工还很便宜，有些孩子除了吃住完全没有劳动报酬。只要年满四岁或五岁就要开始工作了。比如别针制作从五岁开始，据说进入他们的车间就像进了幼儿园。贝尔珀的杰迪代亚·斯特拉特对下议院的委员会 269
解释道，他会用七岁的孩子，但更愿意用十一二岁的。毋庸置疑这些童工是 18 世纪社会中最不为人所爱，最缺少保护的群体。

有时候，一个成年男子只有将孩子送进工厂才能获得工作机会。由此，便催生出了技工“家庭”。丈夫、妻子、孩子的工作都能由此得到落实。成人们能更好地照看自己的孩子，至少从理论上说是这样，一家人的收入加起来也能超过平均水平。

在更耸人听闻的叙述中，免不了夹带夸张的成分，但车间里的恐怖自然没有降临到所有孩子头上。大多数孩子历经磨难，但有一些得以幸免。像阿克莱特、欧德诺那样较为开明的雇主会试图减轻孩子生活的苦难，他们建起了学校和专门的“学徒房”，有时候还允许男孩和女孩们（分别）在场地上玩耍。但这些表面工作依然难改童工生活的痛苦本质。罗伯特·欧文在《社会新观点》（1813）一书中提到新拉纳克制造厂的戴维·戴尔特别关注自己厂里孩子的健康、卫生、饮食。据报道，“为他们准备的房间很是宽敞，环境干净、通风良好，食物也很充足”。尽管如此，孩子们依然要从早上六点一直工作到晚上七点，不论冬夏都是如此，据观察，“许多孩子身心发育不良，有些还成了残疾”。所以结论便是戴维·戴尔这样的关照“从最终的效果来说形同虚设”。

妇女和孩子一样为工业革命提供了人力支持。她们也被认为温驯、灵活、便宜。在当时的世界，她们必须随机应变，她们可能在机器间工作，也可能被安排去造枪炮、当铁匠、做别针、当军械工或扫烟囱。1741 年，威廉·赫顿在英格兰北部旅行的时候不无讽刺地写道，在一些工厂“我发现一个或多个妇女上身赤裸，下身也没穿多少，以女性特有的魅力抡着榔
270 头。在铁砧污秽的掩盖下，几乎看不到她们美丽的容颜……”

工厂里有淫乱的迹象，并已经被其他观察者列为工业化罪恶的表现。工厂改革者迈克尔·萨德勒评论道：“我从未听人否认过许多工厂，至少有夜班的那种……和妓院没什么两样。”一个在几年后，也就是 1842 年成立的“童工委员会”报告称工厂的特点便是“存在令人作呕的不道德行为，且极为普遍，涉及年龄非常小的男女”。一些女性工人抱怨她们的男性同事经常饮酒或靠其他刺激物来对抗疲劳，在一片高温和单调的环境中，这必然会引发一些事情。所以工业化年代促进了混乱的男女关系。

然而，女工们会被特别挑选出来从事精细重复的工作，比如在陶器上作画或在油漆厂从事抛光工作。有人认为女工无法像她们的男性同事那样“一心两用”，在工作时间和最低工资上也更容易被驾驭。在纺织厂中，年轻女工占了绝大多数。大量女性从事纺织业生产，而雇用女性最多的则是那些偏爱技术创新的行业。这批较新的劳动力剥削起来更为容易，并且能绕过传统的规章制度和工作条例。

这份针对早期工业化的调查还遗漏了一个明显的人群，即工业家本身。在工业化刚开始的那些年，他们身兼多职，包括冒险者、企业家、销售员、经理，以及如果可能的话，发明家。他们中有些人当过布商或店主，属于

曾经努力为自己发声的“中间”阶层。另一些人则是学徒出身，准备用自己学到的手艺大干一场。然而他们并非所有人都靠自己白手起家，一些最为成功的工业家是家族中的第二代，父亲或祖父就在行业中打拼，但他们也可能是农场主之子、约曼农之子、绅士之子或医师之子。他们或许读过不服从国教的学院、技术学校，以及专攻数学和几何学的私人学校，或通 271
过由所在街区学术团体所组织的讲座接受教育。当时，技术文献多如牛毛，从小册子、操作手册到百科全书应有尽有。

有些工业家原本是建造、设计机器的机械工。威廉·费尔贝恩爵士就是其中极为著名的一个，他回忆道：“一个优秀的机械工必须多才多艺，他通常接受了很好的教育，能画出自己的设计，并会操作车床。他通晓工厂里的机器、泵、起重机等，不论钳工台还是锻铁炉，对他来说都不在话下。”这样的人很容易就摇身一变成为工业家。

另一些工业家原本是兼营批发的制造商，看到了扩大贸易的价值所在。还有一些工业家原本从事科学家或工程师的培养工作，他们渴望把自己的专业技能付诸实践。几乎所有工厂经理都对科技革新兴致勃勃。这是他们事业发展的关键所在。乔赛亚·韦奇伍德建立了“实验公司”，而马修·博尔顿设立了“研究化验办公室”。

工业家的成功经历可启迪后人。威廉·拉德克利夫写道：

> 我用十几岁时学到的东西充实了自己，到结婚那年（1784年，当时我二十四岁），我有了小小的积蓄，从一袋棉花到制成一匹棉布的每个步骤，我都了然于心，比如用手工或用机器梳棉，用纺车或操作珍妮纺纱机，绕线、牵曳、涂料、纺织，用手也行，用飞梭也行，于是我准备好创业了。到了1789年，我已经站稳脚跟，雇了好多人纺纱织布，成了制造业大亨。

所以一个人，靠着一点小钱白手起家，进而一步步成为制造业大亨。这便是工业变革下的人物视角。

沃灵顿的皮特·斯塔布斯是一个公文柜制造大师，在其生意起步的时
272 候，也兼营旅馆和酿酒。有几次，他在为车间招募年轻工人的时候碰到了困难，利物浦的爱德华·兰斯洛特的母亲写道：“我希望你能体谅我没办法把儿子送过来。因为我连鞋都没有。”但他还是发达了，在生意的不同阶段，他既卖铁制书架和玻璃罐，也卖土豆和黄瓜。他的公司至今还在运营，直到20世纪60年代前，依然私营。

贝尔珀的杰迪代亚·斯特拉特发明了一台名为“德比罗纹机”的缝纫机，能织造螺纹长筒袜，他由此名利双收。他给自己写的墓志铭中有一段文字很好（或者说很理想化）地描述了18世纪的工业家：“头脑不算灵光，但有很好的常识——天生没能拥有超强的理解力——但拥有不齿卑劣行为的小小自尊……”

斯托克波特的塞缪尔·欧德诺是英格兰首个制造平纹细布的人。他建立了一个工业中心，里面有一家装配了蒸汽机的制造厂，一家漂白工厂，还有几家精加工工厂和仓库。他还特别热衷于组织工作，并决定在当地建立起工人社区。他的制造厂雇用了一千名纺织工，而同街区的相关工厂则还有一千人工作。从欧德诺的事业中，我们还能看到工业变革的另一个层面：六名他的雇员最终自立门户，做起了自己的工业生意。

人们对发展的追求几乎怀带着宗教式狂热。一个名为塞缪尔·萨尔特的商人对欧德诺说：“你必须兼有圣人的毅力和殉道者的决心。”此外，还能寻到慈善的踪影。一个名为劳伦斯·厄恩肖的机械师设计了一台能够同时纺纱和卷纱的机器，但他随后将其摧毁，因为担心该机器会抢走穷人的饭碗。

然而，若要问工业家，或者哪怕是受到工业影响之人的真实信仰，这算是问到点子上了。做生意的大多数是不服从国教者，除了一些贵族和大地主外，信仰安立甘宗的极少。推进工业改革需要那些勤奋的、自力更生的、毅然决然的人。因为他们被禁止担任公职或军职，也无法被英国大学
273 录取，所以他们把追求放在了其他领域。不管怎样，那些不服从国教的学院为年轻的发明家和工程师提供了丰沃的土壤。

许多伟大的铁器制造商都是贵格派教徒，他们顽强、自立，十分注重亲情和友情，而且并不介意和“会外之人”通婚，由此，像达比家族那样的贵格派王朝就建立了起来，首代亚伯拉罕·达比来自西米德兰兹郡达德利附近的一个贵格派锁匠家庭。他们秉持勤俭节约累积资本，凭借谨慎勤劳将资本投入生意。而贵格派的关系网也无疑稳定了物价，或者用更为体面的说法——促成了贸易协定。

卫斯理宗或许是一支更为显著的力量。该教派通过在北方工人阶层中的传教活动，以多种形式展现了工业变革的核心。他们通过赞美诗和讲道的方式为在工厂辛苦劳作的人们打气，而非散播绝望。追求成功被认为是基督徒的职责，而创新和自我提升则是最为真诚的活动。

醉酒、浪费时间、懒惰，以及其他所有前工业时代的恶行被视为苦难及其麻痹人心的表现形式，必须予以根除。卫斯理宗信徒建立了自己的社区，在一个对于大多数工人来说依然十分陌生的工业社会中提供了归属感和参与感。这便是为何卫斯理宗特别将手摇纺车定义为生活方式而非奉献。1784 年夏，约翰·卫斯理“在斯托克波特发现一群会众，对上帝的信仰十分热忱”。有一条普遍规律：“没有贸易，信仰就不会活跃。”因而，人们将卫斯理宗称作工业革命的信仰之臂。查尔斯·卫斯理的赞美诗中有一段是这样的：

> 主啊，请助我们相濡以沫，
> 同甘共苦，
> 人人乐善好施，
> 互相帮扶。 274

为了避免误解，必须多说一句，即大量备尝艰苦的工人，不论男女，或许根本没有宗教信仰。上帝不可能创造工厂这种东西。

铁器制造商总是毫不退让、气势汹汹。在工业家中，一眼就能辨认得出。他们中有些来自农业，有些做过金属贸易。许多人的名字取自《旧约》——沙得拉·福克斯、尼西米·劳埃德、约伯·罗林森、约押·帕森斯、西番雅·帕克——他们似乎也怀带着同样的原始力量。安布罗斯·克劳利对他的经理们说道：“我所定下的秩序，建在了磐石之上，只要我认定之事，撒旦及其党羽必无力将其摧毁。”他们的血液中流淌着钢铁般的意志。他们无情甚至残忍，但似乎对所谓“自己人”特别上心。

雇员们不得不在冥府般的环境中工作。熔炉、火焰、浓烟、酷热、通红的铁锭、错综复杂的链条和滑轮系统，这些都值得让皮拉内西或古斯塔夫·多雷好好刻画一番。熔炉中的火焰与炉灶中的火光将夜晚的黑乡[1]照得通明，就像被探照灯扫过了一样。也难怪安布罗斯·克劳利提到了撒旦。

从另一个角度看，制铁的例子十分具有启发性。一个巨大的创新改变了该产品的性质。1783年，亨利·科特发明了“普德林法”（一种融化、搅拌的工艺），焦炭被用来将生铁精炼成熟铁或条形铁。熔炉越造越大，铁的用途也越来越多。铁通过开采、融化、精炼，被制成铁板和铁竿。对铁链、铁管、铁轮、铁炉、铁炉箅、铁轨、铁研钵、铁钉、铁锅、铁栅栏、铁柱、铁建筑、铁船、铁制铺路材料的需求量越来越大。这是个铁的时代。显而易见，铁就这么被源源不断地生产了出来，没过多久，英格兰的铁产量就
275 跃居欧洲第一，为整个欧洲大陆供应了一半的铁。横跨什罗普郡赛文河的铁桥被认为是世界奇观，剧作家查尔斯·迪布丁预计“该桥肯定会历经时代更迭而安然无恙”。确实，这座桥至今屹立。

钢铁产业的发展中涌现出了很多类似的创新和成长故事。唐卡斯特钟表匠本杰明·亨茨曼便是其中之一，在测试制造更好的钟表弹簧的过程中，他想到了一个方法，让钢铁在陶土坩埚中维持高温，这样其中的杂质就被烧掉了。这种工艺被称作“亨茨曼的坩埚”，由此，钢的产量便节节提升了。他并没有申请专利，而是决定保守这个秘密，直到有一天，一个名叫塞缪尔·沃克的竞争对手让他功亏一篑。沃克在一个寒冷的冬夜乔装成无

① 位于英格兰的西米德兰兹，是一个重工业地带。

家可归的乞丐，恳求在他的熔炉旁取暖，由此方便偷学。

在英格兰引以为傲的纺织业，丝绸、羊毛、棉纱、亚麻等的产量都有了显著增长。这一点从负责梳理、精梳、绕线、牵曳、纺织、折布、轻捻以及其他各种工艺的机器数量的激增中可见一斑。改进环环相扣，技术点子层出不穷。起初只用于棉纺的新发明，很快就运用到了羊毛和亚麻上。

这一过程或许可以称之为递增变化，不一定诉诸纸上，也可能是技工们通过演示或口授在实践中摸索出来的。男工女工，甚至童工们都在实践中学习。这大大推动了18世纪末的工业变革。熟练工人的知识对于发明创造的传承来说不可或缺，一大批年轻机械师和学徒求学热情高涨。这便是工业革命关于实践的一面，或许也是最为重要的一面。歌德评论道："我们（德国人）将发现和发明视为个人的珍贵财产……但聪明的英国人则将其通过专利转化成实实在在的财富。"这句话对于阿克莱特、达比这样的人来说或许有失公允，但确实包含着重要的真相。英国工匠以自制、专注、在实践中追求完美著称。276

因此，在棉纺业中出现了难以计数的微小改进，以及提高工人待遇的诸多建议。1760年乔治三世登基之时，原棉进口量为三百万磅，二十九年后，数值上升到了三亿两千五百万磅。棉织品变得愈加便宜且充足，因而人类幸福生活所面临的一些问题也得到了解决。社会改革家弗朗西斯·普莱斯写道，新出现的棉织品"可谓保护女性健康和卫生的奇迹"。用印度手摇纺车处理一百万磅棉花需要花去大约五万小时，而用阿克莱特的水力纺纱机只需三百小时就能完成。棉纺业的中心从东方转移到了西方。印度手摇纺车工人和英格兰手工织布机工人的苦难被抛之脑后，并不可避免地让这些人在19世纪举步维艰。

在这个变革与创新的时代，制造业还有另外两点值得一提。1786年春，惠特布雷德啤酒厂的经理写道："去年夏天，我们安装了一台蒸汽机来磨麦芽，我们还用它来吊水"，改善"确实十分巨大"。伦敦的啤酒厂很快就完全机械化了，如砖巷的黑鹰啤酒厂、巴特勒兹码头旁的勇气啤酒厂、南华克的船锚啤酒厂，以及芬斯伯里的惠特布雷德啤酒厂。啤酒厂主成了富有且具有影响力的公民。有些人成了议员，另一些人则成了市长、太平绅士、高级市政官等。他们是伦敦商人中的贵族。

啤酒厂主还发明了一种全新的饮品，让工业变革之轮运转得更为优雅。1722 年，肖尔迪奇的一家啤酒厂调配出了第一杯“波特啤酒”，该啤酒的啤酒花含量高于麦芽，又黑又苦，让重口味的伦敦人大呼过瘾。这种酒比艾尔啤酒便宜，也是第一款适合量产的啤酒。到了 18 世纪 60 年代，波特啤酒几乎占据了啤酒市场的半壁江山。伦敦的美味还得益于另一种伟大的机械技术。1814 年，罐装汤和罐装肉上市。

然而纺织工业依然是中心所在。羊毛加工的机械化被棉纺工业甩在了
277 后头，但最终还是取代了女人和小孩负责拣选、清理、纺线，而男人专注于精梳和编织的家庭作坊模式。最终，原先的工人们也被飞梭、珍妮纺织机、精梳机取代了。新兴的毛纺业城区在利兹、哈德斯菲尔德、布拉德福德、哈利法克斯周边崛起，而原先位于西南部的老毛纺城镇则逐渐消亡。这些改变当然不会风平浪静，因之而生的一系列事件被称为“威尔特郡激愤”。将一种工作或生活方式完全抹杀，到底是否公正或妥当呢？新建立的毛纺厂被看作破坏习俗和惯例的巨大机器，净雇些完全不懂传统手艺，或者说得更极端一点，毫无传统价值观的男男女女。一个诺里奇梳毛工在工作纠纷中对雇主说：“我们是社交动物，不能离开彼此生存，你为什么要破坏社区？”针对这个问题，没有令人满意的答案。

因此，必然要建立起工人的“联盟”，从而在各自的行业中催生出更好的工作条款。习俗的破坏、学徒制的废止让骚乱愈演愈烈。莱斯特手摇纺车女工协会于 1788 年成立，加入第一批“工会”的绝大多数都是五金行业的男性工人，他们心急火燎地想要同削减他们工资或更改他们工作时间的雇主做抗争。他们还想成立“只雇用工会会员的工厂”以抵制将妇女儿童等廉价劳动力搅和进来。格拉斯哥的平纹细布厂主试图削减计件工资，遭到了抵制和有组织的对抗。早在 1726 年，议会委员会就被告知哔叽纺织工有着他们自己的俱乐部，“只有纺织工人才能进，在集会室门外，挂着他们专属的徽章和旗帜”。

1758 年，兰开斯特巡回审判庭发布执行令，逮捕了十九名资深纺织工，认为他们在一个由数千名纺织工组成的“联盟”里充当管家。他们一致同意筹钱“支持那些被他们勒令离开雇主的纺织工，此外还制定了危险且非 278
法的规定：他们侮辱并虐待了几个拒绝加入他们组织并继续工作的纺织工，而且对反对他们的雇主写了气势汹汹的威胁信”。这样的活动不仅预示着 1802 年破坏机器的事件和 1811 年的卢德骚乱，而且可以视作 19 世纪专业、系统性工会制的前身。哪怕在 18 世纪最后几十年间，也出现了规范、组织、凝聚不同级别工人的尝试。

这样的例子在其他行业也层出不穷。制帽业的熟练工人成立了一个组织，弗朗西斯·普莱斯称之为“永恒联盟”。格洛斯特郡和威尔特郡的纺织工人组成了联盟，而莱斯特郡和约克郡的梳毛工也成立了相关组织。铅管工、木工、制鞋工、油漆工等都在该世纪末联合了起来。工厂体系无疑是抗议和骚动之源，而且变得越来越大，创造了一个穷困和剥削的新世界。

工人们或许只是跟随了雇主的脚步。18 世纪中叶，伯明翰的钢铁制造商、格洛斯特的钉匠、诺丁汉的别针制造商，以及其他许许多多制造商组成了所谓自助组织，或者说得不好听一点：制定物价与工资的小集团。

骚乱和破坏机器的活动在 18 世纪频发。早在 1719 年，泰恩河畔纽卡斯尔的驳船船员就在抗议过程中遭到了一群士兵和一艘军舰的堵截。1726 年，英格兰西南部爆发骚乱和破坏纺织机的活动，1749 年，丝绸、棉纺、铁器贸易的秩序被抗议者扰乱。1768 年，哈格里夫斯的珍妮纺纱机被暴怒的工人毁坏，十年后，阿克莱特的水力纺纱机也遭受了相似的命运。1721 年出台了第一部阻止工会发展的《结社法》，该法禁止熟练工裁缝进入“联盟，将工资提高到不合理的程度，并减少通常的工作时间”。雇主们如愿以偿，并在该世纪末为更为严苛的《结社法》创造了条件。弗里德里希·恩 279
格斯在《英格兰工人阶级状况》一书中评论道：“英格兰无产阶级的历史从蒸汽机和纺纱机发明之时开始。”

恩格斯似乎对英格兰社会变革的迹象有所误解，而将之套入欧洲大陆模式则是大错特错。英国工业抗议的形式全然不同于法国和德国的那种原始暴动。而是更为正式、审慎、务实，甚至带着些许幽默与讽刺，并对国家制度怀着深深的尊敬。

然而，变化毋庸置疑正在发生。工业村镇中弥漫着一种前所未有的感觉。一位名叫理查德·艾顿的观察者穿行于“兰开夏郡下层人民中”，在《大不列颠环游记》（1813）中写道，人们“充分意识到了自己劳动的重要性”。他还指出，人们“粗鲁、无礼、野蛮……生活堕落、行为不检蔚然成风。然而，一旦人们变得道德败坏，头脑就会开始思考；他们会变得目无法纪、毫无原则，但同时又思维敏捷、狡猾、聪明”。这是否就是工厂体系
280 和工业变革孕育出的新型劳动力呢？

26

在黑暗的平原上

18 世纪末的工业地区被“旅居人口”占据。这些人大都来自内陆乡村地区，并试图迁往北方和中部对劳动力需求最大的工业地区。如果能去厂里工作，拿到能维持日常开销的工资的话，谁又愿意在地里干活，过着捉襟见肘的日子呢？纺织厂在召唤他们。从西南地区和东南地区向北迁徙的移民潮并非一蹴而就，而是一步步逐渐递增的。然而，立马就能上岗的劳动力的确是从邻近乡村地区迁徙到附近工业中心的。这本质上看是某一个限定区域中小规模迁徙来回发生的过程。这便是为何纵观 18 世纪，熔炉和炼铁厂在农忙时节会很快停产的原因。

然而，缓慢且巨大的变化也在发生。查尔斯·迪布丁在 1788 年的《音乐之旅》中写道：“最早见于我国中部的制造厂开始朝北部推进——收编了约克郡的居民——之后又朝东部和西部发展，特别是朝西部发展，势头十分迅猛。由此，从利兹到利物浦——横贯布拉德福德、哈利法克斯、罗奇代尔、曼彻斯特、沃灵顿、普雷斯顿——人烟浩穰。”

金属工业在中部地区安家，与兰开夏郡或柴郡日益兴旺的棉纺业以及约克郡西区的毛纺业一争高下。这便是贸易分布最为粗略的描述。到了 281
1800 年，兰开夏郡、约克郡西区、斯塔福德郡、沃里克郡（连同米德尔塞克斯）是英格兰人口最多的郡县。导致的结果便是埃塞克斯、萨福克、肯特、汉普等郡的乡村由于工业销声匿迹，而变得越来越像农村。

专门贸易在各个小地区盛行。普雷斯科特专门做手表零件，乔本特和利做钉子，而阿什顿-因马克菲尔德则制造锁和铰链。原材料能在不同地区找到。康沃尔出产锡和铜；门迪普遍地是铅，但这种金属在坎伯兰和德比郡的产量更大。盐是柴郡的特产，而坎伯兰和北威尔士则是板岩的天然仓库。波特兰当然以石头著称。18 世纪的英格兰可谓天然原料的大仓库，各种原料开采起来极为方便，而这又反过来推进了工业进步。

结果便是每个地区、每个城镇与其周边地区都截然相同。有的地方会雇用更多女工，而有的地方则倚仗某些“大起大落”的产业。物价随着各种因素的影响上下起伏。手工业则由制造厂里的工匠或家庭“散工”塑造。贝里圣埃德蒙兹的银行家奥克斯先生于 1803 年前往兰开夏郡进行商务旅行，他觉得那里“如同异国”。放眼望去毫无熟悉或认识的东西，甚至那里的人看起来都是不一样的。日记作家兼旅人约翰·宾描述道，克罗姆福德原本朴素的农民，摇身一变，成了“粗鲁的技工”。据日后对彼得卢抵抗运动大加赞扬的诗人约瑟夫·希利观察，1777 年在斯陶尔布里奇的玻璃厂里能看到“半身焦黑、行尸走肉般的生物”。这俨然是一个新的国度。

为什么这一社会革命发生在英格兰而不是法国或奥地利呢？要回答这个问题，或许得引用笛福的名言了：英格兰在 18 世纪初成了“世界上最为繁荣、阔气的国度”。比如在法国，原材料很是缺乏，投资的可能性极小。
282 而且，该国从传统上说更加偏爱小规模生产，而这种方式很快就被英格兰的大农场主抛弃了。再者，在英格兰，国家和官僚几乎没有想要控制并主导变革的进程，政府反倒通过制定一系列法令主动帮助想要摆脱传统工业和生产习惯的人们。所谓“习俗”的衰落，确实意味着旧秩序的终结。大众传统被斥为不道德的，大众信仰被揶揄为迷信。原本很常见的打零工，比如偶尔去织块布或打块金属，如今被认为形同偷盗。

正如我们所见，专利的历史体现了 18 世纪后期英国人经久不衰的创造力和聪明才智，而这一点或许同他们天生追求实用和务实的态度有关。科学和制造在当时紧密相连，月光社等机构让制造商同实验家聚到了一起。他们通力合作，给机器带去了很多变化。个体企业家也怀带着竞争心和进取心畅所欲言。其实，在当时的人们看来，英国全民都利欲熏心，在追求目标的时候勇往直前、冷酷无情。一切都环环相扣。

工业城镇体现了新秩序最为明显的一些迹象。威根、博尔顿、普雷斯顿等地都被称作工业城。但这些城镇都是畸形的。城里绝大多数地方都没有生活配套设施，而且完全找不到教堂和医院。这些城镇只是因为工业发展需要而被建了起来，从某种程度上看类似1849年加利福尼亚“淘金热”时期建起的城镇。某人访问了谢菲尔德主要的几家大工厂后写道：房屋“被熔炉里不断冒出的烟熏得黑不溜秋”。巴恩斯利被称作“黑巴恩斯利”，被描述为“这座城镇看起来漆黑一团，浓烟弥漫，仿佛住在里面的全是铁匠”。从罗奇代尔到威根，从贝里到普雷斯顿，污点在地图上不断蔓延。1753年的博尔顿还只是个小乡村，只有一条街，街旁是茅草房和花园，二十年后，该地的人口上升到了五千。又过了十六年，人口上升到了一万
两千。到了19世纪初，人口达到了一万七千。 283

制造业城镇的住房大都是连排式的，每层只有一个房间。几个家庭合住一套房很常见，许多居民住在地窖里。地窖被隔成两个房间，顶上开了个小窗户。由于政府对于建筑业没有监管，所以房屋通常都被建得又窄又黑，有害健康。哪怕曾经富人住的房子，也慢慢荒废成了贫民窟，花园里建起了车间。这是个充满小院、小巷、廉租大楼的世界，通常四户人家共用一间户外厕所。飞快铺成的新街道没有下水道、没有步道、没有公共照明。一切看起来都像是临时的、权宜的，毫无秩序可言，仿佛全都在证明这个新工作的世界充斥着痛苦与不安。

1793年，费里尔医生在为曼彻斯特警察委员会出具的医疗报告上写道：“在城镇的某些地方，天花板过于潮湿，不适合居住……常导致热病。”大批人蜂拥到特定区域寻找廉价、危险的住房。18世纪末到19世纪初，兰开夏郡建起了数千家农舍以容纳大约十七万劳动力。在原先以农业为主导的区域，这是一项变革举措。费里尔还写道：“一个刚从农村来的人租到了房

子，躺到床上，而那张床很可能沾满了上一任租户的病原体，或几小时前还躺着一个因热病而死的人。”

然而，或许正因为环境的艰苦，让人们团结到了一起。渐渐地，在一些曾经只有简陋小屋的城镇中，居民们孕育出强烈的社区意识，从某种角度看，相当于工业区工人和其他人员组成的“联盟”。人们会到处攀亲，寻访老乡。邻居是对抗疾病和失业的第一道防线，他们没有仁政之国可以倚仗。

1807年，诗人罗伯特·骚塞拜访了伯明翰：

> 厚厚的烟雾悬在城市上空……传染病四处蔓延。环顾四周……远处能见着某个工厂的高塔，喷吐着火焰与浓烟，金属味的雾气弥漫着
> 284 周围的一切。附近人头攒动有如伦敦……我从没在其他地方见过这么多孩子，可怜的孩子。

城市年复一年地扩张，且速度快得惊人，有人评论道：“一位六个月内拜访过她（伯明翰）的人会觉得自己对她很熟，但他很可能秋天的时候在城里某处看到一排沿街的房屋，到了春天，马儿就能在那里吃草了。”

匹克威克先生在这座“巨大的工业城”散步，身边净是“辛勤工作的景象和声音”，在那里“大街小巷里挤满了工人。熙攘的劳作声从每间房子里传出，光线从顶楼长长的平开窗里透出，飞速旋转的轮子和机器的喧嚣声让墙壁为之颤抖”。这并不是狄更斯熟悉的伦敦的刺耳乐声，这里的声音更为激烈、更为集中。这里的街道上挤满了“工人”，而不是各式各样的伦敦居民。在这里，你寻不着狄更斯小说里的花花公子或演员或“摆穷架子的人”或疯婆子，这类人都被蜂拥着去上工和做生意的人潮挤到了一边。

伯明翰成了世界的玩具店，而在当时，“玩具制造商”制作的是搭扣、小饰品、轻武器、纽扣、镊子、鼻烟盒等小五金产品。数百个车间被锁在一圈工厂内，分别铸造设备的不同零部件，接着将之整合起来，这儿做一个链轮，那儿做一条带子。枪械在制造过程中会在不同车间传递，每一

个步骤都有专门的技工负责。这才是人们通常概念中真实的工业革命。马修·博尔顿的索霍制造厂距市中心两英里，厂里有数千名工人在为贸易的火焰提供燃料。到了 1775 年，伯明翰成了首都以外最大的工业中心。轧机和旋转式蒸汽机即将开创未来。

当时有人说，伯明翰人脸上脏兮兮的，连个名字都没有，但他们中的 285
有些人至少有着做东西的激情。该城第一位正儿八经的历史学家威廉·赫顿于 1741 年写道："让我惊叹的不仅是这个地方，更是这里的人们。他们怀带着我从未见过的精气神。一直以来，我都是同做梦之人在一起，但如今，我见到了清醒之人。他们走在街道上，步伐是那么轻快。每个人似乎都知道自己要做什么，并一往无前。"将各类报道汇集起来，便呈现出了一幅人们精神饱满、充满决心、迫切想要投身劳动的画面。因而，或许伯明翰就是因为这样的氛围，为不服从国教和激进主义提供了土壤，使其成为这座城市生活最重要的两个元素。不服从国教者在城镇的工厂里占比很大，月光社也在伯明翰组建了起来，里面无宗教信仰者和不服从国教者各占一半。他们是富人的代表，他们建起了市政中心、谷物市场、剧院、新市场大厅，并对新街进行了"改造"。当然，那些被称作"桀骜不驯、乞穷俭相、死皮赖脸、厚颜无耻、恶叉白赖、聒聒噪噪、傻头傻脑的伯明翰暴民"的决心与反对也不容忽视。很快他们便会对城里的一些不服从国教的精英进行报复。

曼彻斯特在当时也发生了工业变革。罗伯特·骚塞再次对大型机械内部的工作环境进行了强烈谴责，那些工人的"身心健康都遭到了摧残，他们死于持续不断的工作以及紧闭拥挤的车间中有害的环境所引起的疾病"。当时有个外国人评论道，曼彻斯特看不到太阳，厚厚的浓烟将整个明亮的天体遮得严严实实。唯一的光源来自火焰与锻造之神伏尔甘，以及他巨大的熔炉。

这个城市主要出产布料，尤其是棉布，但此外还建有十二家铸铁厂，以及难以计数的锡片工人、铜匠、制锁匠。换句话说，这是个巨大的工业城市。18 世纪 70 年代，新房屋数量激增，而新住宅中有三分之一是十年内建起来的。但需求量是如此之大，有些房子还没建完就有人住进去了。

286 新铺设的街道十分狭窄，而且照明很差，有些甚至完全没有照明。土地十分珍贵，庭院、街巷都挤在一起，全然不顾光照和通风。19 世纪初，一个人口接近十万的城市里，连个公园都没有。这便应了一句老话：英格兰从农村文明变成了城市文明。辩护律师约瑟夫·凯后来在曼彻斯特统计学会上发表了演讲，他表示“先前任何时代的国民生活，如今再难寻觅”。这句话千真万确。曼彻斯特的政治和经济生活受到的影响十分巨大。

其他城市也有各自的历史。泰恩河畔纽卡斯尔自然以煤炭贸易为主，那里发出的运煤船装着所谓“海煤”，让伦敦家庭的壁炉得以燃烧。这种廉价的燃料也促进了酿酒业、染色业、玻璃业、制皂业的发展。纽卡斯尔是英格兰第四大城市，主导了东北部地区的经济和社会生活。该城还是印刷业的中心，在 18 世纪，除伦敦之外，纽卡斯尔出版的书籍数量在国内雄踞榜首。该城发行了三份报纸，有三家流通图书馆，三家订阅图书馆。商人们对于公共事务饶有兴趣，据估计，该城有超过五十家辉格党或其他激进倾向党派的俱乐部。这便是工业变革的另一面，有钱有势之人不一定会站在现有的权力或权威一边。

一个名叫路易斯·西蒙德的美国商人于晚上到达利兹，看到了典型的工业城市夜景：“在城镇北部高处，我们看到了点点火源，这无疑来自熔炉，黑暗的平原上，遍布灯火通明的窗户（制造厂）。”约翰·戴尔在《羊毛》（1757）一诗中，用较为温和的笔调描写了“繁忙利兹”的发展，在那里：

> 一些新街，匀称地排列
> 在周遭的田地里。

对于工业城镇最令人回味的描写出现在后来查尔斯·狄更斯所作的《艰难时世》中。狄更斯对黑暗、对腐朽、对鲜明对比、对戏剧性现实的钟
287 爱，找到了真正的依托。“这个城镇里，建筑清一色用了红砖，或者说，要

是烟和灰允许的话，那砖头就是红色的。但事实却是，该城红黑夹杂，很不自然，如同野蛮人的花脸一般。”这种可怕的景象，狄更斯大概是基于普雷斯顿来写的，他曾经拜访过那里，但它也可以作为当时任何一个工业城镇的象征。

不论狄更斯如何戏剧化地将这片阴郁漆黑，漫布油烟尘垢的天地描绘成地狱，里面依然存在许多工业时代的悲剧。进入工厂系统常常代表着被判了死刑。此外，工业城镇里还有许多乞丐，由于疾病或伤残丢了工作，只能在最贫困的地区蜷成一团。而哪怕有工作的劳工，也常常患有某种形式的残疾，有的四肢肿胀，有的腿脚不灵便。

然而，这幅20世纪历史学家着墨甚多的悲惨画卷，依然不够完整。一个国家中，人民多灾多难到此等地步，怎么可能没人揭竿而起？其他领域的发展必须从另一面加以叙述。到了19世纪初，工业领域的工资随着生活成本的提高而上升，工业变革本身也为工人阶级提供了生活必需品。棉布和羊毛，食物和饮品，如今都更为充足，据说当时工人们的饮食质量得到了大幅度提升。小麦取代了黑麦，肉类成了主食。煤炭的价格降低，运输也有了改善，人们家中的壁炉也由此暖了起来。随着家庭收入的提升以及工业地区的工资发放愈加有规律，人们从中获益良多。1830年，麦考莱评论道：“这个岛上的工人阶级……总体上来说，和旧时代任何同样大小地方的居民相比，物质生活大有改善……仆人、工匠、农民都有了更充足、更美味的食物，更好的衣服，更好的家具。”当然，结果就是，相较之下那些艰难困苦、一贫如洗的人“在这里比在其他任何地方都要显眼，哀号得更为凄厉”。

工业体系本身会导致有目共睹的进步。雇用女性工人逐渐促进了女性在社会、经济上的独立，而使用童工的恶行引发了众怒，继而也推进了某种由慈善机构提供小学教育的尝试。“乞儿学校”自1818年开始在历史舞 288
台上长期占据一席之地，而安德鲁·贝尔与约瑟夫·兰开斯特的慈善学校宛如“道德世界的蒸汽机”。工人联盟逐渐变成了友好协会、储蓄银行、机械师学会，当然，还有工会。生活中的苦难将被治愈而非忍受。

从此时起，针对“生活水平”的相对起伏，人们进行了长期、复杂的争论。针对“生活水平”这个看不见摸不着的东西，衡量标准和指标在每次讨论中似乎都大不相同。比如，将略微上涨的工资同新城市中明显不健康甚至致命的环境相比较是行不通的。霍乱的蔓延能否和面包价格下降达成平衡？廉价的衣服是无法弥补过度拥挤的。然而有一种统计方式似乎不会遭到反对。人民的平均身高从 18 世纪下半叶开始下降，并在 19 世纪上半叶继续下降。在穷人和其他人群产生的巨大差异中，这一点尤为明显。某些地区的农业凋敝和工业衰退，导致一个阶层的人们生活在查尔斯·布思后来所谓“长期匮乏”状态之下。

哪怕经济再失败，也不能将之视为道德败坏的依据。没有传染性疫病，以及人们对清洁和卫生的愈加关注或许有助于解释进步，伦敦著名医师列特森指出，人们“了解到绝大多数疾病在通风、干净、提升而非限制病人的爱好以及得到良好照顾的环境下都会得到缓和”。但并非所有人都喜欢这种新方式。1768 年，彼得伯勒的一家提供疫苗接种的医院被一群暴徒付之一炬。

位于霍尔本的英国妇幼医院新生儿死亡率在 18 世纪 50 年代为 6.7%，到了 18—19 世纪之交，下降到了 0.85%。约翰·卫斯理在 18 世纪 70 年代的旅途中观察到乡镇中的小孩子越来越多。1726 年，人们的预期寿命只有 25 岁，而到了 19 世纪 20 年代，上升到了 41 岁。然而，在新建起的工业化城市中，居民的预期寿命依然很短。

289 因而，概括 18 世纪工业变革的整体效应几乎是不可能的。因其涵盖了如此多的力量和事件，或许更适合被当成一种自然现象，每个事件都有其随机性和无法解释的细节。然而我们依然可以尝试做一些总结。根据托马斯·哈迪的说法，当时的人们面对的不再是霜雪与烈日，而是浓烟与烈火。人们习惯了机器和钟表，工作是为了工资而非生存，对自己所生产的东西没有所有权。家人和家庭的本质发生了翻天覆地的变化。

从总体上看，英格兰再也不是一个农业社会了，其延续了近万年的状态发生了改变。根据拥有多少土地来衡量的等级关系再也没有了说服力，习俗与顺从这对必须遵守的规则开始消失。随着“中间阶层”渴望在政治经济领域获得更大权力，人事任免权有了微妙的变化。学徒法被废止，面包法令也被废止（该商品于是被赋予了“公道”的价格），这两点预示着基于竞争和利己之经济的开端。

这便是为何劳苦大众，即工人们，很快就独立成一个阶层。人们认为上下阶层如同油与水一般无法融合。阿诺德·汤因比在关于工业革命的讲座中引用了一个雇主的话，即“雇主和雇员之间不可能联合，因为雇主想要以最低的成本让雇员完成尽可能多的工作”。

职业工匠也开始远离体力劳动，并避免同工人们走得太近，在先前的工作环境里，金属制造商会同他的雇员们整天待在一起，监督并协助他们，但这种合作关系如今不复存在。塞缪尔·考陶尔德本想在自家开的丝厂里从事雕刻工作，但他的父亲对他说：“你似乎忘了，纯体力劳动——哪怕相对体面——的价值很难与做生意相提并论，因为后者这种贸易或生产的模式能让我们从许多人的劳动中获利。”

那些“纯体力劳动者”如今搬到了城镇后方，与“比他们更好的人” 290
分隔了开来。原本尽量沿街开展的交易活动——莎士比亚的父亲做的手套就曾挂在前窗展示——如今被贬到了后屋，而前屋则被用作餐厅和卧室。

农业领域也发生了同样的变化。小型农场消失了，大型圈地农场因其优势成了标配。小农场主让位于大农场主，后者相当于农村的大工厂主，早已凭借唾手可得的粮食获利颇丰。农场的劳工曾经是农场主家庭的一员，和农场主一家在同一张桌子上吃饭，但这种接触也不复存在。根据阿诺德·汤因比的说法，有个劳工抱怨道：“农场主对我们熟视无睹，仿佛我们是愚蠢的畜生，他们让我们在沟渠边吃面包皮。”如今，农场劳工住在棚屋里。

社会阶层的分化或许会招来恶果。通过上学，哪怕只上了小学，年轻的工人们多少识了字，并且对世界的规则也少了些无知。他们不再自卑，也更难被引导或威胁。新人自有新想法。比如，在“联盟”时期，工人们为了共同事业成立了早期的组织，而该运动孕育出了 19 世纪 30

年代的“宪章运动”。社会阶层或阶级的束缚被打破，这激发了野心、躁动，或混乱。

据说18世纪末到19世纪初的犯罪率出人意料地大幅上升，在新兴城市和制造业地区尤其严重。以更为严厉、更有条理的方式监督人民变得至关重要。1792年，伦敦治安官的设立得到了其他城市地区的效仿。18世纪的大多数时期，监狱就是个又大又可怕的地牢，混杂地关着各种罪犯。因而，1789年监狱改革家约翰·霍华德提出了“在监狱中施行有规律的、稳定的训导”这一创新模式。他所倡导的是一种现代监狱形式，换句话说，
291 这也可被视为工业革命的成果之一。

而人们的怨愤也多种多样。有人谴责风景地貌的改变，溪谷里建起了工厂，巨石被切开以寻找石灰岩。约翰·布里顿令人震惊地写道，大地“铺满了自己的肠子”。威廉·布莱克看到了这种新分配模式的核心，并准确地预估了结果。

> 他们将所有生之艺术变成了死之艺术……
> 代之以其发明的奇巧之轮，无轮之轮，
> 迷惑离家之青年，沦为劳工
> 日以继夜，直至永远，将铜铁
> 锉平抛光，无时无刻不停，劳苦之工，
> 对其用一无所知：智慧被日日用于
> 繁重无聊之工作，以换取丁点果腹之物。

富有文采的抱怨被编进了流行歌曲或街头民谣，正如约瑟夫·马瑟创作，针对刀剪商沃特金森在给工人付钱时，将十三把餐刀数成十二把的诗中所写的那样：

> 那压榨人的魔鬼，瞧他走的那几步路
> 边走边捡穷人的尸骨……

有一首不知何人所作却十分有力的民谣，名为《基德明斯特纺织工人妻子对其婴孩的抱怨》，歌中工厂主被称为“杀人犯”“暴君”“压迫者”：

嘘，别闹，乖乖！从你虚弱的哭声
我知道你很快就将走完这一生：
所幸你不用活到学会
咒骂我们狠心的主人。这比死更残忍。

或许可以将浪漫主义运动从某个层面诠释为攻击或退出这个全新的工业时代。在《远足》第八卷中，威廉·华兹华斯因为“巨型城镇”在“原本的居民区”拔地而起感到十分震惊。他的一个编辑引述了米德尔斯堡的 292
例子，在 1803 年，那里只有提兹河畔的一家农舍，而五十年后，成了一个拥有五万居民的城镇：

上方是不灭之火的浓烟，
长久悬停，以及氤氲
的雾气，裹着朝阳亮眼。

华兹华斯通常在作品中表现得模棱两可，并拒绝做出评价。哪怕在对工业主义进行谴责的时候，他似乎也下意识地享受这样的经历。

18 世纪 60—70 年代被称作由“多愁善感的缪斯”引领的“情感时代”。当时充沛的情感和道德敏感性可被视为那个严酷且日夜不停的工业与制造业的世界之替代。要的就是自然、自由、自发、随心所欲。这些便是 1743 年罗伯特·布莱尔创作的《坟墓》与 1745 年爱德华·杨格创作的《夜思录》的主题。这些便是那个见不着工厂与烟囱的运动的轨范。但由于《坟墓》与《夜思录》立足的是机巧与虚假的思乡之情，所以并没有像其他“浪漫主义时代”的诗歌那样隽永流传。

工业革命时期的艺术，相比诗歌，更值得大书特书。如果你可以像一些工业家那样超越自然，或许就能抵达壮丽的彼岸。约翰·马丁笔下的工业景观充满了呼之欲出的生命力，仿佛大地的能量最终汇聚成了火舌、浓烟、烈火。他尤其受到黑乡之壮观景象的启发，正如马丁之子所说：“他想象不出哪里还能更为可怕，甚至苦难无边的地狱都无法与之相较。他所做的，或试图通过想象画出来的，与深夜喷吐烈火的熔炉呈现的可怕景象相比，仍显逊色，或者说还差得很远。”马丁的画作气势磅礴，他娴熟地运用了明暗对照法。不管是出于愤怒还是出于反抗，他的油画仿佛在咆哮。他画了埃及人、东方人、希腊人的形象，以呈现庄严、可怕的场景，而陌生的洞穴、废墟、金字塔也再次重现于大地之上，轻声诉说着远古的力量。
293 在工厂与制造厂间走过的，或许是个独眼巨人。他运用美柔汀技法，将黑色刮去，呈现出人形。

此外，还出现了一种较为温和的情感。职业建筑师约翰·伍德罗列了工业变革带来的欢愉，他提到了铺着地毯的松木地板、大理石壁炉（而非石制壁炉）、镜子、“中国”或“东方”式样的小装饰品、胡桃木和桃花心木的家具等。换句话说，他关心的是在机器时代得到提升的物质生活。“我去看了富尔顿先生父子工厂里的美妙纺丝工艺，”对工业主义毫不关心的威廉·科贝特写道，“我不喜欢去看机器，就怕遭到诱惑，然后竭尽全力去理解它们……就像我对理解日月星辰所付出的努力一样。见证了机器所带来的影响我就很满足了。”他写下这些话的时候已经是 1833 年了，当时很难相信英格兰的成功与繁荣竟然要归功于阿克莱特与瓦特，而非纳尔逊与威
294 灵顿。

27

火焰与月光

科学和工业是18世纪启示录中并驾齐驱的双马。尽管部分地貌已经因为钢铁建筑和工厂变得面目全非，忙碌的“实验家”或“自然哲学家”依然会带着他们的奇迹手册周游大城镇和大宅邸。在酒馆、咖啡馆，以及富人家里，他们会拿出蒸馏器、太阳系仪、月相变化图、电机等对一大群不明所以的观众解释宇宙运行的原理。他们是18世纪的魔术师。这是科学革命大众化的第一阶段。

想看清这一切，或许需要艺术家的天分。1734年，约瑟夫·赖特出生于德比，十三年前，该地周边建起了第一家完全机械化的工厂。洛姆制造厂早已跻身新时代奇迹手册之中，很快便成了那些想要一睹新动力发动机之人的朝圣地。因为赖特之后一直致力于描绘工业，我们或许可以猜测他就是这个制造厂的仰慕者之一。

在这个背景之下，出现了赖特最著名的绘画作品：《气泵里的鸟实验》（1768）。一个旅行实验家，摆着术士般戏剧性的手势，安装了一个空气泵供富人一家取乐（或许是中部地区的商人家族），在抽气罐顶端的玻璃罩 295
里，一只白色凤头鹦鹉显然因为空气被抽走而在垂死挣扎、拼命呼吸。两个小女孩几乎不敢看，而她们的父亲则在安抚她们；另一个穿着考究的男子拿着表在计时，背景中一对年轻夫妇只是怔怔地看着对方，丝毫不管那只在实验中被困的鸟儿。一个年龄较大的男子坐在画面前方，对着一个玻璃容器陷入了沉思，容器里装的好像是两片人肺。

那个术士或科学家盯着画面之外，表情怪异、双臂张开，仿佛在迎接观察者进入一个新的世界。我们完全无从得知这只鸟儿的结局是死是活，这幅充满戏剧性的画面并没有对这个问题做出解答。该画通过明暗对照法表现人物，呈现出了最为惊心动魄的一瞬。月光社成员，与赖特十分熟悉的约瑟夫·普里斯特利在沃灵顿的一次公开演讲上表示："真实的历史就如同空气泵、冷凝机、电机，显示出自然的运行方式，以及自然之神本身。"然而，我们并不清楚这类研究是否必定会导致死亡，还是活塞最终会被拔掉，将属于自然之神的空气放归原处。赖特自己就罹患严重的哮喘，该病或许源自神经性忧郁症，他自身的状况突显了玻璃罐底部两片人肺的重要性。他渴求空气而不可得时的绝望，症状缓和之后的狂喜，赋予了这幅画紧张的气氛与不祥的预兆。

然而，画上的空气泵看起来很是怪异。该仪器的设计来自罗伯特·波义耳爵士早期设计的"气动发动机"，最早由他在 17 世纪 50 年代使用。到了这幅画被绘制的时代，玻璃抽气罐已经被替换成一个皮革"盘子"，上面放着钟形玻璃罩。但赖特保留了在当时看来已经过时的玻璃圆罐。对于他来说，玻璃圆罐的象征意义，比科学上的准确性更为重要。空空的圆球、泡沫，在他那个时代代表了短暂和欺诈的深刻象征意涵。玻璃球、空球、肥皂泡是虚空派绘画中常见的意象。这便是为何赖特决心创作一个混杂的机器，将 18 世纪的双筒气泵和一个世纪前的球形玻璃罐相结合。绘画、科学、宗教意涵交相呼应。

296 还有一幅画可谓和前一幅相得益彰，该画比前一幅早两年，名为《一位哲学家正在讲授太阳系，并用一盏灯代替太阳》。画上，另一个巡游讲师正在演示一个模拟太阳与行星运动的机械模型。一盏我们并不得见的灯将主要观察者的脸庞照亮，而屋子其他地方则是漆黑一片，这台科学仪器上的天体轨迹毫无保留地展现出其内部的几何结构，而专心致志观察这一实

21. 约瑟夫·赖特的作品《炼铁熔炉》，约 1773 年

22.《巴斯诸景》中的舞会景象。看起来十分得体

23. 飞入寻常百姓家。茶壶，约 1775 年

24. 1773 年 12 月 16 日，波士顿倾茶事件。要来点水泡茶吗?

25. 乔治·华盛顿，从奴隶主到解放者

26. 小威廉·皮特。不只得了父亲之名，而且得了父亲之实

27. 因为丢了美洲殖民地而忧郁沮丧的埃德蒙·伯克

28. 塞缪尔·泰勒·柯勒律治，1804 年。他脑中有只萤火虫

29. 华兹华斯，标志性的沉思状

30. 威廉·布莱克神秘的画作：《亘古常在者》

31. 从巴斯的矿泉水供应室里取水

32. 咖啡馆中漫步的淑女：这是个咖啡馆之城。这些咖啡馆自 17 世纪 60 年代开始兴起，并很快成为城市生活极为关键的组成部分。引人注目非常重要

33. 一个摩登女郎在巴斯出没，如同蛹中的毛虫

34. 里士满公爵为威灵顿公爵以及其他著名人士组织了一场舞会，两天后，滑铁卢战役打响

35. 特拉法加大海战

36. 无与伦比的拿破仑

37. 威灵顿公爵在滑铁卢。胜者全拿

验的脸庞俨然是一个个被不断运动的太阳所照耀的行星。这幅画可谓对18世纪知识之光、创造之火最引人入胜的描绘。

随后，在18世纪70年代早期，赖特还创作了五幅系列绘画，其中包括《炼铁厂》和《从外面看铁炉》。这些绘画被归类为“夜景画”，很大原因在于赖特不断运用明暗对照法展现光影效果。但我们或许也可以很容易地将这些画作归为工业画，因为这些画的主题牢牢聚焦于从事工业劳动的工人和工业本身。任劳任怨地工作如今被当作神圣的灵光加以赞颂。

在《从外面看铁炉》中，赖特画了一台取材于18世纪伟大发明的炼铁新机器。铁匠可被视为现代的伏尔甘，也就是火神，画上的他常常手持铁匠榔头；烧得通红的铁块，在一座棚房或马厩里被创造出来，它可被视为耶稣降生图中的婴儿基督或罗伯特·索思韦尔之画所描绘的《燃烧的婴孩》。光是神圣的。我们可以借用威廉·贝克福德于1779年出版的《英格兰之旅杂记》中的一段话作为注解：“树林中空洞的风声混杂着湍急的水声，此时，铁匠铺炼铁之声如雷贯耳。在我左侧，一座黑桥不断震颤，通往人烟稀少之地。那里，一座熔炉火光四射，机器捶打着通红的巨大铁块，亮光和数不清的火星，划破黑暗。”19世纪初，浪漫主义的基调和情感开始出现。该运动早期在法国达到巅峰。 297

28

红色自由帽

1788 年夏，政治秩序似乎稳定了下来。首席大臣威廉·皮特对乔治三世充满信心，意气相投的两人联手合作，确保了政局的长期稳定。用当时的话来说，皮特是“国王之友”。而这个称号并非唾手可得。他通过创造预算盈余和降低国债等方式让政府的财政重回正轨，又打击了走私，提高了财政收入。他维修了舰队并通过跟荷兰与普鲁士签订三国同盟让英国重新在欧洲和其他地区恢复了威信。西班牙试图在加拿大西海岸夺取英国商船，后来不得不妥协，将商船返还；原先与其结盟的法国并没有立场助西班牙一臂之力。所以英格兰海上霸主之名天下皆知。

然而这一年秋天，一切都变了。国王不太对劲。皮特从御医那里获得一份记录，记录上写着病人的状况“几近谵妄”。国王一直以来都快言快语并且态度果决，但现在他喋喋不休、语无伦次。人们普遍认为国王的症状是卟啉病的表现，而非发疯或神经错乱。卟啉病会对神经系统和脑部的毒
298 素产生影响。据说国王的这种病是从斯图亚特家族间接遗传下来的。这种病或许可以称作王室疾病。当然，当时的人们对这些毫无了解，国王看起来就像个大呼小叫的疯子。

皮特陷入了进退维谷的境地。从没有哪个首席大臣被迫面对这种状况。

国王完全不能自理，他将来会不会清醒也是个未知数，威尔士亲王将继位，但亲王对国王和他的大臣都十分讨厌。再者，亲王与福克斯和辉格党倒是走得很近。皮特最大的敌人就是他。因此，对于皮特来说，将摄政期拖得越久越好。他认为若非如此，国家的安全与和平将受到威胁。

他于12月30日将自己的提议上呈给乔治王子。摄政王将没有赐封贵族或领地的权力，对国王遗产的分配也毫无发言权，一切王室内部事宜由王后负责。王子对此并不惊讶。他实际上已经被剥夺了所有人事任命权，而这是执政的命脉。

他在争取自身权益一事上过于心急；他侮辱了父亲，还同母亲吵架，无时无刻不在觊觎王位。他的支持者也完全沉不住气。尤其是福克斯，宣称王子拥有与生俱来成为君王的权利，而这句话同辉格党以议会优先的立场背道而驰。据说皮特声称要永远把福克斯扫出“辉格党门外”。福克斯随后断然去了巴斯，在那里治疗痢疾。和他站在同一战线的另一个辉格党人埃德蒙·伯克也沉不住气，不知克制，他大谈特谈精神失常的问题，并且说此病可能复发。他说自己“拜访过关着精神病人的可怕宅邸”，甚至他党派的一些成员都因为他的擅自推论与口无遮拦感到恐惧。

乔治王子自己也毫无王者风度。他贪图享乐、毫无原则，政治观点来源于身旁的酒肉朋友而非自身坚定的信念。他无可非议地被人指责为贪婪、酗酒，外加嗜赌、淫乱。很多人认为他同信仰罗马天主教的玛丽亚·菲茨赫伯特有着一段禁忌的婚姻。该女子风韵有之，权力有之，用当时的话来说，她是个“大人物”。但作为天主教徒，她没有资格成为王子之妻，所以 299
她成了谎言、搪塞、暧昧的源头，对王子建立公共形象毫无用处。乔治王子似乎很快就忘了这段秘密婚姻，转而同不伦瑞克的卡洛琳好上了，后者成了他的合法妻子，但也带来了灾难性的后果。

皮特将自己打造成乔治三世与受宪法保护的君主政体的捍卫者，随着国王开始慢慢恢复理智，皮特的立场也变得有利了起来。皮特决定拖延任何来自王子及其支持者的突然干预如今被证明大获成功，《摄政法案》即将通过的时候，御医们宣布国王已经完全康复。用当时的话说，国王的血管自愈了。1789 年 2 月 23 日，完全恢复理智的国王写道："朕急欲于明早皮特先生方便的任何时候召见他，他对朕及公众不可分割的利益进行了不懈维护，必须大大褒奖。"国王康复的消息传开，彩灯和篝火从汉普斯特德一路蔓延到肯辛顿。当时，皮特也被当作英雄看待。然而国王之子则因其狠毒与野心被大肆嘲讽。辉格党中的反对派被认为难逃应得的审判。乔治王子统治英国的时间被推迟了三十一年。

国王的精神障碍预示着欧洲秩序将发生巨大动荡。1789 年初夏，一场骚乱让法国陷入困境。该国因为支持美国起义者而濒临破产，一系列粮食歉收和严寒让国内人口持续下降。英国已经凭借强大的海军在贸易上占尽先机。法国似乎已山穷水尽，除非进行全面改革。

在凡尔赛举行的国家会议中，平民（又称第三等级）挫败了贵族和教
300 士。6 月中旬，代表们宣布成立国民公会。路易十六宣布会议延期，但人民聚集到了附近的室内网球场庄严宣誓议会照常进行"直到确立王国之宪法"。"我们之所以在这里，是因为人民赋予了我们权力，"米拉波伯爵表示，"除非用刺刀把我们杀死，否则我们不会离开。"如此傲然的对抗态度，在接下来的几个月中，激励了许多人成为革命者。国民公会代表人民，人民至高无上。爱国者协会和革命俱乐部在巴黎等地如雨后春笋般出现。

7 月 14 日，巴黎市民在法国卫队的帮助下攻击并占领了巴士底狱，并提着监狱长的头颅游街庆祝。群众胜利了，人民万众一心决心变革，旧政权将走上末路。粮食的再次歉收让首都陷入饥荒，民有菜色，朝不保夕。据说有四分之一的人口把家产全都变卖以换取面包，走投无路的人们在寻求果腹食物的同时也在寻求复仇。国家和领地法庭的税务官在当时成了反面人物，遭到了残酷制裁。法国其他地区的情况也并没有好到哪里去。暴动和起义此起彼伏。数个法国城市都在效仿巴黎，城郊的乡村里，农民们对先前的主子拔刀相向。

国王感到改革已势在必行，他尝试安抚臣民，并戴上三色帽徽，保证协助成立新政府。但据谣传他的声明并非出于真心，人们觉得他一直在阴谋颠覆新秩序及其"自由"。自由是关键词，人们能高喊着它诉诸暴力与杀

戮。它于烈火中诞生。但它也有良善的一面。8月，新成立的国民公会颁布了《人权宣言》，其中前三条规定了人“生来即是自由的，且始终是自由的，在享有诸权利方面一律平等”；这些权利包括“自由、财产、安全、反抗压迫”；第三条确定了“所有主权的本原根本上乃在于国家”，而非任何 301
个人。

10月5日，好几千拿着武器的男男女女聚集到一起，高喊：“去凡尔赛！”民兵也加入了他们，一起朝王宫发动攻击，最终路易国王一家被押往了巴黎。许多支持国王的人被斩首，头颅被长矛刺穿，装饰着前往巴黎的道路，而国王又一次被迫同意颁布新宪法。历史和传统的纽带被切断，习俗和时间的约束被抛弃。这部宪法的意识形态基于理性原则，它将“人民”具体化，并强调对“la patrie”（祖国）的无私奉献。教士变得格格不入，贵族孤立无援，任何贵族想要活命，要么成为公民的领袖，要么加入民兵组织。这是基于理想承诺的新秩序，尽管模糊不清，但依然强劲有力，对于现实的愿景比现实本身更为重要，自由与平等这两个老生常谈的孪生理念让那些最为无情、最为坚决的人得了势。如今，只有能被感知的国家意志才是重要的。

关于法国事件的新闻让英国人大为震惊，王朝崩溃和人民起义出乎他们意料。有些人对于法国事件持怀疑和恐惧的态度，但也有许多人对彻底击溃专制，夺回自由的结果表示欣然接受。人们认为此事类似1688年的“光荣革命”，当时斯图亚特国王詹姆士二世被废黜。此外，多数人也觉得法国将被内乱所扰，不会对英国利益和英国贸易造成威胁。

威廉·皮特审慎以对，继续维持冷静中立的态度，他要不惜一切代价保住和平，从而维持繁荣并限制政府开支。波蒂厄斯主教在1789年7月的日记里写道：“皮特先生今天和我一起在富勒姆用餐。他才接到法国大革命的消息，他说此事件对我们十分有利，预示着能长期和法国维持和平。今天十分令人高兴。”皮特自己也说：“我们的法国邻居似乎走了极端”，当下 302
的情况让“那个国家哪怕连竞争对手都对其心生怜悯”。所以，面对海峡对岸的骚乱，英国人不无自我陶醉。

秉持自由主义立场，如今成了辉格党标杆的查尔斯·詹姆斯·福克斯对该事件的态度截然不同。他宣称：“该事件可谓世上有史以来最伟大、最美好的事！”他在下议院的陈词也证实了他的快乐之情，他称法国新宪法为“最令人叹为观止，最值得称道的自由丰碑”。那个新成立的国家没什么好怕的，它将会做的，只是传播自由而已。英格兰的异议分子和不服从国教者对福克斯的激情感同身受，他们认为法国的国王、廷臣、教士无异于魔鬼的爪牙。

威廉·葛德文在1789年的《新年度纪事》中写道：“从现在开始，我们将记下一个长久的历史时期，此间法国和全人类将逐渐获得自由。”威廉·布莱克以《自由之歌》为《天堂与地狱的婚姻》收尾：“抬头看！抬头看！伦敦的居民啊，笑逐颜开吧！……将写满诅咒的乌云唾弃，将无情的律法践踏成灰，将永恒之马从暗夜的洞穴中释放，高呼：帝国已不复存在！如今，狮狼也将遁形。”据科伯恩勋爵回忆，在当时：“一切，不是或这或那，而真的是所有的一切，都沉浸在这一个事件之中。”法国大革命在英格兰造成的结果唯有一个，即普遍过于乐观。哪怕再有远见之人也无法看清这场革命将把那个国家拖进持续整整一代人时间的战争泥沼，并彻底改变其国内政策。法国从君主制过渡到了代议民主制，从借人民之名施行专制独裁变成了军政国家。

欢愉持续了数月之久。1789年11月9日，几个政客在被称作“革命社”的伦敦酒馆碰头，起草了一份贺信寄给巴黎的国民公会，希望最近的事件能够“鼓舞其他国家维护生而有之的人权，从而促成欧洲诸政府全面
303 改革”。当然，也有很多人不以为然，认为他们为了改革而空谈改革。这些持怀疑态度之人认为英格兰的宪法古而有之，尽管没有成文，却是对抗黑暗更为有力的标杆。

这便是埃德蒙·伯克的本能反应。这位辉格党政治家对福克斯、谢立丹等同僚怀带的革命情绪越来越警觉，那些人争相对法国新秩序表现出无比的热忱。伯克刚开始一直在观望。他在1789年8月9日的一封信里描述道：“英格兰震惊地看着法国力争自由，不知该谴责还是该喝彩！”但到

了 1790 年 2 月，他在下议院将“改革的精神”斥为“在颠覆国家方面十分有效，但在改良国家方面百无一用”。同年，他还写了一本名为《法国革命论》的专著阐明自己的观点，让那些害怕、怀疑法国大革命的人深以为然。

在这篇雄辩的文章中，伯克严厉斥责“那些国家之子，鲁莽地将年老的父母大卸八块并装进巫师用的大瓮中，幻想着凭借毒草和疯狂的咒语让父辈的宪法获得新生”。他的矛头不仅指向了雅各宾派和激进分子，还指向了自己党派中的某些成员。他宣称任何国家或运动都不能倚仗个人的理性，而必须相信“民族与时代的普遍积蓄和资产”。他蔑视那些“理论家”，即那些自认为可以凭借基本原则和理性思考领导革命的知识分子。他相信历史经验、实用性，以及代代相传的公共知识储备。他不信“病人的政府梦”。他指出：

> 切勿因为藏在蕨类植物下的六只蚂蚱纠缠不休的振翅声传遍了原野，而忘记有数千头牛在英国橡树的树荫下一边歇息一边无声地反刍。还错以为那些制造噪声的小东西是原野上唯一的居民而且数量众多，甚至觉得它们想必不是瘦小干瘪、蹦来跳去、朝生暮死，尽管喧闹却麻烦多多的昆虫。 304

乔治三世在一次接见会上走到伯克身边对他说：“卿的支持让我们受益良多，众人皆如此认为。”

先前已经通过撰写《常识》表名自己同美国人站在一边的托马斯·潘恩如今撰文驳斥伯克，他在文章中赞美了革命的美德。1791 年 2 月，《人权论》第一部分以小册子的形式发行，并大获成功。改革派社团将其赞颂为他们信念的永恒证明。潘恩自己也在后来写道：“该书是有史以来销量最好的英语出版物。在英格兰、苏格兰、爱尔兰的销量，加上翻译成外文的版本销量，在四十万到五十万册之间。”

这篇文章生逢其时，解释并捍卫了那个年代的伟大运动。革命奏响了刺耳、怪异的乐声，而潘恩为其填了词。他厌恶贵族和传统贵族政府，他将伯克对习俗和历史的喜好斥为无异于“为死者的权威辩护，却置生者的权利与自由于不顾”。认为伯克怜悯法国的前朝统治者遭受的苦难，无异于“痛惜华丽的羽毛，却忘了将死的鸟儿”。他难道对数百万在世上无容身之地且饥肠辘辘的工人农民毫无概念吗？政府之所为必须基于“社会的普遍利益和人民的普遍权益”。在号称自由之邦的英格兰，有一件事显而易见，即“虽然没有为了战争而收税，却为了收税而打仗”。这句话从根本上抨击了威廉·皮特的金融与军事政权。潘恩断言战争是政府系统的一部分。用当时的话来说，该观点打开了人们的双眼，也让他的这本专著大受欢迎。后来安德鲁·杰克逊总统宣称《人权论》“将比所有大理石或花岗岩的丰碑更为不朽”。

很快就可以清楚地看到，包括绝大多数辉格党成员在内的多数议员都支持伯克的观点，而非查尔斯·詹姆斯·福克斯和托马斯·潘恩的观点。
305 议会中的两派领导人只在 1792 年 5 月发生了一次正面交锋，当时伯克和福克斯正在下议院就加拿大的宪法权利进行辩论，说着说着就说到了法国这个危险话题。福克斯依然在热心地支持革命，但伯克在这时站了起来。“法国宪法里飞出来的苍蝇。”他说。

福克斯小声对他说：“还是朋友。”

“不，”伯克回答，“不是朋友了。我知道我这么做的代价。我牺牲了朋友来履行职责。我俩的友谊到此为止。”据当时在场之人的说法，福克斯当场情绪崩溃，流下了眼泪。这个微观的例子体现了国家内部的分裂。

英格兰人民如今选边站，支持法国革命的不服从国教者和改革者大多遭到了那些支持“教会与国王”之人的反对。借用伯克的比喻，蚂蚱的数量比牛更多，但这一点在当时看来并不明朗。《天主教解放法案》于 1791 年通过，解除了对于践行信仰之人的某些法律约束。有人觉得天主教在经历了革命期间的反教士恐惧之后，如今坚定地站在了政府一边。然而，对于出现大规模叛乱的恐慌依然普遍存在，究其原因可发现大多来自数量增多并蓬勃发展的“改革社团”，这些社团将法国革命、美国独立，以及当下风行的“威尔克斯与自由！”当作灵感来源。这些社团的成员有店主、工匠、商贩、教师、不服从国教的大臣或商人、书商、律师等。这些“中间阶层”十分渴望改革。

这些人的牢骚中就包含议会改革的诉求，当时只有 17% 的选民能参加选举，而 60% 以上的选民的意愿则被周边的大人物所收买控制。就像潘恩在《人权论》中所写的那样：

> 约克郡有近百万人口，只派两名代表；而人口不足其百分之一的拉特兰郡，也派两名代表。塞勒姆古镇不到三户人家，派了两名代表；曼彻斯特镇人口达六万以上，却连派一名代表的权利都没有。此类种 306
> 种，还有什么原则可言呢？这里面还有自由抑或智慧的踪迹可寻吗？

他还直言不讳地攻击了埃德蒙·伯克对传统秩序的遵从。对于许多人来说，那种秩序显而易见无非是枯株朽木而已。

然而，那些相信改革势在必行的人收到了甚为尖锐，如同告诫般的警告。1791 年 7 月 14 日，伯明翰圣堂路上的一家饭店里举行了一场“巴士底宴”，旨在庆祝法国革命的成就。一群人气势汹汹地聚在了饭店外面，大多是伯明翰的劳工和工匠，人数甚为可怕，赴宴者仓皇逃走后，人群洗劫了这家饭店。接着，他们继续向着城里著名的不服从国教者宅邸和工坊冲去，而约瑟夫·普里斯特利的图书馆和实验室则首当其冲。普里斯特利是月光社赫赫有名的成员，而该社团吸纳了不服从国教和怀带自由思想之人，这些人的信条是效忠“教会与国王”的人们所无法理解的。普里斯特利被迫逃离伯明翰，最终前往美国避难。国王对此评论道：“普里斯特利为自己及其党羽所立之信条所害。”

所以，在 1792 年初的几个月里，英国陷入了动荡，萦绕着由法国大革命带来的无名恐惧。2 月，托马斯·潘恩《人权论》第二部分出版，该书在社会福利方面提出了激进的观点，他建议给每个不满十四岁的孩子提供四英镑补助，用以支持他们上学，并对穷人免税。他还提出了给予老年人养 307
老金的方案“并非出于慈善，而是出于权利”。这对当局来说有些过头了，他们没料到事情竟闹到了这等地步，三个月后，政府颁布了禁止发布煽动性出版物的王室公告，矛头直指潘恩。

但这并没有阻止大众改革运动的发展，该运动旨在通过和平和修宪的方式推行其目标。伦敦宪法知识会循着谢菲尔德、曼彻斯特、诺里奇、米德尔塞克斯的榜样，提出了一条谴责伯克并赞扬潘恩信条的动议。这些新生团体在约翰·威尔克斯的早期信徒、语文学者、坚定不移的激进分子约翰·霍恩·图克的组织下在全国蔚然成风；其会员规模并没有扩展到几万人，而是大约几千人。但这些人都不是革命分子，而是支付会费，意欲推行宪法自由和扩大特许经营权的乡绅、贵族、议员、商人。

1792 年 1 月，一个皮卡迪利制鞋匠托马斯·哈迪在河岸街对面的埃克塞特街贝尔酒馆召集激进同僚开会。在会上他提出成立吸纳更广泛人群，每周收一便士会费的协会。经过表决，伦敦通讯会成立，该会将对会员数和会员成分“不设限”。很快，用哈迪的话说，该协会就吸纳了“商贩、技工、店主”，这些人中的屠夫、烘焙师、瓦工、鞋匠等从未参与先前的任何政治运动。与此同时，该协会表达了“对骚乱和暴力的厌恶”，重在改革而非革命或推翻政府。协会会员们发起了争取成年男子选举权、召开年度议会、降低律师费等运动。

威斯敏斯特的政客们无意让这种单一的协会形式大行其道。1792 年 3 月，议会中的一群年轻辉格党人成立了人民之友社，致力于寻找改革议会的可能性。这个协会的出现，实际上让一些相信鼓动改革议会是误
308 入歧途甚至危险的辉格党同僚陷入了尴尬的境地；然而与此同时，这些年轻人同较为激进的改革派也渐行渐远，因为他们反对成年男子选举权和召开年度议会。他们被困在中间，引起了左右两派的猜忌和厌恶，所以毫无影响力。

那年的春天很是炎热——3 月中旬气温达到了华氏八十二度——在这个与季节不相称的温热气候之下，某种狂热或疯狂呼之欲出。小麦收成并不好，八九月间的倾盆大雨让农民苦不堪言。农田的状态常常会直接影响到国家的状态，从某种意义上说，农田便是国家生动、可见的形式。前些年

的繁荣如今岌岌可危，人们都担心经济会崩溃。

欧洲骚乱的消息让一切雪上加霜。据报道，不伦瑞克公爵率领普鲁士与奥地利联军于 7 月开赴巴黎，一场由旧欧洲贵族领导的反革命军事行动在所难免。法国的成年与青年男性都被动员了起来，许多人蜂拥进入首都，8 月 10 日，国民公会决定废黜国王，理由为通敌。随着法国边境的要塞纷纷向侵略军投降，恐慌与猜忌进一步加深。人人自危。于是就发生了所谓“九月屠杀”事件，教士和贵族——许多已经被赶进了监狱——遭到杀害。雅各宾派如今统治了巴黎，在罗伯斯庇尔、马拉等统治者的命令之下，又有数千名公民被打入死牢。断头台成了新国王。

威廉·皮特及其同僚对不伦瑞克公爵率军入侵法国一事并没有表示欢迎。革命的法国，尽管无法直接控制，但总好过被奥地利和普鲁士掌控。不管怎样，法国人群情激奋，在新成立的国民公会中，暴力的共和派如今竭力要求立即开战。

人们普遍认为不伦瑞克公爵训练有素的军队将不费吹灰之力击败纪律松散、武装落后的革命公民。但凭着一腔革命热血，“citoyens”（公民）守 309
住了防线，他们不愿对自由女神之敌投降，出于全新的动机，全国上下都做好了防御的准备和组织动员。9 月 20 日，奥地利和普鲁士联军在法国东北边的瓦尔米被挫败了。那里并没有发生正式的战斗。其实是不伦瑞克公爵自己乱了阵脚，他面对的是数以千计的法国士兵，尽管军容不整，却依然唱着《马赛曲》，高喊“Vive le nation！”（国家万岁）公爵从未见过这种军队，于是他下令撤军。瓦尔米战役在世界战争史上，算不得非常著名的交战，但在世界史上，无人不知无人不晓。旧战争时代训练有素、装备精良的军队，竟然让道给——怎么说呢？乌合之众？业余军队？当时正在普鲁士军营中的歌德预言道：“从今日起，世界历史新纪元开启了。”一个普鲁士上校也表达了类似的情感：“我们输的不只是一场战役。我们的信誉由此扫地。9 月 20 日让世界呈现了新样貌。这是这个世界最为重要的日子。”次日，法兰西第一共和国宣告成立，而瓦尔米战役将开启一场持续了整整一代人之久的战争。

整个法国弥漫着胜利带来的激动与喜悦。如今是时候更进一步，追求天下共和的理想了，即让全体欧洲人民获得自由。法国人说他们已经除掉了暴君，推倒了宫殿，根除了教士的权力，将教会和国库的财产充公，从而降低了穷人的税款。到了 11 月初，法军已经进入了蒙斯和布鲁塞尔，并夺取了萨伏依和尼斯，意大利和西班牙都面临着威胁。“我们必须破坏欧洲所有的内阁，”革命党布里索如此说道，“我们必须在欧洲的四角点上火焰。”万物的新秩序已经诞生。

皮特及其同僚如今对奇迹般复苏的法国十分警惕。如果法国吞并了奥
310 属尼德兰（比利时），必然煽动联省（尼德兰）反对奥兰治王朝。法国将很快拥有强大的海军力量，并直接威胁英格兰的边境。

不伦瑞克公爵撤退后重新响起的自由呼声让英格兰的政治改革者激动万分，以至于 10 月份的《泰晤士报》写道：“警察应该好好看看那些革命贩子，他们正在到处张贴海报，煽动暴民叛乱。”然而皮特政府的反应很是怪异，他们萎靡不振、谨小慎微。据说，普遍认为如果城镇发生叛乱，军队并没有力量平乱。政府似乎也不想和法国宣战，他们担心人民无法容忍自己的国家同新成立的共和国发生冲突。到了 11 月，来自国内各地的警告传到了内政部，据报“下层之人”正在聚众策划阴谋，武器都已筹集完毕，就藏在某些营房里。当政府决定在国内一些地区召集民兵的时候，福克斯及其同僚勃然大怒。“坦白说，”福克斯说，“如果他们真这么做，我就不客气了，我会觉得他们被吊上法国灯柱也是罪有应得。”在法国恐怖统治时期，受害者都被吊死在灯柱上。12 月，托马斯·潘恩在不在场的情况下，因发表《人权论》第二部分而被认定为犯下了煽动性诽谤罪。

福克斯曾说过，当时的政府是在重新唤起内战的记忆，确实，英国正面临严重分裂的威胁。有改革派的地方就有效忠派，后者会在治安官和警察微妙的鼓励下亮明自己的主张。比如在 1792 年 11 月，“保卫自由与财产、反对共和派与平等派协会”在伦敦的皇冠与船锚酒吧中成立了。最惹人注意的事件便是“焚烧潘恩”，这位作家的塑像被扔进了火堆。11 月，一群效

忠派在切姆斯福、埃塞克斯等地焚烧潘恩的肖像，当地一家报纸是如此报道的：

> 摇唇鼓舌、臭名昭彰的汤姆[①]·潘恩塑像在城里展出，是个坐像，由四个男子扛着。他一只手里拿着《人权论》而另一只胳膊下面夹着女士胸衣（他以前是做胸衣的），他头上戴着个假自由帽，脖子上挂着 311
> 缰绳。他身前的横幅写着：“来看叛徒啊！出于嫉妒、自私、野心等卑鄙目的，差点让这个幸福国度血流成河！”

据报道，全国各地发生了四百多起这样的焚烧事件。

就在同一个月，局势进一步升温。巴黎的国民公会宣布法国政府及人民承诺给予所有“属民”以“博爱”，并宣布“所有政府都是我们之敌，所有人民都是我们之友”。这是在公开邀请以英格兰及其盟友为首的全欧洲国家中的改革派或民主派起义。皮特开始做准备，以防万一。民兵被调往伦敦附近，伦敦塔加强了防卫。激进俱乐部受到了更加紧密的监视，外国人则由牛津大学基督教堂学院的毕业生担任成员的“涉外办公室”进行管理和庇护。伊丽莎白统治时期由弗朗西斯·沃尔辛厄姆领导，克伦威尔统治时期由约翰·瑟洛领导的情报工作，如今变得愈加专业。

1793 年 1 月 21 日，传来了最令人难以接受的消息：路易十六被斩首，他身首异处的时候，八万名武装人员高声喝彩，靠近断头台的围观者好奇地用手指或手帕沾了国王的鲜血。“好咸呀！”一个人喊道。驻巴黎的美国外交官古弗尼尔·莫里斯对托马斯·杰斐逊预言道：“原本沉着冷静的英国人，将对法国表现出前所未有的恐惧。”伦敦剧院被关闭，所有买得起黑衣服的人都参加了悼念。哪怕支持法国的福克斯都宣布此事“残忍不公、大逆不道”。惩凶与愤怒的呼喊声在大街小巷此起彼伏，国王乘坐马车出宫的时候，四周净是“同法国开战！”的叫喊。据说巴黎如今被虎狼统治。

① 汤姆是托马斯的别称。

一语成谶。1793 年 2 月 1 日，国民公会向英格兰宣战。这场战争同样
312 也波及荷兰，法国在战争刚开始便下令入侵该国。皮特应战，但十分克制，并且认为任何战争都打不久。他的目标是在欧洲战场为盟军提供经济援助，而自己的海军则专注于蚕食法国殖民地。人们普遍认为皮特旨在吞并法属西印度群岛。截至 1793 年夏天，首席大臣向俄国、奥地利、普鲁士、撒丁岛等诸方提供了金钱援助。不让任何国家独霸欧洲十分重要，所以他派遣武装部队包围了法国北部。这或许可称为“权力平衡”。黑森雇佣兵被征召进英国军队，但国民对常备军的厌恶限制了其部署范围。但国家此战的目的依然存疑。皮特到底想要在欧洲打败法国，还是想夺取法国的海外资产？似乎没人拿得准。

战争的开销，外加对盟友的援助，已经引发了惊恐，并导致 1793 年刚开始的几个月间信贷系统崩溃。人们想要把钱放到更加安全的地方，于是发生了挤兑，破产数量一年内翻了一番。沃尔索尔的工业家斯蒂芬·巴伯要求将一份汇票立马兑现，“国家（郡）陷入了这样的境地，我们没钱继续做生意了”。或许只是巧合，皮特据说这段时间酒喝得更凶了。

然而他的政治地位得到了空前的巩固。比较温和或没那么激进的辉格党成员觉得必须和查尔斯·詹姆斯·福克斯，尤其和他对法国革命事业大呼小叫的支持划清界限。在战争时期，这必然是不爱国的表现。到了 1793 年初，一个辉格党大人物威廉·温德姆宣布成立“第三党”，该党寻求一条介于皮特和福克斯之间的路线，同时支持对法战争。由《剑桥情报员》所谓“中间阶层携手温和改革的公开、积极的拥护者”组成的“政治中间派”横空出世并非巧合，这与新“中间阶级”（或“中间阶层”）的兴起密不可分。

战争似乎进展顺利。奥属尼德兰解除了法国入侵的威胁，这大多归功于黑森雇佣军的强大，而英国海军也继续控制着海洋，同时计划朝法国殖
313 民地进发。1793 年夏，土伦的一群反革命武装人员攻占了港口并将其移交给英国人。但他们低估了法国人锲而不舍、勇猛顽强的精神。土伦在年底又被法军夺了回去，而荷兰和比利时依然岌岌可危。甚至远征法属西印度

群岛的舰队也遭痢疾和传染病重创。法国的“levée en masse”（全民动员）策略，即把全体人民都派上战场，标志着一种新的战争形式产生。法国人不计伤亡奋勇向前，不靠补给就地取食，由此更为灵活机动，且气势汹汹。英国及其盟军多次眼看就要获胜，战况却又陷入胶着，有时候被敌人拖到筋疲力尽而迫不得已选择撤退。当时有一句流行语：没败，但撤退了。1793 年 9 月的翁斯科特战役中，约克公爵试图围攻敦刻尔克，但敌军人数远胜于他，前仆后继不断发动攻击。他最终迫不得已撤军，尽管约克公爵的士兵士气全无，但法军也无力追击。这场战役或许可以作为欧洲大陆战争的写照。

1794 年 1 月 21 日，议会再度召开，大臣们报喜不报忧。尽管约克公爵没能打下敦刻尔克，但奥属尼德兰依然是自由的。尽管没能占领西印度群岛，但夺下了多巴哥。撒丁岛和西班牙通力合作。英国海军依然控制着海洋，法国商船不断受到攻击。奥地利和普鲁士并没有如预想的那样提供军事资源，再者，这两个国家一直处于相互猜忌的状态。当然，这是后话。

议员们将注意力转到了国内。5 月 12 日，托马斯·哈迪、约翰·霍恩·图克，以及十二名其他人员被逮捕并以叛逆罪遭到起诉。哈迪带头在贝尔酒馆组建了伦敦通讯会，而图克则在全国运动中协助组织激进社团。哈迪被从皮卡迪利的鞋厂里带走，各类伦敦改革社团的文件被统统收缴。议会新成立的保密委员会有一份报告总结道：5 月 16 日，所有这 314
类组织“都将被定性为阴谋叛乱并颠覆现有法律与宪法，以引入肆虐法国的无政府混乱体系”。两天后，《人身保护法》被中止，政治犯将不经过审判直接遭到关押。施行该举措的理由是为了防止发生在巴黎的暴行重演。

关于哈迪等人叛逆的诉讼于 9 月 25 日起在老贝利街开启，诉讼期间针对该罪名的本质进行了许多技术性的探讨。哈迪是首个因为证据不足无罪释放的人，他被欢呼的人群以胜利者的姿态抬出了法庭。诉讼期间，街上全是乌泱泱的人群，法庭内部也坐满了激动的旁听者。图克随后坐上了被告席，八分钟后即被无罪释放。最为激进的演说家和演讲家约翰·瑟尔沃尔是第三个被判无罪的。政府随后宣布对其余人员撤诉，这让仍聚在伦敦街道上的人群欢呼雀跃。被告之所以被判无罪，仅仅是因为没有足够证据能定他们死罪。

尽管起诉失败，但改革支持者的斗志也被消磨了不少。如今正在和法国打仗，法国自然是敌人，巴黎的多起血腥事件也浇灭了支持法国的热情。被控叛逆的威胁尽管解除了，但影响甚大。举例来说，宪法知识会不再于伦敦集会，霍恩·图克不再涉足政治。

这个时期被称作皮特“恐怖统治”的开端，而其顶峰则出现在四年之后，当时被捕的改革派数量大增，有时候会被拿来和马拉与罗伯斯庇尔在巴黎施行的恐怖统治相提并论。然而，就算是这样，与法国相比，英国“恐怖统治”期间鼓舞人心之事与被处死的人数显然要少得多。对社团成员长期连续的打压确实很有效地让其中一部分人闭上了嘴。但据估计这十几年来，只有约两百人像图克和瑟尔沃尔那样遭到起诉，而且其中有一些被无罪释放。这听起来怎么都不像是革命。

1794 年初夏，海军上将豪在大西洋击败法国舰队，被世人称作“光荣
315 的六月一日海战”，此事或许能更好地表达当时的国民情绪。胜利的消息传到伦敦，歌剧院暂停演出，听众席上响起了《统治吧，不列颠尼亚》和国歌。伦敦城张灯结彩，国王夫妇前往朴次茅斯迎接凯旋的舰队。

次月，已经抛弃福克斯和谢立丹的较为保守且忠君的辉格党人同意加入“爱国者皮特”（皮特有时候被这么称呼）政府。皮特从未自称托利党人，反倒常说自己是“独立的辉格党人”，尽管如此，19 世纪的托利党由此奠基。然而，在当时那个阶段，似乎更应该称其为致力于国家团结的强大政府。该政府的凝聚力随着 7 月 27 日巴黎发生政变一事得到了极大提升。当时罗伯斯庇尔和雅各宾“恐怖”的煽动者们被三下五除二地送上了“断头台”。但此事绝不意味着来自法国的军事威胁消除了。波拿巴准将调兵遣将的能力已经被认为无可取代。

英法战争已经进入了令人懊恼的胶着阶段，显而易见英格兰及其盟友

的陆战能力和英军在公海的表现相差甚远。英军还在苦苦支撑，而盟友们却开始勾心斗角。普鲁士人不信任奥地利人，哪怕法军已经逼近荷兰边境，英国人还在斥责荷兰人。盟军总是习惯于分出兵力处理各种偶然事件，导致法军愈加壮大，可以说法军靠的是人数而非革命热情取胜。

在英格兰国内，饥荒带来了史无前例的灾难。这是导致骚乱的最大原因。托马斯·富勒已经出版了《箴言集》，并在书中记录了当时的谚语。“权宜之计也是计。”“饥荒时没人会挑三拣四。”“饿肚子的人不会挑肥拣瘦。”“饿狗会吃脏布丁。”饥饿的男女小孩当然几乎什么都吃。到了1795年末，物价和1790年相比上升了30%。

斯宾汉姆兰的治安官在伯克郡纽伯里附近的鹈鹕旅馆召开会议，试图 316
缓和民不聊生的现状，同时转移民愤。会议得出结论：如果面包的价格上涨到一定程度，教区将出钱给穷人进行补助。该福利制度看起来十分有效，而且也被其他郡县所采纳，得名“斯宾汉姆兰制度”。事实上，该制度很快就成了一项国家制度，多塞特郡和约克郡等地都有采纳。但也遭到了批评，有人觉得该制度人为压低了工资，农场主觉得既然教区会对工人的收入进行补助，那就没必要给工人付工钱了。有些人认为该制度令人无心工作，还有人抱怨教区的巡察员因为没给足补助遭到了劳工的威胁。由此开启了针对“福利依赖”的争论，并一直延续到现在。

不论多么开明的规定，都不足以抵挡来自承受了皮特“恐怖”打压的改革派社团的怒火。6月底，伦敦通讯会组织了好几千人在泰晤士河南岸的圣乔治教堂集会，要求停战并降低物价，集会者重提了成年男子选举权和召开年度议会等老诉求，但主要的呼声还是“面包！面包！”印有“要么自由富足，要么奴役贫困”字样的一篮篮饼干在人群中分发。此次运动并非像去年那样拜雅各宾派激进主义所赐，而是汇集了国人更为强大的愤怒、沮丧、饥饿。伯明翰、考文垂、诺丁汉、萨塞克斯等地也爆发了缺粮骚乱。7月，一些抗议者砸碎了唐宁街皮特住处的一块窗户，皮特不无讽刺地对母亲形容道：“一块鹅卵石而已。”次月，谢菲尔德宪法知识会在克鲁克斯莫尔举行户外集会，模仿《路加福音》中的场景，恳求道：“我们要面包的时候，请人民之父不要给我们石头。”[①]

新一轮议会于1795年10月29日召开，面包价格再创新高。皮特的马车被群众包围，人群嘲讽地大喊：“皮特下台！停止战争！面包！面包！和平！和平！”国王自己的马车也被一群不怀好意者包围，马车玻璃一度被石头或子弹击穿。一个卖唱者因以一便士的价格沿街叫卖潘恩的《人权论》而遭到
317 逮捕，但很快就被人群救出，并用椅子将他高高抬起，以示胜利。皮特借此机会提出了所谓“进一步维护国王人身安全”的法案，以及《双法》（又称《禁口法》），旨在限制集会权利并扩大叛逆罪的适用范围。所有五十人以上的公开集会都必须在当地治安官的监督管理下进行；所有集会或公开演讲都必须以书面形式事先告知并提供内容细节。在打击叛逆的法案中，如果有人提议杀死或囚禁国王将被处死，更有甚者，若试图改变国王的劝告或观点一样会被处死。皮特还召集更多民兵前往伦敦，并对威廉·威尔伯福斯说：“我如果辞职，不出六个月就将人头落地。”威尔伯福斯意味深长地评论道：“我知道，他觉得人民会发生暴乱。”为皮特看病的医师沃尔特·法夸尔也说道“他的胃损伤严重，肠道也十分紊乱”，并将其归咎于“公务操劳过度，长期关注焦虑和利益之事”。所以，皮特十分坦诚，他害怕革命。

对于他的判断是否正确并无定论。尽管《双法》十分严苛，但并没有得到严格执行，通常都只是做做样子而已。到了11月，哥本哈根区再次爆发抗议集会，对此，当时有人做了如下记录：

> 你或许在文件上看到集会人数众多。但这种说法并不真实。按一整天来算，无疑是有几千人来过现场，但他们并非同时在场。我大约两三点钟去了那里，我不觉得现场的人数能达到五百，而且我去的时候，人数是最多的。

这和凡尔赛宫前的游行有着天壤之别。

① 指《路加福音》中耶稣用五个饼让五千人吃饱的故事。

毋庸置疑，确实有一群革命激进分子想趁着英格兰民生凋敝兴风作浪，他们中有些来自爱尔兰，有些来自法国，有些是土生土长的革命派。关于秘密集会和阴谋的报告传到了内政部，但什么事都没有发生。这就产生了 318
一个更大的问题，即英格兰是否对席卷法国的革命骚乱完全免疫。关于该问题有许多解释，但都只说中了一小部分。确实，英格兰同法国交战大大削弱了共和理想的激情。怀疑一切的态度更加坚定了英国人保守的本质，英国人习惯于业已建立的秩序和一贯存在的传统。正如我们所观察到的那样，埃德蒙·伯克在他的演讲和小册子中赞扬了管理的重要性以及国家的延续性，仿佛已逝者、在生者、未生者之间早已签订了协议。

教会的角色也不能被低估。影响甚广的教会体制抚平了宗教动乱与分歧。主流宗教都理所当然地认为人生来不平等，这无疑是有利因素。安立甘宗和卫斯理宗凭借将忠诚与服从奉为美德这一主张将教众团结到一起。时常有人提出英格兰的“下层民众”除非受到上层阶层的鼓动，不然绝对不会揭竿而起。1381 年的农民暴动和 1811 年破坏机器的卢德骚乱或许只是例外，但 18 世纪 90 年代则是对这一论点实打实的驳斥，当时并没有心怀不满的贵族在带头起事，相反，巴黎的运动倒是由贵族领导的。

还可以列举出一些对于英国人缺少革命激情更为微妙的解释。英国人一直被认为是一个注重实践、务实的民族。这便是为何英国人引领了工业革命的进程。另一方面，法国则以思辨、激情著称，他们会跟随如鬼火般飘荡的理论和理念亦步亦趋。这至少是一种漫画式表现手法。而顽固的农民是否会赞同，则是另外一回事了。

不管怎样，许多当时的英国人认为革命已经失去控制，在基本原则的驱动之下，偏离了正常轨道。狂热的法国革命者把身边的事件看作一场奇迹剧，并认为自己在其中扮演了重要角色。他们觉得自己代表人民，他们觉得自己代表国家意志，他们觉得自己代表“la patrie”（祖国）。威廉·皮 319
特认为这是“一种侮辱不幸国民的暴政，将自身专横的法令称作人民之声，拿国家意志作为伪装，为压迫和残酷正名”。

另一个国家迷思正在海峡对岸上演。自光荣革命（或许更早）以来，英国人习惯于相信自己生活在自由的土地上。这种信念早在13世纪就有迹可循，而在16世纪，或许已经成了国民的共识。尽管事实并非如此，但这并没有阻止那些鼓吹此事之人，他们中的许多人会逮住机会就宣称“英国的自由”遭到了威胁。这便是许多英国人的切身感受。他们不太可能跟随丹东或罗伯斯庇尔甚至波拿巴。在多数情况下，他们依然支持乔治三世、
320 威廉·皮特、君民和谐，尽管国王已疯、民生凋敝。

29

疯　王

1742 年春，戴维·加里克在怀特查佩尔的古德曼广场剧院首次饰演李尔王。当时二十五岁的他，展现出了超越年龄的成熟与野心。两个友人从正厅后座观看他的表演并提出修改建议。他仔细聆听，还做了笔记。六个星期后，他再次表演了同样的剧目，并造成了轰动。舞台上的李尔王毫无矫饰，他惊慌失措、瑟瑟发抖，从哀婉到愤怒，由失望到悲伤，让“观众们深陷情感的旋涡而不能自拔……他的表演被此起彼伏的抽噎和哭泣声打断”。泪水在社交世界不可或缺。托马斯·格雷得知读者在读他的《乡村墓园挽歌》(1750) 时，每一行都会落泪。议会成员也常常在争执过后情绪失控泪流满面，不得不被人带出场外。据报道一个名叫乔治·蒂尔尼的议员“抽噎到无法说话，我从未见过如此动情的场景”。

霍勒斯·沃尔波尔记录了两个刽子手争抢一根绞索，这根绞索曾用来吊死一个臭名昭著的强盗：“输的那人哭了。”当时的著名诗人，人称“利奇菲尔德的天鹅”的安娜·苏厄德，回到她儿时常去的地方，“泪水夺眶而出，我在那可爱的村庄里停留了五个小时，几乎一直泪流不止”。爱哭大王的称号非她莫属。 321

从时人对加里克演绎李尔王的评论中，我们能明显看出 18 世纪人们全新的情感表达方式。当他咒骂女儿忘恩负义时，观众们“似乎都在畏缩躲闪”。加里克每每表演到精彩之处，观众们必报以雷鸣般的掌声，加里克悄声对台上另一个演员汤姆·金说：“妈的，汤姆，这样就够了。”

据说加里克“真诚而自然地讲述悲剧”。这话说出了关键所在：这是自然流露而非艺术创作。这是体现真实感受的语言。这是一门全新的艺术，关乎低语，关乎姿态，关乎毫无造作的发音。尽管如今看来这样的表演荒谬可笑，与现实相差甚远，但并没有关系。对于自然或写实的定义会不断更迭，并推陈出新。加里克扮演麦克白的时候，他转身对第一名刺客说：“你脸上有血。”而剧本中并没有这句台词。扮演刺客的倒退一步，伸手摸脸。“天啊，真的吗？”他听到了和他同台的演员用正常人的语调说话，这让他惊愕不已。新古典主义戏剧建立在得体、激昂、庄严之上。而其后继者，或许可称之为浪漫主义，则倚仗生动、活泼，以及更为逼真的细节。

加里克表演的并不是威廉·莎士比亚笔下的李尔王。在18世纪，莎士比亚的原版被认为过于粗糙、过于散乱。不符合戏剧三一律。从许多方面来说，索然无味。结局也不尽如人意。加里克表演的剧本是1681年由内厄姆·泰特改编的。这个剧本才被认为是像样的《李尔王》，才是能为人所接受的《李尔王》，涤除了所有荒谬与淫秽。泰特本人则将莎士比亚“老旧诚实的剧本”中的场景称作“一堆未经雕琢的玉石”。

泰特的剧本中，弄人这个角色被完全删除，因为悲剧和闹剧被认为无法兼容。同样，在这个版本中，科迪利娅爱上了埃德加，让剧情变得更为柔和。结局也平和了许多——李尔王、埃德加、科迪利娅重逢并从此幸福地生活在一起。当时的一个批评家认为，泰特改编的《李尔王》“对于观众来说，总是更容易接受的”。科迪利娅和埃德加的爱情“总能让观众泪如泉涌，而他们的眼泪又在高尚的喜悦中进一步释放，并得到升华”。当时人们
322 的普遍情感由此一目了然。剧评人托马斯·库克更钟意泰特的版本，“因为几乎每个角色……都称得上是横遭恶毒惩罚”。他还说：“我读了许多布道文，但记不得哪篇能像这部剧这样给人上一堂如此好的道德课。”毋庸讳言，检验真艺术的标准是伦理而非美学。

当时的观众无法忍受莎士比亚剧中的悲剧与恐怖。如果加里克表演的版本就能让观众泪流满面，那他们看到李尔王死去，该如何应对？葛罗斯特被刺瞎双眼的情节被安排在幕后小心翼翼地上演。甚至莎士比亚严厉的编辑塞缪尔·约翰逊都无法做到重读该剧末尾的几幕，直到最后，他出于职责不得不这么做。似乎他与其同代之人都害怕面对疯狂或深刻的情感。从许多方面来看，那个年代全然不是个自信或稳定的时代。而是个需要安抚，需要慰藉的时代。

加里克在随后的演艺生涯中，一直在表演国王发疯这一段。他会根据不同的表演场合缩减或调整台词，有时候会重新加入更接近莎士比亚原版的剧情。人们在他即将表演的剧场外买票，一站就是几个小时。当他于1774年再次表演该段落的时候，作家哈拿·摩尔说："太悲伤了，我都快要窒息了：不是那种在演得很好的剧中感受到的浅薄的伤心，而是真实困境带来的深层的、巨大的悲哀。"加里克在首次进入怀特查佩尔剧院三十四年后，于1776年6月表演了最后一场《李尔王》，并于一个月后告别舞台。他的告别演出为观众带去了前所未有的情感盛宴。乔舒亚·雷诺兹爵士看完他的演出后连续三天卧床不起。加里克在最后的《李尔王》表演中，加入了新的场景，并穿上了更加华丽的古代服装。不可否认，台下欢呼喝彩的景象"无法用言语描述"。不论何时，只要他上台，抑或下台，都会收获雷鸣般的喝彩。

所有情感的中心汇聚于失了心的老国王在荒原怒吼的"疯狂一幕"。这一幕被加里克的朋友本杰明·威尔逊于1762年画了下来，作为魔法或神迹的习作。加里克在画中呈站姿，伸展双臂，身穿衬衫马裤，披着白貂皮镶边的红袍。哪怕看上去很黯淡，这也是王室的装束。他朝风暴肆虐的天空 323
举起右手，全身笼罩在电光之中。这张画被制成了印刷品或陶器图案，成了疯癫的象征，并被运用到许多其他作品中。

技艺更为精湛的艺术家本杰明·韦斯特于十六年后画了同样的风暴场景，以亨利·菲尤泽利或者甚至是威廉·布莱克的风格，描绘了一个哥特式噩梦。从某些方面来看，这幅画上的国王和威尔逊的版本有些近似，但戏剧化的人物形象和充满表现力的风格体现了情感上的巨变，当时的世界一扫新古典主义的节制，充满了浪漫主义的狂野。在威尔逊的习作上，李尔很像一个醉心于伤感的18世纪人物，而韦斯特的版本上，国王因悲痛而失心。他指着风暴，仿佛要在彼处宣示主权一般，表情里夹杂着恐惧与向往。该画长约十二英尺宽约九英尺，因而对于欣赏者来说它必然是高悬的。1789年春，奥尔德曼·约翰·博伊德尔在蓓尔美尔街上建起了“莎士比亚画廊”，并收藏了这幅画作，一方面是为了致敬这位国之天才，另一方面则将其用作激情至上这一新品味的范例。该画自然还可以同上一代卫斯理派传道者支配其会众的高涨激情联系到一起。加里克被描述为引进了“一个新的宗教”。这是个理智与讽刺的年代，同时也是个狂喜的年代。

我们或许能注意到一个离奇的巧合，即韦斯特创作这幅画的时候，也就是1788年，真的有国王疯了。乔治三世开始语速飞快地说个不停，间歇性地陷入谵妄状态。本杰明·韦斯特在这时和国王已经很熟络了。1772年，乔治三世任命他为宫廷历史画家，韦斯特还为国王绘制了两幅肖像。他对国王近距离观察了数年，不难确信李尔王的失心形象会带着些许乔治三世的影子。1788年夏，韦斯特给国王展示了一幅温莎城堡的新风景画，上面出于某些原因还画了头狮子。国王坚称那头狮子看上去像狗，说完就在画上胡乱涂写，接着还自己画了起来。他画的时候用尽全力，嘴里喋喋不休。
324 情况有些不对。

不管怎样，那个年代多的是疯狂。精神失常和抑郁这一对“伙伴”被称作“英国病”。这归咎于英国人被困在鬼怪横行的岛上，有着与生俱来的敏感和爱幻想的特质。据说加里克本人就参观过贝德莱姆疯人院，为了研究疯子们的语言和动作。他想要在艺术中加入些许自然。观看加里克表演的一个评论者写道：“正如疯狂被定义为基于错误原则的正确推理，疯子的语言与行动是有连贯性的。”加里克做到了这一点。然而，根据另一个观察者的说法：“加里克全然展现了在两种强烈情绪之间快速切换的冲击力，前一刻还怒不可遏，下一刻便泰然自若。”通过研究韦斯特的绘画，评论家乔治·坎伯兰提出国王“丧失理性的根源在于其多愁善感而非火暴脾气，抑或混杂着注意力消散的极度敏感”。

李尔王发疯的根源仍存在争论。是因为丢了王位震惊所致？还是因为女儿忘恩负义气愤所致？ 18 世纪的上层人士对精神失常十分着迷。

亨利·菲尤泽利称，一个参观过贝德莱姆疯人院的医生认为里面关的人大多是情场失意的妇女，其次是“出租马车或驿站马车夫”，他们由于马车不断摇晃，而导致松果体机能紊乱。然而加里克不仅参观了贝德莱姆疯人院。他还在自家附近做了案例研究。某个绅士和加里克的一个朋友同住在古德曼区莱曼街上的一栋房子里，一次，这位绅士和他两岁大的女儿在一扇敞开的窗户旁玩耍。他一不小心没抓住女儿，小女孩掉到了楼下的人行道上当场毙命。这个男子从此精神崩溃，“一直待在床边，悲痛地大呼小叫”。他在接下去的日子里，都会走到床边，和一个看不见的小女孩玩耍，没抓住，女孩掉了下去，然后整栋房子里都萦绕着“撕心裂肺的尖叫”。接着他会陷入无声的忧郁，慢慢环顾四周，看着这宿命般的场景，“他的双眼会直勾勾地盯着某一个东西不放，有时会慢慢环顾四周，仿佛在恳求怜悯”。加里克表示自己就是在那里“学会了如何模仿疯子”。据一 325
个看过加里克表演的人说：“他不会突然开始表演，没有迅猛的动作，他会慢慢地、虚弱地挪动，痛苦溢于言表。他极为蓄意地转头，眼神直勾勾的，如果有人进入他的视线，他会停下，接着过了许久才把视线聚焦到那人的身上……”

因为人们认为发疯是可以治愈的，所以就出现了许多治疗方法。乔治三世就吃了所谓“疯癫药”，这种药会导致发炎、发疹，以及严重的机能紊乱。著名的詹纳医生用“让病人难受的吐酒石”和樟脑水来治疗疯癫病人。一些水疗也被认为对健康有益。一个名叫杰索普夫人的疯女人就是在巴克斯顿泡温泉泡好的。据第一代埃格蒙特伯爵所说：“她现在行为举止十分老成，还有了个情人。”

乔治三世生性急躁冲动，让原本就紧急的国事火上浇油。他还说：“朕欲将子嗣好好培养，使他们各就其位，为家族所用，光耀门楣，此事实让朕心焦。”他在 1788 年秋完全精神崩溃，据说“他这种情况肯定是回天乏术了”。

国王扼住长子的喉咙，将其往墙上撞，让对方说出到底是谁不准他轻声说话。威尔士亲王家中的主管会计杰克·佩恩上尉对外宣称国王在床上醒来的时候“肢体动作和连篇谵语表明他是个不折不扣的疯子”，他像狗一样嚎叫，心烦意乱地谈论着宗教之事。1789 年 2 月，范妮·伯尼有一次在邱园同被带出门透气的国王偶遇。据她所说，国王无法控制自己说话，重复说了 100 遍“不！”他谈到了亨德尔，还试着唱后者创作的清唱剧，“他嗓子沙哑至极，声音非常难听”。最后，他被关进了房间，晚上被绑在床上。到了那年年底，国王变得无比暴躁，不得不被套上紧身衣来约束行动。他有时还会被人用棍子抽打，这无疑遵循了早先的信仰，认为棍棒和暴力能够驱逐他体内的“魔鬼”。然而经过了强制约束疗法后，他似乎全然康复
326 了。他的疯病于 1801 年初复发，但很快就被认为能够继续统治国家，尽管他在很多情况下暴躁且焦虑。

乔治三世一如李尔王，人们对他的关注主要集中在国王的“双体”这一概念。即“自然之体”和与之相对的“政治之体”。自然之体和所有凡人之躯一样，会罹患各种疾病，而政治之体则毫无缺陷与弱点，且不会受到自然之体的影响。君主是具象化的国家意志。正是出于这个原因，加里克觉得哪怕在演绎疯癫的时候，也依然可以透露出些许王室的庄严。

18 世纪建立了旨在治疗精神错乱之人的慈善疯人院。尤其是富人们很愿意让疯癫的亲属接受私人护理，这样，对于那些失心之人，他们就可以眼不见为净了。进了精神病院的人，就如同被关进监狱，锁链、镣铐、腿锁、手铐等一应俱全，而且能肆无忌惮地使用。人们认为不驯的疯子身体不会得病，因此托马斯·威利斯才会在《两篇关于禽兽灵魂的论述》中建议“严加管理与管教”而不用考虑会对病人的身体产生后果。

疯人院当然会被拿来供人娱乐，最为著名的贝德莱姆疯人院直到 1770 年都一直对游人开放。次年，在亨利·麦肯齐创作的典型 18 世纪小说《性情中人》中，主人公评论道：“我觉得将我们人性中最大的苦痛暴露在仅给

门卫微不足道好处的闲人面前是不人道的行为。”

当然，乔治三世失心一事让天下再次弥漫着泪水。大法官瑟洛勋爵拜访疯癫的君王时“泪水从脸庞滑落，双脚颤颤巍巍”。王后也日夜以泪洗面，侍臣们“每每见到国王，都会流泪，甚至号啕大哭”。哪怕国王康复，也无济于事。范妮·伯尼听闻这个好消息后，对朋友倾诉道：“说真的，我白天哭了二十回。”

1810 年秋，在最宠爱的女儿去世后，国王再次陷入癫狂，病情变得回
天乏术。他现在有时会“狂暴到不得不加以控制，于是他就被绑了起来”。 327
国王的御医亨利·哈尔福德爵士总结道，乔治三世“全然失了心智，总和臆想中的人交谈”。一位廷臣说道：国王“再没有被当作人来对待。他被牢牢关在一台机器里，全身无法动弹。他有时候会被人用锁链拴在木桩上。他时常被打，还挨饿，在最好的情况下，他也会被人恶语相向”。难道这就是给国王享用的“珍馐佳肴”吗？他曾经是 18 世纪后期伟大的英国君王。在一幅版画上，他胡子拉碴、披头散发，俨然就是本杰明·威尔逊和本杰
明·韦斯特画上的李尔王。 328

30

兽与淫妇

说到那场与新成立的革命法国的战争，第一个映入人们脑海的英国大臣便是小威廉·皮特。他对国家部门并不信任，他自己就是个独立部门。海军部的一名官员写道："皮特先生在自家宅邸处理业务，他先签署文件，接着让另外两个勋爵依次签署。"皮特自己也说："权力不能有对抗或分割。权力必须集中在一个人身上，那个人通常被称作首席大臣。"他还说首席大臣不论金融还是战略都要尽在掌握。这种管理模式在实践中十分有效，浑身哆嗦的国王在他和政府之间几乎没有发生什么他所谓"不愉快之事"。

1795 年的战争先是陷入了僵局，接着迎来了失望。陆地战场因为英格兰及其盟友之间关于领土所有权的争夺而乱成一锅粥。奥地利、荷兰、普鲁士没能把握好时机。普鲁士最先同法国签订和约。荷兰最先向法国投降，并将莱茵河左岸割让给曾经的敌人。到了下一年，西班牙也改变了立场。因此，当下最紧要的便是把奥地利留在友军阵营，俄国人则几乎不在考虑
329 范围之内。皮特面对的是一场完全的陆地战争，纵然英格兰拥有强大的海军，却无力动摇欧洲战场的天平。再者，法国如今拥有三支海军，自己国家的、荷兰的，以及西班牙的。世界局势天翻地覆。

1796年，拿破仑当时最为人所知之事或许是从英军手里夺下了土伦，但他通过对意大利发动闪电战以及挥军继续向北挺进，直逼主要敌人奥地利而让世界震惊。“将士们！”他在皮埃蒙特前线附近的尼斯对麾下的军队说，“你们衣不蔽体、食不果腹，政府欠你们良多却一无所给。在乱石之中，你们的耐心和勇气值得敬佩，但并不能如华服般体现在身上。我将遣你们进入世上最肥沃的平原，最富饶的地区，最阔气的城市，你们很快就能将其占有，可以在那里获得丰收、荣誉、桂冠……你们会害怕吗？”这便是波拿巴的语言，扼要而夸张。

他征服了皮埃蒙特，建立起阿尔巴共和国，随后横跨波河的支流阿达河，击溃了位于伦巴第大区的洛迪的奥地利军队。这场胜利在拿破仑的军事生涯中举足轻重，他曾说在那一刻，他首次梦想誉满天下，该胜利宛如天使报喜。

危险从四面八方逼近英格兰。1796年末，法国在“爱尔兰人联合会”的支持下向班特里湾发动侵略。“爱尔兰人联合会”希望并相信能将饱受新教压迫的爱尔兰不服从国教者和天主教徒联合到一起，这些人或许能够成为在法国领导下的一支革命武装。侵略者甚至为他们的爱尔兰盟友购置了法国军服，让他们能够在预期朝都柏林进军的时候穿。狂风暴雨、惊涛骇浪击碎了所有胜利的希望。然而法国海军长驱直入，突破英国海军封锁的事实让皮特及其同僚担心法国会进一步冒险来犯。1797年2月25日，一些法国军队在菲什加德湾登陆的消息传到伦敦，但这其实只是一次无望的尝试，这些士兵向当地民兵投降了。330

侵略滋生谣言，谣言产出恐惧，恐惧轻而易举就变成了恐慌。拿破仑发兵了！挤兑银行一事被证明如同灾难，因为银行里并没有足量的金银供人兑现，于是英格兰银行不得不暂停现金付款，而改用一英镑和两英镑纸币作为法定货币。当时大街小巷流传着一首歌谣：

对于皮特和英格兰
人们说都没见着变戏法的烟雾

他怎么就把原本的黄金

转眼间变成纸了。

眼见法国可能进行军事干涉，“爱尔兰人联合会”的希望被再次点燃了。他们开始对农民进行武装和训练。但暴动的危险出现在离家更近的地方。4 月中旬，驻扎在斯皮特黑德的海军起义，船员的不满来自收入过低和出海时间过长。不到一星期，他们无疑是正当的要求得到了满足，舰队的海军上将坐在小船上，手拿国王的特赦状，由人划着对一艘艘军舰展示。次月，北方舰队的海员无疑因其战友的行动而壮了胆，在诺尔起义。来自不同军舰的代表聆听了战斗演说，演说词中提到“理性的时代终于开启。长久以来，我们一直在努力将自己定义为人。如今我们做到了。我们也应享受人的待遇”。

他们或许比斯皮特黑德的海员们更加坚定、更加危险，一度封锁了泰晤士河，但他们的起义最终还是遭到镇压，领头人理查德·帕克被绞死在自己的舰船上。帕克责备同伴变化无常、意见不一，斥责他们“懦弱、自私、忘恩负义”。他们其实是受到“爱尔兰人联合会”和其他革命组织煽动的说法在坊间流传，但并没有实实在在的证据。

与此同时，拿破仑·波拿巴已经踏上奥地利的土地。1797 年 4 月，他挥军北上，一直打到距维也纳只有九十英里的莱奥本镇，在那里停战并很快签订了法国和神圣罗马帝国（如今被奥地利和普鲁士占领）之间的初步
331 和约，和约上双方达成一致互不干涉内政。和约上的某些秘密条款割让了奥地利在地中海、亚得里亚海，以及奥属尼德兰的领地，而波拿巴大度地将威尼斯赠予了奥地利皇帝，这座水城上千年的独立从此被剥夺。“La Serenissima”（拉丁语，意为最尊贵的威尼斯共和国）从此一蹶不振。

这是法国人民热切渴望的和平。不幸的是，它让英格兰陷入了孤立无援的境地。皮特及其大臣们尝试过与巴黎达成某种和约，但被断然拒绝。第一次反拿破仑同盟失败。

波拿巴从最初担任下士开始，一步步走向个人成功，绝非偶然。是技

巧、运气、坚忍共同引领着他前进。他特别具有雄才大略，广为世人所知的是他倚仗炮兵而非步兵与火枪手，震耳欲聋的大规模炮轰之后，突击部队发动突袭，骑兵和步兵紧随其后发动攻击。获胜绝非仅靠人力，而是凭借波拿巴领导下的军队精神，让法军成为一台机动灵活、反应敏捷的战争机器。相比之下，奥地利和普鲁士军队的领导风格显得十分落伍。

波拿巴定了几条简单的规矩。补给和通信线周边必须时刻保证没有敌军。不断攻击。永远不要处于守势。把握时机乃重中之重。他会在脑中对每一场战役进行总体规划，并把细节都一一想好。他会试着完全按照计划执行，但也会在危急时刻随机应变。他是个勇敢的人，无畏至极，但同时也是个投机者，会在有利的条件下果断行动。“事故、危险、机会，不管你们怎么称呼，”他曾说过，“对于普通人来说很神秘，对于上等人来说却是现实。”他知道自己就是“上等人”，能够凭自己的意志塑造世界，他工作起来不知疲倦、当机立断、坚定不移。前一场征服或战役只是下一场的预演，他不断前进，扩张版图。他对手下的士兵说：“我们的任务并非防守祖国边疆，而是入侵敌国领土。”这是场无尽的战争。 332

他灰色的大眼睛几近呆板，但一个法国老将军坦诚道：“每次走近他，我都像个孩子般全身发抖。”他最为突出的特点便是求胜心切，并将胜利赋予麾下的士兵。“你们必须同自己的灵魂对话。”他说。黑格尔在耶拿城瞥见过骑马穿过街道，正奔赴该地区战场的拿破仑，他评论道自己看到了“世界的灵魂……骑在马上”。

不算与波拿巴的陆地战争，英国在海上还是有所收获的。1797 年 2 月，约翰·杰维斯爵士在圣文森特角击败了法国和西班牙舰队，九个月后，海军上将邓肯在坎伯当之战中击败了荷兰。马姆斯伯里勋爵两度带领使团前往法国议和遭拒，随后有人提议放弃陆地战场，进一步扩大对海洋的掌控，伺机夺取法国殖民地的财产和殖民地的归属权。但这被斥为失败主义。人们普遍仍想继续战斗，皮特在一番慷慨陈词后入座，下议院全场起立高唱《不列颠人，一举破敌！》。皮特还用了会让埃德蒙·伯克欢欣鼓舞的言语宣称，不论签下停战协定还是和约，都无法遏制法国“意图采用武力或欺骗等手段，颠覆其双臂所及之所有国家”的那一股“冲劲”。

所以战争继续，势头丝毫不减。这股气势汹汹、毫不妥协的精神让那些依然对革命和革命精神怀带些许好感的自由派辉格党成员感到沮丧。他们决定退出，或者更准确地说，离场。他们从议会座位上起身离去，心里很清楚不论自己说什么做什么，都无法改变政府的决定。如今，皮特获得了那些“温和”派辉格党成员的支持，从而立于不败之地。既然如此，那些“自由派”又何苦费心前往威斯敏斯特呢？反正他们的话也没人听得进去。这或许是个明智的解决方案，但对福克斯及其朋友的仕途来说则很不利。他们被斥缺少政治勇气，更别提忠君爱国了，而且将个人利益置于政
333 府的正常运转之上。其中有些人并没有无限期地远离政坛，福克斯也在随后的几年间发表了三四次讲话，但他们的缺席对于国家的改革进程造成了巨大打击。

战争需要金钱，这是理所当然的，而皮特则把全部心思投在增加财政收入上。他已经对砖、糖、酒、茶征了税，如今他又提出了一项大胆的解决方案，将所有纳税人根据支付能力分成三大类。该举措被称作“三部课征捐”，基于所谓钟表、马车、窗户等“消费性资产”进行征收，而窗户税早已于1696年开始征收。该税是针对消费支出课征的，但皮特还想试探另一种可能性。他暗示道，人们也可以基于自己的收入缴纳“三部课征捐”的税款。来年，他提出针对年收入超过六十英镑的人群征收累进税，尽管预计这一威胁人民自由的举动会掀起轩然大波，但最终还是被接受了。然而这些课税只在战争期间得到维系，战争结束后，所有税务所的记录都被销毁了。此举体现出人们对于政府“刺探”人民财务的情绪有多大。

波拿巴的阴影从未消失。课征这些税款完全因他而起。1797年冬，他的军队在法国沿岸集结，显然准备入侵。作为回应，英国政府召集当地官员，让他们询问每一位符合条件的男性是否有能力与意愿参军。1798年春，不出所料，某些英国激进社团的成员遭到逮捕并拘留。五名男子在马盖特被捕，当时他们正要登船前往法国。威廉·布莱克在一本书的页面空白处写道：“在1798年，想要捍卫《圣经》，必须赌上性命。兽与淫妇毫无节制

地统治了一切。”对于入侵的恐惧贯穿当年春夏，直到最后拨云见雾，波拿巴心中另有目的地。

“爱尔兰人联合会”受到了极度危险之气氛的鼓舞，于1798年春再次试图叛乱。此次动乱被冠以“大起义”之名，但实际上组织混乱、各自为政，很快就被扑灭。但某些爱尔兰人的革命倾向，以及其他许多人的深深 334
不满，让英国政府认为对于后续问题的最佳解决方案便是两国合并。尽管此事令人担忧、困难重重，并遭到国王和都柏林政府的深深猜忌，但还是被提交到了威斯敏斯特和都柏林的立法机关，经过两年拉锯，争吵有之、威胁有之、巧言有之，贿赂有之。1707年同苏格兰签订的《合并法》是通过贿赂苏格兰人买来的，如今，同爱尔兰合并的进城，也因为贿赂而加快，可以这么说，联合王国是由一罐罐黄金构想出来的。而新达成的合并，并没有得到所有参与者的支持。爱尔兰伟大的温和派政治家亨利·格拉顿如此形容自己的国家：“我看到她陷入昏迷，但尚未咽气——尽管在坟墓里她无助地躺着，一动不动，但唇上依然有着一丝生气，脸颊上依然有着一抹美丽。”

而此时，波拿巴已经率领舰队驶入另一片纷争之海。1798年早春，他放弃了明显的入侵之意，朝埃及驶去。这被证明是鲁莽之举，但乍看起来，占领奥斯曼帝国的那个行省能够从陆路直通印度这个声名远扬的财富之乡，极大地提升法国的贸易量。“将士们！”在航向土伦的途中，拿破仑对麾下士兵说，“欧洲的千万双眼睛正在看着你们！你们将完成宿命中的大业。”

首次登上历史舞台，注定将名留青史的海军上将纳尔逊在后面穷追不舍。他有着一股宿命感，以及天生的自我投射能力，这一点与拿破仑如出一辙。他在地中海来回寻找自己的猎物。波拿巴已经夺取了马耳他，随后向东驶去。纳尔逊航行至亚历山大港，但不见拿破仑的踪影，在黎凡特搜寻一番之后登船西行至西西里。依然找不到人影。经过几个星期的搜索，他终于在亚历山大港旁的阿布基尔海湾发现了拿破仑的舰船，法军已偷偷回来了。战斗的信号发出。“明天此时之前，”纳尔逊一如既往用他自负、雄壮的语调说道，“我要么荣封贵族，要么长眠威斯敏斯特教堂。”

335 在随后于8月初打响的尼罗河之战中，法军舰队一败涂地，只有四艘战舰逃脱了纳尔逊的屠戮。三千五百名法国水兵被俘，两千人被杀。英军战舰一艘未毁。拿破仑本人如今滞留埃及，一无舰队，二无增援，三无补给。英国海军再次统治了地中海，阿布基尔大胜促使土耳其对法宣战。捷报传来，英格兰的举国欢腾可想而知。英国官员乔治·普雷蒂曼在写给自己妻子的信中写道："波拿巴**必然被消灭了**，皮特先生对此很有信心。喔亲爱的，多令人高兴啊！"

这次来之不易的和平持续了十八个月，直到反波拿巴的军队结成了所谓第二次联盟，盟军来自俄罗斯、奥地利、英格兰。英军在傲慢的约克老公爵领导下于1799年夏末进入荷兰，在那里行了一会儿军，接着于11月回国。其他盟军也好不到哪里去。奥军与俄军卷入了内斗，沙皇于10月退出联盟。奥地利军则在来年被彻底击溃。法国的胜利大多要归功于将留在埃及的军队弃之不顾，孤身一人辗转回到巴黎并自封第一执政官的拿破仑。对于滞留埃及的法军来说，这一举动形同背叛。一位名叫让·巴蒂斯特·克莱贝尔的将军对同僚说："那个混蛋屁滚尿流地抛弃了我们。我们要回到欧洲，把他马裤上的屎抹到他脸上。"但对于波拿巴来说，个人荣誉和忠诚与他不断追寻胜利和荣光毫无关联。

如果英格兰想把针对拿破仑的战争打下去，就必须得先维持国内的风纪。1799年夏，威廉·皮特推出了《工人联合法案》，禁止任何工人以寻求提高工资或缩短工时的理由聚集，处罚最少也是三个月监禁或两个月劳役。"联合"早已非法，但当局依然认为应该扼杀任何类似政治骚动的活动。这会损害战争的努力。

值得一提的是，这些禁令所针对的是所有工人，而非某行某业，这就
336 带来了不公与压迫，且尤以制造业领域感受最深。然而，"秘密"团体在棉纺和毛纺工人中纷纷成立，对19世纪卢德骚乱的爆发起到了一定推波助澜的作用。早在1799年，威尔特郡的羊毛修剪工就给想要使用新机器的人发去了恐吓信。"我们会派人拿着上膛的大口径短枪或手枪看着你。"然而，一如往常，《工人联合法案》的执行混乱且没个定论，不同地区的治安官甚

至做出了大相径庭的回应。如同在威斯敏斯特制定的众多法律一样，该法最终收效甚微。

让骚动情绪进一步加剧的另一个原因是粮食匮乏。1800 年春，一位官员从伯明翰给内政部写信称：“数千人，尤其是孩童，几乎都在挨饿。”人们意识到，近乎饥荒的状态将让正在打仗的国家陷入极大的动荡。皮特在秋天写道：“是战是和的问题与物资匮乏息息相关，而后者比前者要麻烦得多，对于邪恶和愈演愈烈的危险，我看不到完美的解决方案。”他写这句话的时候，正值多事之秋。1800 年 9 月，伦敦马克巷的粮食交易所遭到洗劫，就因为之前纪念碑上贴了几张传单，声称“如果人们周一聚集在粮食交易所外，面包价格将上升到六便士才能买四分之一个”。次日，怀特查佩尔的几家烘焙店受到暴徒袭击，再下一日，出现了一张传单，号召“饥民们”在圣乔治教堂集会以“维护你们的权利。别管嗜血的士兵。我们会将他们击溃……”全国各地都掀起了骚乱，马修·博尔顿说，伯明翰到处都是士兵，整座城市仿佛像座军营。

政府政策也一片混乱。反拿破仑同盟摇摇欲坠，普鲁士和俄罗斯，俄罗斯和奥地利，奥地利和普鲁士之间针对欧洲大陆各地的控制权吵个不停。英格兰不会受到攻击，但也无力出击。某些内阁成员支持重新让波旁王朝掌管巴黎，但该政策几乎没有可能成功，另一些人觉得没必要和波拿巴谈判，而另一些人则认为谈判是唯一可行之事。关于盟国在和谈中的地位也
337
引发了争论，要让他们一起参加吗，还是英国单独同法国谈判？

然而，从总体来说，人们还是倾向于和平的。这似乎是那些对已经持续了七年的战争彻底厌倦的人们的夙愿。该意愿由于敌人的复苏变得愈加强烈。波拿巴率军于 1800 年春翻越阿尔卑斯山，在马伦戈击败了奥地利军队。随后，两国于 1801 年 2 月 9 日签订了《吕内维尔条约》，波拿巴获得了莱茵河左岸的德国领地、比利时、卢森堡，以及意大利的大片领土。有个战略家写道：波拿巴并没有征服敌人，而是把他们打得失去了还手之力。英国再度孤立无援。

在条约签订的五天前，威廉·皮特决定辞职。他的离去震惊了政坛，

并在一段时间内被认为十分可疑——人们觉得这是某种“障眼法”。据说他是不想成为那个被迫同拿破仑开战的立法者。据推测他是太累了，身体状况很糟，因为大规模饥荒与骚乱心力交瘁，且厌倦了平衡各方利益。但实际上，皮特辞职和战争或饥荒毫无关系。而是与爱尔兰有关。

他在《合并法》谈判期间——亨利·格拉顿就是在这时悲痛地将祖国比喻成睡美人——建议，或透露，或公开宣称随后将解放大多数天主教徒，让他们能够担任法律或政治职位。但他并没有考虑到国王，后者认为此等妥协与其登基誓言的精神和文字背道而驰，他当时立誓捍卫英格兰国教。他无法赞同一个国家拥有不止一个国教。乔治三世顽固而坚守原则，在这件事上，他寸步不让。他在一次早朝时，走向皮特的盟友亨利·邓达
338 斯，用所有在场之人都能听得到的音量高声质问道：“你们想要丢什么问题给朕？解放天主教是怎么回事……朕告诉你们，任何向朕提那个问题的人，朕都将其视为敌人。希望友人们不要辜负朕。”

皮特很快就得知了这段对话。作为自惜羽毛之人，皮特觉得自己必须辞职。得知改组政府的时机到了，国王批准了首席大臣的辞呈。皮特卸任，将位置留给了亨利·阿丁顿，后者可谓“稳妥”的人选，他可信、勤奋、诚实。对于国王来说，此人还有一个优点，便是反对解放天主教。不幸的是，这些品质中没有一项能让他脱颖而出，年轻大臣乔治·坎宁编了句伤人的诗句，他是这么说的：“皮特之于阿丁顿，好比伦敦之于帕丁顿。”新首相还被称为“医生”，因为他做过几年医师，专门为体弱多病的富人看病。他的父亲也是个著名的医生，还给皮特的父亲查塔姆伯爵看过病。“医生”口才不太好，难以在下议院树立权威，国家层面就更别提了。

情绪激动近似歇斯底里的国王如今旧病复发——或者用某些人的话说，又发疯了。他将自己旧病复发归咎于皮特和天主教问题，皮特不得不向他保证再也不提此事。没到一个月，国王就康复了。皮特垮台了，但没有一个党派随他而倒。他独来独往，许多手下的大臣都转投了阿丁顿。议会中只换了几个席位，其他丝毫未改。然而有一个重大变化将在之后几年影响到政坛。没有了皮特的支配，原先政府中被统一起来的各派力量如今分崩

离析。皮特坐在财务部席位上，但同新政府成员隔了一段距离。然而他也
没有对此发表异议。他觉得自己有义务作为国王意愿的代表来支持新政府。339

显而易见，阿丁顿想不惜一切代价换取和平。国民冀望和平。国家财政需要和平。这场战争不再是意识形态的冲突，而是又回到了令人甚为熟悉的欧洲大陆权力平衡游戏。1801 年 10 月初，政府宣布了初步和约的条款。公众对此和约的认同程度，从伦敦人群拉着法国大使的马车穿街过巷并高喊“波拿巴万岁！”就可见一斑。

但统治阶层并没有那么高兴。他们觉得软弱的阿丁顿以过于高昂的代价买来了和平。英国战时在地中海和欧洲之外征服的所有领土都要归还，东印度群岛、西印度群岛、南美洲（锡兰、特立尼达除外）也必须放弃。法国将继续统治尼德兰、瑞士，以及意大利北部的一些地区。1802 年春，和约最终在亚眠签署，该和约允许法国能够扩张所谓“自然疆界”而不需要相应做出任何让步。阿丁顿宣称“这并非平常意义上的和平，而是两个世界领先的国家真心和解”。对此，其他人并没有这么确定。食物依然昂贵，贸易一团乱麻，万恶的所得税依然没有废除。

有些人认为该和约是众多差选中的最优选。支持福克斯及其自由派辉格党盟友的《晨报》写道：“和平使国家蒙羞，但不可或缺。”一些随皮特辞职的老臣，态度就没有那么模棱两可。威廉·温德姆说：“国家遭到了致命一击。”乔治·格伦维尔表示：“对于现政府的信心彻彻底底、无可挽回地轰然崩塌。”亨利·邓达斯则较为谨慎，他对皮特说：“我唯一能做的明智且友好之事便是保持缄默。”皮特尽管私下留有疑虑，在公开场合依然继续支持现有政府。《亚眠和约》被普遍认为只是停战协议，是两国在争取喘息时间，之后依然会继续开战。波拿巴本人则已经开始筹划新的战争，他
渴望一统欧洲大陆。1802 年秋，他挥军入侵瑞士，公然撕毁同阿丁顿签订 340
的和约，但只引起了温和的抗议。一个被称作“拿破仑战争”的时代由此
全然开启。341

31

浪漫故事

1797 年 6 月 5 日，塞缪尔·泰勒·柯勒律治“没走大路，而是翻过一扇门，跳到了没有路的田埂上，抄了近道”。威廉·华兹华斯如此回忆起他和这位诗人伙伴最初的一次见面场景。正是这两人，一起改变了语言的表达方式，在诗歌领域掀起了后世所称的“浪漫主义运动”。在那时，他们已经有许多共同之处了。他俩都写无韵诗形式的悲剧，但柯勒律治的《奥索留》和华兹华斯的《边境的人》都没有受到剧院经理的青睐。两人都写了两小卷诗集——华兹华斯的《黄昏漫步》和《景物素描》于 1793 年出版，而柯勒律治的《多主题诗集》和《诗选》分别于 1796 年和 1797 年问世。但两人早已在布里斯托尔的一个糖商家里读过彼此的作品。柯勒律治被他所谓华兹华斯的“新颖的想象”与“鲜活的色彩”所折服，相应地，华兹华斯则表示柯勒律治“在我看来天分极高”。当时，华兹华斯二十七岁，柯勒律治小他两岁。

八年前，在最易受影响的年纪，两人在法国大革命元年觉醒。他们庆祝暴君之死，庆祝教会、国王、传统、权威等偶像被摧毁。一切皆有可能。
342 事事皆有可能。还在读书的柯勒律治写了首名为庆祝的诗歌，取名《巴士底狱的毁灭》。华兹华斯则已动身前往法国，在品尝了些许欢愉之后离开，留下了一个没有名分的女儿。然而，他依然同那些所谓“自由之友”混在一起，并在1793年初的几个月里写了一封公开信，但没有发布。信中，他自称“共和派”，到了下一年，他在给朋友的信中写道：“我来自名为民主派的可憎阶级。”

然而，1793年最后几个月的恐怖袭击，以及1798年法国入侵瑞士让当时的革命热血青年幡然醒悟。柯勒律治宣誓放下“我唧唧怪叫的煽风点火小喇叭”，退回论神学的泉水之中，在那里“真理即基督”。华兹华斯则先做了次徒步旅行，接着和妹妹一起定居到了多塞特。革命的火焰如今只有在他一窥泛神论世界之时才会闪烁，而该泛神论将支撑起他后期的诗歌创作。

在布里斯托尔，他俩作为诗人已经受到追捧，甚至崇拜。威廉·华兹华斯在老师的推荐下，看了托马斯·查特顿的《杂集》，1802年，在《决心与自主》中，他将查特顿称作“了不起的孩子”。柯勒律治从十三岁开始直到去世，一直在不断重写《悼查特顿之死》。托马斯·查特顿是虚假品味时代的浪漫主义先驱，他的英年早逝使这一点变得更为突出。据说他十七岁的时候在位于霍尔本布鲁克街的小阁楼里服砒霜自杀，人们普遍认为他是在为自己重现古老年代精神的激昂诗篇寻找听众的过程中，进行了并不公正的斗争，才会最终饥寒交迫而死。他的诗歌借中世纪僧侣托马斯·罗利之手，描绘出了一段英雄辈出、烽烟四起的中世纪历史。他的诗歌开启了一个奇迹与快乐的世界。这些诗篇如同号角一般搅动着两个年轻人的心灵。这是通往一个早已遗失的充满想象、超自然事件、超人勇气世界的真诚通道。这些诗篇是否伪造一点都不重要，它们依然真诚无比。 343

查特顿似乎是自杀一事被视作不见容于世界的天才之陨落。另一位热切的追随者济慈，称他为：“亲爱的悲伤之子——苦难之子！”他的生、他的死（正如亨利·沃利斯画上描绘的那样），也适时成了浪漫主义感性的范式。借用雪莱的话：“查特顿庄严的苦痛”，首度宣告了浪漫主义的苦难，并在19世纪前几十年间成了欧洲的普遍情感。查普顿是无与伦比的孤独天才。

而孤独和天分在当时尚未成为华兹华斯和柯勒律治的主要原则。截至1797年，他们依然居无定所，对未来充满迷茫，十分需要金钱或赞助。此外，两人似乎也需要彼此。他们会在萨默塞特乡间一同散很远的步，并最终都定居在了那里。柯勒律治和妻儿一起生活，而华兹华斯和妹妹同住。华兹华斯直来直去，而柯勒律治则总会偏题。两人想了一首名为《该隐的漫步》的史诗，但最终没能成文。此次失败的两周后，两人于11月在布里斯托尔海峡徒步旅行，构思了《古舟子咏》。但哪怕已经开始共同创作，华兹华斯依然发现两人的文风并不相容。他自己只能成为柯勒律治生花妙笔的"障碍"。正如他自己所说："我们的施力方向不同。"多萝西·华兹华斯是两人之间的"催化剂"。她怀着对自然界运行方式的极大兴趣与热忱，重构了两人一同走过的风景，她从1798年1月20日开始写日记，该日记所勾画出的亲密无间，是两人丰富情感世界的写照。

不论如何，柯勒律治流畅和生动的语言给予了同伴很大启发。华兹华斯在1797年11月到1798年6月间创作了大量作品。他创作的诗歌关乎穷人的苦难和诗人心灵的成长。1798年4月，他在给一名有意向的出版商的信中写道："我一直以来都在快速充实自己的诗歌库。"其中有不少诗歌最
344 终收录于《抒情歌谣集》(1798)。后来，柯勒律治在《文学传记》(1817)中解释道，他们谈论过创作新诗卷，并确定了两种诗。第一种包括"超自然的事件与动因，至少部分如此"。因而，这些诗被收录进《古舟子咏》。第二种则是"从日常生活中寻找的主题，人物和事件是那种在每个村庄及邻近地区都能找得到的"。革命的平等主义已经消退，而他们为自己对公平与民主、人类共有经验、人类共有价值观的情感找到了安全的港湾。

而这个港湾，部分存在于语言中。如果他们意欲从"日常生活中"寻找事件与场景，那天然的媒介必须是"人们真实使用的语言"。语言风格可以不着边际，如同口语，但同样也可以加入流行的街头民谣和苏格兰民谣，然而，读起来绝对不能矫揉造作。诗意的措辞和迂回表达是日常习惯语言的点缀。这些都是布莱克所谴责的"思想镣铐"。

朴实的语言带来了新的意义。诗集的"广告"许诺"这将是对人类激

情、人类角色、人类事件的自然描述”。这并算不上全新的尝试或大胆的创新，18 世纪 90 年代的诗歌所寻求的是民谣般的简洁，如讲述疯母亲或傻小子的故事。而新颖（某些人如此理解）则来自语调和感觉的生动性。简洁是关键所在，但绝非天真或不经考量，而是精雕细琢，旨在更有力地唤起对“贯穿万事万物”的“动作或精神”的信仰。其中还有一种内在的不确定性让语言变得更为深邃，并为比表面主题更为强大的联想和思考提供载体。两位诗人将尊严转移到了寻常之地，让优雅和简洁回归日常生活，在那里，圣人和罪人无声无息、无人知晓地行走着。这才是真正的自由、平等、博爱。这便是为何弗朗西斯·杰弗里在《爱丁堡评论》的一篇言语辛辣的短评中，将《抒情歌谣集》与托马斯·潘恩的《人权论》相提并论。

1798 年秋，市场上出现了一卷共 210 页的诗集，售价 5 先令。诗集中
收录了 24 首诗，其中 19 首为华兹华斯创作。他的诗人伙伴原想把《古舟 345
子咏》放在诗集开篇第一首，这个决定华兹华斯后来认为是个错误。然而柯勒律治觉得诗集中的诗歌“尽管水平上不尽统一，但类别上是完整的”。《古舟子咏》其实可以被视作华兹华斯崇高思想的一个例子，比如，该诗关注的是在冷漠世界中人类内在的同情之力，诗里的水手不得不永远离家在外，他可谓浪漫主义视角下的孤独漫游者，但诗歌所宣扬的是充满仁爱与人道的社会。

《抒情歌谣集》的最后一首为《丁登寺旁》，这首无韵诗如同强大的冥想，为华兹华斯打开通途，并让他创作出《序曲》《远足》等成熟作品。《丁登寺旁》尤其通过披上自然宗教的神圣外衣，改变了人们对风景和自然的理解。风景和自然原本被视作美丽的画卷，而现在则传达了精神或超自然之力。通过华兹华斯的诗歌，大自然获得了宗教意义上的重要性，变得能够滋养虔诚与智慧。这是道德的媒介，是让人心趋于良善与仁慈的媒介。柯勒律治和华兹华斯被描述为代表了“现代诗派”，当华兹华斯于 1799 年最终搬到湖区的时候，他们又被称作“湖畔派”。朝圣者开始前往周边旅游，华兹华斯还为这些新来的精神旅人写了指南。

因此，哪怕这本小书在刚问世的时候并没有那么流行，但经久不衰。

数年后，它成了 19 世纪早期英格兰浪漫主义情感的来源与源泉，并成了延伸到法国、德国、俄国、意大利、西班牙的品味运动中的一环。

然而，远处的云朵边缘出现了一道奇怪的光芒。19 世纪末，浪漫主义运动的诉求转变为了呼吁“仁爱”国家和“人道社会”，反对自由放任主义
346 暴政。而这些诉求又出现在了他们的另一卷诗集中。

32

和平之悦

1802 年夏，拿破仑在全民公投后担任“终身第一执政”，据说他的得票率为 99%。至此，法国大革命的理想实际上已经消亡，自由之树被连根拔起，平等理念也是名存实亡。在英国传播的雅各宾共和主义已经失去了奋斗目标。“雅各宾主义已死，不复存在了，”谢立丹说，“是谁扼杀了它？这个人已无法再称作雅各宾主义的孩童和捍卫者了，这个人就是波拿巴……他像兄弟般拥抱了它，随后将它掐死。”拥护自由与民主的时代已经结束。《政治正义论》的作者威廉·葛德文，曾经是狂热的雅各宾派，然而他在 1801 年指出：“即使是酒馆里挨饿的劳工也成了贵族制度的拥护者。”

雅各宾主义岌岌可危的状态，从德斯帕德上校无能地密谋发动某种“革命”中可见一斑。他和同伙组成了一个秘密社团，在伦敦的各个小酒馆转辗活动，从怀特查佩尔的双钟酒馆到霍尔本的滴血之心酒馆都有他们的身影，他们的诉求是“平等的公民、政治、宗教权利”。当局得到线人和警方密探的举报，成功将德斯帕德逮捕。他的四十名追随者在位于兰贝思的奥克利武器酒馆被控制。在随后的审判中，他们被指控密谋发动政变，企图占据英格兰银行和伦敦塔，打开监狱牢门，杀死或俘虏国王。德斯帕德 347

被判有罪并被绞死在泰伯恩刑场。

随着拿破仑无意遵守《亚眠和约》的真面目暴露，战争成了大势所趋。而形成这一局面，英国也有过错，它并没有遵照和约撤离马耳他并将该地归还给圣约翰骑士团。1803 年 3 月 13 日，在杜伊勒里宫的一次招待会上，波拿巴当着其他外交官的面斥责英国大使惠特沃斯勋爵：“是你们要同我开战的，是你们把我逼上战场的。”而波拿巴不是那种好欺负的人，他对惠特沃斯说：“首先拔剑的是你们，最后收剑的是我。那些不尊重条约的人将大难临头！”于是，直到十三年后，最后那把剑才收入鞘中。

第一执政已经为冲突做足了准备。地中海的法国舰船已载上士兵，比利时的法军已经向敦刻尔克和勒阿弗尔进发。乔治三世向议会传达指示，敦促后者采取行动；利用赏金招募更多男性参加海军，如果金钱激励还不够，就在伦敦的大街小巷和酒馆里“强制执行”。

亨利·阿丁顿无法胜任首席大臣的事实很快显露了出来。他签订的和约被认为是丧权辱国，并没有给他带来声誉，再者人们也觉得他过于软弱且优柔寡断。面对拿破仑的威胁，他的首选政策是不作为。后来担任内政大臣的查尔斯·约克对他兄弟说，阿丁顿的能力“无法应对我们所处的危机。其实，我认为我们当中只有一个人可以担此大任，他就是皮特”。然而，皮特还没有准备好去取代他的继任者。尽管他认为阿丁顿“比想象中还要愚蠢”，但他还没有准备好违抗国王的意愿。

当前政府招募志愿军对抗拿破仑的做法有欠考虑且管理混乱，这使其
348 处境变得更加危险了。民间对参军的反响很是积极，但新入伍的军人很快就意识到新军一没有教官指导，二没有武器装备。地方官员不得不下令减少招募规模，最后彻底终止。人民对中央政府的信任一落千丈。波拿巴有建立武装部队的意愿和天才，而与之对应的英国决策者则乱成一团。

1803 年 5 月 16 日，乔治三世下令扣押所有法国船只，5 月 18 日，法国与英国正式宣战。康沃利斯率领英国舰队驶向布雷斯特，另一支部队则被派去圣多明哥对抗法国。另一边，波拿巴正在为入侵英格兰做着积极准备。法国在布洛涅最靠近英格兰海岸的地方建立了武装营地，一支小型舰

队预计可以在一夜之间穿越英吉利海峡。近乎恐慌的气氛笼罩着英格兰。虽然志愿军组织活动曾在早期受挫，但据估计，当下约有五十万人进入了备战状态。灯塔和圆形石造碉堡巩固了南部的海防。然而事实上，法国舰队什么也没做。就靠一支小型舰队是无法与英国海军抗衡的，所以在那时，波拿巴对入侵英国完全失去了兴趣。

正式宣战的当天，皮特终于接任了阿丁顿的职位。如今他的身体和精神都弱了不少，却还需要将各派七拼八凑组成政府。他变得难以捉摸，做事不再有条不紊，且拒绝在晚饭后写信或处理公务；还变得更容易在公共场合流泪，这让他和那些情感没那么细腻的同僚格格不入，后者早已养成了 19 世纪中叶的庄重和清醒。

1804 年底，波拿巴心满意足地将自己加冕为法国皇帝拿破仑一世。作为皇帝而非国王，他越过波旁王朝，直接宣称自己继承了查理曼大帝的衣钵，乃欧洲西部的绝对统治者。教宗庇护七世受邀前往巴黎主持正式加冕典礼，但拿破仑从教宗手中拿过王冠，自己给自己戴上了。普鲁士人、俄 349
罗斯人、奥地利人惊惶不安地看着这一幕发生。

1805 年 1 月 2 日，这位新皇帝给乔治三世写了封尽显手足之情的信，并在信中阐述了和平之悦。战争打了七年，难道就无法达成协议了吗？“若错过这个时机，朕尽力却未能阻止之战争，怕是难以限制了吧。”这封信无礼至极，难以回复——乔治认为它“不值一提”——但信中所传达的信息还是引起了一些人的兴趣。波拿巴认为所有的条约和协定都是一纸空文，他的背信弃义和自私自利可能决定了信的内容，但这封信也同样暗示，法国并不全然相信自己能够与任何未来的欧洲“联盟”或英国的金融、海军力量相抗衡。皮特在下议院引用了西塞罗在罗马元老院谴责马克·安东尼的讲话：“我为什么拒绝和平？因其并不光彩，因其危机重重，因其无法达成。”然而，他似乎还补充了一句西塞罗的警示：“战争的关键在于源源不断的金钱。”

因此，皮特的任务是将对抗法国皇帝的战争建立在前所未有的广泛基础之上，他着手组建新联盟，这些国家联盟的基础是对拿破仑的恐惧，而非任何一项整体的大陆政策。1805 年 4 月，奥地利和俄国组成联军。次月，拿破仑加冕为意大利国王，将热那亚和萨伏依占为己有，奥地利和俄国也在此时与英国结成了新的联盟。第三次反法联盟的协约国有英国、奥地利、俄国、瑞典，以及普鲁士。然而一如先前，该联盟注定无法维持下去。一年不到，就被法国皇帝瓦解了。

在创建联盟的同时，皮特决定发动突然袭击，从而阻止波拿巴已经放话的入侵英格兰行动。是年秋，英国指挥官夺取了西班牙船队携带的金条并击沉了该船只。此次公然挑衅是在逼迫西班牙宣战，但皮特早已心知肚明西班牙人会站在法国那边，他只是借此机会抢些黄金罢了。

350 在这一准备过程中，海上和陆地战场的两大主角——海军上将纳尔逊和少将阿瑟·韦尔斯利爵士（即将成为威灵顿子爵，后来晋升公爵）在白厅殖民地办公室的候见室偶遇。威灵顿后来回忆道："他刚进门就和我交谈，如果我能称之为交谈的话，因为几乎都是他在讲，说一些关于他自己的事情，净是些自负而愚蠢的话，让我感到惊讶，几近厌恶。我觉得是不是我碰巧说了什么，让他把我错当成其他人了。"纳尔逊出门片刻，确认了这位同自己勉为其难聊天之人的身份。他回来时，"那些在我看来如同江湖骗子的说话风格已然烟消云散，他对国内外话题侃侃而谈……透露出很好的见地和学识，给我带来的惊讶不亚于前半段对话，而此时他的说话方式我更能接受。他的谈吐像个军官和政治家"。

一幅反复无常的海军上将肖像栩栩如生地呈现在我们眼前。他常常虚荣愚蠢，但同样见多识广、雄辞闳辩。他雄心勃勃，也势在必得。威灵顿有着同样的果决，但并不那么张扬。他在印度经历了艰苦卓绝的训练，十分内敛，寡言少语。而两人都知道如何智胜拿破仑。

第三次联盟的核心目的是把波拿巴赶回 1791 年的法国境内。这意味着盟国必须将法国从汉诺威、荷兰、德国北部、瑞士、那不勒斯、意大利北部等地驱逐出去。然而，联盟诸国各怀异心，无益于进行这项伟业。英国单纯只想阻挠波拿巴施展抱负，而奥地利则认为波拿巴和他的"帝国"是在对自己的帝国公开叫板。沙皇亚历山大似乎只是出于嫉妒，当然，私人情感会在不同的情况下发生转变。

对于那些反对法国的人来说，陆战并不顺利。拿破仑决定在俄国援军到达之前摧毁奥地利军队。因此，他率领近二十万名士兵，从莱茵河一路急行到多瑙河，并在那里包围了奥地利军队。1805 年 10 月 20 日，奥地利军队在乌尔姆投降。拿破仑率领军队沿着多瑙河谷前行，随即占领维也纳，351
再次展现出惊人的速度和效率。从莱茵河“大转弯”前往多瑙河，是拿破仑战争中最杰出的军事行动之一。

然而，法军的此次胜利因为海上的战事而黯然失色，至少在英国人看来是如此。9 月底，纳尔逊搭乘胜利号加入了他在加的斯港外的舰队，他的慷慨激昂让一些军官流下了热泪。他想要的“不是胜利，而是歼敌”。他计划将法国人从加的斯引向直布罗陀，直布罗陀东边就是特拉法加角的峭壁。10 月 21 日，他下达了最后命令，并说出了家喻户晓的一句话：“英格兰期盼人人都恪尽其责。”在开火时，他又下达了另一条命令：“靠上去打！”法军舰船排成了松散的月牙形，而英军则分成两列，纳尔逊的胜利号在左列，科林伍德的皇家君主号在右列。战场上顿时硝烟弥漫，英军战舰朝法军直冲过去，将其拦腰截断。

法国舰船一艘接一艘投降，但双方各有死伤。纳尔逊本人被流弹击中，身受重伤倒在甲板上。据说他当时曾说道：“最终还是被他们打中了。”他撑了两个多小时，于下午三点咽气。五点时，随着法国战舰阿喀琉斯号爆炸，战争画上了句号。英国海员高超的战斗技巧和指挥官极为敏锐的洞察力挫败了敌人。

法国和西班牙总共三十三艘战舰中，有十七艘被俘虏或摧毁。英国战舰一艘未丢。这场胜利证明了英国依然独霸海洋，法国横跨英吉利海峡入侵的说法由此断绝。次月的市长宴会上，皮特被誉为“欧洲的救星”。他谦虚地回应道：“多谢诸君赞誉，但欧洲绝非一人能救。英格兰努力自救，我亦相信，其树立的榜样将拯救欧洲。”

特拉法加大捷很快便在民族记忆和海战传奇中写下了光辉的一笔。深
入欧洲的拿破仑好几天都不知道结果。据说，他一听到这个消息就从桌边 352

跳了起来，喊道："总不能哪里都让我去吧！"无论如何，他准备对俄国和奥地利军队发动最后的致命攻击。11 月 13 日，他进入维也纳，在那里重新安排大公国的事务，但到了月底，他已经率军开赴前线同敌人的联合部队作战了。他行动迅猛，于 12 月 2 日早上 9 点在布尔诺和奥斯特里茨两镇之间与敌军对阵，通过一系列军事行动，他成功地将敌人拦腰截断。"只需重重一击，"他说，"战争便能终结。"他假装犹豫不决，诱敌深入，当敌军反击时，他派出了潜藏在迷雾中的增援部队。十万骑兵发动了数次冲锋，法军胜券在握。

这场战争被称为"三皇会战"，俄国沙皇亚历山大一世和神圣罗马帝国末代皇帝弗朗茨二世在混乱和沮丧中逃离战场。于是，他们的军队也望风而逃。一位评论者称："战场上再寻不着军团，仅有目无法纪的掠夺团伙。"奥俄联军损失了大约两万六千人，而法军则折损七千人。亚历山大同意将军队撤回境内，而弗朗茨则不得不接受屈辱的和平条款。拿破仑终于称霸了欧洲。

据说，奥斯特里茨战场传来的消息给了皮特致命一击。随后数天甚至数周中，他都摆着一副悲伤欲绝的"奥斯特里茨脸"。一位辉格党贵族奥克兰勋爵说，此役"不仅关乎大英帝国的福祉，还关乎其生死存亡"。如今看来，因特拉法加海战而欢呼雀跃似乎为时过早。

拿破仑在奥斯特里茨战役后凯旋进入巴黎。册封兄长约瑟夫为那不勒斯国王，弟弟路易为荷兰国王。他的老对手威廉·皮特如今则行将就木，其私人秘书戴克·亚当斯后来写道，皮特的眼睛"几乎毫无生气"，声音"空洞"，每吃必吐，只能饮用混入生鸡蛋的白兰地酒来维持生命。皮特对医生沃尔特·法夸尔爵士说："每每与人谈及要事，我都突然觉得自己好像
353 被切成了两半。"可能是他的肝脏、肾脏或胃出了问题。

1806 年 1 月，将死的皮特有时会喃喃地说："听！听！"仿佛在听下议院的辩论。随后，他在 1 月 22 日晚上喊道："我多么爱我的国家"或"我该如何离开我的国家"，不同史料各执一词。次日清晨，皮特撒手人寰，享年四十六岁。二十五年来，他一直如启明星般为威斯敏斯特指明方向。如

今，星光已灭，用福克斯的话来说："这世上从此缺失了一块。"

一群被称为"皮特先生朋友"的政客，一直处于群龙无首的混乱状态。所有人都算得上称职，但无人脱颖而出，当国王询问剩下的大臣，是否愿意在新领导人手下继续工作时，他们拒绝了这个机会。他们不能容忍有人凌驾在他们之上。国王意识到他们无法组建政府，于是选择了威廉·格伦维尔作为可能的继任者。格伦维尔的父亲曾担任首席大臣，他本人曾担任外交大臣，并且是皮特的堂兄。他可谓政界的顶梁柱，但用当时的行话来说，他绝不是"皮特派"，或与皮特有任何相似之处。

相反，他向查尔斯·詹姆斯·福克斯和他的辉格党支持者递出了橄榄枝。并最终组建了所谓"全能内阁"（这个称呼多少有点讽刺），由福克斯出任外交大臣。格伦维尔派、福克斯派、温德姆派、兰斯多恩派、西德默斯派和阿丁顿派都加入了该内阁，这表明辉格党的政策在很大程度上已让位于威斯敏斯特这盘大棋中的各位大人物。格伦维尔决定以董事长的方式执政，对不同经理进行劝导和指导。这个职位并不稳定，且该政府只存续了一年多。辉格党的拥趸约翰·卡姆·霍布豪斯写道："此届联合政府存续期间，公愤不断。"他们被控任人唯亲、腐败横行，完全符合"投机"的定义。对于辉格党来说，这不是一个好年头。

福克斯本人现在不得不加快与波拿巴及其代理人的谈判。福克斯曾满怀热情地赞颂法国革命，哪怕这场革命的信徒们早已倒戈，他也依然不改初心。然而他现在处境尴尬，因为他意识到昔日的英雄拿破仑·波拿巴背 354
信弃义、十分危险，同寻常政客并无区别。经历了与法国部长塔列朗的谈判失败，他确信无法通过任何合理的代价实现和平。法国人仍然热衷于侵吞他国领土。福克斯向侄子霍兰勋爵表明："他们举止拖沓且虚伪，在我看来，他们就是在耍花招。"然而，有些人认为曾经是狂热亲法派的福克斯会不惜一切代价缔结和约。年轻的帕默斯顿写道："在我看来，如今求和，只会给我们带来耻辱和失败。"福克斯倒也不必长时间忍受沮丧和幻灭，他在1806年秋天去世。

拿破仑的执念是有充分理由的。1806年8月初，德国南部的几个侯国和王国正式脱离神圣罗马帝国，使后者在苟延残喘许久之后终于瓦解，这些侯国和王国接受了来自新联邦首脑拿破仑的保护。福克斯死后一个月，即 1806 年 10 月，法国在耶拿大败普鲁士。普鲁士军队曾凭借其军事技能和可敬的领袖让人闻风丧胆，但如今，它的指挥链已锈迹斑斑，并导致军队机动性大减。腓特烈大帝的遗风已断然无存。黑格尔认为这场战争标志着“历史的终结”，他之所以这么说，是因为预见到了民族国家将伴随拿破仑帝国野心的觉醒而不复存在。

恰逢此时，法军入侵普鲁士，顺道攻占柏林，国王腓特烈·威廉三世携家带口逃往东方，接受沙皇的庇护。早期革命派米拉波曾说过：“普鲁士君主制的构成决定了它经不起任何灾难。”一语成谶。拿破仑带着对领土的空前渴望，也将目光投向了东方。战胜普鲁士一事让法国人欢呼雀跃，法国国务大臣帕基耶说：“再没有比这更出人意料的事了。”然而，法国人对追求胜利果实带来的欢乐已趋于缓和，他们最大的渴望是和平。

然而拿破仑的心情并不平和。根据帕基耶的说法，他在新占领的柏林
355 安顿下来，“甩出君王指使臣民的语言和态度”。普鲁士人不再是敌人，而是一群叛徒，那个国家的贵族也不过是挥之即去的小朝臣罢了。现在他打着俄国的算盘，开始向东挺进波兰，该国先前可谓法俄之间的屏障。拿下华沙后，他稍作修整，把俄国人驱赶到该市以东五十英里处。由于波兰多年来一直被俄国、普鲁士和奥地利瓜分，拿破仑俨然扮演了解放者的角色。他说：“此国如同死尸，必须先恢复其生命，才能发挥作用。”所以一些波兰人将他视为拯救者，欢迎他的到来。他甚至建立了一个独立的国家，称为华沙公国，但终究没能存续下去。

在柏林期间，他的思绪再次转向了宿敌。若不能在海上或陆上打击英国，那就付诸经济手段。贸易是英国成功的关键。若能切断或削减英国的贸易，必能使其蒙受巨大损失。通过贸易孤立英国，或许能迫使其投降。至少他是如此打算的。

1806 年 11 月，《柏林敕令》在柏林发布，宣告全面封锁不列颠诸岛。任何国家不得同英国进行贸易，任何外国港口不得向英国开放。英国所有

的外国市场立即关闭。这听起来像是一项严苛的法令，但事实上，大陆封锁政策并没有造成长期的影响。英国太过富有，生产力太过强大，恫吓手段维持不了多久。欧洲大陆的资源不足以支撑该法令。甚至拿破仑的士兵也穿着英格兰北部制造的纺织品。贸易危机于 1808 年爆发，并于 1811 年重演，甚至一度仿佛出现了饥荒，但经济秩序很快便稳定了下来。拿破仑帝国幅员辽阔，在某些地区这些规定要么被忽视，要么被阻挠，甚至出现了买卖违禁品的黑市。显然，拿破仑必须打更多的仗，筹划更多的战役，以确保大陆封锁政策得以生效。

作为报复，英国于 1807 年初颁布《枢密院令》，对法国实施封锁。不 356
允许中立国船只进入法国港口，训练有素的英国海军确保了封锁线不被突破，所有以身试法者都受到了惩处。咖啡、烟草等商品在法国首都变得稀缺了起来。

1806 年冬，拿破仑仍在行军。天气恶劣，狂风暴雪，但皇帝的字典里没有“不可能”这一字眼。俄国、普鲁士、瑞典的敌对势力围绕四周，奥地利威胁着后方，但他的军队仍在向东挺进。拿破仑在埃劳遭到阻截，经过一场不分胜负的血战之后他继续深入，最后在弗里德兰战役中将俄军击溃。1807 年夏，沙皇被迫在蒂尔西特的尼曼河中的一艘木筏上与皇帝达成协议。两天后，法国与普鲁士签署了另一项条约，该条约一签，普鲁士土崩瓦解。如今，拿破仑向欧洲各国的群雄证明，自己是欧洲无可争议的霸主。将俄国拉拢之后，他有望最终摧毁孤立无援的英国。俄国指挥官写道：“两位皇帝握手言和，欧洲为之震颤。”乔治三世自己也觉得英国必须与拿破仑以某种方式达成和解。

1807 年秋，人们都在交头接耳，他们到底在谈论些什么呢？谢立丹的情人、卡罗琳·兰姆女士的母亲贝斯伯勒夫人写信给驻圣彼得堡的英国特使，讲述了当日见闻。“与俄国开战？不太可能。美国？更不可能了。在伦敦的每家每户、大街小巷、每个商铺、每座阁楼里，有什么事情会引起这样的骚动呢？是煤电公司……去年照亮蓓尔美尔街的那道强光突然像彗星般闪耀起来。”煤气灯照亮了伦敦的街道，没见过的人还以为街道上铺了黄金。

那年春天，不幸的全能内阁已经垮台。威廉·格伦维尔下台和拿破仑的胜利没有太大关系，而是源于国王和大臣们针对爱尔兰一事争论不休。
357 政府希望对占爱尔兰人口绝大多数的天主教徒做出让步，然而国王表示反对。当乔治坚持要求所有内阁成员签署承诺不再尝试解放天主教徒时，他们选择辞职以示抗议。吉尔雷创作了一幅漫画，题为“发狂的猪，或大屁股的垃圾，一头扎进万劫不复的大海”。乔治被描绘成一个农民，在猪跳下悬崖时训斥：“你们这些该死的忘恩负义的畜生！”“大屁股”指的是跨党派政府。

然而，全能内阁在废除奴隶贸易方面取得了显著成就。这一刻终于来临，1807年春，《废除奴隶贸易法》以二百八十三票对十六票在下议院通过，这次大胜连威廉·威尔伯福斯也感到惊讶，他认为这一定是上天眷顾。然而，不同于奴隶贸易，奴隶制本身直到二十六年后才被废除。

当所有“能人”都沉没在海浪中后，一头形似波特兰公爵的猪出现了。因此，在格伦维尔被迫辞职后，一位六十九岁的老头上台了，他体弱多病，鸦片酊成瘾。波特兰公爵连个托儿所都管不了，更不必说内阁了。他很快就无法处理政务，既不能阅读长篇公文，也不能进行漫长的谈话。肾结石导致他长期病痛缠身，据说他通常要么昏昏欲睡，要么沉默不语。他基本上形同傀儡，管理着一个充斥各种敌对派系和政客的内阁。他们济济一堂，互相算计，被称作“更迭集团”。

让这样的政府来跟拿破仑继续斗争或许并非明智之举。1808年1月28日议会开幕时，乔治三世让人民为即将到来的斗争做好准备。十二天后，《通报》刊登的一份官方“文件”上，拿破仑承诺只有在剥夺了英格兰海外领地这一“主要财富来源”之后，和平才会来临。

当拿破仑不得不将目光转向南边的时候，战争局势呈现出了另一番景
358 象。伊比利亚半岛正变得岌岌可危。1808年春，拿破仑下诏将西班牙纳入法兰西帝国版图，并安排其兄长约瑟夫担任西班牙国王。西班牙人不愿接

受强加的外国统治者，因而掀起了民族起义。阿斯图里亚斯的六名代表乘船前往英国，在抵达法尔茅斯后，他们恳求英国政府提供援助。他们受到了英国无比热情的回应。另辟蹊径对抗法国的机会到了，依赖于海洋的指挥和通信系统由此建立。再没有比这更有望成功的途径了。在阿瑟·韦尔斯利爵士的指挥下，一万名军人登陆了半岛。

葡萄牙也在反抗一年前占领里斯本的法国人。拿破仑认为，如果所有葡萄牙港口都关闭，那他成功封锁英国的可能性会大大增加，然而葡萄牙人并不赞成这一决定。拿破仑认为用军队统治伊比利亚半岛会相对容易，但他错估了当地的地形和居民的反抗精神。当地民众，尤其是农民和神职人员，奋起反抗外国压迫者，通过游击、枪击、盗匪等方式造成了无法预料、难以控制的混乱。在你来我往的较量中，当地武装力量胜过了外国军队。

韦尔斯利于1808年初夏于波尔图登陆，在当地，英军得到了葡萄牙军队的增援，军队规模不断壮大。在8月中旬的维梅鲁战役中，法军大败。但休·达尔林普尔爵士指挥下的英国谈判代表做出了太多让步。法国人被迫离开葡萄牙，但被允许带走他们的所有武器和装备。当签订和约的消息传到伦敦时，人们对不尽如人意的谈判结果表现出厌恶和沮丧。据说乔治三世“愤怒至极”，《公报》刊登的特别报道指出：“今天公众的愤慨达到了顶峰……人们看上去暴跳如雷。”英国人错失良机。民众普遍认为并确信这次葡萄牙远征
行动已经从胜利变成了灾难。在那年晚些时候，英国就此事成立了调查法庭。 359
韦尔斯利被宣告无罪，而达尔林普尔则被永远褫夺指挥权。

然而，法国在西班牙的战事并没有比在葡萄牙好多少。法军在拜伦经历了屈辱的惨败，两万名法国士兵被迫向西班牙军队投降，经过此役，波拿巴认为自己必须御驾亲征。英国派遣约翰·穆尔爵士阻挡皇帝的进攻。1808年冬，穆尔正在接近萨拉曼卡，而此时拿破仑已经突破了西班牙的防线，占领了马德里。穆尔无法完成他的任务，但他能够转移波拿巴的注意力，他率军向西北而去，翻越加利西亚山脉，前往科伦纳港，经过殿后部队英勇无畏的背水死战，他成功让绝大多数部队登上了舰船。他大大拖延

了拿破仑的脚步，致使后者失去了夺回葡萄牙，或最终征服西班牙的时机，这次干扰行动最终决定了伊比利亚半岛的战局。对于皇帝来说，事实证明，这是一次兵力和财力都损失惨重的冒险，他意识到自己被第二战场分了心，并且在这一战场上，他没有取胜的可能。这个战场成了吞噬武器和军队的无底洞。科伦纳战役后的第二天，即 1809 年 1 月 17 日，拿破仑离开了西班牙，再也没有回来。

然而英国人回来了。如果对拿破仑来说，相较于一统欧洲的宏图伟业，伊比利亚半岛从一开始就是次要的，但对于他的敌人而言，该岛则是战争的重要一环，因为岛上的里斯本和波尔图港可直通欧洲大陆。占领该半岛也让英国在后来的谈判中拥有了更强大的话语权。1809 年春，韦尔斯利作为盟军指挥官再次回到半岛，并在两次重大战役中击败法国。在马德里西南部的塔拉韦拉打了胜仗之后，他获封威灵顿子爵。

拿破仑最终向西班牙增兵三十五万，但依然不够。当地游击队将他们打得四分五裂、七零八落，法军的斗志在威灵顿有条不紊、切合实际的后勤安排之下消磨殆尽。威灵顿常常利用地形设下埋伏，随后“绵延的红衫
360 之墙”出现，对敌人发动奇袭。一直以来，波拿巴都打心里低估威灵顿，还因为后者曾在印度服役，就称他为“印度将军”。但威灵顿对付法军的能力，绝非其他将军所能及。

北边的战况并不乐观。1809 年初，英格兰和奥地利组建起“第五次反法同盟”，做好了同波拿巴交战的准备。奥地利的查理大公在阿斯珀恩战役获胜，一举击破了波拿巴战无不胜的神话，然而，奥地利军队随后在瓦格拉姆兵败，摇醒了那些盲目乐观之人。

7 月 28 日，瓦格拉姆战役三周后，英国派出一支远征军，摧毁了安特卫普的法国海军基地。拿破仑意欲在该港口组建新舰队。对于英国海军来说，这正是将法国海上威胁扼杀在摇篮中的好时机。他们在南唐斯海岸集结了一支舰队，向瓦尔赫伦岛进发，该岛位于斯海尔德河口，毗邻安特卫普港。然而就在那里，他们遭遇了意料之外的致命对手。岛上疟疾肆虐，英军很快便支撑不住了。四千人死亡，一万两千人无法战斗。到了年底，

“瓦尔赫伦热”让一半的英国军队丧失了作战能力，12 月 23 日，残余部队起航回国。此次远征成了一场灾难，英国上下一片哗然。不仅折了好多士兵，还浪费了大量金钱。

此次失败使得本就孱弱的政府愈加摇摇欲坠。1808 年夏天，英国谈判代表在辛特拉的卖国行径——同意法军将武器完好无损地带离葡萄牙——已使政府内部产生分裂，内阁中的争吵和纷争使其办事效率愈加低下。到了 1809 年春，波特兰的健康状况急转直下，新的继任者有望上任。外交大臣乔治·坎宁有意担任此职，他觉得战争及殖民地大臣卡斯尔雷勋爵是自己的劲敌。坎宁极力要求解雇后者，称其没有掌控战争的能力。他还同波特兰密约，只要时机成熟，就尽快解除卡斯尔雷的职务。然而，卡斯尔雷察觉到这些人在暗中协商，自然认为自己遭到了背叛。同年秋天，他要求坎宁同自己在帕特尼希斯决斗。卡斯尔雷是名优秀的枪手，而坎宁从未用过手枪。坎宁的大腿中弹后，两人都觉得这样的行为过于幼稚老套，必须 361
引咎辞职。波特兰勋爵的内阁由此支离破碎，没过多久，他自己也卸任了。

剩下的大臣们捕风捉影、互相猜忌，然后开始了坎宁所谓“不断开会，一同腐败”。坎宁仍然怀着位极人臣的野心，尽管他近期的所作所为实际上已让他丧失了资格。他写道自己“还没彻底出局，也没完全上任”。不管怎样，内阁中的其他成员都认为他与波特兰密谋针对同事是极不光彩的行为。

国王做出了最稳妥的选择——财政大臣斯宾塞·珀西瓦尔。此人是一个虔诚的福音派信徒，组建了由亲朋好友构成的关系网，并倡导道德和社会改革。他是一个老派的人，忠实可靠、富有原则。据爱尔兰活动家兼议员亨利·格拉顿推测：“他算不上主力战舰，但架满枪炮、十分坚固、风雨无阻。”他身材短小精瘦、精力充沛。波特兰去世前三周，他宣布就职。

起初，人们并不看好这届政府。我们或许可以继续用那个时代流行的海上隐喻来形容。弗雷德里克·罗宾逊大人在拒绝了相对次要的副部长职位后写道：“登上一艘颠来簸去的船，我或许会和其他人一同葬身海底。”然而，这艘船排除万难、勇往直前。

而暴风雨就在前方。英国人民似乎已经开始厌倦这场同拿破仑断断续续打了七年的战争。1808 年和 1809 年的经济状况更是让民众怨声载道，战时的物资匮乏使出口贸易恶化，并最终导致经济普遍“衰退”。到了 1811 年，许多郡县银行被迫关闭，支撑国家的信贷也进一步吃紧。民众纷纷要求恢复和平与繁荣，其中就包括曼彻斯特的棉纺织工和兰开夏郡的手摇织布工。

362 当时的群情激愤从首都零星出现的激烈骚乱中可见一斑。1810 年，弗朗西斯·伯德特爵士在威廉·科贝特的激进刊物《政治纪事》上发表了一封致威斯敏斯特选民的信，抨击下议院剥夺了公民的基本权利，他的信被认为涉嫌诽谤，此罪足以让他被关进伦敦塔。对他的逮捕令发出后，伦敦人群起反对，几乎控制了这座城市。伯德特拒绝离开他位于皮卡迪利的住宅，伦敦市中心成了民众和民兵的战场。伯德特最终被拘，但威灵顿写道：“政府和国家正在向魔鬼靠拢，我每天都期盼听闻伦敦人民成为国家主人的消息。”伯德特本人则被誉为挺身而出反对“国之硕鼠”的民族英雄。

首都民怨沸腾，就连考文特花园剧院（现皇家歌剧院）门票价格这种无关痛痒的问题也引发了另一场骚乱。1809 年秋，剧院在火灾后重新开放，剧院经理提高了票价并增设了私人包厢。此举被认为是对普通公民的冒犯，一群人蓄意每晚前去抗议，干扰演出，使得剧院不得不在 9 月底关闭了十天。

局势的紧张程度可见一斑。1810 年秋，国王再次由于卟啉病而开始胡言乱语，近乎疯癫。然而这次，他再也没能康复过来。他和死去的友人对话，检阅并不存在的军队。

1811 年初，威尔士亲王被宣布为摄政王，掌权期限为一年，以免他的父亲突然恢复健康。但乔治三世长期穿着紧身衣，被关在黑暗的房间里。从摄政王到国王，只差一个名分了。人们确信他会求助于辉格党老友来组建政府，但随着年龄增长，他变得愈加保守。他喜欢斯宾塞·珀西瓦尔，或许是因为这位严守安息日之人的性格同自己截然相反。我们会欣赏自己无法效仿之人。珀西瓦尔和摄政王一样反对解放天主教，而且在战争问题
363 上勇猛果敢。他上任后，在处理国内事务方面也同样果断。

1811年，一颗巨大的彗星划过夜空，这被认为是不祥之兆。1811年和1812年的严冬让拿破仑的封锁政策收效显著，英国出现了严重的粮食短缺。超过四万五千名斯毕塔菲尔德的居民为了生计，请愿进入济贫院。而这次请愿只是后期在《泥猪疥狗》《黑侏儒》《齐根砍》等激进期刊鼓动下更大规模抗议（又称“起事”或“旧腐败”）的前奏。1811年2月，博尔顿的棉织工感叹道：“悲惨和不幸啊，你们何时才能停止折磨勤劳的工匠？”曼彻斯特四万人请愿求助。

其中，“卢德分子”带来的威胁最为严重和持久。1811年春，诺丁汉郡的纺织机工人与雇主发生了争执，理由是工资太低，以及雇用未经培训的工人。随后，破坏纺织机成了该团体的抗议方式。德比郡和莱斯特郡的部分地区纷纷效仿。在十一个月内，发生了大约一百起抗议，导致一千台纺织机遭到破坏。陆军上尉弗朗西斯·雷恩斯解释说：“卢德分子行动起来像支军队，他们在公地和荒野上举行会议，从而就地进行演练等。”

骚乱蔓延到约克郡，纵火和蓄意暗杀成了行动的一部分，民兵被召集起来，巡回审判开始实施。十七名纺织工被绞死。雇主们也开始反击，向任何威胁工厂的抗议者开枪。两百名抗议者在博尔顿游行，头上绑着“斯特劳追随者”字样的标语——14世纪后期的反叛领袖杰克·斯特劳的名字或许并没有被遗忘——就像《利兹信使报》中所说的那样，代表着“著名的卢德将军”。因此，最初仅限于工业领域的行动已经发展成社会和政治抗议。1813年，兰开夏郡和约克郡有三万人签署了议会改革的请愿书。在这一时期，工业和政治领域的动乱相互交织。

“内德·卢德”“卢德上尉”“卢德将军”并不存在。抗议者并不需要有 364
头衔的英雄。引领他们的是必需品物价飞涨、工作条件极差、惯例被打破、不得人心的战争所带来的深深不满。此次运动只有动用国家力量才能处理。一场大规模审判在约克进行，六十名被告被处以绞刑或流放。议会通过法案将破坏纺织机定为重刑，拜伦勋爵在他的首次演说中动情地宣称：“对于能让你们当机立断、不再犹豫的议案，你们会思忖多年；对于人民心中所想，你们就知道拖延和干涉。而制定死刑法案时，却毫不迟疑，完全不考虑后果。”

1812年5月，骚乱达到顶峰。斯宾塞·珀西瓦尔在下议院的大厅里遭到名为贝林厄姆的疯狂商人枪杀。他的死被卢德分子和罢工人士视为反对政府压迫的自由运动的伟大胜利。据当地一家报纸报道，在瓷都，“一个男人在街上奔跑跳跃，挥舞着帽子，欣喜若狂地喊道：‘珀西瓦尔被杀了，万岁！珀西瓦尔被杀了，万岁！’”

威斯敏斯特城外欢呼雀跃，而城内却笼罩着焦虑惊恐的气氛。谁来领导政府的难题再度出现。有人认为威灵顿的弟弟亨利·韦尔斯利或许能够成为首席大臣的候选人。但有数位大臣拒绝在他手下任职。在有些人眼中金光闪闪，而在另一些人看来是斟满毒酒的首相圣杯，最终被递到了利物浦勋爵手中。利物浦勋爵是一位务实的领导者，很懂得审时度势，他组建的政府哪怕在他去世之后，依然存续了十五年之久。在他的领导下，英军最终战胜了拿破仑，并成功维系了欧洲的同盟关系，这些丰功伟绩使他屹立不倒。

法国皇帝如今正积极认真地筹划着入侵俄国。沙皇亚历山大一世已然从拿破仑封锁英国的计划中退出。波拿巴的目的似乎是想和俄军好好打上一仗，继而逼迫俄国听从他的号令。他还希望就在俄国边境开战，速战速决。他可能从未想过率军深入这个冰天雪地的国度，然而莫斯科大公国让
365 他无法回头，只能一味前进。这是一场同末日的约会。

1812年初夏，拿破仑亲率约六十万大军渡过了尼曼河。据说这是欧洲有史以来集结的规模最大的军队，但用皇帝自己的话来说，“我这样的人不会因为一百万条生命而烦心”。这支庞大的部队穿过俄国西部时，一切似乎都进展顺利，但军队的补给线正在不断削弱。波拿巴军向圣彼得堡方向的进军受阻，于是汇集全部力量朝莫斯科方向挺进。9月7日的博罗季诺战役中，双方陷入僵局。法国人拿下了战场，但俄军并没有被打败。俄国源源不断招募新兵，而法国则孤立无援。一周后，拿破仑进入莫斯科，映入眼帘的是一片焦土，不得已只能撤退。他们无处可去，流行病暴发的迹象让情势雪上加霜。凛冬将至，暴风雪随时可能来袭，河流涨潮难以横渡。冰

霜与大雪也与法军为敌。

10 月 17 日，拿破仑下令军队朝斯摩棱斯克撤退，随后于 11 月底渡过别列津纳河。一名评论者称："如同穿越沙漠的旅行队，仿佛一群游牧民族。"军粮耗尽。严寒刺骨、疾病肆虐，战马在冰面上滑倒、死去。俄国农民不断对撤退中的敌人进行报复打击，将敌人烧死或活埋，或用锄头和铲子将他们打得脑浆四溅。有幸未死之人，斑疹伤寒和痢疾也会给他们致命一击。数十万的大军，如今已缩减至不足三万人。12 月 5 日，在斯莫尔贡，皇帝离开他的军队，推脱自己得前往巴黎与其他敌人作战。他乔装打扮，只带了支小护卫队离开。这是一场彻头彻尾、耻辱至极的灾难。他回到巴黎后，举办了一系列舞会，但每个人都心知肚明他的冒险之旅已然画上句号。

法国皇帝远征俄国，以屈辱收场，威灵顿子爵又于 1812 年夏成功攻
下马德里，并将皇帝的哥哥从王位上赶了下来，英国人可谓双喜临门。次 366
年夏，在随后的维多利亚战役中，威灵顿子爵将法国人彻底逐出了西班牙。这是欧洲历史上的一个标志性时刻，力量的天平终于倒向了反法的一方。圣彼得堡大教堂里唱起了《感恩赞》，贝多芬创作了《威灵顿的胜利》以致敬这一事件。

1813 年夏天的临时休战只从 6 月持续到了 8 月，法国与包括普鲁士、俄国、英国、瑞典和奥地利在内的多个敌国之间不可避免会发生最终决战。这就是该战争被称为"民族之战"的原因，更准确的说法是莱比锡之战。经过四天激战，拿破仑被彻底击败，带领仅剩的八万士兵突围。他败局已定。阿伯丁勋爵致信外交大臣卡斯尔雷称："拯救欧洲之日近在眼前。"看来"食人魔"终于被击垮，这次大败让拿破仑的军事声誉毁于一旦；他再也不是不可战胜的了。兵败莱比锡的消息让法国朝野震惊，巴黎警务总监艾蒂安–德尼·帕基耶写道："诸事无望：幻想破灭。"

1814 年初，拿破仑处于守势，但他凭借果敢、狡猾以及高超的战略技巧重拾信心。2 月间，他发起了所谓"六日战役"，巧妙地将敌军玩弄于股掌之间，凭借仅有三万人的军队取得了一系列小胜。但面对数量占据压倒性优势的敌人，这些胜利还远远不够。在 3 月初签署的一项条约中，盟国

通过组建正式联盟进一步团结在了一起。奥地利、俄罗斯、普鲁士、大不列颠如今被认定为欧洲四“大国”，这一政治、地缘现实改变了欧洲大陆的面貌。

在国内发生叛乱，国外战争失利的局势下，拿破仑知道大势已去。3月末，俄国和普鲁士军队兵临巴黎城郊，3月31日，法国投降。四百年来，从没有外国军队攻入过法国首都。拿破仑奋力驱军前来解围，但到达的时候，还是晚了两天。他无意签署投降条约，但他的元帅们执意为之。“军
367 队会听令于我。”拿破仑对他们说。而得到的回答是：“军队会听令于其首长。”这场角逐终于结束。

1814年4月6日，法国皇帝签署了退位公文，他在文中声明：“拿破仑皇帝信守誓言，宣布他及他的子嗣放弃法国和意大利的王位。”三周后，他登上无畏号，被押送到厄尔巴岛。几天后，路易十八进入巴黎，但并没有受到热烈欢迎。然而，和平如同传染病，一发不可收拾，用奥地利外交大臣梅特涅的话来说，首都已然成了“一座宏伟巨大、富丽堂皇的疯人院”。欧洲的君王和政客们由此门不停宾、觥筹交错、日日笙歌。5月底，在巴黎签署了另一项条约，将法国的领土缩小到1792年11月时的范围，那时法国大革命的公民军队尚未蔓延整个欧洲。

1814年9月，在维也纳举行的一次大会上，所有议题都被详细阐述、精细划分，并被最终确定。从那年初秋一直到1815年6月，与会国经过了一系列谈判，瓜分了全球势力范围。此次会议是现代史上最重要的会议之一，其划定了民族国家的疆域，并在之后的一个世纪保持不变，同时始终维护“四大国”权威。疑虑、恐惧、阴谋、猜忌自然是主要动机，每个大国都试图确保自身不被其他国家操纵。卡斯尔雷在各方之间寻求他所谓“公正的均势”，并通过巧妙地协商各方需求，最终使其实现。奥地利和普鲁士同意建立松散的德意志邦联，而沙皇亚历山大的领土野心也被遏制了。各国承诺维持总体和平，且不会像波拿巴那样试图独霸欧洲。法国仍然是一个强国，但它永远失去了主导地位。

但随后一切似乎再次陷入危难。1815年3月4日，路易十八接到一份

电报，他打开信封，读完后，双手抱头。“你知道这封电报的内容吗？”他问一位大臣。

“陛下，臣不知。” 368

“好吧，朕告诉你。又是一场革命。波拿巴在普罗旺斯海岸登陆了。”

拿破仑逃离了他被胜利者囚禁的厄尔巴岛。食人魔回来了，而且立马显露出天生的领袖风采。他对为数不多的扈从说：“我将一枪不发抵达巴黎。”确实如此。他取道下阿尔卑斯省[1]长途跋涉，缓缓朝首都进发，沿途的人们丝毫没有反对他的迹象，反而高呼“皇帝万岁！”路易十八逃往比利时边境。3 月 20 日，拿破仑在人们疯狂的欢呼声中进入巴黎，开始备战，因为敌国想要根除他，必须且必然会发动战争。拿破仑从未气馁。

然而事实并没有看起来那么乐观。不久前的欧洲霸主如今已判若两人。他的一名支持者保罗·蒂埃博提到，拿破仑的脸上“失去了所有表情和逼人的气势……他身上的一切似乎都失了本质，变得支离破碎，他原本白皙的皮肤呈现出明显的绿色”。他并没有被任何军队击败，他的不幸是自找的。他再不是革命派的自由军队领袖，而是独立国家的征服者。精力和几乎狂热的情绪开始离他而去，他如今嗜睡，哪怕离开战只剩几个小时，还常常拖拖拉拉。

但他的意志依然不屈不挠。他先是挥军北上，目标比利时，意欲同当下已然集结的两支敌军交战。一支是由威灵顿领导的英、荷、德联军，另一支是由陆军元帅布吕歇尔领导的普鲁士军队。绝不能让两支军队会合。他必须将两军隔开，逐个击破。然而，拿破仑和他手下指挥官的一系列失误导致联军和普鲁士军队沿着两条平行的道路向普鲁赛尔后撤，这两条道路分别通往滑铁卢和瓦夫尔。在离滑铁卢还剩一英里的地方，威灵顿察觉到当地的地形优势，转守为攻。圣让山高耸入云，其绝壁能够提供掩护，而霍高蒙特农家大院以及当地的村庄能够用来驻防。

拿破仑沿着通往布鲁塞尔的大路驻扎军队，但他摸不清藏匿在高耸山 369

[1] 即现在的上普罗旺斯阿尔卑斯省。

脉之后的威灵顿军队的虚实。法军向霍高蒙特发动攻击，但并没有长驱直入，双方骑兵发动了一系列来回冲锋，据幸存者说，这是此次战役最为壮观的景象。到了傍晚，布吕歇尔的军队从瓦夫尔赶来，开始对法军发起攻击。波拿巴认为威灵顿军中央空虚，于是派出皇家近卫军乘虚而入，但遭到对方炮兵和刺刀的抵御后，近卫军士气动摇、阵型瓦解并开始撤退。军中有人高喊："近卫军撤啦，大家快逃命啊！"威灵顿于是摘下军帽挥舞，示意向阵形已乱的法军发动总攻。胜利了。威灵顿在给兄长的信中写道："真他妈险（半斤八两）——这是我这辈子打过最势均力敌的仗了。"普鲁士人一直觉得是他们，而非威灵顿和英军打赢了滑铁卢战役。

威灵顿和布吕歇尔如今成功会师，并开始最终朝巴黎进发。6 月 22 日，拿破仑第二次退位，并于 7 月 15 日在罗什福尔向英军投降，随后登上贝勒罗丰号。他在投降前曾想去美国定居，但敌人不可能给他提供这样的庇护所。他被带往圣赫勒拿岛，在南大西洋的火山岩上度过余生。这是英国历史上代价最为昂贵的战争，也是"百年战争"以来历时最久的战争。

如今，就都是和平的后话了，此次和平受到了四大国联盟的保障。确实，直到 1853 年克里米亚战争之前，欧洲大陆再未发生严重冲突。"不可能察觉不到，"卡斯尔雷写道，"欧洲的道德现状发生了巨大改变，自由的原则满地开花。"他似乎还说英国如今自认为是争取自由、反对暴政的伟大道德领袖。如今，从领土面积来说，世上没有哪个国家能与英国匹敌，加拿大、新西兰、南非、印度、澳大利亚、加勒比都是大英帝国的组成部分。
370 因此，地球表面的很大一部分，都是英国的领土。

然而，大胜的欢欣并未降临，成功之感也几近于无。经历了长年战争，疲惫、艰难成了日常生活的组成部分。爱尔兰的问题、帝国本身的困难、议会改革的诉求、贸易的衰退、工业领域的暴力事件频发，都是笼罩在胜
371 利之上的阴影。在 1815 年，完全看不清这类问题是否能够得到解决。

英格兰君主世系

威塞克斯王朝

名称	在位	继承权	大事记
阿尔弗雷德大帝	871年4月23日—899年10月26日	埃塞尔伍尔夫与奥斯博嘉之子	英格兰历史上第一个以“盎格鲁-撒克逊人的国王”自称且名副其实之人，奠定英格兰王国的基础
“长者”爱德华（爱德华一世）	899年10月26日—924年7月17日	阿尔弗雷德大帝与艾尔赫斯威斯之子	征服丹麦法地区，摧毁英格兰南部维京人的力量
埃塞尔斯坦	924年8月4日—939年10月27日	“长者”爱德华与艾克温之子	征服诺森伯兰王国，正式成立英格兰王国，人称“英格兰之王”
埃德蒙一世	939年10月27日—946年5月26日	“长者”爱德华与艾德吉夫之子	面临军事威胁后重新稳固英格兰王国，并与苏格兰保持和平共处关系
埃德雷德	946年5月26日—955年11月23日	“长者”爱德华与艾德吉夫之子	平息诺森伯兰叛乱，令该地区彻底归属英格兰王国
埃德威格	955年11月23日—959年10月1日	埃德蒙一世与沙夫茨波里的艾尔弗吉夫之子	在位期间王国持续不断地发生冲突，最终以泰晤士河为界，同埃德加分治英格兰
“和平者”埃德加（埃德加一世）	959年10月1日—975年7月8日	埃德蒙一世与沙夫茨波里的艾尔弗吉夫之子	在统治晚期的973年加冕，象征着其统治的顶点，也为此后的英王加冕仪式奠定了基础
“殉教者”爱德华（爱德华二世）	约975年7月8日—978年3月18日	“和平者”埃德加与爱塞弗里德之子	在位三年即遇害，许多圣徒传记认为他是殉教者，其遗骸在英格兰宗教改革时期被藏起，20世纪初重新被发现
“决策无方者”埃塞尔雷德（埃塞尔雷德二世）	978年3月19日—1013年12月15日 1014年2月3日—1016年4月23日	“和平者”埃德加与爱弗里芙之子	在位期间，国家不断遭受丹麦人入侵，曾被丹麦国王“八字胡”斯韦恩击败夺走王位，并于其死后重获王位

"刚勇者"埃德蒙 (埃德蒙二世)	1016年4月23日— 1016年11月30日	"决策无方者"埃塞尔雷德与约克的艾尔弗吉夫之子	反抗丹麦王朝克努特大帝的统治
"忏悔者"爱德华 (爱德华三世)	1042年6月8日— 1066年1月5日	"决策无方者"埃塞尔雷德与诺曼底的艾玛之子	结束丹麦王朝的统治，没有留下子嗣，王位由戈德温之子哈罗德继承

丹麦王朝

"八字胡"斯韦恩	1013年12月15日— 1014年2月3日	蓝牙哈拉尔与加若德·奥拉弗斯多特之子	击败埃塞尔雷德，开创丹麦王朝
克努特大帝 (克努特一世)	1016年10月18日— 1035年11月12日	"八字胡"斯韦恩与傲慢者西格丽德之子	统辖英格兰、丹麦、挪威及部分瑞典，其辖境享有北海帝国之称
"飞毛腿"哈罗德 (哈罗德一世)	1035年11月13日— 1040年3月17日	克努特大帝与北安普敦的艾尔弗吉夫之子	趁哈德克努特在丹麦解决挪威叛乱无法抽身，谋得英格兰王位
哈德克努特 (克努特二世)	1040年3月17日— 1042年6月8日	克努特大帝与诺曼底的爱玛之子	丹麦王朝末代国王，也是英格兰最后一位斯堪的纳维亚人君主

戈德温王朝

戈德温之子哈罗德 (哈罗德二世)	1066年1月6日— 1066年10月14日	威塞克斯伯爵戈德温与吉莎·索尔科尔斯多特提尔之子	在黑斯廷斯之战中被诺曼底的威廉击败并阵亡

诺曼底王朝

威廉一世 ("征服者"威廉)	1066年12月25日— 1087年9月9日	诺曼底公爵罗贝尔一世与法莱斯的莱乌之子	自称"忏悔者"爱德华的指定继承人，征服英格兰，造成"北方之劫"
威廉二世 ("红毛"威廉)	1087年9月9日— 1100年8月2日	威廉一世与佛兰德的玛蒂尔达之子	击败马尔科姆三世，在很大程度上影响了苏格兰的王位继承
亨利一世 ("儒雅者"亨利)	1100年8月2日— 1135年12月1日	威廉一世与佛兰德的玛蒂尔达之子	其治理得到普遍认可，并在坦什布莱战役中俘获兄长诺曼底公爵罗伯特，由此征服诺曼底

玛蒂尔达 (玛蒂尔达王后)	1141 年 4 月 7 日— 1141 年 11 月 1 日	亨利一世与苏格兰的玛蒂尔达之女	与斯蒂芬的征战令英格兰陷入“无政府时期”

布卢瓦王朝

斯蒂芬 (布卢瓦的艾蒂安)	1135年12月22日— 1154 年 10 月 25 日	布卢瓦伯爵艾蒂安二世与诺曼底的阿德拉之子	与玛蒂尔达的征战令英格兰陷入“无政府时期”

金雀花王朝

安茹王朝

亨利二世 (“短斗篷”亨利)	1154年10月25日— 1189 年 7 月 6 日	安茹的若弗鲁瓦五世与玛蒂尔达王后之子	得到苏格兰国王的效忠，命人杀害大主教贝克特，遭到教宗绝罚
幼王亨利	1170年6月14日— 1183 年 6 月 11 日 (与父共治)	亨利二世与阿基坦的埃莉诺之子	从 1170 年起成为名义上的英格兰国王，但并未实际行使统治权
理查一世 (“狮心王”理查)	1189 年 7 月 6 日— 1199 年 4 月 6 日	亨利二世与阿基坦的埃莉诺之子	唯一参加过十字军东征的英格兰国王，并在阿尔苏夫战役中击败萨拉丁的穆斯林军队
约翰 (无地王)	1199 年 4 月 6 日— 1216 年 10 月 19 日	亨利二世与阿基坦的埃莉诺之子	失去安茹帝国，专注英格兰本土；在叛乱贵族的逼迫下签订《大宪章》

金雀花王朝

亨利三世 (温切斯特的亨利)	1216年10月19日— 1272 年 11 月 16 日	约翰与昂古莱姆的伊莎贝拉之子	自“决策无方者”埃塞尔雷德以来的第一个幼王，被迫组建摄政委员会，其治下议会初见雏形
爱德华一世 (“长腿”爱德华)	1272年11月16日— 1307 年 7 月 7 日	亨利三世与普罗旺斯的埃莉诺之子	创立羊毛出口税，几近征服苏格兰，并处死威廉·华莱士，人称“苏格兰之锤”
爱德华二世 (卡那封的爱德华)	1307 年 7 月 7 日— 1327 年 1 月 25 日	爱德华一世与卡斯蒂利亚的莱昂诺尔之子	因崇信臣子而致使贵族叛乱；讨伐苏格兰失败；首位被废黜的合法国王
爱德华三世	1327年1月25日— 1377 年 6 月 21 日	爱德华二世与法兰西的伊莎贝拉之子	开启英法百年战争，对法国造成重大打击；其治下的英格兰遭遇大疫

理查二世	1377年6月21日—1399年9月30日	黑太子爱德华与肯特的琼安之子	其治下发生英格兰历史上最大规模的农民起义，由其成功平息

兰开斯特王朝

亨利四世(博林布鲁克的亨利)	1399年9月30日—1413年3月20日	冈特的约翰与兰开斯特的布兰奇之子	杀害理查二世与大主教，并数次平息以理查二世名义扯旗的叛党
亨利五世(英格兰之星)	1413年3月20日—1422年8月31日	亨利四世与博恩的玛丽之子	重启英法百年战争，以少胜多取得阿金库尔战役胜利，迫使法王签订《特鲁瓦条约》，成为法国王位的继承人
亨利六世	1422年8月31日—1461年3月4日 1470年10月3日—1471年4月11日	亨利五世与瓦卢瓦的凯瑟琳之子	继承英法百年战争，但在圣女贞德解除奥尔良之围后陷入不利境地，国内爆发玫瑰战争

约克王朝

爱德华四世	1461年3月4日—1470年10月3日 1471年4月11日—1483年4月9日	约克公爵理查·金雀花与塞西莉·内维尔之子	在陶顿战役中击败安茹的玛格丽特和亨利，第一次执政 杀害亨利六世，第二次执政
爱德华五世	1483年4月9日—1483年6月25日	爱德华四世与伊丽莎白·伍德维之子	加冕不到一年，与弟弟约克公爵理查一同失踪，最终死因成谜
理查三世	1483年6月26日—1485年8月22日	约克公爵理查·金雀花与塞西莉·内维尔之子	在博斯沃思原野战役中战败，为玫瑰战争和金雀花王朝画上了句号

都铎王朝

亨利七世(亨利·都铎)	1485年8月22日—1509年4月21日	埃德蒙·都铎与玛格丽特·博福特女勋爵之子	杀死理查三世，继承英格兰王位。擅长联姻政策，与约克的伊丽莎白结婚，合并约克和兰开斯特家族，正式结束玫瑰战争

亨利八世	1509年4月22日—1547年1月28日	亨利七世与约克的伊丽莎白之子	有过六次婚姻。推行宗教改革，使英格兰脱离罗马教廷的控制，并为创立国教会打下了关键基础
爱德华六世	1547年1月28日—1553年7月6日	亨利八世与简·西摩之子	加强国教会改革，首度将新教确立为英格兰国教会
简·格雷	1553年7月10日—1553年7月19日	萨福克公爵亨利·格雷与弗朗西丝·布兰登之女	著名的“九日女王”，但因在位仅九天，一般不被正式算作英格兰女王
玛丽一世(血腥玛丽)	1553年7月19日—1558年11月17日	亨利八世与阿拉贡的凯瑟琳之女	为了巩固自身权力以及复辟罗马天主教，常以铁腕手段镇压人民，并靠宫廷斗争铲除异己
腓力二世(共治国王)	1554年7月25日—1558年11月17日	查理五世与葡萄牙的伊莎贝拉之子	西班牙国王。与玛丽一世结婚后成为英格兰的共治国王。于1588年建立了赫赫有名的西班牙无敌舰队
伊丽莎白一世(童贞女王)	1558年11月17日—1603年3月24日	亨利八世与安妮·博林之女	于宗教分裂时期继位，不仅成功维护了国家统一，还将英格兰打造成了欧洲最强大的国家之一。终身未婚嫁

斯图亚特王朝

詹姆士一世	1603年3月24日—1625年3月27日	达恩利勋爵与玛丽一世之子	首位英格兰、苏格兰及爱尔兰国王。在位期间鼓吹君权神授，自认上帝的使者，与议会时有矛盾，国民对此不满
查理一世	1625年3月27日—1649年1月30日	詹姆士一世与丹麦的安妮之子	英格兰历史上唯一被公开处死的国王，欧洲史上第一个被公开处死的君主。在位时国内宗教冲突严重，与议会之间爆发两次内战

查理二世	1660年5月29日—1685年2月6日	查理一世与亨利埃塔·玛丽亚之子	个性风趣、活力四射，人称“快活王”。签署议会制定的“人权保护法”
詹姆士二世	1685年2月6日—1688年12月23日	查理一世与亨利埃塔·玛丽亚之子	查理二世的同母弟。臣民反对其专权，在光荣革命中被剥夺王位
玛丽二世	1689年2月13日—1694年12月28日	詹姆士二世与安妮·海德之女	作为国教表率一直以身作则，成功改善了17世纪60年代以来的不良风俗。与妹妹安妮冲突不断
安妮女王	1702年3月8日—1714年8月1日 1707年5月1日—1714年8月1日为大不列颠及爱尔兰女王	詹姆士二世与安妮·海德之女	在位期间英格兰王国与苏格兰王国合并成为大不列颠。签署《乌得勒支和约》，使英格兰大获其利并成为超越法国、荷兰的海上强国

英格兰共和国

奥利弗·克伦威尔 (老铁骑军)	1653年12月16日—1658年9月3日	罗伯特·克伦威尔与伊丽莎白·斯图尔德之子	英格兰共和国首位护国公。资产阶级新贵族集团的代表人物。逼迫英格兰君主退位，解散议会，并转英格兰为资产阶级共和国，建立英格兰共和国
理查·克伦威尔 (摇摇欲坠的迪克)	1658年9月3日—1659年5月7日	奥利弗·克伦威尔与伊莉莎白·鲍彻之子	英格兰共和国最后一位护国公。1659年，议会恢复君主制，英格兰共和国覆亡，理查·克伦威尔流亡法国

奥兰治－拿骚王朝

威廉三世 (奥兰治的威廉)	1689年2月13日—1702年3月8日	奥兰治亲王威廉二世与长公主玛丽·亨利埃塔·斯图亚特之子	击退法国后与妻子玛丽二世一同成为英格兰国王。领导了反抗法国的大同盟战争

汉诺威王朝

乔治一世（乔治·路易）	1714年8月1日—1727年6月11日	汉诺威选帝侯恩斯特·奥古斯特与普法尔茨的索菲娅之子	第一位以德语为母语的英格兰君主，因为无法流利使用英语，他任命沃尔波尔为内阁首相，这也成为英国首相制度的开端
乔治二世（乔治·奥古斯都）	1727年6月11日—1760年10月25日	乔治一世与索菲娅·多罗西娅之子	在奥地利王位继承战争中指挥联军同法国作战，并取得德廷根大捷。在位期间，英格兰商业高速发展，但也因此引发了金融泡沫
乔治三世（乔治·威廉·弗雷德里克）	1760年10月25日—1820年1月29日	威尔士亲王弗雷德里克与萨克森-哥达的奥古丝塔之子	鼓励农业发展，令城乡人口大幅上升，为工业革命提供了充足劳动力。在位期间，英国先后参与了美国独立战争和拿破仑战争。晚年因精神失常而饱受折磨
乔治四世（乔治·奥古斯都·弗雷德里克）	1820年1月29日—1830年6月26日	乔治三世与梅克伦堡-斯特雷利茨的夏洛特之子	在位期间大部分时间由利物浦勋爵担任首相，掌控政府。晚年被迫接受与他不和的乔治·坎宁先后出任外相和首相
威廉四世（威廉·亨利）	1830年6月26日—1837年6月20日	乔治三世与梅克伦堡-斯特雷利茨的夏洛特之子	能力平庸但生性善良，被亲切地称为“水手国王”。1832年的议会改革标志着英国资产阶级掌权
维多利亚女王（亚历山德丽娜·维多利亚）	1837年6月20日—1901年1月22日	爱德华王子（肯特和斯特拉森公爵）与玛丽·路易丝·维多利亚之女	英国鼎盛的“日不落帝国”时期，史称“维多利亚时代”。英国在此期间加大殖民扩张，经济、文化空前繁荣，君主立宪制得到充分发展。维多利亚女王成为英国和平与繁荣的象征

萨克森－科堡－哥达王朝

爱德华七世 (阿尔伯特 · 爱德华)	1901 年 1 月 22 日— 1910 年 5 月 6 日	维多利亚女王与阿尔伯特亲王之子	继位时曾是英格兰历史上担任王位继承人最久的王子，在位期间经历了第二次布尔战争，在英国陆军的重组和本土舰队的现代化等方面起到了推动作用，其统治时期被史称“爱德华时代”

温莎王朝

乔治五世 (乔治 · 弗雷德里克 · 恩斯特 · 阿尔伯特)	1910 年 5 月 6 日— 1936 年 1 月 20 日	爱德华七世与丹麦的亚历山德拉之子	在位期间见证了第一次世界大战，大英帝国版图在 1922 年达到巅峰，领土占全球土地面积的 22.5%，人口达到全球五分之一，但印度独立运动、法西斯崛起等迹象也表明帝国行将走向衰亡
爱德华八世 (爱德华 · 阿尔伯特 · 克里斯蒂安 · 乔治 · 安德鲁 · 帕特里克 · 大卫)	1936 年 1 月 20 日— 1936 年 12 月 11 日	乔治五世与特克的玛丽之子	刚继位便向即将二度离婚的美籍名流沃利斯 · 辛普森求婚，与大众和国教会道德规范产生冲突，引发宪政危机，他最终选择在继位当年退位
乔治六世 (阿尔伯特 · 弗雷德里克 · 亚瑟 · 乔治)	1936 年 12 月 11 日— 1952 年 2 月 6 日	乔治五世与特克的玛丽之子	在位期间见证了第二次世界大战，大英帝国解体过程加速，逐渐演变为英联邦，自乔治六世始，英国君主放弃皇帝头衔，改用英联邦元首的新头衔
伊丽莎白二世 (伊丽莎白 · 亚历山德拉 · 玛丽)	1952 年 2 月 6 日 至今	乔治六世与伊丽莎白 · 鲍斯-莱昂之女	英国历史上最长寿的君主，也是目前全世界最长寿的君主，在位期间的重大宪政变革包括权力下放、非洲去殖民化、英国加入欧共体与退出欧盟

延伸阅读

这份书单谈不上详尽和面面俱到，但它所包含的书目曾在我撰写本书的过程中给予我很大的帮助。

通　史

Ashley, M.: *England in the Seventeenth Century* (London, 1952)

Aubrey, W. H. S.: *The National and Domestic History of England* (London, 1878)

Baxter, S. B.: *England's Rise to Greatness, 1660—1763* (London, 1983)

Black, J.: *Britain in the Age of Walpole* (Basingstoke, 1984)

—— *British Politics and Society from Walpole to Pitt 1742—1789* (Basingstoke, 1990)

Christie, I. R.: *Crisis of Empire: Great Britain and the American Colonies, 1754—1783* (London, 1966)

—— *Wars and Revolutions: Britain 1760—1815* (London, 1982)

Clark, J. C. D.: *English Society 1688—1832: Ideology, Social Structure and Political Practice during the Ancien Regime* (Cambridge, 1985)

Coward, B.: *A Companion to Stuart Britain* (Oxford, 2003)

Dickinson, H. T.: *A Companion to Eighteenth-Century Britain* (Oxford, 2002)

Harlow, V. T.: *The Founding of the Second British Empire, 1763—1793* (London, 1952—1964)

Harris, B.: *Politics and the Nation: Britain in the Mid-Eighteenth Century* (Oxford, 2002)

Harris, R. W.: *England in the Eighteenth Century, 1689—1793: A Balanced Constitution and New Horizons* (London, 1963)

Harvey, A. D.: *Britain in the Early Nineteenth Century* (London, 1978)

Hill, C.: *1530—1780: Reformation to Industrial Revolution* (Harmondsworth, 1969)

Holmes, Geoffrey S.: *The Making of a Great Power: Late Stuart and Early Georgian Britain 1660—1722* (London, 1993)

Holmes, Geoffrey S. (ed.), *Britain after the Glorious Revolution, 1689—1714* (London, 1969)
Holmes, Geoffrey S. and Szechi, D.: *The Age of Oligarchy: Pre- industrial Britain 1722—1783* (London, 1993)
Hoppit, J.: *A Land of Liberty? England, 1689—1727* (Oxford, 2000)
Jensen, M.: *The Founding of a Nation: A History of the American Revolution, 1763—1776* (New York & Oxford, 1968)
Jones, J. R.: *Country and Court: England, 1658—1714* (London, 1978)
Lecky, W. E. H.: *A History of England in the Eighteenth Century* (London, 1892)
Levack, B. P.: *The Formation of the British State: England, Scotland and the Union, 1603—1707* (Oxford, 1987)
Lingard, J. and Belloc, H.: *The History of England* (London, 1915)
Macaulay, T. B.: *History of England from the Accession of James II* (London, 1906)
Marshall, D.: *Eighteenth-Century England* (London, 1974)
McLynn, F.: *The Jacobites* (London, 1985)
Michael, W., MacGregor, A. and MacGregor, G. E.: *England under George I* (London, 1936—1939)
Namier, L. B.: *England in the Age of the American Revolution* (London, 1963)
O'Gorman, F.: *The Long Eighteenth Century: British Political and Social History 1688—1832* (London, 1997)
Owen, J. B.: *The Eighteenth Century, 1714—1815* (London, 1974)
Plumb, J. H.: *England in the Eighteenth Century* (London, 1953)
—— *The Growth of Political Stability in England, 1675—1725* (London, 1968)
Pocock, J. G. A.: *Three British Revolutions, 1641, 1688, 1776* (Princeton, 1980)
Prest, W. R.: *Albion Ascendant: English History, 1660—1815* (Oxford, 1998)
Ranke, L. von: *A History of England, Principally in the Seventeenth Century* (Oxford, 1875)
Schama, S.: *Citizens: A Chronicle of the French Revolution* (London, 1989)
Smollett, T.: *The History of England: From Revolution in 1688, to the Death of George II* (London, 1822)
Speck, W. A.: *Stability and Strife: England, 1714—1760* (London, 1977)
Stone, L. (ed.), *An Imperial State at War: Britain from 1689 to 1815* (London, 1994)
Szechi, D.: *The Jacobites: Britain and Europe, 1688—1788* (Manchester, 1994)
Trevelyan, G. M.: *England under Queen Anne* (London, 1965)
—— *England under the Stuarts* (New York, 1938)
Watson, J. S.: *The Reign of George III, 1760—1815* (Oxford, 1960)
Williams, B.: *The Whig Supremacy, 1714—1760* (Oxford, 1952)

文化、社会、宗教

Allen, R. C.: *Enclosure and the Yeoman* (Oxford, 1992)
Archer, J. E.: *Social Unrest and Popular Protest in England, 1780—1840* (Cambridge, 2000)
Ashton, J.: *Social Life in the Reign of Queen Anne* (London, 1882)

Beckett, J. V.: *The Aristocracy in England 1660—1914* (Oxford, 1986)
Beljame, A.: *Men of Letters and the English Public in the Eighteenth Century, 1660—1744* (London, 1897)
Bennett, G. V.: *The Tory Crisis in Church and State 1688—1730: The Career of Francis Atterbury, Bishop of Rochester* (Oxford, 1975)
Borsay, P.: *The English Urban Renaissance: Culture and Society in the Provincial Town 1660—1770* (Oxford, 1989)
Brewer, J.: *The Pleasures of the Imagination: English Culture in the Eighteenth Century* (London, 1997)
Cannon, J.: *Aristocratic Century: The Peerage of Eighteenth-Century England* (Cambridge, 1984)
Carter, P.: *Men and the Emergence of Polite Society: Britain 1660—1800* (Harlow, 2001)
Chadwick, W. *The Life and Times of Daniel Defoe* (London, 1859)
Chalklin, C. W.: *The Provincial Towns of Georgian England: A Study of the Building Process, 1740—1820* (London, 1974)
Christie, I. R.: *Stress and Stability in Late Eighteenth-Century Britain: Reflections on the British Avoidance of Revolution* (Oxford, 1984)
Clark, J. C. D.: *Revolution and Rebellion: State and Society in England in the Seventeenth and Eighteenth Centuries* (Cambridge, 1986)
Cockayne, E.: *Hubbub: Filth, Noise, and Stench in England, 1600—1770* (New Haven & London, 2007)
Corfield, P. J.: *The Impact of English Towns, 1700—1800* (Oxford, 1982)
Defoe, D.: *A Tour thro' the Whole Island of Great Britain, By a Gentleman* (London, 1742)
Earle, P.: *The Making of the English Middle Class: Business, Society and Family Life in London, 1660—1730* (London, 1989)
Elioseff, L. A.: *The Cultural Milieu of Addison's Literary Criticism* (Austin, 1963)
Ford, B. (ed.), *The Cambridge Cultural History of Britain, Vol. 5, Eighteenth-Century Britain* (Cambridge, 1992)
Foss, M.: *The Age of Patronage: The Arts in Society, 1660—1750* (London, 1971)
Gatrell, V.: *City of Laughter: Sex and Satire in Eighteenth-Century London* (London, 2006)
George, M. D.: *England in Transition: Life and Work in the Eighteenth Century* (London, 1931)
George, M. D.: *London Life in the Eighteenth Century* (London, 1925)
Guillery, P., Donald, A. and Kendall, D.: *The Small House in Eighteenth-Century London* (New Haven, 2004)
Hay, D. and Rogers, N.: *Eighteenth-Century English Society: Shuttles and Swords* (Oxford, 1997)
Hill, B.: *Women, Work and Sexual Politics in Eighteenth-Century England* (Oxford, 1989)
Hilton, B.: *A Mad, Bad, and Dangerous People? England 1783—1846* (Oxford, 2006)
Holmes, Geoffrey S.: *Augustan England: Professions, State and Society, 1680—1730* (London, 1982)

Jenkins, P.: *The Making of a Ruling Class: The Glamorgan Gentry 1640—1790* (Cambridge, 1983)

Kirby, P.: *Child Labour in Britain, 1750—1870* (London, 2003)

Langford, P.: *A Polite and Commercial People: England, 1727—1783* (Oxford, 1989)

—— *Public Life and the Propertied Englishman 1689—1798: The Ford Lectures Delivered in the University of Oxford 1990* (Oxford, 1991)

Lees, L. H.: *The Solidarities of Strangers: The English Poor Laws and the People, 1700—1948* (Cambridge, 1998)

Linebaugh, P.: *The London Hanged: Crime and Civil Society in the Eighteenth Century* (London, 1991)

Mackay, C.: *Memoirs of Extraordinary Popular Delusions and the Madness of Crowds* (London, 1852)

Malcolmson, R. W.: *Life and Labour in England, 1700—1780* (London, 1981)

O'Toole, F.: *A Traitor's Kiss: The Life of Richard Brinsley Sheridan* (London, 1997)

Palliser, D. M., Clark, P. and Daunton, M. J.: *The Cambridge Urban History of Britain,* Vol. 2 (Cambridge, 2000)

Porter, R.: *English Society in the Eighteenth Century* (London, 1991)

Rivers, I.: *Books and their Readers in Eighteenth-Century England* (Leicester, 1982)

Rogers, P.: *The Augustan Vision* (London, 1974)

Rule, J.: *Albion's People: English Society, 1714—1815* (London, 1992)

Rupp, E.: *Religion in England 1688—1791* (Oxford, 1986)

Sambrook, J.: *The Eighteenth Century: The Intellectual and Cultural Context of English Literature 1700—1789* (London, 1986)

Scull, A.: *The Most Solitary of Afflictions: Madness and Society in Britain, 1700—1900* (New Haven & London, 1993)

Seed, J.: *Dissenting Histories: Religious Division and the Politics of Memory in Eighteenth-Century England* (Edinburgh, 2008)

Sharpe, P.: *Women's Work: The English Experience, 1650—1914* (London, 1998)

Simmons, J. R. (ed.), *Factory Lives: Four Nineteenth-Century Working Class Autobiographies* (Peterborough, Ont. & Plymouth, 2007)

Snell, K. D. M.: *Annals of the Labouring Poor: Social Change and Agrarian England, 1660—1900* (Cambridge, 1985)

Sykes, N.: *From Sheldon to Secker: Aspects of English Church History, 1660—1768* (Cambridge, 1959)

Uglow, J. S.: *Hogarth: A Life and a World* (London, 1997)

—— *The Lunar Men: The Friends who made the Future, 1730—1810* (London, 2002)

Vicinus, M.: *The Industrial Muse: A Study of Nineteenth-Century British Working-Class Literature* (London, 1974)

Vickery, A.: *Behind Closed Doors: At Home in Georgian England* (New Haven and London, 2009)

Warburg, J.: *The Industrial Muse: The Industrial Revolution in English Poetry* (London & New York, 1958)
White, T. H.: *The Age of Scandal: An Excursion through a Minor Period* (London, 1950)
Williams, D.: *The Triumph of Culture: 18th Century Perspectives* (Toronto, 1972)
Wilson, K.: *The Sense of the People: Politics, Culture and Imperialism in England, 1715—1785* (Cambridge, 1995)

军事史

Black, J.: *War for America: The Fight for Independence, 1775—1783* (Stroud, 1991)
Blanning, T. C. W.: *The French Revolutionary Wars 1787—1802* (London, 1996)
Brewer, J.: *The Sinews of Power: War, Money and the English State, 1688—1783* (London, 1989)
Chandler, D. G.: *The Campaigns of Napoleon* (London, 2002)
Conway, S.: *The War of American Independence, 1775—1783* (London, 1995)
Esdaile, C. J.: *Napoleon's Wars: An International History, 1803—1815* (London, 2007)
Gash, N. (ed.), *Wellington: Studies in the Military and Political Career of the first Duke of Wellington* (Manchester, 1990)
Gates, D.: *The Napoleonic Wars, 1803—1815* (London, 2003)
McLynn, F.: *1759: The Year Britain became Master of the World* (London, 2004)
—— *Napoleon: A Biography* (London, 1997)
Muir, R. *Britain and the Defeat of Napoleon, 1807—1815* (New Haven and London, 1996)
Schneid, F. C.: *Napoleonic Wars* (Washington, 2010)
Southey, R.: *The Life of Nelson* (London, 1941)
Zamoyski, A. *Rites of Peace: The Fall of Napoleon and the Congress of Vienna* (London, 2007)

君主与宫廷

Beattie, J. M.: *The English Court in the Reign of George I* (London, 1967)
Black, J.: *George II: Puppet of the Politicians?* (Exeter, 2007)
—— *George III: America's Last King* (New Haven, 2006)
Bucholz, R. O.: *The Augustan Court: Queen Anne and the Decline of Court Culture* (Stanford, 1993)
Clark, G. N.: *The Later Stuarts, 1660—1714* (Oxford, 1949)
Field, O.: *The Favourite: Sarah, Duchess of Marlborough* (London, 2002)
Gregg, E.: *Queen Anne* (London, 1984)
Hatton, R. M.: *George I* (New Haven, 2001)
Kenyon, J. P.: *The Stuarts: A Study in English Kingship* (London, 1977)
Miller, J.: *The Stuarts* (London, 2004)
Pares, R.: *King George III and the Politicians* (Oxford, 1967)
Smith, H.: *Georgian Monarchy: Politics and Culture, 1714—1760* (Cambridge, 2006)
Somerset, A.: *Queen Anne: The Politics of Passion* (London, 2012)

Thompson, A. C.: *George II: King and Elector* (New Haven and London, 2011)

经济史与工业革命

Alexander, D.: *Retailing in England during the Industrial Revolution* (London, 1970)
Ashton, T. S.: *An Eighteenth-Century Industrialist: Peter Stubs of Warrington, 1756—1806* (Manchester, 1939)
—— *An Economic History of England: The 18th Century* (London, 1955)
—— *Iron and Steel in the Industrial Revolution* (Aldershot, 1993)
Berg, M.: *The Age of Manufactures, 1700—1820: Industry, Innovation, and Work in Britain* (London, 1994)
Broadberry, S. N. and O'Rourke, K. H.: *The Cambridge Economic History of Modern Europe,* Vol. 1 (Cambridge, 2012)
Brown, R.: *Society and Economy in Modern Britain, 1700—1850* (London, 1991)
Chapman, S. J.: *The Cotton Industry and Trade* (London, 1905)
Cipolla, C. M.: *Before the Industrial Revolution: European Society and Economy, 1000—1700* (London, 1976)
Coleman, D. C.: *Myth, History, and the Industrial Revolution* (London, 1992)
Court, W. H. B.: *The Rise of the Midland Industries, 1600—1838* (Oxford, 1953)
Crafts, N. F. R.: *British Economic Growth during the Industrial Revolution* (Oxford, 1985)
Daunton, M. J.: *Progress and Poverty: An Economic and Social History of Britain, 1700—1850* (Oxford, 1995)
Dickinson, H. W.: *James Watt: Craftsman and Engineer* (Cambridge, 1935)
Dickson, P. G. M.: *The Financial Revolution in England: A Study in the Development of Public Credit, 1688—1756* (London, 1967)
Fitton, R. S. and Wadsworth, A. P.: *The Strutts and the Arkwrights 1758—1830* (Matlock, 2012)
Flinn, M. W.: *Men of Iron: The Crowleys in the Early Iron Industry* (Edinburgh, 1962)
—— *The Origins of the Industrial Revolution* (London, 1966)
—— *The Industrial Revolution, The History of the British Coal Industry, Vol. 2* (Oxford, 1984)
Floud, R.: *The Cambridge Economic History of Modern Britain*, Vol. 1 (Cambridge, 2014)
Floud, R. and McCloskey, D. N.: *The Economic History of Britain Since 1700* (Cambridge, 1981)
Hammond, J. L. and Hammond, B. B.: *The Rise of Modern Industry* (London, 1937)
Harris, J. R.: *The British Iron Industry, 1700—1850* (Basingstoke, 1988)
Hartwell, R. M.: *The Industrial Revolution in England* (London, 1965)
—— *The Causes of the Industrial Revolution in England* (London, 1967)
—— *The Industrial Revolution and Economic Growth* (London, 1971)
Hartwell, R. M. (ed.): *The Industrial Revolution* (Oxford, 1970)
Holderness, B. A.: *Pre-industrial England: Economy and Society, 1500—1750* (London, 1976)
Hopkins, E.: *The Rise of the Manufacturing Town: Birmingham and the Industrial Revolution* (Stroud, 1998)

King, S. and Timmins, G.: *Making Sense of the Industrial Revolution* (Manchester, 2001)
Kussmaul, A.: *A General View of the Rural Economy of England 1538—1840* (Cambridge, 1990)
MacLeod, C.: *Inventing the Industrial Revolution: The English Patent System, 1660—1800* (Cambridge, 1988)
Mantoux, P.: *The Industrial Revolution in the Eighteenth Century: An Outline of the Beginnings of the Modern Factory System in England* (Chicago, 1983)
Mathias, P.: *The First Industrial Nation: An Economic History of Britain, 1700—1914* (London, 1969)
—— *The Transformation of England: Essays in the Economic and Social History of England in the Eighteenth Century* (London, 2011)
McKendrick, N. and Plumb, J. H.: *The Birth of a Consumer Society: The Commercialization of Eighteenth-Century England* (London, 1983)
Minchinton, W. E.: *The Growth of English Overseas Trade in the Seventeenth and Eighteenth Centuries* (London, 1969)
Moffit, L. W.: *England on the Eve of the Industrial Revolution: A Study of Economic and Social Conditions from 1740—1760, with Special Reference to Lancashire* (London, 1925)
Mokyr, J.: *The Lever of Riches: Technological Creativity and Economic Progress* (New York, 1990)
—— *The Enlightened Economy: Britain and the Industrial Revolution 1700—1850* (London, 2011)
Mui, Hoh-Cheung and Mui, L. H.: *Shops and Shopkeeping in Eighteenth-Century England* (Kingston, Ont., 1989)
O'Brien, P. and Quinault, R. E.: *The Industrial Revolution and British Society* (Cambridge, 1993)
Osborne, J. W.: *The Silent Revolution: The Industrial Revolution in England as a Source of Cultural Change* (New York, 1970)
Plumb, J. H.: *The Commercialisation of Leisure in Eighteenth-Century England* (Reading, 1973)
Quickenden, K., Baggott, S. and Dick, M.: *Matthew Boulton: Enterprising Industrialist of the Enlightenment* (Farnham, 2013)
Radcliffe, W.: *Origin of the New System of Manufacture Commonly Called Power-Loom Weaving* (Clifton, 1974)
Randall, A.: *Before the Luddites: Custom, Community and Machinery in the English Woollen Industry, 1776—1809* (Cambridge, 1991)
Reilly, R.: *Josiah Wedgwood, 1730—1795* (London, 1992)
Richards, J. M. and De Maré, E. S.: *The Functional Tradition in Early Industrial Buildings* (London, 1958)
Rule, J.: *The Vital Century: England's Developing Economy 1714—1815* (London, 1992)
Toynbee, A.: *The Industrial Revolution* (Boston, 1956)

Unwin, G. and Hulme, A.: *Samuel Oldknow and the Arkwrights: The Industrial Revolution at Stockport and Marple* (Manchester, 1924)
Weatherill, L.: *Consumer Behaviour and Material Culture in Britain, 1660—1760* (London and New Haven, 1996)
Wilson, R. G.: *Gentlemen Merchants: The Merchant Community in Leeds, 1700—1830* (Manchester, 1971)
Wrigley, E. A.: *Continuity, Chance and Change: The Character of the Industrial Revolution in England* (Cambridge, 1988)
—— *Energy and the English Industrial Revolution* (Cambridge, 2010)

政治史

Black, J.: *Pitt the Elder* (Cambridge, 1992)
—— *The Politics of Britain, 1688—1800* (Manchester, 1993)
Brewer, J.: *Party Ideology and Popular Politics at the Accession of George III* (Cambridge, 1976)
Browning, R.: *The Duke of Newcastle* (New Haven, 1975)
Butterfield, H.: *George III, Lord North, and the People, 1779—1780* (London, 1949)
Cannon, J.: *The Fox—North Coalition: Crisis of the Constitution, 1782—1784* (Cambridge, 1969)
—— *The Whig Ascendancy: Colloquies on Hanoverian England* (London, 1981)
Colley, L.: *In Defiance of Oligarchy: The Tory Party, 1714—1760* (Cambridge, 1982)
Derry, J. W.: *Politics in the Age of Fox, Pitt and Liverpool: Continuity and Transformation* (Basingstoke, 1990)
Dickinson, H. T.: *The Politics of the People in Eighteenth-Century Britain* (Basingstoke, 1994)
Dickinson, H. T.: *Walpole and the Whig Supremacy* (London, 1973)
Ehrman, J.: *The Younger Pitt* (London, 1969—1996)
Field, O.: *The Kit-Cat Club* (London, 2009)
Goodwin, A.: *The Friends of Liberty: The English Democratic Movement in the Age of the French Revolution* (London, 1979)
Gray, D.: *Spencer Perceval, the Evangelical Prime Minister, 1762—1812* (Manchester, 1963)
Harris, T.: *Politics Under the Later Stuarts: Party Conflict in a Divided Society, 1660—1715* (London, 1993)
Hill, B. W.: *British Parliamentary Parties, 1742—1832: From the Fall of Walpole to the First Reform Act* (London, 1985)
—— *The Growth of Parliamentary Parties, 1689—1742* (London, 1976)
Holmes, Geoffrey S.: *British Politics in the Age of Anne* (London, 1967)
Jones, C.: *Britain in the First Age of Party, 1680—1750: Essays Presented to Geoffrey Holmes* (London, 1987)
Kenyon, J. P.: *Revolution Principles: The Politics of Party, 1689—1720* (Cambridge, 1977)
Lawson, P.: *George Grenville: A Political Life* (Oxford, 1984)

Linklater, A.: *Why Spencer Perceval had to Die: The Assassination of a British Prime Minister* (London, 2012)
Marshall, A.: *The Age of Faction: Court Politics, 1660—1702* (Manchester, 1999)
Middleton, R.: *The Bells of Victory: The Pitt-Newcastle Ministry and the Conduct of the Seven Years' War 1757—1762* (Cambridge, 1985)
Namier, L. B.: *The Structure of Politics at the Accession of George III* (London, 1957)
O'Gorman, F.: *The Whig Party and the French Revolution* (London, 1967)
—— *Edmund Burke: His Political Philosophy* (London, 1973)
—— *The Rise of Party in England: The Rockingham Whigs, 1760—1782* (London, 1975)
—— *Voters, Patrons, and Parties: The Unreformed Electoral System of Hanoverian England 1734—1832* (Oxford, 1989)
Owen, J. B.: *The Rise of the Pelhams* (London, 1957)
Pearce, E.: *The Great Man: Scoundrel, Genius and Britain's First Prime Minister* (London, 2007)
Perry, K.: *British Politics and the American Revolution* (Basingstoke, 1990)
Peters, M.: *Pitt and Popularity: The Patriot Minister and London Opinion during the Seven Years' War* (Oxford, 1980)
Pincus, S. C. A.: *1688: The First Modern Revolution* (New Haven, 2009)
Plumb, J. H.: *Sir Robert Walpole: The Making of a Statesman* (London, 1956)
Reilly, R.: *William Pitt the Younger* (New York, 1979)
Rogers, N.: *Whigs and Cities: Popular Politics in the Age of Walpole and Pitt* (Oxford, 1989)
Rudé, G. F. E.: *Wilkes and Liberty: A Social Study* (London, 1983)
Tomkins, S.: *William Wilberforce: A Biography* (Oxford, 2007)
Western, J. R.: *Monarchy and Revolution: The English State in the 1680s* (London, 1985)
Williams, E. N. (ed.): *The Eighteenth-Century Constitution, 1688—1815: Documents and Commentary* (Cambridge, 1960)

索　引

（条目后的数字为原书页码，见本书边码）

译后记

革，已日乃孚。百余年间沧海桑田，士农工商豹变革面。金钱似蛊惑人心，工厂如笼役人形。世界秩序自此颠仆，直至今日，新天新地之下，咎否？悔亡否？

距第二卷完稿，已过了四个春秋。大疫来袭，硝烟又起，我们这代人，或幸或不幸地置身于世界的大变革中。此卷书或许能作为一盏提灯，让读者在类似的时代洪流中找到航向。

得救预定论的拥趸怕已寥寥，但自信天选之人依然层出。是时代的偶像，抑或是撕毁家庭与社会的契约之后，人权的伸张？而权能与权力混淆带来的恐怖与流血，又岂是凭一句进步所必不可免的牺牲就能轻描淡写带过的？进步的尽头又是什么？见证之人该有多大的福分？

人击碎了神像，跻身为神，却又面临被其所造之物替代，甚至奴役的境地。炉火织就的丝茧，能否孕育出斑斓的彩蝶？抑或如同泡沫与露水，只能在永恒的阳光下瞬息闪耀？

时间之海，淘尽风流。衣冠人笑，终归尘埃。值得一提的是，此卷书中，作者对寻常巷陌市井小民的生活也着了不少笔墨，读者可由此一窥社会变革之下百姓的生活及心态变化。一个个穿插的轶事，透出吟游般的诗意，而非刻意划分主题堆叠信息余味凉薄。

作者在书中几处，暗藏着不愿言说的情愫，我在翻译过程中，对这种欲说还休的内敛尽力做了还原。知者自知，不知者，或许也无须强求了罢。

春未绿，鬓先丝，愿在滚滚前行的命运之轮旁，弯柳为棚，铺蕨为床，容我醉时眠。

王　喆

2022年春　于南京玄武湖畔